KB262859

우리 학문과 학문 방법론

우리 학문과 학문 방법론

초판 제1쇄 인쇄 2008. 12. 23.
초판 제1쇄 발행 2008. 12. 29.

지은이   신승환 외
펴낸이   김경희
펴낸곳   ㈜지식산업사
        본사 • 경기도 파주시 교하읍 문발리 520-12
            전화 (031)955-4226 • 4227 팩스 (031)955-4228
        서울사무소 • 서울시 종로구 통의동 35-18
            전화 (02)734-1978 팩스 (02)720-7900
        인터넷한글문패   지식산업사
        인터넷영문문패   www.jisik.co.kr
        전자우편   jsp@jisik.co.kr
        등록번호   1-363
        등록날짜   1969. 5. 8.

책값은 뒤표지에 있습니다.

이 책을 읽고 지은이에게 문의하고자 하는 이는
지식산업사 전자우편으로 연락 바랍니다.

우리 학문과 학문 방법론

학문의 죽음과 지식인의 몰락을 넘어서

신승환 외 지음

지식산업사

약 15만 년 전에 출현했다고 알려진 현생인류(homo sapiens sapiens)는 생물학적 존재로서 생존에 필요한 여러 조건들을 지니고 있었다. 종으로서 인간에게 가장 중요한 것은 무엇보다 자연환경이었다. 자연은 생존에 필요한 절대적인 조건이면서, 그 안에서 인간에게 필요한 지식을 제공하는 가장 기본적인 터전인 것이다. 인간은 자연에서 삶에 필요한 경험과 지식을 소유하면서 이를 체계화하는 길을 걸었다.

이처럼 지식이란 일차적으로 하나의 생명체와 생명공동체가 살아가는 데 필요한 사실에 대한 객관적인 앎에서 시작된다. 이러한 지식이 총체적으로 종합되고 일정한 방법론과 역사적 흐름에 따라 정립된 지식체계 일반을 소박하게 학문이라 이름 할 수 있을 것이다. 그러기에 최초의 학문은 동과 서를 막론하고 자연에 대한 지식에서부터 시작되었다. 흔히 자연철학으로 이름 하는 이러한 최초의 지식체계에 학문의 뿌리가 자리하고 있는 것이다.

이렇게 본다면 지식과 학문이란 생명체로서 우리가 지닌 삶을 위한 앎이며, 우리의 현재 환경에서 찾아낸 앎의 총체로 이해할 수 있다. 이러한 앎이 체계화되고, 역사를 흐름에 따라 형성되며 지식의 계보학적 전개와 형성, 지식을 찾는 방법론 등이 어우러져 학문 일반이 정립되었다고 말할 수 있다. 이제 학문은 대상과 그것을 향한 방법의 차이, 관점과 의미 일반과의 관련, 학문하는 이들의 존재론적 문제는 물론, 사회와 공동체란 맥락과 연관되면서 역사의 흐름과 함께 점차 복잡해지고 체계화되며, 변형되어 갔다.

오늘날 우리에게 필요한 객관적인 앎과 지식, 그 의미와 맥락에 대한 존재론적 대답은 무엇일까? 바꾸어 말해, 우리에게 필요한 존재론적 학문은 어떤 것일까? 이런 질문과 대결해야 하는 우리는 학문을 재정의함으로써 학문이 추구하는 지식과 진리의 의미를 성찰할 실마리를 찾게 될 것이다. 이 시대는 학문의 변용을 요구한다. 우리는 그러한 존재론적 요청에 직면해 있다. 이러한 요청에 직면한 이 시대의 지성인들은 오늘날 우리에게 학문이 무엇을 의미하는지를 묻고 답해야 할 것이다. 그 물음과 대답에 근거하여 우리는 세계와 존재, 삶과 생명, 인간과 문화, 자연과 역사에 대한 학문을 정초하게 될 것이다.

이 책은 이 땅의 학문에 대한 반성에서부터 시작되었다. 이제는 진부하기까지 한 이른바 "인문학의 위기" 담론은 말할 것도 없이 우리의 학문이 변화하고 있으며, 오랫동안 학문의 고유한 자리라고 여겨졌던 대학과 학자들의 모습이 급격하게 변하고 있다는 사실은 새삼 거론하기조차 번거롭다. 대학은 실용성과 경제란 이름으로, 세계와의 경쟁이란 명분에 싸여 급격히 그 고전적인 의미와 가치를 상실하고 있다.

그럼에도 어디에서도 이러한 문제를 진지하게 고뇌하고 있다는 소식은 듣기지 않는다. 해묵은 진보·보수 논쟁이나 "3불 정책" 따위의 껍데기 논의만 넘치고 있다. 이런 문제를 아파하면서 학문의 위기에 대해 진정으로 성찰한 작업은 어디에 있는가. 학문의 종말과 죽음, 전통적 교육의 해체가 명백히 보이지만 누구도 아파하지 않는다.

이 책은 이러한 고뇌의 결과물이다. 철학은 인간으로서의 보편성과 함께 철학하는 구체적 실존의 현재라는 지평이 상호작용하면서 이루어지는 과정과 성찰의 결과물이다. 그러기에 그것은 학문의 역사성을 배제하지 않으며 또한 철학하는 방법의 문제를 떠나서도 이루어지지 않는다. 학문은 학문하는 구체적인 현재, 시간으로서의 지금과 공간으로서의 이곳에서 이루어지기에 문화의 지평에서 구체화된다. 나아가 학문은 인간 존재의 초월성을 포함하기에 학문의 초월성을 다루는 것 역시 매우 중요할 것이다.

이 책은 이러한 모든 문제를 심도 있게 다루는 데에 만족할 만하지는 않다. 그럼에도 이러한 노력이 근대 학문의 역사 60년 사이에 거의 이루어지고 있지 않다는 데 우리 학문이 지니는 한계와 슬픔이 자리한다. 이 책은 이러한 한계를 직시하면서 우리 학문을 아파하는 마음으로 시도하였다. 부디 이 책을 읽는 이들은 이러한 아픔에 공감하면서 미래의 우리 학문을 위한 길에 함께 하길 바란다. 또한 지금 어디에선가 진리를 위한 싸움에 허덕이면서 학문의 종말 담론에 안타까워할 우리 시대 지식인들의 응답이 이를 계기로 함께 어우러지기를 바라는 마음 또한 간절하다.

학문은 마음으로 하는 것이며, 우리 존재의 지평을 다지는 작업이다. 그 안에서 우리 존재의 의미와 초월에의 선판단이 자리할 것이다. 부족한 책이지만, 아니 부족한 책이기에 이것을 넘어서는 학문이 정초되기를 진심으로 바란다. 그래서 이러한 책이 더 이상 필요하지 않을 때, 우리 학문의 죽음과 지식인의 몰락이란 말 또한 사라질 것이다. 그럴 때 우리 안의 괴물과 허상을 넘어 진리의 길에 한 걸음 가까이 다가갈 수 있을 것이다. 이 책은 이러한 길 위에서 이끌어낸 아픔의 표징으로 읽어주길 바란다.

이러한 문제의식을 공유하면서 성찰의 길에 함께 해준 집필진과 이 책을 읽는 이들에게 고마움의 마음과 이 길을 함께 걷자는 마음의 초대를 드린다. 또한 참으로 어려운 출판 사정에도 꿋꿋하고 고집스럽게 순수 학문의 책을 출판하는 지식산업사와 김경희 사장님께 진심으로 감사의 인사를 드린다.

2008년 12월　신승환

차례

■ 서문

학문의 죽음과 지식인의 몰락

신승환
▍가톨릭대

이 땅의 학문이 죽어가는 소리가 곳곳에서 들린다. 모두가 그 죽음을 느끼지만 아무도 아파하지 않는다. 오히려 대학의 산업화와 신자유주의적 경쟁, 자본의 창출에 기여해야 한다는 시대적 명제가 인공호흡기처럼 학문의 마지막 명맥을 지탱하고 있다. 시대의 아픔, 학문이 죽어가는 소리를 듣지 못하는 지식인, 그 죽음을 아파하지 않는 지식인 또한 학문의 몰락과 함께 사라져갈 것이다.[1]

이 땅의 학문이 죽어가는 모습은 사회에서, 대학에서, 그리고 지식인들의 얼굴에서도 읽을 수 있다. 학문이 죽은들 내가 누리는 경제적인 풍요로움만 유지된다면 무슨 상관이 있을까? 그런데 학문이 죽으면서 지식도 죽고, 우리 삶도 공허해진다. 어디로 가야 할지, 왜

---

1) 최근 이런 문제의식에서 경향신문 특별취재팀이 《민주화 20년, 지식인의 죽음 — 지식인, 그들은 어디에 서 있나》(휴마니타스, 2007)를 출간하였다. 학자들이 아니라 일간 신문에서 먼저 책으로 펴냈다는 것이 지식인의 한 사람으로서 책임감을 느끼게 만든다.

가는지도 모르면서 열심히 뛰지만, 이 삶은 넉넉하지도 않고 늘 허기질 뿐이다. 돈 몇 푼은 쥐었고 생활은 풍요로워졌는데, 계속 목마르기만 한 이 삶을 모른 척하기에는 너무도 메마르지 않은가?

지금 이곳의 학문이 죽어간다는 사실은 대략 세 가지 현상에서 살펴볼 수 있다. 먼저, 학문의 죽음을 초래하는 문화적 상황, 다음으로, 지식이 객체적 사실에 관한 것으로만 축소되고, 그에 따라 성찰적 지식의 가능성을 부정하는 현상, 마지막으로, 그러한 움직임에 따라 학문기관과 학문체계가 급격히 제도화되는 것이 그것이다. 학문의 죽음과 지식인의 몰락이란 문화적 상황에 처한 오늘날, 오직 경제논리만이 그 자리를 메우고 있다. 그 누구도 '경제'를 거스르는 말을 하지 못하는 시대, 풍요로운 삶만이 가치를 지니는 시대, 학문조차 자신의 죽음을 아파하지 않는 시대가 우리의 현재다.

과연 우리는 학문이 죽은 뒤에도 의미 있게 살 수 있을까? 부(富)와 기술만으로도 충분히 행복하게 살 수 있을까? 이제는 우리 학문이 죽어간다는 것이 사실인지 살펴보고, 사실이라면 그 원인은 무엇인지 밝혀야 하지 않을까? 우리 학문의 죽음을 성찰하는 고된 작업에 근거해서야 새롭게 학문을 할 수 있지 않겠는가? 학문의 죽음을 아파하지 않는 지식인의 모습을 되돌아봐야 하지 않는가? 그렇게 할 수 있을 때, 잃어버린 지식의 역사와 삶의 감수성을 회복할 수 있을 테니까.

1. 학문의 죽음을 몰고 온 문화적 상황

자본주의 체제에서의 학문

현대의 문화는 자본주의 체제가 과잉으로 작동하는 세계다. 시장은 모든 것이며, 자본이 전부를 결정하는 세계인 것이다. 경제를 거슬러 행동할 수 있는 권력은 어디에도 없다. 경제 현실에 대한 언설은 모든 것에 우선하는 강력한 힘을 지닌다. 우리의 문화와 삶, 사회는 남김없이 자본주의의 논리에 종속되었다.

자본의 논리는 지식의 본질적 가치, 학문의 미래 전망, 인간의 본질적 완성이나 수양 따위의 말에 아무런 관심을 쏟지 않는다. 자본주의 논리는 '진리', '도'(道) 따위의 말들이 지니는 내적 의미를 조금도 이해하지 못한다. 진리란 말은 어떠한 진지함도 불러일으키지 않는다. '양심'이란 말만큼 부끄럽게 쓰이는 말이 또 있는가? 아니 인간다움에서 생기는 어떤 '떨림'과 '부끄러움' 자체를 상실한 문화가 현실이 아닌가? 다만 그것이 수단적 가치로 기능할 때만 의미를 지닐 뿐이다.

지식의 의미, 예술의 가치 따위는 공허한 울림에 지나지 않는다. 사회는 자본의 생산에 종사하고, 자본의 많고 적음이 가치의 기준이 되는 천박하고 피상적인 문화에 종속되었다. 학문기관으로서 대학에는 신자유주의적 사고에 따라 분별없이 쓰이는 미국식 경쟁이라는 말, 대학도 산업이라는 전제가 학문 지식을 마음껏 재단하고 있다. 그러나 자본의 생산이라는 일면적 목표를 설정한 뒤, 그 결과에 따라 근거의 원리를 부정하는 것은 귀납적 오류일 뿐이다.

이런 논리를 거부하고 학문의 자율성을 말하면, 철없는 교수들의 '시대를 모르는 순진한 발상'이라고 몰아붙인다. 그런데 그러한 주장이야말로 당장 눈앞에 보이는 한 줌의 이익만 생각하는 무지의 소치가 아닌가? 왜 이런 단견과 오류를 거부하지 못하는가? 시장과 소비자, 사회에 속한 것과, 그에 속할 수 없으며 선험적 결단과 의미론에 맡겨져야만 하는 것을 구별할 수 있어야 한다.

신자유주의적 학문 이해는 교육공학적 의제에 정당성과 타당성을 부여한다. 자본주의에 의한 인식의 분열과 맹목은 문화를 단지 자본의 척도, 자본주의 규범에 따라 결정하고 규정하려 한다. 이러한 문화자본주의와 지식자본주의를 경계하고, 그러한 이해의 천박함에 침묵해서는 안 된다. 이미 그 끝이 결정된 자본의 논리는 문화와 지식의 몰락을 인정하거나 인식할 능력이 없다. 자본은 이성의 논리조차 마비시킨다. 먹고사는 어려움과 엄중함은 많은 경우 모든 창의적 학술적 노력보다 더 큰 힘을 발휘한다.

이제 냉전 반공이데올로기든 충효이념이든 국가체제에 봉사하는 것이든, 그 어떤 이념체계가 학문을 구속하는 것이 아니라 자본이 학문을 철저히 종속시킨다. 그것은 학문과 문화, 교육을 더 광범위한 실용적 목적을 만족시키는 도구로 사용하고자 한다. 도구주의는 자본주의의 모순과 한계를 가릴 뿐 아니라 자본주의의 논리를 정당화하기까지 한다. 그 문화는 사회의 구조나 모순을 해체하려는 온갖 도전을 막는 문화며, 현 체제를 해체한 뒤 새롭게 건립하려는 진지한 노력을 원천봉쇄하는 문화다.

물론 경제가 중요하다는 사실을 소홀히 할 수는 없다. 인간은 일차적으로 생물학적 존재이기에 물질적 조건을 수용해야 한다. 그래서 굶주리면서 학문하기가 어렵다는 사실은 충분히 받아들일 수 있다. 그럼에도 문화적 존재이기도 한 인간은 경제보다 더 중요한 것이 있음을 결코 잊어서는 안 될 것이다. 경제적 삶의 중요성이 자본에 대한 끝없는 욕망을 정당화하는 것일 수는 없다.

인류 역사의 모든 사상체계는 공통적으로 인간의 욕망을 절제하고 다스려야 하며, 자신의 완성을 위해 자기 자리를 떠날 것을 촉구하였다. 그러나 자본주의는 인류 역사에서 유일하게도 인간의 욕망을 정당화하고 더 가질 것을 부추기는 체계다. 그 논리는 결코 떠남과 포기, 희생 등의 명제가 무엇을 의미하는지 알지 못하게 한다. 자본주의 문화에 대한 비판 없이는 학문이 올바르게 설 수가 없다. 학문은 자본의 논리와 상호 충돌하는 가치를 말하고 있기 때문이다.

이에 덧붙여서 자본의 논리는 학문 외적으로도 위험한 풍조를 만들어낸다. 그것은 새로운 지적 노력과 사유의 진지함을 무시하고, 나아가 그것을 번거로운 것, 나쁜 것으로까지 단정한다. 현대의 문화는 진지하며 커다란 체계, 세계를 읽고 삶과 사람의 미래의 방향을 설정하려는 지적 작업, 고뇌에 찬 노력을 장식품으로만 여기고 있다. 그것은 단지 자본주의적 삶과 문화의 허기를 가리는 정도로만 이용된다. 이런 문화는 소비될 뿐 실제 개인의 삶으로 살아지지는 않는다. 지금과 같은 문화, 사회적 분위기에서 그 어떤 의미 있는 미래 해석, 내일을 전망하고 의미 부여하는 학문, 역사 해석의 거대한 사유 틀은 결코 나타날 수가 없다.

자본주의 문화는 궁극적으로는 지식을 사회적 자본 생산의 전문 도구로 간주한다. 그것은 철저히 지식을 자본화하는 체제다. 오늘날 자본주의 문화의 과잉은 이런 현상을 극대화시키고 있다. 그럼에도 그에 대한 반성은 어디에서도 들리지 않는다. 오히려 반성하고 비판하는 지성의 소리는 철지난 전 산업시대의 장식품 정도로 취급된다. 이 사회의 문화는 자본의 논리는 찬양하지만 성찰적 지식은 거부한다. 지성의 소리를 부정하거나 자본에 종속된 것으로 간주하는 풍조는 자본주의 문화의 현실이며 필연적 귀결이다. 실용적 지식과 자본의 논리에 따라서만 지식을 바라보는 관점은 결국 반지성주의와 지식 허무주의라는 문화적 상황을 초래하게 된다.2)

반지성주의 문화와 지식 허무주의

지식과 학문에 대한 근대적 이해는 지식과 인간을 구분한다. 그것은 객체화된 지식과 구체적 삶을 이원론적으로 분리한다는 의미다. 지식과 분리된 인간은 자신의 삶을 지극히 내밀하고 개체화시켜 이해한다. 이제 삶의 문제와 그 실존적 의미, 본래적 지식에 관계되는 학문은 공적 영역에서 퇴출되기에 이른다. 그러한 지식과 학문은 대중문화에서는 자리할 곳이 없다. 그에 따라 후기산업시대의 문화적 상황은 영원불변한 진리 따위는 존재하지 않으며, 도(道)란 단지 철학적인 어떤 관념 정도로 간주된다. "인격을 도야하고, 수양하는 정신" 따위는 그저 교과서에나 나오는 당위적 선언 정도로 취급되는 것이 오늘날 우리 삶과 문화의 현실이다. 이런 제목의 문화는 대중에 의해 소비되지만, 개인의 삶으로 살아지지는 않는다.

---

2) 이 땅의 학문 자리를 올바르게 정립하기 위해서는 과잉으로 치닫는 자본주의, 특히 신자유주의의 폐해에 대한 깊이 있는 성찰이 요구된다. 우리 학문계가 이러한 문제에 큰 관심을 쏟지 않는 것이 학문의 죽음을 초래하는 근본 원인 가운데 하나라고 생각한다. 자본주의 비판과 극복의 논의는 학문을 위한 출발점이 될 것이다.

대중이 궁극적 진리 대신 실용적이며 도구화된 지식을 수용하게 되면서, 지식인들조차 그것을 말하지 않거나 도외시하는 시대가 결국 반지성주의와 지식 허무주의를 널리 확산시키기에 이르렀다. 반지성주의적 문화 풍조는 오늘날 학문 영역 전반에 무반성적으로 확산되어 수많은 문제를 일으킨다. 유행처럼 번지는 대중적이며 쉬운 글쓰기, 소통 등의 말은 매우 다층적이다. 한편으로 그러한 주장은 지극히 정당하며, 그 진정성은 충분히 이해된다. 전문가 사이의 '자폐적이며 비의적인' 언어와 자기들만의 논의가 가치 있을 까닭이 없다. 그럼에도 그 말은 본질적으로 어렵고 고통스러운 것, 학문의 흐름과 맥락은 물론이고, 고뇌에 찬 지적 결과조차 외면하는 문화적 풍토를 낳게 된다.

그것은 결국 실존적 고통이나 내면의 세계는 물론이고, 우리가 지닌 공동체에의 기여, 타자에 대한 책임과 희생 등의 문제는 진지하고 진중하게 논의하지 않는다. 또는 사물의 본질, 의미 문제 따위는 학문 영역에서 배제시키려 한다. 삶이 쉽지 않고, 학문은 고도의 지적 노력을 요구하는데, 그러한 투신 없이 어떤 의미 있는 것을 얻을 수 있는가? 순간적인 지적 번쩍임은 오랜 지식의 역사에 대한 이해와 힘겨운 대결을 통해 학문으로 성숙되어야 한다. 그럼에도 이러한 지적 과정을 포기함으로써, 자신의 지극히 내밀한 믿음이 고된 지적 작업을 대신하는 신심주의에 빠지게 된다. 자신의 신념과 내밀한 깨달음으로 지식의 전문성을 대체하는 풍조는 결국 학문의 죽음을 나타내는 현상일 것이다.

진정한 의미의 지식을 회복하고, 대중을 지적 논의의 지평으로 이끌어가기 위해서는 세계와 역사를 해석하고, 자연과 인간을 이해하는 지성에 본래의 가치와 시대의 몫을 돌려주어야 한다. 그것을 부정하는 지식 허무주의나 지식 상대주의는 인류의 참된 진보와 해방을 위해서도 반드시 극복해야만 한다. 그러한 문화적 분위기와 압력 속에서 지식은 자본화하고 단편적으로만 이해되며, 심도 있는 지식 생산과 본질적 의미는 포기되기 때문이다.

반지성주의 문화는 한편으로는 전문 지식인들의 독선적 권위에 대한 반발에서 기인한다. 그에 대한 반성과 비난이 초래한 결과가 대중중심주의라면 그것은 충분히 이해될 수 있다. 불의와 부패에 맞서야 할 지식인들이 오히려 그들과 타협하거나, 시대의 방향을 밝혀야 할 몫을 저버린 지난날의 수많은 사례들이 (전문) 지식인에 대한 불신을 초래한 것도 사실이다. 그러나 지식인들이 불의에 동조하고 역사의 진보에 대해 저지른 배신행위가 그 자체로 전문 지식/지식의 거부, 대중적 지식의 정당화로 이어져서는 안 된다.

대중추수주의에 대한 비판이 대중의 지적 능력이나 권리를 무시하거나, 비전문가를 논의의 지평에서 배제해야 한다는 주장을 펼치는 것이 아니다. 나아가 그것이 과거의 지식인이 누렸던 특권적 지위를 회복하자는 따위의 말로 이해되는 것은 더더욱 있을 수 없는 일이다. 문제는 그런 주장에 담긴 지식 상대주의와 지적 허무주의의 확산이다. 그것은 결국 대중을 올바른 지식에서 소외시키는 결과를 낳게 될 것이다.

대중중심주의

계몽주의의 결과물인 현대의 문화에서 대중중심주의는 지극히 정당하며 또한 타당하다. 개체의 권리와 억압에서의 해방을 의미하는 진보 개념은 권위적 집단에 속했던 사람들에게 판단과 실천, 이해와 결정의 자율성을 부여했다. 그러나 오늘날 대중중심주의는 대중이란 이름으로 다시금 인간을 본래적 자아에서 소외시키고 있다. 그것은 대중에 대한 깊이 있는 이해나 대중에 대한 적확한 규정 없이, 그 개념을 남용하기 때문이다. 대중이란 말은 매우 주의 깊게 쓰여야 한다. 시민계층으로서의 대중은 원래 진보의 이념으로 해방된 개체, 주체로서의 권리를 지닌 사람들 모두를 가리키는 말이다.

그러나 후기산업사회에 이르러 대중이란 말은 많은 경우 익명의 다중을 가리킴으로써 이데올로기적으로 왜곡되기에 이른다. 예를 들어, 대중문화는 대중을 상업화의 도구로 이용하고 있으며, 정치 이익집단은 자신의 독선적 이념을 정당화하기 위해 대중을 명분으로 내세운다. 그들은 정치세계의 내밀함과 정치-경제의 음습한 뒷거래를 숨기고, 매체와 올바른 정보를 독점하여 시민 계층을 현혹시키고 있다. 대중의 목소리라는 명분을 내세우지만 실제로는 자신들의 이익을 정당화할 뿐이다. 오늘날의 경제 위기에 대한 처방이나, 정보공시, 정치적 상황 등에서 이런 사실은 너무도 자주 그 모습을 드러내고 있다.

대중이란 많은 경우 문화 담론에만 추상적으로 존재하지 실제로는 어디에도 존재하지 않는다. 그것은 숨겨진 다수를 일컫는 이름에 지나지 않는다. 그러한 상상의 집단으로서 대중을 문화의 중심에 설정한다는 것은 사실 허상에 가깝다. 모두는 아무도 아니다. 대중중심주의는 오히려 대중을 추상적인 다중으로 규정함으로써, 진지한 문화와 자신의 삶을 위해 지적 노력을 아끼지 않는 이들을 그러한 범주에 묶어 버린다. 그들에게 필요한 성찰적 지식을 다중의 것으로 만들어버리기에 오히려 이런 문화에서 대중은 소외될 뿐이다. 그뿐 아니라 그것은 지식 생산과 소통, 지식 논의에 대중의 참여를 보증하지도 못한다. 겉으로는 대중에게 지식 생산의 몫을 나누어준 것 같지만, 사실은 심도 있는 전문성을 포기하도록 함으로써 오히려 이 사회에 지적 상대주의를 조장한다. 항간에 넘치는 '집단 지성'이란 말은 그래서 엄격하게 이해되지 않을 때, 자칫 지성의 본질을 흐리게 만들 위험이 크다.

대중추수주의의 문화는 차이와 차별을 혼동하는 문화다. 누구나 지식을 누리고 지식에 참여할 수 있어야 하지만, 그것이 누구의 지식도 평등하다는 의미로 읽혀서는 안 된다. 그것은 오히려 전문성의 차이를 인정하지 않는 것일 뿐이다. 그 결과가 지식과 학문, 전문성에서 무차별주의로 나타나고 있다. 일면적 평등과 차별의 부정이 개체가 지니는 존재론적 차이조차 부정하는 것으로 나타난다면, 그것은 잘못이다. 차별을 거부하는 것은 개체의 존재론적 차이를 인정하는 것에서 시작된다.

대중을 인정하고 그에게 가치를 부여하는 것과, 그가 창조적이며 전문가이고 예술적이라는 것은 다른 의미다. 이 사회에 지적인 진정성, 학문의 전문성을 유지하려는 노력이 특권의식, 전문가에게만 권리를 인정하는 계급주의, 평등에 반대되는 것으로 매도해서는 안 된다. '오히려 아마추어가 희망이다'라는 말은 그저 희망일 뿐이다. 대중사회에서 지식 전문가들이 자신의 전문영역에서 지니는 전문성을 이용하여 특권적 지위를 누리는 것은 비판받아야 한다. 지식인은 대중보다 우월하지 않다. 지식인 역시 대중이다. 그런데 그때의 대중은 누구인가? 당신이 대중인가?

어떤 주장도 대중에 의해 수용되어야 한다는 명분은 오히려 지성의 비판적 기능 자체를 약화시킨다. 비판의 기능은 지성의 몫이 아니라 익명의 다수, '우리들'의 몫이다. 이에 따라 성찰과 비판은 박해받지는 않지만, 주목되지 않고 다수에 휩쓸리고, 사회의 문화적 분위기에 의해 말라죽을 뿐이다. 비판적 지식을 위해 투쟁한다는 것은 우스운 일이 되었다. 그곳에서는 '진리'와 학문의 자유를 수호하기 위해 기꺼이 자신을 포기하기도 하는 전 시대의 모습을 찾아보기란 너무도 어려운 일이다. 그 자리에 지식 허무주의만 흘러넘친다.

2. 객체화되고 성찰을 상실한 학문

학문은 근본적으로 '진리'라 이름 하는 것과 씨름한다. 학문의 진리는 실재 일반에 관계된다. 근대의 학문은 이 진리를 사물에 대한 객체화된 지식으로 이해하여 그 밖의 것을 학문의 영역에서 배제한다. 이렇게 객체화하는 체계에서 근대 학문은 결국 지식을 도구화하였으며, 그에 따라 지식의 근거나 의미 일반에 대한 자기반성의 기능은 사라지게 된다.[3]

그때의 학문은 자신을 '과학주의'(scientism)에 따라서만 이해하거나, 문화나 사회체계 일반에 종속된 도구적 학문으로 이해한다. 마침내 지식은 실용적인 관점에서만 가치를 인정받을 뿐이다. 이러한

[3] 여기서 학문의 정의, 학문 일반에 대한 모든 논의를 거론할 수는 없다. 학문에 대해 거론한 글로, 신승환, 〈학문〉, 《우리말철학사전 5 — 사랑·세계·철학》, 지식산업사, 319~350쪽 참조.

근대의 학문체계는 결국 실재 일반에 대한 사유나 성찰성을 상실하게 된다. 이처럼 근대 학문은 일면적이며 제한된 지평에서만 존립할 수 있을 뿐이다.

그럼에도 학문 작업을 하는 이들은 근대 학문의 이러한 일면성과 한계를 반성하지 않는다. 그 대신 과학주의나 자본주의 논리에 종속되거나 그 이데올로기에 함몰된 학문 지형에 만족할 뿐이다. 학문은 현실과 객관성, 실재를 넘어 그 이상의 해석과 이해를 찾아내고, 또한 새롭게 창조해내는 사유의 틀거리다. 그에 근거해 학문은 삶과 앎에서 지식 일반을 정립한다. 그것은 역사와 세계를 새롭게 해명하며, 나아가 인간과 자연에 대한 새로운 지식과 함께 의미를 부여한다. 학문이 이러한 작업을 수행하기 위해 선행적으로 이루어져야 할 것은, 실재 일반을 바라보는 선험적 결단의 해석학적 지평이 밝혀지는 것이다.

그것은 학문 자체에 근거하지 않고, 학문이 수행하는 작업에 앞서 내재적이며 초월적으로 결단되어야 한다. 학문 일반을 위해 필요한 것은 이러한 학문성에 대한 성찰과 해석이다. 그럼에도 근대 학문은 이러한 문제를 전혀 이해하지 못한다. 그것은 선험적으로 정립되어야 할 학문성을 결여한 도구적 학문일 뿐이다. 학문을 새롭게 이해하고 설정하는 학문론 없이 근대의 학문체계만으로는 총체적 존재로서 인간의 실재 일반이 해명되지 못한다. 그러기에 이를 보지 못하게 만드는 자본과 과학주의의 논리는 맹목적이다. 거대담론, 새로운 지적이며 창의적인 패러다임, 개별 사물과 사건을 읽고 해석해내는 거대이론틀의 생산은 아무런 실용성도 지니지 못한다.

그에 따라 진리를 추구하는 학문 일반의 내적 논리와 근대 학문체계가 빚어내는 모순된 상황을 성찰하지 못하게 된다. 성찰을 통해 우리는 자신을 초월적으로 관조하며 현실에 안주하지 않으면서 '그 이상의 것'을 이해하게 된다. 그러나 성찰성을 상실한 학문은 빈곤할 따름이다. 학문의 빈곤, 교육의 빈곤, 철학의 빈곤은 삶을 척박하게 만들고, 의미를 상실하게 만든다. 풍요로움에 잠긴 삶, 이 세상에서의 불편함이 무엇인지 이해하지 못하는 학문이란 얼마나 가난한가? 그 자리에 아무리 물질적 풍요로움을 위치시킨들 그 빈곤함과 상실이 가려질 수 있을까? 객체화된 물질과 자본은 결코 규범이나 삶의 목표가 될 수 없다. 자본주의 논리나 과학주의로 정형화된 근대 학문 지형에서 성찰적 학문은 사라지고, 이제 학문은 그 본래적 의미와 목적을 잃어버리게 되었다.

이러한 현상은 서구의 근대를 수용하면서 구한말의 지식인, 동아시아의 지식인의 충격과 역사적 경험 속에서 던져버린 동아시아적 전통과, 새롭게 수입된 학문체계에서는 어쩌면 당연한 결과일 것이다. 그 문화적 지형은 사라져버린 학문 이해와 체계, 그를 대신할 새로운 체계가 자리 잡지 못하는 곳, 서구 근대의 외적 규범만이 대신 자리하는 곳이다.

학문체계는 시대와 문화에 따라 형성되면서, 또한 인간의 이해 체계 전체를 결정한다. 그러기에 학문체계는 시대의 필요와 요구에 따라 변화하고 발전하며 사라지기도 한다. 학문은 시대정신을 반영하는 이해의 체계다. 그러기에 동아시아의 학문체계는 유럽의 그것과 다르며, 고대의 학문은 근대와도 구별된다.

중세의 대학은 지상에서의 인격수련을 통해 신적 세계로 참여한다는 이상 아래 자유교양(liberal arts)을 강조하고, 수사학과 논리학을 이러한 학문 연구를 위한 선행과목으로 설정하였다.4) 실제적 학문 기능을 의학과 법학이 맡았다면, 신학과 철학은 의미론과 규범의 학문으로 기능했다. 그러나 근대 이후 이러한 의미의 학문은 급격히 쇠퇴한다. 한 사회가 필요로 하는 의미나 규범이란 말은 그 자체로 반계몽적인 것으로 치부되어 더 이상 존립근거를 지니지 못하게 되었다.

학문은 문화적이다. 그것은 학문이 근본적으로 문화적 토양과 그 세계 안에서 형성되며, 문화의 논리에 따라 발전한다는 의미다. 그와 함께 학문은 문화에 의미를 부여하고, 그것이 나아갈 길을 밝히기도 한다. 그러기에 학문은 단순히 인적 자원을 만들어내는 데 종사하는 것이 아니다. 오히려 문화적으로 이해된 학문은 사회 전체의 통합과 조화에 기여한다. 그러기에 지식기반사회란 말은 문화 감성을 상실하게 만든다. 지식이 가치생산의 기반이 될 때 학문은 문화 안에서 지니는 자신의 본성을 망각하게 될 것이다.

문화는 사회적이면서 동시에 개인적이다. 문화와 관련지어 볼 때 학문도 이중적 기능을 지닌다. 그럼에도 오늘날 학문은 이중적 지향성을 상실하고 단지 객체화된 지식과 실체화된 앎의 축적에 머물러 있다. 그럴 때 지식의 사회적 맥락은 감추어지고, 인간 본성과 실존의 문제 또한 배제되기에 이른다. 타자의 윤리학과 사회적 책무, 또는 의미 있는 삶, 실존과 존재에 대한 깊이 있는 성찰 등은 이러한 학문체계에서는 존재할 곳이 없다. 이제 인문학과 언어, 의미론 따위는 불필요한 유희거나 삶의 여백을 장식하는 잉여문화 정도로 인

---

4) 이에 대해 박승찬, 〈학문간의 연계성 ― 중세 대학의 학문분류와 교과과정에 대한 고찰〉, 《철학》 74호, 한국철학회 편, 2003, 53~78쪽 참조.

식되는 풍조가 정당화된다. 이런 문제는 학문의 영역에 속하지 않는 다는 인식은 근대 체계에서 파생된 것, 그것도 겨우 300년을 넘지 않는 짧은 역사에서 형성된 이데올로기일 뿐이다.

그 전형적인 예는 '이론'(theory)이라는 말에 대한 이해 변화에서 찾아볼 수 있다. 이 말은 고대 그리스 이래 '관조'(theoria)란 의미로 쓰였으나, 근대에 이르러 사물에 대한 체계화된 '이론지식'(theory)이란 의미로 축소되었다.5) 근대 학문은 성찰적 지식 대신 사물에 대한 객체화된 지식, 분류하고 소유하는 학문체계를 수립했다. 그럼으로써 사물을 대상화하고 수량화하며 사물화(reification)한다.6) 지식은 그 대상에 대한 객체적이며 체계화된 이론을 의미하게 되었다. 이제 이러한 것 외의 모든 학문은 수학적이며 인식론적 이성의 원리에 어긋나는 것으로 규정된다. 그 체계와 원리에 적용되지 않는 다른 영역과 다른 체계는 비학문적인 것으로 매도한다.

나아가 근대 학문은 계몽주의 원리에 입각해 자신의 정합성과 보편성, 객관적 타당성을 선언한다. 그것은 이성의 보편성에 근거하여 다른 문화권의 학문을 배제하고 자신의 보편성만 정당화하는 체계다. 그에 따라 동아시아의 학문, 의미와 초월에 관계되는 모든 학문을 비학문적인 것으로 간주하여 대학 밖으로 몰아내려고까지 하였다. 언제 근대 학문이 다른 지역, 이슬람 문화권이나 동아시아 학문체계의 지향점이나 그 타당성을 진지하게 바라본 적이 있던가? 그들은 스스

---

5) 하이데거/이선일 옮김, 〈휴머니즘 서간〉, 《이정표 2》, 한길사, 2005, 125쪽.
6) 아도르노·호크하이머/김유동 옮김, 《계몽의 변증법》, 문학과지성사, 2001 참조. 여기서 아도르노는 계몽의 기획이 그 전개과정에서 물화하는 사유로 변질됨으로써 현대 문화의 야만이 탄생했다고 비판한다. 자본주의와 전체주의는 이러한 야만의 대표적 표징이다.

로의 체계를 객관적이라고 말하지만 지극히 자기중심적이며, 보편적이라고 말하지만 지극히 차별적이며, 가치중립적이라고 말하지만 철저히 자체 가치 중심적으로 학문을 설정하고 있다. 그것은 단지 자료의 수집과 검증, 수학적 체계, 이론의 정리와 분류 등의 방법론에 치중하는 학문이며, 그 안에서 객관성이란 명분을 세우는 체계다.

이처럼 자기중심적이며 문화제국주의에 가득 찬 일면적 학문은 결코 보편적이지도 영원불변한 것도 아니다. 또한 역사를 통해 정당화되지도 않는다. 타자의 존재근거와 문제영역을 부정하는 학문과, 그에 근거한 학문성은 문화제국주의적일 뿐이다. 그럼에도 그들은 자신의 보편성을 주장한다. 과연 유럽의 학문과 그 체계만이 보편을 담보하는가?

오히려 차이가 보편성이며, 개체의 원리 자체가 보편성이지 않은가? 서구의 보편성 담론은 허구다. 그것은 차별의 보편성일 뿐이다. 그들은 한 번도 인류의 보편성에 기반 한 적이 없다. 근대의 옷을 입은 보편성은 배제와 차별의 보편성, 억압의 보편성일 뿐이다. 올바르게 차이를 이해하고, 정당하게 보편성을 담보하려면 인간의 보편성, 개체와 개별언어, 문화와 공동체의 차이를 담지하는 보편성, 그것을 사유하고 그에 터전을 둔 학문이 절실히 요구된다.

진리는 실재에 관계된다. 그럼에도 진리가 반드시 초실재적이거나, 어떤 선험적이며 영원불변한 형태로 존재해야 할 필요는 없다. 근대의 완성을 비판하고 해체하려는 포스트모더니즘이나 해체주의 논의의 정당성은 충분히 인정할 수 있다. 역사에서 보듯이 선험적 진리라는 말이 얼마나 인간을 구속하는 폭력으로 작용했던가? 영원불변의 실체화된 진리를 배타적으로 소유한 집단이 저질러왔던 전횡과 억압의 폭력은 혐오스러운 일이다. 그러한 진리를 소유한 집단이나 상징화된 개인이 특권적 지위를 누리면서 그것을 사회의 지배 이데올로기로 행사했던 시절의 아픈 기억을 잊어서는 안 된다. 독점적으로 도덕적이며 이상적인 집단이나 개인은 결코 존재하지 않는다. 그런 집단이나 이념이 여전히 통용되는 것은 명백히 시대착오적이다. 그 위선의 진리, 순결주의에 대해 반발하는 것은 정당하다. 자신의 한계와 모순을 바로 보지 못하는 집단과 그들의 주장은 어떤 경우에도 정당화될 수는 없을 것이다.

그러나 그렇다고 해서 진리라 이름 하는 그 어떤 것과, 그에 대한 추구 자체까지 부정하고 비웃는 것은 이율배반적이며 자기모순적 행동일 뿐이다. 후기 근대의 우리들은 진리란 상대적인 개념, 또는 허구의 대상으로 이해하는 시대에 살고 있다. 오늘날 세계는 지적 허무주의와 경제만능주의에 지배되고 있다. 그것은 근본적으로 의미와 진리추구, 인간이 지닌 근원적 초월행위 자체를 무시하고 거부하는 행위에 지나지 않는다. 그러기에 그러한 학문작업은 지적 평등과 지적 만족이란 명분으로 지식을 일면화할 뿐이다.

그런 문화는 결국 사물적 풍요로움으로 근본 지식 자체를 비웃으며, 물질적이고 외적인 세계만을 전부인 듯이 여기는 풍조를 낳게 된다. 과학기술을 가지고 자연과 세계를 지배하고 군림하는 듯한 모습으로 대중을 기만하는 근대의 과잉은 분명 거부되고 비판되어야 한다. 열정적으로 진리를 추구하고, 일생을 도(道)를 찾아 살아간다는 말이 웃음을 자아내는 시대에 지식인과 학문에게는 벌써 사망선고가 내려진 것과 다를 바가 없다. 그들 비판하고 성찰하면서 의미론의 초월행위를 제시하는 학문은 이미 죽음을 맞고 있지 않은가? 그에 따라 지식인도 몰락하고 있다. 그것을 비판해야 할 지식인은 어디에 있는가? 이제 성찰적 지식의 시대는 저물어가고 있다.

이처럼 오늘날 학문이 죽음에 이른 것은 결코 자본주의와 실체화한 문화 상황 때문만이 아니다. 거기에는 도구주의적 지식체계와 지식 허무주의가 함께 작용하고 있다. 실체화된 근대의 과잉은 우리 문화 안에 진지함을 거부하고, 고뇌에 찬 지적 노력과 그 결과를 비웃는 지식 허무주의 문화를 낳는다. 그에 따라 학문도 단선적으로 이해되고 파편화되기에 이른다. 그런 문제를 성찰하지 못하는 지식인이 학문의 죽음을 재촉하고 있다. 진리와 인간의 의미론적 깨달음에 관계되지 않는 지식, 존재의미에 근거하지 않은 학문은 우리의 삶과 역사에, 우리 자신에게 어떠한 본질적인 의미도 안겨주지 못한다는 사실은 자명하다.

3. 학문과 대학의 제도화

"대학교수도 모르는 지식이 여기 다 있다." 한 인터넷 포털사이트의 광고 문안이다. 이 시대, 지식을 어떻게 이해하기에 이런 광고 문안이 가능할까? 대학교수도 모르는 지식은 얼마든지 많다. 또한 모든 지식을 교수가 알아야 하는 것도 아니다. 여기서 말하는 지식은 다만 객체화된 것, 네트(net)에 의해 비트(bit)화한 지식일 뿐이다. 리오타르의 말처럼, 오늘날 그런 지식은 컴퓨터가 교수보다 훨씬 더 정교하고 풍부하게 알고 있다. 그 지식은 무엇을 위한 것인가? 지식에 대한 해석은 어떠한 형태로도 비트(bit)화할 수 없지 않은가? 그런데 오늘날 대학은 이렇게 비트화된 지식, 사물에 의해 물화되고, 객체화된 지식을 전달하는 사업장으로 바뀌었다. 대학은 지식을 생산하는 산업이나 지식기지가 되기를 강요받고 있다.7) 그런 면에서 낙오되는 지식인은 지식인으로서 존재를 부정당하게 된다.

그래서 대학과 교수는 교육부와 기업, 교육평가단체가 설정한 기준에 맞추어 변화할 것을 요구받는다. 교육공학적 개혁은 학문의 의미에는 아무런 관심도 이해할 능력도 없는 이들이 벌리는 권력 잔치일 뿐이다. 대학을 졸업한 신입사원이 산업현장에서의 능력이 떨어지기에 대학이 시대에 뒤처졌으며, 그래서 빨리 바꿔야 한다는 아우성은 이미 오래전부터 나왔다. 그에 맞추어 대학은 열심히 교육제도를 바꾸고 대학교수를 다그쳤지만, 그렇게 해서 학문이 발전했고, 기업체에서도 만족해 한다는 소리는 들리지 않는다. 자본의 획득을 원하는 사회는 학문을 그에 맞게 제도화하고자 한다.

그들이 벌리는 교육개혁은 어떠한 지적 내용에도 무관심할 뿐 아니라, 지적 체험 자체를 결여하고 있다. 대학교육의 개혁을 말하는 이들은 학문이 무엇인지 진지하게 반성한 적이 있는가? 대학의 제도화나 개혁에 대해 쏟아지는 논의 속에 학문에 대한 이해는 아쉽게도 조금도 없다.

다만 그 자리에 모든 대학이 국내 10위권을 목표로 하는 대학개혁, 세계 몇 위권이라는 말, 발표된 논문이 몇 편이라는 말만 쏟아진다. 대학은 기업의 취업 소개소가 되고, 총장은 '최고경영자'(CEO)로

---

7) 이러한 문제에 대한 고찰로, 신승환, 〈디지털혁명과 문화의 변화〉, 《인문과학연구》 제4호, 가톨릭대학교 인문학연구소 편, 1999, 5~32쪽 참조.

기금을 모으는 사람이 되었다. 그럼에도 정작 다루어야 할 대학의 반지성적 작태에 대해서는 침묵하고 있다. 대학의 비리와 학내 갈등, 집단 이기주의는 수없이 지적되어 이젠 큰 뉴스거리가 되지도 못할 정도다. 그럼에도 교양 강의의 대부분을 맡고 있는 비정규직 교수 문제는 고사하고, 학벌 문제, 대학입시 문제 등 양심 있는 지성으로서 당연히 고민해야 할 것들은 비산업적이기에 논의의 대상에서 제외시키는 것인가?

오늘날 대학개혁에 따라 대학생은 고객 취급을 받는다. 대학은 고객인 대학생에게 '패스트푸드'화된 지식을 가장 잘 가르치고, 그로써 산업 터전에서 자본화할 수 있는 수월성에 가득 찬 방법을 공학적으로 탐색하고 있다. 미국의 사회학자 조지 리처는 이런 현상을 '대학의 맥도날드화'라고 불렀다.[8] 대학은 산업이며 학생은 고객이 될 때, 그 고객에게 무엇을 가르칠 것인가? 기업은 결코 고객을 가르치지 않는다. 고객에게 가치 있는 것이 아니라, 비록 가치 없더라도 그들이 원하는 것을 제공한다. 가치 있는 것, 올바른 것, 의미 있는 것은 가끔 그들의 기호와 요구에 맞지 않거나 충돌할 수 있다. 학생이 고객이란 말은 아주 제한된 범위에서만 타당하다.

유창한 영어회화를 담보하지 못하는 영문학과는 도태되어야 한다. 왜 영문학과 공부는 원어민 강좌나 어학연수와는 다른가? 영어를 잘하기 위해서는 영어학원을 다니거나 해외연수를 다녀오는 것이 훨씬 더 효율적이다. 그럼에도 왜 영문학을 공부하는가에 대한

---

8) 조지 리처/김종덕 옮김, 《맥도날드 그리고 맥도날드화 ― 유토피아인가 디스토피아인가》(*The McDonaldization of Society*), 시유시, 2003 참조.

생각, 학문이란 무엇인가라는 반성이 조금도 없기에 일어나는 현상
이다. 학문과 지식은 무엇을 위한 것인지, 지식의 근원과 의미는 살
펴보려 하지 않는다. 대학의 개혁을 말하지만, 그들은 학문에 대한
성찰 없이 도구화되고 파편화된 지식만 이야기하고 있다. 다만 행정
편의적인 개혁이 무슨 의미가 있는가? 학문이 무엇인지, 인간은 어
떤 지식을 찾아가는지, 지식이 우리와 맺는 관계는 무엇인지 아무도
관심 갖지 않는다. 학문에 깃든 창조의 고뇌와 의미의 문제는 감춰
지고, 학문의 본질은 상실된다.

　대학의 경쟁력은 학문의 깊이와 교육의 척도에 따라 논의되어야
지, 산업이나 교육공학적 기준으로 다루어질 것이 아니다. 대학이
산업이 되어야 한다면 성찰적 학문을 말하는 대학은 자리할 곳이 없
다. 성찰과 사상이 죽은 시대에 지식은 파편화될 뿐이다. 사라진 해
석과 성찰, 의미와 전망을 제시해야 할 자리에 자본의 요구와 그것
을 충족시키기 위한 교육공학만 활개를 치고 있다.

　'한국대학교육협의회'와 '한국학술진흥재단'을 앞세워 대학을 개
혁하고 평가한다는 제도적 족쇄가 학문을 전문지식체계로 만들고
있다. 그에 따라 대학 평가와 교수업적 평가 및 논문심사 체계가 완
성되면서 학문은 더더욱 체제에 순응하는 모습으로 나타나게 되었
다. 평가 자체의 문제나 그 획일성은 논외로 치더라도, 학문은 오로
지 제도에 순응할 때만 생존을 인정받게 되었다.

　다른 시대에 인정받던 수많은 지식과 글 가운데 오직 논문의 형식
을 갖춘 글만이 학문으로 인정받는다. '경사자집'(經史子集)으로 나
누어지던 동아시아의 전통적 지식 분류체계는 사라지고, 그에 대한

'주'(註)만이 학문으로 평가된다. 유럽 근대에 그나마 살아있던 에세 이라든가 단편, 단상이나 그 밖의 다양한 글쓰기들은 배제되고, 각주 달린 논문만 학술적 글쓰기로 인정된다. 학술지 평가체제에 따라 그러한 기관에 등재된 학술지에 실리지 못하면 대학교수의 학문으로는 인정받지 못한다. 이런 터전에서 어떻게 독창적이며 창의적인 논지가 살아있는 학문이 가능할까?

교수들은 더 이상 자신이 고뇌하고 성찰해낸 것을 가르치는 것이 아니라, 오직 성과를 내는 것만 가르친다. 그들은 더 이상 사회의 의제를 설정하거나 규범과 가치체계에 관계되는 지식을 말하지 않는다. 이제 교수는 비판적 지성으로서가 아니라 대학의 전문가로서만 자리하게 되고, 그렇게 환원될 뿐이다. 이러한 제도화 과정의 타당성이나 절차의 정당성에도 많은 문제가 있지만, 그보다 더 큰 문제는 이로써 창의적 학문이나 비판적 지식인이 자리할 곳은 거의 치명적으로 파괴되었다는 점이다.

지식인의 자율성은 그것이 지식 생산과, 사회의 진보를 향하기 때문에 유지되어야 하는 것이다. 사회를 향해 말하거나 이익관계를 떠나 전망을 제시하는 본연의 과제를 구속하는 모든 억압에서 지식인은 독립적이며 자율적이 되어야 한다. 대학의 자유는 연구의 자유며, 지식인의 의무를 지키기 위한 자유다. 종속적 지식인이 사회의 의제 설정, 규범과 가치체계에 관계되는 발언을 하지 못할 때, 그 일은 누가 할 수 있는가? 지식인 스스로 그 역할을 포기할 때, 정치가나 언론, 또는 자본이 그 역할을 정당하게 수행할 수 있을까?

오히려 이런 문화적 흐름 안에서 지식인은 자신의 시대적 과제를 포기한다. 더 이상 시대의 흐름, 역사의 방향, 그 이상의 것을 향한 성찰적 지식은 제도화된 지식체계 안에 자리할 곳이 없게 된다. 지식인은 스스로 이런 체계에 자신을 종속시켰다. 심지어 자신의 행동이 사회적 맥락에서 어떻게 해석되는지에 대해서도 무관심하다.

전문영역 밖에서의 지식인의 행동일망정 그것은 정의나 진리에 따라, 그리고 인간 이해와 세계 해석의 맥락에 근거해서 이루어져야 한다. '세계'라는 영역에서의 함의, 사회적 맥락, 역사적 의미에 무지한 지식인은 한낱 객체화된 지식 상인에 지나지 않는다. 자신조차 믿지 않는 진리와 정의를 어떻게 외칠 수 있는가? 사회적 모순을 말하지 않고 오히려 그 체제에 편승하여 한 줌의 이익을 도모하는 지식인의 모습은 한없이 슬픈 얼굴로 다가온다.

학문과 대학의 제도화는 학문의 목숨에 마지막 칼을 들이대고 있다. 이러한 제도화는 물론, 사회공학적이며 신자유주의적인 관점에서 학문을 제도화하려는 태도는 학문의 자율, 전망 제시의 기능, 학문의 창의성과 독립성을 옥죔으로써 궁극적으로 학문의 죽음을 초래한다. 현실에의 성찰과 대중과의 소통 없는 학문, 그로써 피폐해진 학문의 자리에 오직 단편적으로 제도화된 학문이 서서히 생명력을 잃어가고 있다.

학문과 진리에 대한 감수성, 사회에 대한 책무를 상실한 지식과 지성은 대학에서 실종된다. 대학이 존재하는 근본 이유는 학문에 근거한다. 이것은 학문 연구와 교육이란 두 방향으로 현실화된다. 플라톤이 아카데미아를 설립하면서 설정한 학원의 목표도 그러했다. 그것은 세계를 이해하고, 그를 위한 교육(paideia)과 학문을 펼쳐가는 고되고도 어려운 작업을 의미한다. 주자나 퇴계의 학문론 또한 사물의 근본 이치[格物]와 가르침[天理, 性]에 대해 깊이 물어 넓게 배우며, 이를 실천(審問博學과 愼思篤行)하는 것에 목표가 맞추어져 있었다.9) 오늘날 대학은 과연 한 번이라도 진지하게 세계 이해와 역사 해석, 인간과 자연에 대한 의미를 다루는 근본 학문에 몰두한 적이 있는가? 대학과 학문의 주체로서 교수들은 이런 학문의 이상을 얼마나 진지하게 생각하고 있는가?

한 번도 진지하게, 그리고 지속적으로 큰 그림을 그리는 학문, 이해와 해석의 틀거리를 시도해본 적이 없다. 성찰적이며 해석학적 학문에 대한 주장이 결코 학문의 역사, 학문의 고전적 체계를 부정하는 것이 아니다. 오히려 그에 대한 철저한 이해에서만 학문은 독창적이며 창의적인 해석의 틀이 도출될 수 있다.

사실 우리 학문은 해방 이후 근대 학문 수용의 역사가 50여 년을 지나, 이제 우리의 삶과 실재 일반에 근거한 자생적 이론체계가 시작될 수도 있게 되었다. 그러나 이러한 학문의 제도화, 대중과 자본주의에의 종속, 반지성주의와 학문적 식민주의는 결국 있을 수도 있는 학문의 독창적 이론틀의 탄생을 철저히 막고 있다. 학문제국주의는 실로 심각한 문제다. 자신의 말과 자신의 현재에서 학문하지 않고, 남의 이론과 남의 학문만 숭상하는 태도는 너무도 익숙하고 널리 퍼진 우리 학문의 서글픈 현실이다.

학문은 거듭 자신의 자리에서 시작된다. 사실에 대한 객관적 지식을 다루는 학문과, 보편성과 연관되어 동일성과 차이의 문제를 논의하는 학문은 어떤 면에서 같고 또 어떤 면에서 같지 아니한가?10)

---

9) 朱子, 《四書集註》, 〈中庸章句〉(1189), 20장 참조.

학문을 이렇게 구분하면 다시금 딜타이(W. Dilthey) 식의 학문 이해로 돌아가지 않을까? 인간과 역사에 대한 이해와 해석, 진리의 보편성과 개체성을 사유한다는 것은 지금의 과학시대에 무슨 의미를 지니는 것일까? 전 시대 문화의 전환기마다 학문의 의미를 반성하고, 학문의 틀과 내용, 의리를 새롭게 규정하려 했던 수많은 경우는 무엇 때문에, 그리고 어떻게 이루어졌던가? 이러한 질문과 해명 없이 이루어지는 학문 논의나 대학 개혁 등은 허망할 뿐이다. 그러기에 이 시대 학문을 위한 더 근본적인 논의는 학문성에 대한 새로운 이해와 보편학문에 대한 이해일 것이다. 그것이 학문의 도구적 가치를 생각하는 것보다 훨씬 더 중요할 것이다. 나아가 학문의 실용성을 위해서도 선행적으로 해명해야 할 논의다.

지금의 문화는 맹목적으로 학문을 왜곡시키고 자신이 원하는 데로만 끌어가고 있다. 학문의 자리, 지식인의 역할, 글쓰기 방식 등이 왜곡되고, 현실을 성찰하거나 자신의 새로운 사고를 전혀 담아내지 못하는 체계, 그러한 대학과 현실, 학문의 모습은 우리를 절망하게 만든다. 과연 이 시대에 분노 없이 학문할 수 있는가? 시대의 소리를 듣지 못하고, 나아갈 방향을 이야기하지 못하는 학문은 이미 죽은 학문이다. 그에 따라 성찰적 지식인, 전 시대의 예언자(預言子)적 지식인의 모습 또한 사라지고 있다. 여기서의 예언이란 미래를 예측한다는 의미가 아니라, 미래를 위해 진리를 말한다는 의미의 예언이다. 이러한 의미 상실의 시대, 다시금 자신과 인류 공동체의 미래를 위해 진리를 말하는 사람은 어디에 있는가?

---

10) W. Dilthey, *Einleitung in die Geistwissenschaften, Versuch einer Grundlegung für das Studirum der Gesellschaft und der Geschichte*, 1883 참조.

1부 학문으로서의 철학

나의 철학하는 방법

이광세

█ 켄트주립대

내가 철학하는 방법을 글로 써 달라는 청탁을 이기상 교수로부터 받고, 막막한 느낌이 들었다. 철학 공부를 정식으로 시작한 것이 박사과정에 들어가서였는데, 그때로부터 반세기가 지났지만, 내가 어떤 방법으로 철학을 하는지 특별히 의식한 적이 없기 때문이다. 다만 철학 공부를 하는 것이 어린 시절부터 해오던 공부의 진화 과정이었기 때문에 어렸을 때 이야기로 거슬러 올라가야겠다.

만 네 살(1938년) 되던 해에, 극성스러운 우리 어머니는 나에게 천자문을 가르치기 시작했다. 나에게 적극적인 동기를 주기 위하여 만 다섯 살 생일 때까지 천자문을 떼면 이모가 만주 하얼빈에서 와서 떡을 해준다는 약속까지 하였다.

여하튼 나는 다섯 번째 생일 전에 천자문을 끝내고, 1939년 봄에 명동성당 앞 골목에 있던 당시 조선에서 가장 좋다는 애국유치원에 들어갔다. 내 기억으로는 유치원에 들어가서 동화를 일본어로 읽기 시작했다. 그때부터 책 읽는 것이 즐거웠다는 생각이 든다.

그리고 만 다섯 살 때부터 새벽에 일어나 습자 연습을 하고 유치원에 갔다. 그때 새벽에 일어나는 것이 버릇이 되어서 지금도 새벽 두 시나 세 시에, 늦어도 네 시에는 일어나 글을 쓰거나 책을 읽는다. 나는 선천적인 예술적 재능이 그다지 없다. 그렇지만 워낙 열심히 습자 연습을 했기 때문에, 국민학교 3학년(1943년) 때 당시 남산에 있던 어떤 신사(神社)에 우리 학교 대표로 가서 '미영격멸'(米英擊滅)이라고 썼다. 그리고 해방 직후에 발행된 《어린이신문》에 〈조선독립 세계평화〉라고 쓴 것이 실렸다. 두 번 다 '초청' 받아서 쓴 것이다.

1941년 4월에 국민학교에 입학했다. 어머니가 우겨서 나를 조선인 학교 대신 일본인 학교인 종로국민학교에 넣었다. 그래서 일본인 중학교인 경성중학교를 거쳐서 도쿄에 있는 제일고등학교를 졸업한 후 경성제국대학에 들어가도록 계획을 세워놓았던 것이다. 요새 우리나라에서 '과거사 청산 문제'가 쟁점이 되고 있는 것 같은데, 나도 이들의 '친일파' 규탄 대상이 되는지 궁금하다.

나는 종로국민학교에서 과목 모두 만점을 받아야 한다는 것을, 기대라기보다는 기정사실로 받아들이고 있었다. 언젠가 시험에서 98점을 받은 것이 창피해서 집에 들어가기가 거북스러웠던 기억은 아직도 생생하다. 내가 우리 반에서 성적이 가장 우수했는데도 1등은 커녕, 3등까지 하는 우등도 시키지 않고 4등으로 밀어 내렸다. 그래서 아버지가 교장에게 '질문'(항의)하러 갔더니, 교장은 내가 '품행이 나쁘다'고 하였단다. 지각 한 번 안 한 모범생이었는데 말이다. 이 생각만 하면 반일 감정이 절로 솟는다.

해방이 되던 1945년, 수성국민학교 5학년으로 전학을 했다. 9월에 시작한 1학기가 끝났을 때, 나는 12과목에서 음악만 9점을 받고 모두 만점인 10점을 받아, 5학년이 끝나기도 전에 월반을 해서 중학교에 들어가야 한다고 난리였다. 당시 서울에 남자 공립중학교로는 경복과 경기 둘이 있었다. 그런데 서울시 학무과에서 두 학교 가운데 하나만 1차로 한다고 결정한 후 추첨한 결과 경복이 1차가 되고 경기가 2차가 되었다. 경복의 검정시험에는 75명이 응시했는데, 최종 합격생은 두 명이었다. 그렇게 나는 1946년에 경복중학교에 입학했다.

중학교에 입학한 뒤 나도 일종의 기진맥진 상태가 되었다. 그래서 학교공부는 별로 하지 않았다. 다만 독서에 열광했다. 해방 직후라 우리말로 된 책보다는 일본어 책이 더 흔했다. 내가 읽은 책은 주로 역사, 문학 그리고 막연히 사상에 관한 책들이었다. 내가 좋아했던 우리나라 작가는 이태준, 이상, 이기영, 그리고 우리 국어를 현대화하는 데 막대한 공헌을 한 춘원 이광수 등이었다. 나는 춘원의 천재적 능력을 경모하고, 상허(尙虛; 이태준)의 화사한 산문을 마음에 간직했다. 시인으로는 아름다운 시문을 꾸미는, 그리고 가식 없고 간소하게 문체를 가꾸는 정지용을 사랑하고, 젊은 혼을 우리들 마음에 심고 순국한 윤동주를 애틋하게 그리워했다. 일본인 작가로는 아쿠다가와 류노스케(芥川龍之介)의 예리한 문체에 마음이 끌렸다. 그리고 나쓰메 소세키(夏目漱石)를 주목했다. 내가 소세키를 선호하는 가장 큰 이유는, 춘원이 근대 한국어를 개척해서 반석에 올려놓았듯이, 소세키는 근대 일본어를 개척한 선구자적 문인이기 때문이다.

중학교 다닐 때 국어와 국사에 흥미가 많아서 이와 연관되는 책들을 많이 읽었다. 그리고 어학(영어, 독일어, 프랑스어) 공부는 등한시하지 않았다. 외국어 공부는 문법을 열심히 익히고, 문장 구성을 면밀하게 분석하는 습관을 길렀다. 특히 영어 문법을 공부하면서 우리

말 문법에 대한 관심이 부쩍 늘었다. 지금도 미국에서 정기구독하는 《문학사상》이나 《현대문학》에 실리는 글들을 읽으면서도 문장의 구조에 주의를 한다. 영어 단편으로 시작해서 장편을 읽기 시작하던 중학교 시절에, 나는 문장을 하나하나 분석하며 정독했다.

1952년 봄, 전시(戰時) 부산에서 서울대학교 문리과대학 정치학과에 입학했다. 1학년 때 권중휘(權重輝) 교수님의 셰익스피어를 청강했는데, 한 학기에 《율리우스 카이사르》(*Julius Caesar*) 하나만 읽으셨다. 선생님의 문장 분석과 내용 해석이 매우 철저했다. 나는 선생님의 그러한 점에 끌렸다. 2학년 때 선생님의 '영어소설 강독'을 학점을 따며 택했는데, 서머싯 몸(Someset Maughm)의 〈편지〉(The Letter)라는 중편 하나만 다루셨다. 그 과목을 택하면서 선생님이 시키시면 내가 교실에서 번역도 하며, 문장 구조와 내용에 대한 질문과 평을 자세히 할 기회가 있어서 나에게 퍽 유익한 경험이었다. 미국으로 유학을 떠나기 전에 영어로 장편소설(세계문학 전집에 해당하는 작품들)을 52권 읽었는데, 모두 문장 구조를 분석하며 정독했다. 지금도 어떤 언어(국어, 영어, 일본어, 한문, 독일어, 프랑스어)로 읽든지 꼭 사전을 옆에 놓고 의미가 확실치 않은 단어는 꼭 사전을 찾아본다.

대학 2학년 때인 1953년 8월에 미국 유학을 하였다. 학부에서는 정치학을 전공했지만, 대학원 박사과정에 들어갈 때는 (석사과정은 거치지 않고) 사회과학의 방법론에 주된 관심이 있었다. 아마도 문리대 재학 중에 막연히 들었던 '신칸트학파'의 자연과학과 인문과학의 정초(Begründung) 같은 것이 마음속에 남아 있었던 것이다. 부산에서 '서남학파'(Baden 학파)였던 리케르트(Heinrich Richert)의 책(*Grenzen der Naturwissenschaftlichen Begriffsbildung*)의 일본어 번역본을 읽었기 때문에,

‘Naturwissenschaft’와 ‘Geisteswissenschaft’의 차이, 그리고 역사적(광의적인) 현상의 ‘일회성’(Einmaligkeit) 같은 개념에 집착하고 있었다. 그래서 논리학, 인식론, 그리고 과학철학에 주력하기로 했다. 그러나 예일대학 철학과는 서양철학사와 서양 철학의 전통적인 형이상학적 문제를 가치론 등 광범위하게, 그리고 다원론적으로 철학을 접근하는 것을 장려하며 기대하기 때문에 폭넓게 과목을 택해야 했다. 따라서 플라톤, 아리스토텔레스, 칸트는 물론이고, 미국의 듀이까지 개별적인 철학자들을 취급하는 과목을 택했다. 그런데 플라톤의 세미나도 1년 과정이요, 아리스토텔레스도 1년 과정이었다. 서양철학의 고전들을 착실하게 몸에 익히게 된 것이다. 그렇지만 역시 문리대 교육의 여파인지 칸트에 가장 흥미를 갖게 되었다. 그렇지만 과학철학과 관계되는 〈귀납법과 개연성〉, 〈논리실증주의의 고전〉, 〈의미론과 필연적 진리〉, 〈러셀〉(Bertrand Russel), 〈카르납〉(R. Carnap) 같은 과목들에도 초점을 두었다.

지금 반세기가 지난 옛 일을 회상하면서, 왜 내가 분석철학에 끌렸는가를 자문하면 다음과 같은 답을 하게 된다. 나는 당시 사회과학의 방법론에 가장 큰 관심을 갖고 있었기 때문에 과학철학 일반에 대해서 공부하게 된 것은 자연스러운 일이다. 그렇지만 사회과학의 방법론이라면 오히려 분석철학보다는 현상학적 접근에 더 적절하지 않을까? 왜 하필이면 분석철학이냐? 당시 상황으로는 과학철학 하면 거의 필연적으로 분석철학과 연관이 된다고 미국의 대부분의 철학자들이 생각하고 있었다. 이러한 다수의 의견에 휩쓸린 것이다.

또 당시 나 자신의 심리를 분석해보면, 가장 똑똑하고 우수한 사람들(the best and the brightest)이 철학계에서는 분석철학을 하게 된다고 믿은 까닭이다. 나는 어린 시절부터 가장 우수하고 똑똑한 사람들과 함께 하겠다는 허영심이 있었다. 이것이 유치한 허영심이요 허구라고 깨닫기에는, 그때의 나는 너무 미숙했다. 전체 상황을 좀 더 통찰력 있게 볼 슬기로움이 아직 없었다. 그렇지만 지금도 그때 분석철학에 열중했던 것을 결코 후회하지 않는다.(깊이가 없었더라도) 명료하게 사고하는 방법을 중요시하는 분석철학자들의 장점을 배워야 하기 때문이다.

요새 나는 하이데거에 대해서 '분석적'으로 글을 쓰는 미국의 하이데거 학자 드레프스(Hubert L. Dreyfus) 캘리포니아(버클리)대학 철학 교수 같은 이들을 좋아한다. 그리고 1950년이나 1960년대와 달리 요새는 전통적인 철학 문제들을 분석철학적으로 논하는 철학자들이 많아졌는데, 이러한 현상을 보면 마음이 뿌듯하다. 칸트의 글귀를 응용해서 "분석 없는 철학은 눈이 멀었고, 종합 없는 철학은 속이 비었다"고 나는 말한다. 한 가지 덧붙이고 싶은 것은, 개념적으로 엄격하려면 반드시 '분석철학적' 접근을 해야 한다는 생각은 협소한 것이라는 점이다. 어떠한 '방법'을 쓰느냐('분석적'이냐 '해석적'이냐 등), 어떠한 접근을 시도해야 하느냐 하는 것은 개별적인 상황에 달려 있다고 본다. '분석철학과 현상학 또는 해석학'을 상호 배타적인 양분 관계로 보는 것은 서양철학의 테두리 안에서도 이제는 시대착오적이다. 사실과 가치, 서술과 평가, 이해와 설명(인문과학과 자연과학)의 이항적 반대 관계를 논하던 시대는 이미 지났다.

그래서 나 개인적으로는 문리대 재학 시절에 구상했던 신칸트학파적인 인문과학과 자연과학 양분화의 논쟁은 해소되었고, 새로운 방향으로 문제가 발전하게 되었다. 더 나아가서, 동양과 서양의 문화적 차이점을 논하는 시각도 재평가할 때가 되었다. "동은 동이요, 서는 서다. 이 둘(the twain)은 만나지 않으리"라고 외친 키플링(Joseph Rudyard Kipling)의 언변이나, 서양의 전형적인 사고방식은 이론적 가정법 적용(the postulational method)에 있고, 동양의 전통적 사유 양식은 "미분화된 심미적 연속"(the undifferentiated aesthetic continuum)이 특징이라고 못 박아 규정한 《동과 서의 만남》(*The Meeting of East and West*)의 저자인 노드롭(F. S. C. Northrop) 예일대 교수의 선언은 말라(시들어) 죽어버린다. 더 적극적으로 나아가서, 서양 문명과 동양 문화가 만나는 예를 들겠다.

현대 물리학 가운데 양자역학 분야에서 탁월한 공헌을 한 봄(David Bohm)은 철학적으로 흥미를 끄는 학설을 제기한다. 그의 학설을 요약하면 다음과 같다. 양자의 수준에서는 '물'(物; an object)이 본질적인 특성(미분자 또는 광립자나 파동 같은)을 갖고 있지 않고, '물'의 특성은 다른 '물'들과의 상호 관련에 달려 있다. 그리고 '물'들이 상호작용하는 현상(실체가 아니라)이 장(場)이다. 그리고 각 개별적 '물'은 다른 개별적인 '물'들뿐 아니라 상호작용의 현상인 장(場)과도 상호 변화의 영향을 주는 상호작용을 한다. 각 체계[場]와 그의 '구성 요소' 사이의 상호관계는 체계와 '구성요소'[物] 사이의 '물질 관계'를 가늠하게 한다. 다시 말해서, 이 상호관계는 장과 '물'의 질적 변화를 생성하게 한다. 또 거시적 '물'과 미시적 '물'은 질적 변화를 가져오는 상호작용을 행사하고, 각 수준의 '물'은 장과 질적 변화를 상호생성하게 된다는 것이다. 봄은 '궁극적인 현실', 이러한 현실을 묘사하는 '완성되고' '최종적'인 이론, 그리고 퍼트남(Hilary Putnam)의 표현을 빌려서 '신의 시점(視點)' 같은 것의 가능성에 회의를 느낀다. 그는

'물리적' 세계를 끝없이 부단히 변화하는 과정으로 본다. 나는 이러한 과정을 '창조적인 생성의 열린 과정'이라 보고 싶다. 고전 물리학의 입장에서는 뉴턴의 이론이 주장하듯이, 자연의 모든 현상을 규정된 법칙으로, 완전한 결정론적인 설명을 할 수 있다고 본다. 이러한 테두리는 폐쇄적이다. 이 안에서의 변화는 양적일 뿐이요, 질적이될 수 없다. 새로운 것이 없는 닫힌 세계다. 그러나 자연은 생동하고 새로운 현상이 기생하고, '우연'(chance)이 가능한 상태다. 이는 창조적인 변화를 뜻한다. 이러한 현상은 각 수준의 '물'(이것도 과정이지만)과 장의 상호작용을 통해서 변화함을 의미한다. 그래서 '최종적 진리'를 찾는 것은 헛수고다.

나는 봄의 책을 읽으며, 그의 책에는 보이는 양자이론(quantum theory), 근대 물리학에서의 인과관계와 우연(causality and chance in modern physics) 같은 것들에서 도가의 입장이 문득 생각난 적이 있다. 노자의 《도덕경》 2장에 "유무지상성"(有無之相成)이라는 구절이 있지 않은가? 유는 개별적인 '존재자' 또는 개별적인 '물'(봄이 이 표현을 쓰는 의미에서)이요, 무는 장이다. 나는 여기에 초점과 장(focus and field)의 쌍개념을 응용하여 유는 초점이요, 무는 장이라고 본다. 유는 하이데거의 존재자(Seiende(s))에, 장은 그의 '존재'(Sein)에 병행한다고 말하면, 내가 성급하다는 책망을 들을까? 그렇지만, 하이데거는 후기 작품에서 "존재는 무다"(Sein ist Nichts) 하지 않는가? '유무지상생'(有無之相生)은 개별적인 존재자나 '물'이 장과 상호작용을 통해서 상생하며 창조적인 변화가 생기는 열린 과정을 뜻한다. 이와 비슷한 견해는 불가의 〈화엄경〉에 나오는 인드라 그물의 은유의 의미와도 상통하는 감을 준다. 동양인들은 '자연세계'와 '인간세계'를 양분하지 않고 유기적으로 보았기 때문에 '초(焦)와 장(場)의 이론'은 만물에 적용되는 시사적인 쌍개념이다.(우연히 봄도 '물리'적 세계에서 일어나는 과정이 인간의 의식에서도 병행해서 일어난다고 자기 의견을 피력한다.) 봄의 물리학 이론과 동양의 노장사상 및 불가의 사상에서 '동서의 만남'을 접하게 된 것은 마음 흐뭇한 일이다.

나는 신칸트학파의 인문과학과 자연과학 양분화의 테두리에서 출발해서, 비교적 넓은 마음을 갖는 분석철학자들이 다루려고 하던 자연과학의 테두리 안에서의 설명, 인문과학의 규모 안에서의 이해(Verstehen)의 양분화된 개념들을 생각해 본 적이 있다. 그렇지만 논리실증주의자(좀 더 광의적으로 해서, 논리경험주의자)의 사고방식의 중추를 이루었던 사실적 서술과 가치적 평가, 자연과학에서의 논리적 설명과 인문과학에서의 '직관적'인 이해 같은 상호배타적인 이항적 반대 개념들을 전제로 하여 철학 문제를 접근하는 데 권태와 회의를 느끼게 되었다. 그들은 자기들이 '가치중립적'이라고 자처하지만, 이원론적 사고방식은, 다시 말해서 참된 것과 거짓된 것, 선과 악, 아름답고 추한 것 같이 상호배타적으로 이분화된 개념을 전제로 하는 것은 서양의 오래된 사상의 주류(특히 기독교적 사고방식)에 뿌리박고 있음을 깨닫게 되었다. 그리고 '가치중립적'인 형식논리의 '선험적'(또는 필연적) 진리라는 배중률의 '보편타당성'에 근본적인 회의를 느꼈다. 그래서 콰인(Quine)이 '필연적 진리'와 '경험적 진리'를 구분하여 논리실증주의(이것이 칸트로, 더 소급해서 라이프니츠와 흄까지 거슬러 올라가게 되지만)의 입장을 비판하는 것에 동조하고, 또 비트겐슈타인이 수학적 진리를 '서술하는 규칙'이며, 모든 규칙이 그러한 것처럼 사회적 제도라는 견해를 선호하게 되었다. 그래서 모든

개념 제도는 '언어 유희'를 하는 것이기 때문에 사회실천(또는 사회실
행, 관습)에 바탕을 두고 있다는 생각을 하게 되었다. 여기에는 '논리
적 진리'도 예외가 될 수 없음을 유의하게 되었다.

그래서 넓은 의미에서의 실용주의 방향으로 자리를 옮기기 시작
했다. 더 나아가서, 영미분석철학과 하이데거를 대표로 하는 대륙철
학(continental philosophy) 사이에 공통 되는 관심사를 찾아 다리를 놓으
려 애쓰는 철학자에 대한 관심이 커졌다. 그 한 예가 로티(Richard
Rorty)다. 그리고 하이데거, 데리다, 푸코 같은 철학자의 저서들을 정
독하기 시작했다. 그리고 이렇게 서양철학의 테두리 안에서 움직이
다가, 나의 '마음의 고향'인 동양사상에 눈을 돌리기 시작했다. 그래
서 동서를 비교하는 과정에 들어갔다.

철학에 접근하는 양식과 방향의 변화 과정에서, 내가 어떻게 글을
썼는지 구체적인 예를 들어가며 기술하기로 한다. 벌써 오래된 일이
지만, 《칸트 연구》(Kant-Studien)에 〈경험 개념, 경험 법칙 그리고 과
학의 이론에 관한 칸트의 견해〉(Kant on Empirical Concepts, Empirical'
Laws and Scientific Theories)라는 제목의 논문을 발표한 적이 있다. '경험
개념'과 '개념 법칙'이란 범주나 범주의 원칙과 비교해서 실제로, 구
체적인 실체와 현상에 직접 응용되는 개념과 법칙(예를 들어서 뉴턴
의 운동의 법칙 및 만유인력의 법칙)과 그 법칙들을 구성하는 개념들을
의미하는, '과학의 이론'은 그러한 법칙과 개념들이 구성하는 개념적
테두리다. 칸트에서, 경험 개념은 경험주의자들이 설명하듯이 감각
을 통해서 얻어지는 것이 아니라, 오성과 (오성의 변형인) '생산적 상
상력'에 의해서 '발명'(발견이 아니라) 된다는 것이다. 그래서 이 견해
의 논리적 구절은 경험 개념은 아프리오리(a priori)라는 결론을 내렸

다.(물론 칸트가 어떤 때는 경험주의자들의 견해와 같은 태도를 취하기 때문에 애매함을 제지할 수는 없다.) 그리고 이러한 아프리오리의 성격을 띤 경험 개념들이 구성하는 경험 법칙들도 아프리오리며, 보편타당성을 갖게 된다. 따라서 칸트는 흄(Hume)의 귀납법 문제에서 야기되는 회의주의를 해소한다. 그렇지만 칸트의 경험 개념이나 법칙의 아프리오리는 절대성을 함축하는 '자명'하다는 뜻이 아니라, 이론체계의 정합성과 관계가 된다. 칸트에서의 경험 개념과 법칙이 구성하는 실제적인 어떠한 과학이론도 현재 우리가 갖고 있는 이론보다 더 포괄적이고, 이해와 설명에 더 적절한, 더 '이상적 진리'에 접근하는 (asymptotisch) 후계자의 이론 가능성을 전제로 하는 것이다. '이성의 이상'인 '진리'는 '목적'일 뿐 영원히 도달할 수 없다. 그래서 과학의 진보는 가상적 목적을 향한 움직임이다. 칸트의 입장은 주어짐의 신화(the Myth of the Given)를 산출하는 경험주의의 감각주의와 실제적으로 자명함에 근거를 둔 유일한 이론체계 이외에 대안적 가능성을 허용하지 않는 대표적인 합리주의적 견지를 둘 다 넘어선 것이다.

　이 논문에서 내가 남이 하지 않은, 또는 다른 칸트 학자들이 생각 못했던 점을 논한 것은 무엇인가? 첫째로, 칸트에 암시적으로 내재하는, 경험주의 경험 개념의 기원, 즉 획득 과정 설명의 칸트 입장에서의 비판이다. 이 칸트 입장에서의 비판을 현대철학, 특히 비트겐슈타인에게서 따온 개념적 무기로, 개념경험주의(concept empiricism)를 비판하는 것이다. 둘째로, 칸트에서 범주원칙들이 종합 아프리오리(synthetic apriority) 판단이라는 점은 다 아는 기본적인 것이나, 나는 실제법인 경험 법칙들(예를 들어, 뉴턴의 운동 법칙)도 종합 아프리오리라는 점을 역설했다. 칸트 전집(Kant's Gesammelte Schriften, hrsg. von der

Königlich Preußischen Akademie der Wissenschaften)에 포함되어 있는 Reflexion 6413에 "논리적 우연성은 실제 이론적 필연성과 병립한다"(Logische Zuffäligkeit ist doch physische Notwendigkeit)는 구절이 있는데, 이것을 최대한 이용한 것이다. 칸트가 필연성, 가능성, 우연성 같은 양상 개념을 다루는 데 라이프니츠나 흄보다 세련되었음을 지적했다. 필연성을 논리적 필연성과 '경험 과학'의 특수한 이론체계(뉴턴의 이론이나 아인슈타인의 이론 같은)의 테두리 안에서만 타당한 실제 이론적 필연성으로 구별한다. 그리고 가능성은 논리적 가능성(real possibility)으로 구분해서 실제 이론적 필연성이 논리적 우연성과 병립한다는 결론이 나온다. 칸트의 이러한 입장은 필연적 진리를 (현대철학적 용어를 써서) 분석명제(analytic propositum, 즉 tautology의 가치로 대치된 명제)와 종합명제(synthetic propositum, 즉 우연적 명제 또는 경험명제)로 구분한 라이프니츠, 흄(두 다른 견지에서)의 의견과 대조된다. 그래서 칸트는 종합 아프리오리의 가능성을 만든 것이다. 개념적으로 투박했던 초기의 논리실증주의자들(A. J. Ayer 같은)이 흄의 후계자로서 필연적 진리를 분석명제와 동일시하고 종합명제를 경험명제와 동일시한 데 비해서, 좀 더 세련된 분석철학자들(Arthur Pap이나 Wilfrid Sellars)은 종합 아프리오리 진리를 논한다.

칸트의 논리나 과학철학에 관한 논문들 상당수를, 현대 분석철학의 입장에서 써서 발표하고 발행했다. 내가 현대 분석철학의 개념적 차원을 이용해서 칸트철학을 논한 것을 예시하기 위하여 〈수학적 이율배반의 구조에 대한 두 해석〉(Two Interpretations of the Structure of the Mathematical Antinomies)이라는 논문의 핵심을 소개하겠다. '수학적 이율배반이란 《순수이성비판》의 〈우주론적 이념들의 체계〉(System der Kosmologischen Ideen)에 나오는 첫째 이율배반(Erste Antinomie)과 둘째 이율배반(Zweite Antinomie)을 가리킨다. 이 두 이율배반에 두 가지 해석이 가능하다. 그렇지만 두 해석 사이에 갈등이 있음을 지적했다.

이 논문은 영국의 저명한 칸트학자이며, 에딘버러(Edinburgh)대학 철학교수였던 월슈(W. H. Walsh)가 쓴 책 《칸트의 이율배반의 구조》(*The Structure of Kants Antinomies*)를 비판하는 논문이다. 월슈는 수학적 이율배반의 정립(thesis)과 반정립(antithesis)이 대당의 방형(the Square of Oppositum)에서 반대(contrary) 관계이기 때문에 칸트가 둘 다 거짓[僞]이라 한다고 해석한다. 독일의 칸트학자 마틴(Gotfrid Martin)은 이율배반을 해석할 때, 정립은 뉴턴의 입장이요, 반정립은 라이프니츠의 입장이라고 라이프니츠와 뉴턴의 지지자 크락(Samuel Clarke) 사이의 서간을 근거로 주장한다. 칸트가 수학적 이율배반의 정립과 반정립을 반대관계이니까 거짓[僞]이고, 자기 자신이 제안하는 제3의 대안이 참[眞]이라고 주장하면, 이는 칸트가 뉴턴과 라이프니츠가 전제로 하고 공유하는 개념을 받아들인다는 것이다. 이 전제하는 것은 17세기의 우주관이다. 그렇지만 칸트는 뉴턴과 라이프니츠가 공통적으로 받아들이는 '세계'라는 개념의 의미에 이의를 제의한다. 뉴턴과 라이프니츠가 제각기 세계를 '유한하다'(뉴턴) 또는 '무한하다'(라이프니츠) 할 때의 세계가 물자체로 실재하는 궁극적인 현실로서의 전체를 규정한다고 칸트는 가정하고, 자기가 뜻하는 세계는 "모든 현상들의 총괄"(die ganze Reihe der Erscheinungen)이라고 한다. 그래서 뉴턴이나 라이프니츠가 첫째 이율배반에서 '세계는 유한하다' 또는 '세계는 무한하다'고 긍정할 때, 이것은 '물자체로 실재하는 현상들의 총괄'이 유한하다 또는 무한하다는 것이다. 그것은 마치 "둥근 각이

둥글다"고 하는 것과 같다고 칸트는 관찰한다.

여기서 칸트는 더 이상 문제를 다루지 않는데, 나는 칸트의 통찰력을 다음과 같이 재건했다. 러셀의 그 유명한 '진술의 이론'(the theory of descriptions)을 이용한 것이다. 러셀이 드는 예로 "현재의 프랑스 왕은 대머리다"라고 1905년에 말했다고 하자. 1905년에는 프랑스에 왕이 존재하지 않았기 때문에, "현재의 프랑스 왕은 대머리다" 또는 "현재의 프랑스 왕은 대머리가 아니다" 하는 것은 둘 다 거짓이라는 것이다. 더 정확하게는 거짓 하나('현재의 프랑스 왕은 대머리다'), 그리고 거짓 하나('현재의 프랑스 왕은 대머리가 아니다'), 여기서 상호모순관계인 두 명제가 둘 다 거짓이 될 수 있는가? 여기서 이 부정은 명제적 논리학에서 보통 이용되는 진리 관계의 의미로서의 내적 부정이 아니라, 괄호 안에 있는 명제에 참이나 거짓인 진리치를 할당할 수 없다는 신호인 외적 부정이다. 이 외적 부정의 개념은 고대 스토아 논리학자들이 창안한 것이라고 나는 부언하고 싶다. 따라서 칸트가 수학적 이율반율의 정립과 반정립을 "둥근 사각"의 개념과 비교한 것은, 그가 러셀의 외적 부정의 개념 같은 감(感)이 있었다는 것이다.

그래서 내가 칸트를 대신해서 그의 느낌을 개념적으로 명료하게 완성시킨 것이다. 러셀의 개념적 자원을 이용해서 칸트를 재건한 것이다. 이러한 개념적인 움직임은 철학사를 하면서 산 철학을 하는 것이다. 마지막으로 한 가지 내가 덧붙인 것이 있다. 칸트가 거짓인 정립과 반정립과 같은 대당의 방형 안에 자기의 제3의 대안을 놓고 이것을 참[眞]이라 함은, 칸트가 뉴턴과 라이프니츠가 받아들인 세계의 개념을 묵인한 것이다. 그런데 이 세계의 개념("물자체가…… 현상이다")은 자기모순이라고 칸트 자신이 비판하며, 외적 부정을 행사한 것이다. 결론적으로 대당의 방형식 해석과 외적 부정식 해석 사이에는 갈등이 있고, 이 갈등은 칸트가 비판하는 '독단적 형이상학'과 '비판적 철학' 사이의 갈등이다. 칸트의 텍스트에는 두 해석을 가능하게 하는 구절들이 있다. 그래서 윌슈는 물론이요 칸트 자신도 이 갈등을 명확하게 의식하지 못한 것이다.(둘째 이율모순의 논리적 구조로 첫째의 구조와 같다.)

1982년 12월에 볼티모어(Baltimore)에서 개최된 미국철학회 (동부지부) 연차회의에 갔다가 《중국철학회지》(*Journal of Chinese Philosophy*) 편집장으로부터 《동서의 만남》(*The Meeting of East and West*)의 저자로 유명한 노드롭(F. S. C. Northrop) 예일대 철학교수의 비교철학관에 대한 글을 하나 써달라는 청탁을 받았다. 그래서 〈노드롭의 철학적 인류학의 범위와 방법 비판 및 동서의 만남에 대한 희망〉(A Critique of the Scope and the Method of Northropian Philosophical Anthropology and the Projection of a Hope for a Meeting of East and West)이라는 긴 제목의 논문을 썼다. 이 논문의 요점은 다음과 같다. 노드롭은, 서양의 전형적인 사고방식은 수리물리학이 예시하는 가정법(the postulational method)이 과학, 도덕 예술, 종교의 모든 분야에 응용되는 것이 특색이며, 동양의 전형적인 사유방식은 "미분화의 심미적인 연속"(the undifferentiated aes-thetic continuum)이 특색이라고 관찰한다. 그리고 이 두 사유방식은 상보관계라고 말한다. 그렇지만 그는 가정법과 심미적 연속을 자기의 과학철학의 용어인 "이론적 구성요소"(the theoretic component)와 "경험적 구성요소"(the empirical component)이며, 이것을 가능하게 하는 것은 조작정의(操作定義 co-operational definition)다. 원래 '조작정의'라는 개념은 브릿지만(P. W. Bridgman)이 창안했는데, 개념은 조작의 방법에 의해서 결정된다. 그런데 조작에는 감각에 입각한 조작이 있고, 이론적인 조작이 있다. 브릿지만의 조작은 전자다.

근본적으로 합리주의에 가까운 노드롭은 이와 반대로, 조작은 이론적으로 지정된 개념이 정의한다고 역설한다. 여기서 그는 '이론적 요소'와 '경험적 요소'보다 우위를 확보하고 있다는 점을 확실히 한다. 그렇다면 서양의 사고방식이 동양의 사유양식을 지배한다는 결론이 나온다. 이것은 진정한 동서의 만남이 될 수 없다. 그래서 동서의 대화가 가능하려면 "지평선의 융합"을 제시하는 가다머의 해석학적 접근방식이 더 적합하지 않을까 하는 잠정적인 결론을 내렸다.

이 논문은 1983년 여름 캐나다 토론토에서 열린 국제중국철학회에서 발표하고, 《중국철학회지》(*Journal of Chinese Philosophy*)에 실렸다. 이와 비슷하게 비교철학의 일반적인 제목에, 제10회(1997년) 국제중국철학회에서 발표한 기조연설인 〈심미적 다원주의의 두 길—동과 서〉(Two Ways of Aesthetic Tluralism: East and Wast; 이 논문은 미국철학회에서 다시 발표하고, *International Journal of Field—Being*에 발행되었다), 그리고 1998년 세계철학회에 초청되어 발표한 〈동양의 관점에서 본 정의〉(Justice from an Eastern Perspective) 등이 있다. 이 논문은 세계철학회에서 초청받은 눈문들을 모아서 출판한 책에 실렸다. 이에 유교와 근대, 서양에서의 중국학의 유형, 근대의 유교 재평가 등 논문들이 있다.

동양과 서양의 철학을 비교하며, 특히 유가의 사상과 칸트를 비교한 논문이 다섯 편 있다. 모두 영어로 써서 영어로 발행한 것이다. 여기에서 〈인간의 관한 두 가지 상(관점)—유교와 칸트〉(Two Images of Man: Confucianism and Kant), 〈도덕의 두 길—유교와 칸트〉(Two Ways of Morality: Confucian and Kantian), 〈정치의 두 길—유교와 칸트〉(Two Ways

of Politics: Confucian and Kantian), 〈인간의 책임성과 자기실현의 두 길—
유교와 칸트〉(Two Ways of Moral Accountability and Human Fulfillment:
Confucian and Kantian), 그리고 〈자율적 개인의 개념에 대한 유교적 입
장에서의 생각〉(Some Confucianist Reflections on the Concept of Autonomous
Individual) 같은 논문이다.

칸트와 유교에 관한 논문들에서 다룬 주요한 점들은 다음과 같다.
유가나 칸트의 철학은 둘 다 보편성을 강조한다. 그러나 보편성을
강조하는 방식이 다르다. 칸트는 추상적인 원칙에 입각한 도덕체제
를 갖고 있다. 인간을 대수나 논리에서 임의의 상수를 변수의 가치
로 취급하듯이 보고 있다. 그래서 차별 없는 '실천적'(감정적이 아닌)
인 이성적 인류애를 논한다. 이에 반해서 유가에서는, 맹자가 역설
하는 것처럼 '차등 있는' 사랑을 중요시 한다. 어버이를 남과 같이 취
급할 수는 없다. 인류애도 가까운 데서 멀리 점차적으로 퍼져나가야
한다고 한다. 유가는 주자의 말 같이 구체적으로 사랑하지 않으면
의미가 없다는 것을 상기시킨다. 그래서 《대학》의 중추적 이념이
'수신제가치국평천하'가 아닌가?

칸트와 유가는 둘 다 인간의 평등을 논한다. 칸트가 모든 인간은
똑같이, 수단만으로 간주되어서는 안 되며, 본질적인 존엄을 인정받
아야 할 윤리적이며 실정법적인 평등한 지위가 있다고 주장한 고전
적 자유주의자였음은 잘 알려진 사실이다.

사람들 사이에 조금 덜 알려진 사실은 유가에서의 인간 평등사상
이다. 이것은 모든 인간이 똑같이 달도(達道)와 달덕(達德)할 가능성
이 있으며, 여기에 귀천이 있을 수 없다는 것이다. 다시 말해서 《중
용》 20장이 웅변하듯이, 모든 인간이 충분히 (인간다워질 수 있는) 평

등한 역량을 갖고 있음을 약속한다. 다만 성사 여부는 개인의 노력에 달려 있다. 칸트가 각 개인의 도덕적 책임을 중요시 하듯이, 유가의 입장은, 《맹자》에 나오는 자득자임의 쌍개념이 증언하는 것처럼, '개인적 도덕주의'의 결정이다. 유가만큼 인간의, 아니 개인의 도덕적 역량을 높이 평가함으로써 인간의 위엄에 존경을 표시하는 도덕철학은 퍽 드물다.

칸트가 법치주의를 강조한다면, 유가는 인치와 인정에 초점을 둔다. 아무리 법치주의가 근대사회에 불가피하다 해도, 실정법을 운영하는 것은 사람이기 때문에 사람의 인품을 생각하여야 한다. 칸트 자신도 윤리가 실정법보다 우위를 차지한다고 명언한다. 실정법에 호소하는 것은 '필요악'이다. 인권의 개념도 사람의 위엄을 최소한으로 보장하는 수단이다. '권리주장'은 겸양의 예, 양보의 예에 견주면 점잖지 못한 노릇이라고, 나는 미국에서 반세기 이상 살면서도 아직도 생각하고 있다. 플라톤은 《이상국가》에서 당시 아테네의 정치현실과는 거리가 있는 이상향을 그렸다. 이것은 철학자의 특권이다. 철학도인 나도 꿈을 버릴 이유는 없다.(나는 나를 '철학자'라고 생각한 적이 없고, 늘 '철학도'로 자처한다) 그래서 나는 법치주의와 인정의 개념은 상호보완 관계라고 논문에서 썼다.

고전적 근대자유주의자(로크, 홉스 등이 대표하는)들은 원자론의 입장에서 인간을 논한다. 이 원자론적 인간관은 그들의 인식론과 정치철학의 근본 가정이다. 그렇지만 지식 획득이 혼자서 할 수 없는 일임을 20세기의 비트겐슈타인학파에서 '언어의 전환'(the linguistic turn)이라는 구호 아래 체계적으로 비판하며 논했다. 이와 병행하는 사회, 정치철학에서의 원자론 비판이 '사회적 전환'(the social turn)이라는 숙어로 결정된다. 《낡고 새로운 개인주의》(*Individualism Old and New*)를 쓴 듀이(John Dewey)가 대표적인 예다. 개인의 개성과 창의성은 사회의 테두리 안에서 발휘될 수 있다고 믿고 "사회적 개인"(social individual)이라는 술어를 선보였다. 내가 역설한 점은, 동아시아에서는 '사회적 전환' 같은 것이 필요 없다는 것이다. 또 동아시아의 '근대화' 과정에서 서양의 고전 자유주의가 서양 근대 초기에 저지른 잘못을 되풀이해서는 안 된다고 주의를 환기시켰다. 그리고 유가의 '사회적 개인주의'의 입장에서 서양 고전 자유주의의 원자론에 입각한 '자율 개인'의 개념을 비판했다.

〈도덕의 두 길―유교와 칸트〉의 결론에서 칸트와 유가의 도덕철학의 장점을 다음과 같이 요약했다. 칸트의 도덕철학은 서양 근대의 인간상을 반영한다. 그래서 모든 인간의 법적 평등과 그들이 보편적으로 사회, 정치생활에 참여해야 함의 중요성을 강조한다. 그렇지만 고전 자유주의적 사회에서는 사람들의 동질화가 생겨, 헤겔이 지적한 바와 같이 사람들이 "형체 없는 군중"(eine formlose Masse, Menge)의 "무더기"(Haufen) 속에 무명(익명)으로 묻혀버린다. 그래서 소외의 문제가 야기된다. 동아시아 나라들의 '근대화' 과정에서도, 구체적인 인간관계를 가장 근본적인 인간관계로 보는 유교 전통이, 사람들이 체험할 수 있는 소외감을 완화하는 데 도움이 되지 않을까 하는 나의 의견을 피력했다.

세 번째 범주로, 동양사상과 실용주의를 비교하는 다섯 논문이 있다. ① 〈유가와 실용 ― 자아, 과정 그리고 예/권리[인권]〉(Confucianism and pragmatism: Self, process, and Rites/right), ② 〈로티의 철학〉(Rolty's Philosophy), ③ 〈로티와 장자 ― 반표상주의, 다원주의 및 대화의 개념〉(Rolty and Chuang Tzu: Anti-Representatitionalism, Pluralism and Conversation), ④ 〈로티와 동양사상〉(Rorty and Easten Thought), ⑤ 〈사회실천이론— 로티와 유가에서 새로운 주제를〉(Social Practice Theory: Variations on Rortyan and Confucianist Themes) 등이다. ①, ③, ⑤는 원래 영어로 썼다. 그리고 ①과 ③은 이미 발행되었고, ⑤도 발행될 예정이다. ③과 ④ 는 우리말로 써서 국내에서 나왔다.

①에서는 주로 유교와 듀이(John Dewey)를 비교했다. 듀이의 고전 적 자유주의 비판은 이미 전술한 바 있다. 유가와 듀이는 둘 다 개인 의 중요성을 역설하면서, 개인 '사회적 개인'이라는 공명하는 생각을 갖고 있다는 것, 그리고 특히 유교의 테두리 안에서는 개인의 위치 가 모호하다는 넓게 퍼져 있는 인식 착오를 바로잡아야 한다는 것, 그리고 자아는 타고난 성품이나 고정된 속성에 의해서 전적으로 결 정되어 변하지 않는 실체가 아니라, 타고난 성품의 경향(가능성)과 더불어 자기창조적인 과정이라는 생각이 유교와 듀이의 사상에 공 통적으로 존재한다는 것, 특히 유교에서의 성(性)의 개념을 '선천적' 으로 주어진 속성이 아니라 자기 발전을 시킬 수 있는 가능성 또는 소질이라는 동적으로 해석할 필요가 있다는 것, 더 나아가서 성은 '주어진 것'이 아니라 자기 노력을 통해서 자기 실현을 창조적으로 이루는 일생의 과정이며 업적임을 명심하여야 한다는 점들이 유가 와 듀이사상 비교의 요점이었다. 여기에 미드(George H. Mead)의 자아 관도 첨가했다. 자아는 사회의 테두리 안에서 공동으로 사용되는 언 어를 통해서 생성된다는 견해다.

인권의 개념을, 듀이는 자연법 전통에서 '천부적'이라고 보는 관점 과 다르게, '실용적'인 해석을 했다는 점에 유의했다. 듀이가, 인권

준수는 인간의 복리를 증진시키는 데 우리가 아는 한 가장 좋은 수
단이라고 생각한 것이 동아시아 사람들에게 시사하는 점이 있다고
나는 보았다. 예와 양보하는 마음의 전통이 중추를 이루었던 동아시
아의 문화권에서, 개인의 자기 이해관계를 핵으로 하는 권리라는 개
념을 수용하는 것은 미묘한 일이다. 그래서 무조건 문화나 역사의
요소를 참작하지 않고 근대 서양에서 받아들여졌던 원리 개념의 '보
편타당성'을 내세우는 것은 지각 있는 동아시아인들을 불편하게 한
다. 이 개념을 서구식으로, 특히 미국식으로 해석된 인권 개념을 동
아시아 사람들에게 '천부적' '보편적' '자명한' 진리라고 강요하는 것
은 서구의 제국주의적 침략의 일부로 볼 수 있기 때문이다. 그래서
듀이의 문화적 상황을 참작하는 '실용주의적' 해석이 융통성이 있다.
동서를 막론하고 지각 있는 사람들은 다음을 명심하여야 한다. "인
권이란 이상적인 개념이 아니라, 최소한의 규준 개념이다."

　이것은 내 입에서 나오는 구절이 아니라, 밀네(A. J. Milne)라는 서
양 사람이 《인권과 인간의 다양성》(*Human Rights and Human Diversity*)이
라는 책에서 한 말이다. 그리고 미국의 유명한 동아시아 철학 전문
가인 로즈몬트(Henny Rosemont, Jr.) 교수는 "권리 중심의 도덕 내지 정
치 이론들은 근본적으로 결함이 있다.…… 순전히 이성적인 자율적
개인의 계몽사상 모형"은 결함이 있다고 소신을 밝힌다. 이 '자율적
개인'의 개념이 한때는 자유주의를 앞세우는 데 공헌했다. 동시에 이
개념이 개인주의적인 유해로운 자본주의 발전을 부추겼다. 지금에
와서는 이 '자율적인 개인'이라는 개념이 '개념적 부담'이 되었다고
그는 권리 중심적 입장을 신랄하게 비판한다. 로즈몬트는 고전적 자
유주의의 대안으로 예의, 존경, 애정, 그리고 사회습관에 의해서 인

간관계가 유지 발전되어야 한다고 믿는다. 이것이 바로 그가 보는 동아시아의 전통이다.

이런 모든 점들을 참작하여, 나는 듀이와 유가를 비교하는 논문에서 노자의 《도덕경》 38장의 다음 글을 인용했다. "도를 잃은 뒤에 덕이 생기고, 덕을 잃은 뒤에는 인이 생기고, 인을 잃은 뒤에 의가 생겨나고, 의를 잃은 뒤에 예가 생긴다." 나는 여기에 다음의 구절을 덧붙였다. "그리고 예를 잃은 뒤에 권리가 생긴다." 권리의 개념이 동서를 통해서 '근대사회'에 불가결해졌음은 만천하가 다 안다. 그렇지만 가치체계에서의 권리의 위치를 잊어서는 안 된다. 이 개념은 '최소한의 규준 개념'이다. 아편전쟁 뒤에 동아시아인들 대부분은 직접 간접으로 서양 문명과 서양 제국주의의 침해를 받았다.('근대화'한 일본이 우리나라를 겁탈한 것도 서양을 흉내낸 일본의 짓이므로, 서구가 동양을 침략한 연장으로 볼 수도 있다.) 지금에 와서 생각하면 서양 문명의 혜택을 많이 받았다. 그렇지만, 우리 문화 전통의 장점을 상실해서는 안 된다. 동아시아, 특히 우리나라의 문화유산 가운데에서 가장 중요한 것은 '동방예의지국'의 전통이다. 예의란 문화의 자세다. 이 전통을 현대의 세계화 과정에서 시의에 맞게 되살려서 창조적으로 발전시키는 것이, 그래서 세계의 문화 발전에 공헌하는 것이 우리 동아시아인, 특히, 한국인들의 철학적 근본과제가 아닐까 생각해 보았다. 그래서 유교를 다시 생각한 것이다. 그리고 듀이와도 비교해 보았다.

〈로티의 철학〉과 〈로티와 동양사상〉은 1996년 12월에 서울 아카데미하우스에서 로티를 초청해 '로티교수와 함께 여는 실용주의, 과학 및 문화에 관한 국제 세미나'(The International Seminar for Pragmatism Science, and Culture with professor Rorty)가 열릴 무렵, 국내에서 우리말로 나온 글이다. 나도 이 회의에 참가했다. 〈로티와 장자〉에 관한 논문은, 이 회의 전에 이미 미국의 《중국철학회지》(*Journal of Chinse Philosophy*)에 실렸고, 이 회의에서 토론되었다. 이 논문의 요점은 다음과 같다. 로티는 반기초주의자, 반본질주의자, 그리고 반표상주의자다. 장자와 로티는 시대와 문화배경이 다르다. 그리고 장자의 철학적 명제에는 로티가 다루는 현대 서양철학의 개념이나 문제가 명백한 형태로 모습을 나타내지 않는다. 그렇지만 서로 공명하는 점들이 있다. 장자의 도추(道樞)의 은유와 양행(兩行)의 개념이 시사하듯이, 장자는 (관점주의적) 다원주의자다. 로티의 다원주의는 특권 있는 표상이라는 개념을 배격하는데, 이것은 장자의 '제물론'과 상통하는 바 있다. 그리고 니체의 영향을 받은 로티도 관점주의에 가까이 접근한다.(최근에 쓴 글에서 나는 장자와 니체의 관점주의적 입장들의 유사점을 고찰했다.) 그리고 로티와 장자는 자아를 창조적인 과정으로 본다. 장자의 '소요유' 개념은 이 점을 잘 집약한 것이다. 로티는 니체와 더불어 자아를 탈중심화한 프로이드(Freud)의 공헌에 민감해서, 자아를 "믿음과 욕구의 탈중심 그물"(a centerless web of beliefs and desires)이라고 규정한다.

그리고 새로운 자아의 자기 서술과 새로운 은유 사용 사이의 밀접한 관계를 주목한다는 데, 장자와 로티 사이에 재미있는 유사점이 있다고 관찰했다.

〈로티와 장자〉에 관한 나의 글을 토론하는 과정에서 로티가, 자기와 장자를 비교하는 것을 이해할 수 없다, 장자는 예수나 플라톤 같은 다른 고대인들과 다름없이 '원시적'이다, 그리고 동과 서는 퍽 다르기 때문에 동양 사람은 동양의 사상에 전념하는 것이 좋을 것이라는 퍽 반동적인 말을 했다. 그래서 나는 다음과 같이 논평을 했다.

로티 자신이 쓴 글에서 데이비드슨(Donald Davidson)처럼, 범주적 설계(Scheme)와 내용(content)의 구분을 없애면, 같은 문화 안에서의 차이와 다른 문화 사이의 질적 차이도 없어진다고 말했던 점을 상기시켰다. 그리고 칸트가 《순수이성비판》에서, 플라톤(Plato)이 자신을 스스로 이해했던 것보다 자기(칸트)가 플라톤을 더 잘 이해한다고 말하였듯이, 로티가 자신을 이해하는 것보다 나는 '로티의 철학과 장자의 사상의 공명하는 점을 더 잘' 이해할 수 있다고 했더니 회의가 끝날 때 종합토론을 하면서, 로티는 아마도 동서의 차이라는 관념은 시대착오적이 아닐까 하는 생각을 하게 되었다고 말했다. 그리고 그 전날 한 이야기는 자기의 무지 탓이었다고 자인했다. 자기의 '무지'를 공공연히 인정함은 그가 열린 마음을 갖고 있다는 것이다. 철학자로서 바람직한 자세라고 생각했다. 그 뒤로 미국철학회에서 만날 때마다 서로 반갑게 맞이한다.

〈사회실천이론—로티와 유교에서의 새로운 테마〉(Social Practice Theory: Variations on Rortyan and Confucianist Themes)라는 논문에서 나는 로티의 사회실천 이론(또는 실행이론)과 유교의 사회실천 이론을 비교하였다. 이 논문의 요점은 다음과 같다.

로티에 따르면, 롤스(John Rawls)는 미국의 민주주의를 '형이상학적 뒷받침' 없이 역사적 사회학적으로 명확하게 표현하는 것을 전형으로 삼는다. 롤스의 이론은 보편성을 주장하는 것이 아니라, 국부적인 서술이다. 로티가 취급하는 롤스의 이론은 〈정의의 이론〉(A Theory of Justice) 뒤에 나온 〈도덕철학에서의 구성주의〉(Kantian Constructionism in Moral Philosophy)나 〈형이상학적이 아니라 정치적인 공평으로서의 정의〉(Justice as Fairness: Political not Metaphysical) 같은 논문에서 피력하는 견해다. 롤스에 따르면, 다원주의적 민주주의 사회에서 이루어지는 합의는 도덕적이기보다는 실용적이다. 이러한 견해는 반보편주의적이며 역사주의적이다. 로티는 이러한 관점을 지지한다. 로티는 반기초주의자이기 때문에, 계몽사상가의 입장과 달리 자유민주주의 또는 그의 표현대로 '포스트모더니스트 부르주아 자유주의'(Postmodernist bourgeois liberalism)는 유연성을 띠고 있음을 기껍게 승인한다. 로티는 자유주의의 개념들, 즉, 절차적 정의와 인간의 평등 같은 것이 국부적이고 근대의 특수하고 괴짜인 문화적 발전이라고 한다. 그렇지만 쟁취해서 확보할 가치가 있다는 것이다. "자기 소신의 상대적인 타당성을 깨달으면서도 이것을 단호히 지키는 것이 문화인을 야만인으로부터 구별할 수 있다"는 슘페터(Joseph Schumpeter)의 구절을, 로티에게 깊은 영향을 끼친 베를린(Isaiah Berlin)이 인용한 것을 로티가 재인용한다. 모든 사람은 특수한 문화환경에서 태어나서 거기서 살기 때문에, 그 사회에서 사는 양식을 따르는 것이 합리성을 따르는 것이다. 이 견해를 그는 '인식론적 행동주의'(epistemological behaviorism)라고 이름 짓는다. 이것은 상대주의가 아니라 실용주의다. 이러한 관점을 그는 '헤겔적'('칸트적'과 대조되는)이라고 한다. 그의 '인식론적 행동주의'는 즉 사회실천이론이다. 로티의 사회실천이론의 선구자는, 나의 예일대학 박사학위논문 지도교수였던 셀라즈(Wilfrid Sellars)다. 그리고 로티의 프린스턴대학 제자이자 피츠버그대학 철학교수인 브랜덤(Robert Brandom)이 발전시켰다. 그런데 셀라즈의 사회실천이론은 후기 비트겐슈타인으로 보아야 한다. 나는 사회실천이론을 포괄적으로 논하려면, 헤겔로 소급해서 후기 비트겐슈타인하고 하이데거를 첨가해야 한다고 믿는다.

따라서 나 자신도 이에 대한 논문을 몇 편 썼다. 로티는 공동체 구성원들을 묶는 것은 추상적이 이론이 아니라 인간들이 구체적으로 나누는 연대감(solidarity)이라고 본다. 이 연대감은 셀라즈의 '공동체의 의지'(community intention)에 근거를 둔 것이다. 로티는 '공동체의 의지' 대신 오크쇼트(Michael Oskeshott)의 '우리 의지'(We-intention)라는 표현을 쓰지만, 로티는 추상적인 원칙(칸트에서 볼 수 있는)보다는 흄(David Hume)의 동정(sympathy)이 사람들을 서로 끌어당긴다고 믿는다. 흄의 동정은 유가에서 논하는 측은지심과 손발이 맞은 개념이다. 추상적인 원칙보다는 신뢰감과 동정을 더 중요시 하는 흄, 그리고 흄을 현대의 시의에 맞게 발전시킨 바이어(Annette Baier)의 관점이 유교의 입장과 비슷하다고 로티에게 이야기했더니, 그는 퍽 흥미로워하였다. 흄의 입장은, 구체적인 관계에서 다른 이를 아끼고 염려하지 아니하면 사랑의 의미가 없다고 말한 주자가 대변하는 유가의 관점과 상통하는 바 있다. 그리고 유가에서 논하는 예의 개념은 유가의 사회실천이론의 중추를 이룬다. 예의 양식을 가무의 율동에 흔히 비유하는 것은 예의롭게 행동하는 것이다. 가무의 율동은 '자발적'으로 단체적인 행동의 실천을 통해서 진화 발전하기 때문이다.

이 논문은 2005년 3월에 샌프란시스코에서 열린 미국철학회(태평양지부) 연차회의에서 발표했다. 지금까지 요약해서 소개한 논문들의 대부분은 1998년 1월에 국내의 길출판사에서 나온 나의 책 《두 지평선의 융합—동과 서》에 실렸다. 그 뒤에 내가 영어로 써서 발표한 논문들이 있는데, 이들은 하이데거, 비트겐슈타인, 그리고 동양사상을 비교하는 것들이다. 여기서 네 편만 소개하겠다.

첫째, 〈사회실천이론—비트겐슈타인, 하이데거, 그리고 유가에서의 새로운 테마〉(Social practice Theory: Variations on Wittgensteinian, Heideggerian and Confucian Themes)는 2000년 8월에 개최된 장(場)의 국제회의에서 한 기조연설이다. 이 논문의 요점은 다음과 같다. 비트겐슈타인(특히 후기 비트겐슈타인)은 분석철학자들, 특히 '보통언어'(ordinary language) 분석철학자들의 원조 같은 인물이다. 그리고 하이데거는 대륙철학의 거장이다. 근래에 와서 이 두 진영을 넘나들며 공통점을 모색하려는 철학자들이 눈에 띄었다. 나는 이러한 철학자들의 취지에 동감한다. 그래서 비트겐슈타인과 하이데거가 제각기 어떻게 사회실천이론을 폈나 하는 데 관심을 가졌다. 거기에 동서문화의 경계선(이러한 경계선이 존재한다면)을 넘어서 유가의 입장까지 첨가했다.

비트겐슈타인(후기 비트겐슈타인) 작품은 〈철학적 탐구〉(Philosophical Investigations)를 비롯해서 체계적으로 씌어진 것이 아니고, 자기의 수상을 엮어 놓은 것 같은 인상을 준다. 그래서 비트겐슈타인적 견해를 언어유희에 관해 잘 정리한 셀라즈(Wilfrid Sellars)의 해석을 소개했다.

셀라즈는 〈언어유희에 관한 어떤 생각〉(Some Reflections on Language Games)에서 언어유희를 하는 것은 규칙을 따르는 것인데, 규칙을 따르는 것을 어떻게 해석할 것이냐 하는 문제를 제기한다. 규칙을 규범적으로 따르는 필요조건으로 규칙을 명백히 언어로 공식화하는 것을 전제로 한다면, 객체적 언어(object language)의 (안의) 규칙을 공식화하는 규칙은 메타 언어에 속한다. 이 메타 언어의 규칙을 따르는 조건으로, 이 메타 언어의 규칙을 공식화하는 것을 전제로 한다면, 메타 언어의 규칙을 공식화하는 규칙은 메타 메타 언어의 규칙이다.

고로 '무한후퇴'(infinite regress)가 생긴다.(이 논법은 17세기에 홉스 Thomas Hobbes가 데카르트Rene Decartes의 이원론을 비판하는 방식과 유사점이 있다.) 이렇게 '무한후퇴'가 생기는 결과를 낳도록 규칙을 복종하는 것을 규정하는 입장을 (브랜덤의 표현을 빌려서) 규범적 규칙주의(regulism), 그리고 규범의식 없이, 앵무새가 소리를 내거나, 해바라기가 태양을 향해서 움직이는 것이나, 컴퓨터가 키보드를 누르는 데 반응하는 식으로, 즉 조건반사적으로 맹종하는 것을 규칙을 따르는 것으로 규정하는 입장을 (역시 브랜덤의 표현을 빌려서) 비반성적인 맹종주의(regularism)라고 불러보자.(이 두 표현은 브랜덤이 셀라즈의 비트겐슈타인의 해석을 논의하면서 쓴 것이다.) 이 진퇴양난의 궁지를 어떻게 빠져나오나 하고 자문하면서, 셀라즈가 비트겐슈타인의 사회실천이론을 선보이는 것이다. 즉 당위성을 띤 규범을, 더 정확히 말해서 규칙은 암암리에 합의를 전제로 하고 살고 있는 사회실천에 근거를 둔 것이다. "규칙은 사회양식이지 서술하는 것이 아니다"(A rules and Behavior)라고 셀라즈는 〈언어, 규칙 그리고 행동〉(Language, Rules and Behavior)이라는 논문에서 비트겐슈타인적 사회실천이론을 요약한다.

셀라즈는 '살고 있는' 규칙을 따르는 행동을 '양식에 지배되는 행동'(pattern-governed behavior)이라고 특징화한다. 하이데거에서는 능란한 목수가 망치질 하는 예가 셀라즈의 표현을 빌리면, 비트겐슈타인식의 '양식에 지배되는 행동'이다. 비트겐슈타인과 대조되는 것은 하이데거나 하이데거의 추종자들은 규칙에 대한 언급이 별로 없다. 대신, 능란한 목수의 망치질이 몸에 배어서 기술이 익숙해짐을 하이데거는 'Umsicht'(이기상 교수의 번역을 빌리면 '둘러봄')라 부른다. 자기 세계나 환경에 익숙해지고, 하는 일이 몸에 배는 것은 노하우다. 기구를 조작하는 기술은 이론적인 지식이 아니지만, 나름대로의 안목이 있는 것이다. 농부가 남쪽에서 불어오는 바람에 대한 감을 갖게 되는 것이 이러한 안목의 좋은 예다. 하이데거가 '이해'라는 용어를 쓸 때, 이것은 무엇을 할 수 있는 실질적 능력을 의미한다. 이 '이해' 또는 노하우는 사회실천에 근거를 두고 있다. 이러한 사회실천이론은 도구를 다루는 세계에서만 타당성이 있는 것이 아니라, 대인관계, 즉, '공동 현존재'(Mitdasein)의 맥락에도 연관성이 있다고 보아야 한다.

나는 유가에서 논하는 예를 사회관습의 총체적인 명칭으로 해석한다. 고대 중국인들은 가무를 많이 이야기하는데, 이미 전술한 바와 같이, 예의 양식을 이해하는 데 도움이 된다.

유가들에게 교육은 예를 몸에 익히는 과정이다. 그래서 좋은 가정, 좋은 환경(세 번 이사 간 맹자의 어머니가 생각난다)에 있고, 좋은 모범을 보고 몸에 익혀야 인격이 제대로 형성된다. 그리고 예를 몸에 배게 하는 것은 사회실천을 통해서 가능해진다. 비트겐슈타인은 언어를 이해하는 것은 하나의 기술을 터득하는 것이라 했다. 유가에서 논하는 예를 몸에 익히는 것은 하나의 기술을 터득하는 것이다. (마치 하이데거가 말하는 망치질처럼) 어떠한 특정한 언어에 능통하지 못한 외국인이나 무지한 사람에게나 문법을 명백하게 하여 가르쳐주었던 것처럼, 예법을 명백하게 공식화해서 상기시키는 것은 예의를 모르는 야만인이나 철없는 어린이에게 필요한 노릇이다. 보통 상황에서는 말을 구사하는 것이나 예의 있게 행동하는 것은 사회실천을 통해서(암암리에 이해하는 능력에 근거해서) 처신하는 것이다. 이것이 바로 셀라즈가 말하는 '양식에 지배되는 행동'이다.(이 논문은 *International Journal for Field Being*에 실렸다.)

〈세계 안의 존재 — 하이데거적, 비트겐슈타인적, 유가적인 새로운 테마〉(Being-in-the-world: Variations on Heiddggerian, Wittgenstemimism, and

Confucian Themes)에서 나는 사람이 '존재'한다는 것을 충분히 명료하게 묘사하는, 즉, 서술하는 양식을 '과학주의적' 입장과 대조되는 '현상학적' 입장에서 다룬다.

하이데거는 〈논리의 형이상학적 기반〉(Metaphysische Anfangsgründe der Logik)에서 '세계 안의 존재'는 존재자의 근본 구성이라고 선언한다. 그리고 '초월'(Transcendenz)은 세계 안의 존재(하는 것)라고 정의한다.(이것은 하이데거가 후셀이 쓴 이 표현을 자기의 목적에 맞게 적용한 것이다.) 존재자는 '타가 없는 주체'도 아니고 '세계가 없는 주체'도 아님을 강조한다. 이것은 데카르트에 근거를 둔 회의주의를 해소하는 하이데거의 처방이다.(이런 회의주의 해소방식은 칸트의 제1 비판의 제4 '오류추리론'에서 찾을 수 있다.)

하이데거에게 '세계'는 자신에게 가깝고 친근한 환경이다. 현존재가 '그 안에서' '살고' 있는 그것(곳)이다. 존재자가 세계 '안'에서 '산다'는 의미에서의 '안'을 물리적 의미로(연필이 필통 '안'에 있다는 식으로) 해석해서는 안 되며, '실존범주'(als Existenzial)의 의미로 해석해야 한다. 하이데거에서 실존범주의 개념은 인간을 인간으로서(웃고 기뻐하고, 울고 슬퍼하는, 그리고 사랑하거나 미워하는) 충분히 (현상학적으로) 이해하는 데 필수적인 개념이다.

심리철학(philosophy of MIND)을 분석철학 입장에서 하는 사람들 가운데에서 사람들(특히 사람의 마음)을 신경생리학적으로 보는 경우가 많다. 이들 가운데에는 인간을 두뇌와 동일시하는 사람들이 있다. 인간의 행위를 이해할 때, 컴퓨터를 모형으로(예를 들면, John Searle) 삼는 철학자들도 있다. 그렇다면 육체와 분리된 두뇌('통속의 두뇌') 나 컴퓨터가 기쁨에 가득 차며, 춤추며 노래하는 것을, 그리고 얼굴

가득 웃음 짓는 것을 상상할 수 있을까? 그래서 비트겐슈타인은 '철학적 탐구'에서 오직 살아있는 사람이나 그와 비슷한 존재자들만이 감각을 가질 수 있고, 볼 수 있고, 들을 수 있고, 의식이 있다고 관찰했다. 어떤 사람의 손이 아프면 아프냐고 손에 대고 묻는 것이 아니라, 그 사람을, 그 얼굴을 보며 묻는다. 유가들은 사단칠정(四端七情)을 논한다. 맹자는 최선을 다한 후 천명(天命)을 기다린다고 자기의 소신을 밝혔다. 이것은 문화인이 사는 양상이다. 이러한 양상을 논할 때(묘사할 때) 과연 신경생리학적 언어가 적절할까?

하이데거는 사람이 세상에서, 인간 세계에서 사는 것을 묘사하면서, '심려'(Fürsorge), '공동존재'(Mitsein), '공동현존재'(Mitdasein)라는 개념들을 소개한다. 그리고 '고려'(Rücksicht) 및 '관용'(Nachsicht)을 잊어서는 안 된다고 한다. '고려'와 '관용'은 환경에 익숙해져서 생기는 시각인 '둘러봄'과 연결이 되는데, 이 두 개념은 '심려', '공동존재'와 연관된다. 하이데거 자신은 '본체론'에만 관심이 있고 실제적인 윤리의 문제는 눈 밖에 있는 것 같은 인상을 주지만, 그의 '심려'(Fürsorge)는 아가페(Agape)의 뜻을 함축한다고 보는 미국의 하이데거 학자도 있다. 나는 오트프슨(Otfson)의 이러한 해석에 수긍이 간다. 그래서 '심려'는 유가의 인(仁)과 공명하는 점이 있지 않을까 생각도 해 본다. '공동현존재'는 현존재의 상호관계, 더 나아가서 상호보조관계를 뜻하기 때문이다.

나는 동양사상(유가, 도가, 불가)의 공통점 가운데 하나가 각기 개성이 있는 개체(개인)들이 상호(보완)관계를 갖는 것을 인정하는 것이라고 본다. 불교에서는 자기중심적인 소아(小我)의 경지에서 벗어나서, 모든 존재자들의 상호상관관계, 상호의존관계, 상호보완관계를 갖고 있는 것을 깨닫고 자비심을 실천하는 대아(大我)로 변해가는 과정이 부처가 되는 깨달음이라고 가르치고 있다. 이것이 공(空)이다.

《장자》에 나오는 도추의 은유는 개체(바퀴의 살)들이 축[無]으로 융합되는 것, 유가 무로 융합되는 것, 유가 무로 인해서 상호보존관계를 갖게 되는 점을 웅변한다. 《맹자》에서 논하는 '자득'과 '자임'의 쌍개념은 각 개인이, 사회의 테두리 안에서 자기의 개성을 현시하는 양식을 표시한다. 그리고 각 개인의 자기실현은 공동선과 유기적인 관계가 있음을 유가는 역설한다.

미국의 하이데거 학자 지머만(Michael Zimmerman)은 《자아의 엄폐》(*The Eclipse of the Self*)라는 책에서, 불가의 '공'(Sunyata), 도가의 '도'(즉, 무)는 하이데거의 '존재'(Sein)라고 관찰했다. 퍽 대담하고 개인적으로 매력 있는 해석이다.(《자아의 엄폐》에서의 자아는 자기중심적인 자아다. 모든 존재자들은 상호관계를 갖고 있기 때문에, 원자적인 자아는 엄폐되라는 뜻이다.) 우리가 살고 있을 때, 서로 같은 세계에 살고 있다는 것은 엄연한 사실이다. 이러한 사는 세계를 서술할 때 과연 과학주의에 입각한 신경생리학의 언어가 적절할까? 언어는 '전기 하이데거'(《존재와 시간》을 쓴 하이데거)와 '후기 비트겐슈타인'(《철학적 탐구》를 쓴 비트겐슈타인)이 지적한 것처럼 도구다. 따라서 어떠한 언어를 쓰느냐 하는 것은 어떠한 목적을 위해서 어떠한 도구가 필요하냐에 달려 있다. 인간 행위에 대해 '인과적 설명'을 하려면, 신경생리학적 어휘가 적절할지 모른다.(만약 적절한 신경생리학적 언어가 먼 장래에 현실화된다면) 그렇지만 우리의 일상생활 양식을 일상생활을 하는 대로 명료하게 표현하여 묘사하고 서술하려면 현상학 같은 언어가 더 격에 맞지 않을까?

다만 어떠한 언어도 '궁극적'인 현실을 '신의 견지'(퍼트남의 표현을 빌려서)에서 반사하는 '특권' 있는 지위를 갖지 않았음을 명심하여야 한다. 이것이 우리가 다원주의에서 배울 점이다. 관점주의나 다원주의를 니체나 로티에서 찾을 수도 있지만, 시의에 맞게 처신하는 것이 의로운 노릇이라고 가르친 유가를 다시 한 번 생각해 보자고 한 것이 논문의 요점이었다,

이 논문은 (근래에 쓰는 내 논문들이 대개 그러하듯이) 좀 긴데, 2001년 베이징에서 열린 국제중국철학회에서 발표되었다. 내가 급작스러운 사고로 못 가게 되어서 대독을 시켰지만, 이 논문은 초청 논문으로 선택되어 베이징에서 발행된 《발표논문선집》에 실렸고, 미국에서 나오는 학회지(*International Journal of Field–Being*)에도 실렸다.

셋째로, 〈본연의 자아와 사회적 자아〉(Authentic Selt and Social self)라는 논문에서는 주로 개체로서의 인간과 공동체 사이의 관계를 다룬다. 현존재는 필연적으로 사회적이다. 현존재는 다른 현존재들과 (비트겐슈타인의 표현을 빌려서) '사는 양식'(form of life)을 나눈다. 언어 사용이 대표적인 예다. 그리도 많은 시설들을 같이 쓴다.

이러한 현존재는 '보통사람'(das Man)이다. '보통사람'이라는 개념은 실존범주이며 현존재의 적극적인 구성이라고 특징짓는다. '보통사람'은 '비본연성'을 띠고 있다. 언어 사용은 도구를 사용하는 것이기 때문에 나름대로 시각이 필요하다. 언어 사용은 사회실천인 '양식에 맞는(지배되는) 행위(행동)'다. 언어 사용의 대표적인 예는 명제표현(Aussage)인데, 이것은 해석(Auslegung)을 전제로 한다. 명제 표현의 능력이 있는 것은 비트겐슈타인 식의 표현을 쓰면 '논리적 공간'에서 추리를 할 수 있는 능력을 드러내는 것이다. 명제를 표현하는 것은

해석처럼 '구조'를 갖고 있다. 문화의 배경 같은 것이 언어 사용에 전제되는데, 비트겐슈타인의 '삶의 형태'(form of life) 같은 것을 하이데거는 '미리 갖고 있는 것'(Vorhabe)이라고 이름 짓는다. 예를 들어서 인간을 논할 때, 현상학적인 서술을 할 수도 있고 신경생리학적으로 인간행위의 인과적 설명을 할 수도 있다. 이러한 특수한 관점이 '전제되는 시각'(Vorsicht)이라고 한다. 하이데거의 이 삼위일체적 개념들과 공명하는 개념들을, 포스트실증주의(포스트 논리경험주의)의 '분석적' 과학철학에서도 찾아볼 수 있다. 비트겐슈타인의 영향을 받은 툴먼(Toulmin), 핸슨(Hanson), 그리고 초기의 파이어아벤트(Feyerabend) 등을 예로 들 수 있다. 그리고 가장 유명한 예로 쿤(Thomas Kuhn)의 패러다임(paradigm; 후기에는 '학문적 분야의 모형' disciplinary matrix)이라는 개념이 생각난다.

하이데거는 비본연적인 현존재의 특성으로 '평균성'(Durchschnittlichkeit)을 든다. 그리고 비본연적인 현존재는 '끌려 다닌다'고 소극적으로 보고 있다. 나는 여기서 '비본연적'인 '보통사람'에게 적극적인 면과 비판받아야 마땅한 부정적인 면이 있다는 이 구분을 명백히 해야 한다고 생각한다.

언어 사용과 공동시설 이용 같은 것은 '비본연적'인 '보통사람'의 당연하고 필요하고 적극적인 면이다. 신랄한 비판을 받아야 당연한, 때로는 무비판적으로 군중심리에 휘말리는 '떼거리 행위'(herd behavior)를 들 수 있다. 철학공부를 하는 사람들 가운데에서 '과학주의'가 인기가 있다고 해서 이를 맹종하는 것이 '떼거리 행위'의 적절한 예시가 아닐까? 이것은 주말에 군중심리에 휘몰려 무작정 쇼핑을 가는 것과 무엇이 다른가? 하이데거가 철학적으로 비판하는 '비본연성'의 가장 흥미로운 예는 '과학기술 문명적 사고방식'이다. 이 사고방식은 사람들을 특정한 '틀에 박아 넣는다'. 그래서 게슈텔(Gestell) 비판을 하는 것이다. 이러한 사고방식은 효율성 만능주의며, 자연뿐 아니라 인간을 자원으로 취급한다.('인간자원'human resources이라는 말이 널리 쓰이는 점을 상기해서 그 함축성을 잘 새겨볼 필요가 있다.)

하이데거는 게슈텔이 플라톤의 형이상학에 원천을 둔 것으로 간주되는 획일적인 사고방식의 극치라고 본다. 하이데거가 반대하는 것은 더 근본적으로 '과학이 만물의 척도'라고 외치는 과학주의(scientism)다. 과학주의는 과학과 구별해야 하며, 과학주의는 획일적인 사고방식이기 때문에 다원주의적 입장에서 마땅히 비판해야 하는 것이다. 하이데거는 '비본연적' 존재양식(여기서 '비본연적' 현존재의 긍정적이요 적극적인 면과 부정적인 면을 다시 한 번 상기하여), 부정적인 면을 '유혹' 안일한 진정 상태, 소외, 그리고 엉키어 빠져나오지 못함이라 규정하고, 현존재의 이러한 '움직이고 있음'을 '추락'이라고 부른다. 이러한 상태를 자아의 본연성에서 '도망'가는 것이라 한다. 이러한 하이데거의 비판 비슷한 것은, 이미 헤겔이 고전자유주의 사회에서 평등해진, 즉 평준화된, 그래서 익명의 무더기 속에서 형체 없이 묻혀버리는 떼거리에 관한 논평을 한 데서 찾아볼 수 있다.

이와 대조해서, 본연적인 현존재는 창조적으로 기획 투사하는 존재자다. '통찰력이 생기는 순간'(Augenblick)에 가능성을 투사하는 것이다. 이러한 순간에 창조력을 발휘하여(제한된 자유지만) 앞으로 올 것을 닥쳐오게 하는 것이다. 그래서 실존성의 일차적 의미는 도래다. 현존재는 이미 존재했음(Gewesenheit)을 전제로 하기 때문에, 존재했음과 도래가 현재에서 창조적으로 만나 융합하는 것이다. 본연적인 현존재는 '통찰력이 생기는 순간'에 '될 수 있는 존재'(Seinkönnen)를 실현하는 실존적인 행동을 수행하는 것이다. 그래서 본연적인 현존재는 '상속되었지만, 선택된 가능성을 자기 자신에게 이어준다'.

하이데거의 '던져진 가능성' 또는 상속되었지만 '선택된 가능성'이라는 개념은 《논어》의 '온고지신'(溫故知新) 구절과 공명하는 바 있다. 누구나 '주어진' 문화 전통에 '던져져서'(Geworfen) 그 문화의 규범(즉 禮)을 습득한다. 창조적으로 슬기롭게 의로운 행동을 하는 것을 이러한 예의 테두리를 전제로 한다. 의로운 행동을 함은 기획투사라는 개념과 서로 물리는 점이 있다고 나는 관찰한다. 문화 전통은 인격 양성의 장이다. 그리고 슬기롭게, 시의에 맞게 처신하는 것은, 그리고 '상속되었지만 선택된 가능성을 자신에게 이어두는 것'은, 자신이 '던져진' 문화 전통 규범의 테두리 안에서, 자신이 과거에 수행한(의로운) 행동들을 전제로 한다. 이렇게 살아서 축적되었음이 '실존했음'이다. 이러한 과정을 (니체 식으로 표현하면) 창조적으로 '반복'하면서 하늘과 땅 사이에 충만하게 호연지기를 양성하는 것이 유가에서의 '될 수 있는 존재'(Seinkönnen)가 아닐까 꿈꾸어 보기도 한다. 이것이 이 논문의 요지다.

이 논문은 2002년에 중국 서안(西安)에서 열린 장(場)이론 국제회의에서 발표했고, 미국에서 발행되었다.

넷째로, 〈존재와 무 — 하이데거와 불가의 견지의 고찰〉(Being and Nothingness: Some Reflections on Heideggerian and Buddhist Themes)이라는 논문에서 하이데거와 경도(京都)학파의 철학자 니시다니 게이지(西谷啓治)의 근대적 불가의 견해를, 존재와 무에 관해서 비교한다.

하이데거의 존재(Sein)에 관한 견해에서 그의 뛰어난 점은, 유

(Anwesenheit)와 무(Nichts)의 관계를 다루는 양식이다. 하이데거의 견해는 니체가 플라톤과 기독교가 상징하는 획일적이고 절대주의적인 존재에 관한 입장을 비판하는 것을 계승하여 발전시킨 것이다. 하이데거는 유와 무의 선언(disjunction)을 표시하는 기호로 "Seyn" 또는 "Sein"을 창출했다. 그의 〈오솔길에 남긴 자국들〉(Wegmarken)에 포함되어 있는 "존재 질문을 향하여"(Zur Seinsfrage)와 "진리의 본질에 관하여"(Vom Wesen der Wahrheit)를 참조하면, 'Seyn' 또는 'Sein'이 선언적 개념의 표현으로 쓰이는 이유를 알 수 있다. '존재'(Sein)는 실재[有]의 의미로도 쓰이고 부재[無]의 의미로 쓰일 때도 있다. 이러한 'Sein'의 애매성을 제거하는 데 'Seyn' 또는 'Sein'의 효용가치가 있다. 실재하는 것이 있으면 부재하는 것이 있기 때문이다. 〈시인들은 무엇 때문에?〉(Wozu Dichter?)라는 글에서 하이데거는 달의 밝은 면과 어두운 면을 은유로 쓴다. 밝은 면은 '현존성'(Anwesenheit)의 유(우리에게 보이니까)이며, 어두운 면은 부재의 무(우리에게 안 보이니까)이다. 지금 보이는 밝은 면이 달의 전부라고 생각하면 큰 오판이다. 이것이 획일성을 띤 '형이상학'이 범한 오류이며 '존재의 망각'(Seinsvergessenheit)이다. 달의 밝은 면과 어두운 면이 상보관계를 갖고 있으면서 구체의 전체를 구성하는 것이다. 그래서 포괄적인 의미에서의 '존재' 즉 'Seyn'이나 'Sein'은 실재하는 것들뿐 아니라 '아직 열리어 나타나지 않은 것', 즉, 부재하는 무를 감안하는 개념의 표현이다.

전통적인 서양의 형이상학자들이 무를 존재(현존성)의 부정으로 보며, 존재와 무를 대립하는 이항적 반대관계(binary opposition)로 보는 관점과 대조되는 입장을 하이데거는 취하는 것이다.

니시다니는 〈종교란 무엇인가〉에서 절대무를 중추 개념으로 내세운다. 절대무는 불가의 공(空, Sunyata)을 현대화해서 창안한 경도학파의 산물이다. 우선, 니시다니는 니체와 하이데거를 출발점으로 삼는다. 니시다니는 니체나 하이데거는 결국 무를 '물'(物)로 취급한다고 하며, 따라서 그들의 무는 '상대적인 절대무'라고 한다.[니시다니의 하이데거 해석은 잘못되었다. 하이데거는 무를 '물'로 취급하는 것이 아니라, 유와 더불어 포괄적인 의미로서의 존재의 '어두운' 면 (독자적인 '물'이 아닌)으로 보기 때문이다.]

그래서 니체와 하이데거는 허무는 논해도 공인 절대무에는 접근을 못했다고 본다. 여하튼 니시다니는 절대무를 통해서 유와 무를 이원론적으로 보는 서양 사고방식의 한계를 극복하려고 시도한다. 그래서 공을 허무로부터 구별한다. 하이데거가 무를 본체론적으로 취급한다면, 자기는 공을 '실존적 개종'으로 연결시킨다고 한다. 실존적 개종은, 자기중심적인 소아(小我)의 상태를 벗어나되, 만물이 상호의존한다는 자각(깨달음)에 입각한 대아(大我)로 재생하는 과정이다. 자기해방을 의미하는 것이다. 이것이 속세에서 열반으로 들어가는 것이다. 이것이 소아의 부정이요, 대아의 긍정이다. 부정 즉 긍정, 이것이 절대무이다. 절대무는 나가루주나(Nagarjuna)의 언명인 "윤회는 열반이요, 열반은 윤회"의 현대적 표현에 지나지 않는다.

니시다니는 절대무, 즉 공의 경지(니시다니의 은사인 니시다 기다로 西田幾太郎의 표현을 빌려서 부정의 부정이라고도 함)는 대자비며, 아가페(agape)라고 한다.

공의 장에는 유일한 중심이 없다. 장안의 모든 것들이 제각기 중심이 된다. 각 개체마다 절대적인 독자성을 갖고 있으며 '어떤 물'이 현전한다는 것은 절대적으로 독자성, 즉 중복될 수 없는 특수성을 갖고 있는 것이다. 현전하는 것들은 제각기 '회호적'(回互的)으로 돌아가며 주군(主君)이 되고 종자(從者)가 된다. 내가 첨가하고 싶은 점은 이러한 니시다니의 공에 대한 관점은 〈화엄경〉에 나오는 인드라의 그물의 비유에 시사되어 있다는 것이다. '실존적 개종'을 통해서 사물을 '있는 대로' 보게 된다. 이러한 순간을 니시다니는 도겐(道元)의 표현을 빌려서 '유시'(有時)라고 부른다. 이 순간은 만물이 집결하는 순간이다. 이 순간에 "세계가 '세계한다'"고 한다. 니시다니는 그에게 영향을 많이 준 하이데거의 'Die Welt weltet'라는 표현을 쓰고 있다. 이러한 순간을 그는 '영원의 모내드(monad)'라고 특징 지운다. 이 순간이 우주만물을 반영한다는 뜻이다. 니시다니의 '유시'(有時)는 하이데거의 '통찰력의 순간'(Augenblick)과 유사한 인상을 주는데, 차이점이 있다. 하이데거의 통찰력이 있는 순간은 도래지향적인데, 유시는 다른 모든 순간으로부터 독립된 순간이다.

마지막으로, 니시다니는 자기의 절대무와 에카르트(Meister Eckhart)의 신성 개념을 비교한다. 니시다니는 에카르트의 신성을 다음과 같이 논한다. 신의 상이 영성을 통해서 인간의 영혼 안에서 활동하게 될 때, 영혼 안에 있어서 '신의 탄생'이 이루어진다고 한다. 인간의 영혼이 신과 합일하는 것[Deo Unitum esse]이 아니라, 영혼이 신과 하나인 것[Unum esse cum Deo]이다. 신이 나를 돌파하매 나도 신을 돌파하는 것이다. 이것이 바로 신성이다. 그래서 신성을 절대무라고 부른다.[이러한 해석은 이미 스즈키 다이세츠가 그의 영문 저서(*Mysticism: Christian and Buddhist*)에서 한 바 있다.]

여기에서 나는 다음과 같이 추가한다. 왜 에카르트는 인간의 영혼이 신과 하나임을 절대무라고 할까? 이것은, 신이 '신중심적'인 존재

를 벗어나고, 인간이 인간 깨달음을 통해서 윤회와 열반, 열반과 윤
회, 생과 사, 사와 생, 유한과 무한, 무한과 유한의 즉, 유와 무(상대적
무)의 이원론적 대립이 윤회, 즉 열반, 생즉사, 유한즉무, 유즉무(절
대무)로, 즉 융합으로 변모한다고 설파하는 견해에 비교해서 에카르
트의 '신성'을 '재생'시키는 것이다. 그래서 내가 바라는 '신성'은 인
간의 영혼 안에서 신의 탄생뿐 아니라 신 안에서 인간의 영혼이 탄
생하는 것이다. 불가에서는 소아의 경지에서 벗어나 깨달음을 통해
서 대아로 화신하는 과정을 소아의 죽음이요, 새로운 존재인 대아의
탄생이라고 본다. 그래서 나는 사람의 영혼 안에서 신이 탄생하는
것은 인간 중심적인 인간이 죽는 것을 의미한다면, 신 안에서 인간
영혼의 탄생은 신 중심적인 신(즉, 인간과 분리된 초월적인 신)의 죽음
을 의미한다고 본다. 예수가 십자가에 못 박혔을 때, 그리고 신이 인
간이 되었을 때, '소신'(小神; 신 중심적인 신)도 인간 중심적인 인간
[小人間]도 죽고 '신성'인 새로운 존재가 태어난다고 해석하고 싶다.
아니, 이렇게 '신성'을 '재창조'하고 싶다. 이러한 재창조가 불교냐 기
독교냐 묻는다면, 무엇이라고 이름 짓는 것이 무슨 상관이 있느냐고
반문하고 싶다.

내가 철학하는 것은, 위에서 《존재와 무》에 관한 글의 요점을 추
려낸 다음 추기를 단 것이 예시하는 것처럼, 부단한 과정으로 특징
지을 수 있다. 내가 하는 생각을 풀어내는 과정이다. 그리고 특별한
'방법'을 의식하고 있는 것도 아니다. 무위 같은 '무방법'이라고 할
까? 상호관계가 있는 제목에 대해서 쓰다보면 정합성이 눈에 띈다.
이것이 내가 철학을 하는 길이다. 죽는 날까지 열린 마음으로, 우러
나오는 생각을 풀어보겠다.

초점 불일치의 철학적 여행과
안심스러운 무無의 집 발견

김형효
▌전 한국학중앙연구원

1. 철학적 출발점의 조감도

독자적인 방법론을 미리 갖고 철학공부를 하지 않았기에, 나는 특이하게 드러낼 것이 없다. 다만 어떻게 철학공부를 하였는가 하고 묻는다면, 지난 길을 더듬어 회고적 반성을 간추려 말할 수 있겠다.

대학생 시절에 나에게 깊은 영향을 주었던 두 철학자가 있었다. 그 당시 서울대학의 교수로 계셨던 열암(洌巖) 박종홍(朴鍾鴻)과 프랑스의 가톨릭 실존주의 철학자인 가브리엘 마르셀(Gabriel Marcel)이다. 전자로부터 나는 철학이 현실을 떠날 수 없고, 따라서 한국 현실의 역사적 후진성을 극복할 수 있게 하는 주체적 한국철학의 창조가 급선무라는 문제의식을 전수받았고, 후자로부터 나는 실존적 느낌에서 출발하면서 정신의 존재론적 구원을 향하여 가는 길을 배웠다.

저 두 가지 문제의식이 철학 공부의 출발점에서 나에게 와 닿았다는 것은, 아마도 나의 무의식에 저 두 가르침을 나의 것으로 하려는 깊은 욕구가 있었기에 가능했지 않았나 짐작해 본다. 아마도 그런 현상은 내가 내면적으로 부드러운 정신의 행복을 갈구했고, 동시에 한국인으로서 우리 모두 다 역사적 비참을 탈피하여 현실적으로 행복하기를 기원하는 의도가 있었기에 일어난 것이 아니었던가 여겨진다.

지금 생각하면, 사춘기를 막 지낸 나의 가슴 속에는, 그 당시 한국 사회 현실이 준 후진적 열등의식에서 벗어나기를 바라는 역사의식과, 안으로 고요한 정신의 진리에 깊이 침잠하고픈 종교적 그리움이 동시적으로 싹텄던 것 같다. 전자는 거친 바깥으로 향하는 투쟁적 의지의 노력을 생각하게 하고, 후자는 반대로 내면의 부드러운 구원의 진리에 안겨 거기에 영혼이 평화스럽게 거주하고 싶은 귀의의 요구를 말하는 것이겠다. 안으로 내가 부드러운 진리를 통하여 정신적으로 행복하고, 밖으로 한국인 우리 모두가 세계 속에서 행복하고 당당하게 주눅 들지 않고 살아가는 그런 모습을 이루는 것이 나의 철학적 출발점의 조감도였던 것으로 추정된다.

그런 나의 무의식적 요구에 부응하여 향외적 박종홍과 향내적 마르셀의 서로 다른 철학이 이율배반적으로 나의 세계에 다가왔던 것 같다. 나는 가톨릭이 되었다.

벨기에 루벵대학 유학시절이다. 한국을 떠났기에 나는 열암(박종홍)철학의 요구를 잠시 유보하고, 오로지 정신의 실재를 찾아가는 철학 여행에 전념했다. 실존적 정신주의의 철학 공부에서 나는 마르셀 외에 다시 라벨(L. Lavelle)을 만났고, 라벨을 통하여 중세기의 아퀴나스(Thomas Aquinas)를 가까이하게 되었다. 그래서 마르셀적인 정신주의의 '존재론적 신비'(le mystère ontologique)와 그 내면적 형이상학에 심취하면서, 다른 한편으로 그를 통하여 몸의 실존적 느낌의 중요성을 알게 되었다. 그래서 몸의 현상학자인 메를로-퐁티(M. Merleau-Ponty)를 배우고 익혔다. 부드러운 내면의 신비주의를 맛보던 나는, 다시 몸을 통하여 거친 바깥세상의 현실과 부딪히는 철학을 만났다. 몸은 의식과 세상의 중간 가교로서 의식과 세상의 '얽힘장식'(l'en-trelacs)과 같다. 의식과 세상의 교호작용으로서의 몸은 중간의 탄력 있는 두께와 같아서 '살'(la chair)이라고 메를로-퐁티는 불렀다. 살의 진리는 인식론적으로 내부와 외부, 정신과 물질, 상부구조로서의 관념과 하부구조로서의 경제, 의식의 사고 형태와 역사상황 등이 뚜렷이 구분되지 않고, 모든 것이 애매모호하게 뒤엉켜 있는 비(非)흑백적인 비(非)선명성을 안고 있다. 나는 역사 현실에서도 구체적으로 살에 고통을 덜 주고, 덜 세상을 괴롭게 하는 휴머니즘의 진리에 인도되었다. 나는 '존재론적 신비'의 진리 말고도 다시 현실적으로 일체가 '애매모호하다'(ambigu)는 것을 터득했다.

한국에서의 대학시절에 지녔던 젊은 날의 낭만적 사고가 낳은 상반된 철학적 요구가 다른 차원의 옷을 입고 나타났다. 내면적 '존재론적 신비'의 철학과 '애매모호성'을 기조로 하는 바깥의 역사현실의 철학이 다시 초점 불일치하게 나의 철학적 공부의 행로에서 일어나고 있었다. 나는 그 둘을 어떻게 동시에 철학적으로 모순 없이 화해시켜야 할지 몰랐다. 그것을 극복하는 철학적 지혜를 알려주는 철학자를 찾으려고 애썼다.

베르그송(H. Bergson)이 정신과 몸 두 측면의 공통성을 탐구한 이로 보고, 그가 나의 갈등을 해결할 수 있으리라 여겨 그의 철학을 공부했다. 그는 확실히 위대한 철학자였다. 그러나 그가 인간의 정신과 몸의 공통성을 본능과 지능, 그리고 직관의 삼자관계로 엮고 있음에 나의 철학적 문제의식은 더 복잡하게 갈라졌다. 그의 철학에는 바깥의 문제를 해결하려는 지능철학(본능적인 생존의 대안)과 안의 정신세계를 충만하게 하는 직관철학(본능적 직접성과 유사)의 두 가지로 크게 나누어진다. 이 베르그송의 삼자관계(본능/지능/직관)는 뒤에 나의 철학적 해오(解悟)에 결정적 단서를 제공하게 된다. 아무튼 그 당시에는 나의 철학적 문제의식의 갈라진 틈을 메워줄 수 있는 어떤 선지식도 보이지 않았다.

마르셀의 실존적 정신주의도 메를로-퐁티의 살의 현상학도 다 구체철학이었다. 진리의 정신을 상황 속의 실존적 느낌에서부터 출발하려고 하지, 어떤 선취적인 이념에서부터 진리를 연역하지 않으려는 점에서 그들은 공통적이었다. 특히 존재론적 신비와 그 진리를 극도로 훼손하는 역사의식을 비판하는 마르셀에 크게 영향을 받았다. 그것은 마르크스(K. Marx)와 그를 좋아한 사르트르(J.-P. Sartre)와, 그리고 하버마스(J. Habermas)와 같은 이성적 해방의 혁명철학과는 다른 길이었다. 마르셀이 가르친 길은 '열광적인 추상의 정신'(l'esprit d'abstraction fanatique)에 대한 비판과, 역사 안에서 이성을 통해 문제들로 가득 찬 인간들에게 구원을 약속하는 모든 종류의 현세적 메시아니즘의 허구를 깨닫게 하는 '종말론적 사상'(la pensée eschatologique)이다. 앞의 것은 인간의 마음을 집단적으로 흥분시켜 실성하게 하는 전체주의적 구호의 이데올로기를 말하고, 뒤의 것은 이 세상이 '본질적으로 깨어졌기' 때문에 역사 안에서 역사의 본질적인 수리가 불가능하다는 반(反)유토피아적인 사상의 제창이다. 반(反)전체주의와 반유토피아니즘은 내가 익힌 구체철학이었다.

2. 주체적 한국철학의 창조를 위한 공부, 그리고 실패

나는 내면적 정신의 신비를 그리워하는 철학과, 또 다른 한편으로 이성에 의한 혁명적 현실타파의 불가능성과, 세상의 현상을 애매모호성으로 읽어야 한다는 그런 상반된 철학을 안고 귀국하였다. 유학 기간에도 나는 열암(박종홍)이 창도한 주체적 한국철학의 창조를 위한 당위적 명제를 어떻게 실현시킬 것인가 하는 감추어진 숙제의 답을 찾으려 노력했으나 성공하지 못했다. 나는 열암이 갔던 길을 따라 동양철학, 특히 유학을 공부하기 시작했다. 먼저 선진(先秦)유학과 주자학(朱子學) 공부는 한국철학의 정초를 위한 방법을 찾기는커녕, 오히려 나의 철학적 갈등만 증폭시키는 결과를 낳았다. 즉 유학사상이 맹자(孟子)-주자(朱子)적 도학(道學)으로서 옳음[義]을 숭상하는 의리(義理)유학과 순자(荀子)적 실학(實學)으로서 이로움[利]을 사회적 진리로 보는 실용(實用)유학이 다 나에게 진리적이라는 것이다. 나는 조선조의 도학적 선비들처럼 일반적으로 의리유학만 진리고, 이익을 중시하는 실용유학은 그르다는 주장을 전혀 수용할 수 없었다. 그럼에도 나는 도덕적 옳음과 사회적 이로움을 어떻게 철학적으로 조화시켜야 할 것인가를 알지 못했다.

내가 그동안 공부한 철학적 문제의식의 상반적 갈등은 먼저 부드러운 향내적 내면적 신비와 거친 향외적 외면적 현실경영의 두 가지 길과, 그리고 본능을 대신한 과학적 지능철학과, 본능과 비슷하나 질적으로 다른 정신적 직관철학의 대립으로 명명된다 하겠다. 이런 갈등의 이율배반성은 서양철학에서 얻어진 대결적 구조였다.

거기에다가 또 다시 동양 유학에서 의리의 옳음과 실용의 이로움으로 나누어지는 진리정신의 분열이 나에게 덧붙여졌다. 저 모든 초점 불일치의 갈등을 녹이는 철학을 나는 찾지 못했다. 그러면서 한편으로 조선시대가 일반적으로 너무 도학적 의리유학에만 기운 나머지, 순자적인 실용의 경영유학을 멀리하거나 심지어 적대시한 사유의 편협성에 대하여 비판적 반성의 시각이 강렬하게 솟아나기 시작했다. 비록 조선조 후기에 청대의 고증학파의 영향으로 실학운동이 일어났으나, 그것이 도학적 성결의식의 순수성에서 완전히 벗어난 세속정신의 성공적 해방이라고 보기는 어려웠다.

여전히 열암의 철학적 요청이 나의 사고를 떠나지 않았다. 그래서 한국의 퇴율학(退栗學)과 다산(茶山)유학을 공부했다. 안팎으로 행복하려고 철학공부에 매진하였는데, 심리적으로 사회적으로 나는 행복하지 못했다. 이런 불행이 나의 의식 안에서 저 상반된 갈등의 문제의식을 더욱 첨예하게 부각시켰고, 그 모순적 갈등을 철학적으로 풀어야 한다는 사명의식이 나의 철학하기에 더 세찬 박차를 가하게 했다.

열암은 율곡보다 퇴계를 더 가까이하였다. 그러나 나는 율곡이 더 좋았다. 율곡이 덜 낭만적이고 실사적인 것으로 보였기 때문이다. 율곡의 소론 가운데 '기발이승일도설'(氣發理乘一途說)과 '이통기국론'(理通氣局論)이 아주 큰 철학적 충격으로 와 닿았다. 신바람과 같은 기운의 힘과 성리의 보편성이 분리되어서는 안 된다는 주장과, 이성의 보편성과 기운의 특수성이 구체적으로 합일되어야 한다고 천명하는 율곡의 유학은 한국철학의 창조를 위한 논리적 뼈대가 아닌가 하는 흥분을 느끼게도 하였다. 더구나 구체철학을 좋아하는 나의 성향에 율곡의 저 논리는 아주 잘 맞아떨어졌다. 그래서 나는 율곡의 사칠론(四七論)과 메를로-퐁티의 살의 철학과 비교해 보기도 하였다.

그러면서 나는 다산의 유학이 도학의 순수주의와 실학의 세속주의 사이에서 눈치를 보면서 이루어진 것임을 느꼈다. 사문난적(斯文亂賊)의 칼날을 피하기 위하여 도학적 순수주의를 겉으로 표명하면서도, 안으로 세속의 실용과 실리의식을 감추고 있는 불행한 조선후기 지식인의 비극을 나는 다산에서 보았다.

그러다 나는 서서히 열암적인 한국철학의 주체적 창조론에 회의를 갖기 시작했다. 한국철학의 창조는 목적론적 당위론의 주장에서 열매를 맺는 것이 아니라, 자연스럽게 한국 철학자들이 철학하기를 통하여 그 철학적 깊이와 통찰력에서 보편적인 공명을 얻을 때에 저절로 생기는 것이 아닌가? 율곡의 저 논리 위에서 철학을 한다 하여도, 그런 철학하기는 주어진 도식과 설계도에 맞추어진 인위적인 구축에 불과한 가공품이 아닌가? 열암의 언명이 사명의식에 너무 기운 것이 아닌가?

창조의 철학은 논리적으로 불가능하다는 생각이 더욱 일어났다. 창조적 한국철학은 결국 자연스럽게 무의식적인 한국문화의 토양에서 무위적으로 꽃이 탐스럽게 필 때에 명명되는 것이 아닌가? 그래서 나는 한국문화의 무의식적 토양을 인식하기 위하여 의식의 철학에서 다시 무의식의 철학으로 내려가기로 마음먹었다. 나는 유학 시절에 눈여겨보았던 구조주의 사상을 공부하기 시작했다. 난해하기도 하고 순수철학의 영역이 아닌 구조주의를 이해하느라 제법 고통스런 시간을 보냈다. 무의식의 구조에는 자유의지가 큰 역할을 하지 못하는 그런 필연의 물질철학을 맛보기 시작했다.

이즈음에 나는 이미 가톨릭적인 신비철학과 제법 거리를 두고 있었고, 또 가톨릭적인 신앙을 거의 의식하지도 않았다. 구조주의 인류학자인 레비–스트로스(Cl. Lévi-Strauss), 프로이트 계통의 정신분석학자인 라캉(J. Lacan), 구조역사학자인 푸코(M. Foucault), 그리고 역사적 이념가로서의 마르크시스트(marxiste)가 아니라 구조적인 인식이론가로서의 마르크시엥(marxien)인 알튀세르(L. Althusser) 등을 공부하였다.

구조주의 공부를 함으로써 한국문화의 심층을 탐구하려고 생각했다. 한국문화의 구조 인식을 통해서 다시 한 번 열암이 말한 창조의 논리에 열암과는 다르게 도전해 보려고 했다. 표피적인 의식의 현상보다 심층적인 무의식의 구조가 더 철학적으로 중요해졌다. 구조주의에 대한 원론 수준의 공부는 했으나, 그것을 응용하기 위하여 한국문화의 구조를 알려주는 인류학적 언어학적 고문서적 선행연구가 너무 부족하여 그 길을 포기했다. 그 길을 새로 개척하기에는 인생이 너무 짧다. 말하자면 나는 열암이 하고자 했던 한국철학의 주체적 창조와 한국인의 역사 재창조를 포기하고 말았다. 그것은 불가능한 꿈이었다. 철학사상은 작위적인 지성의 논리와 의지의 노력으로 되지 않고 자연스럽게 토착 생물처럼 생기할 뿐이다.

한국철학사상의 주체적인 창조가 헛된 정열이 아닌가 하는 생각과 함께 나의 철학적 사유는 늘 따라 다니던 상반된 이율배반의 구조를 극복하는 문제로 더 뚜렷이 집중되곤 하였다. 제일 먼저 제기된 문제의식으로서의 향내적 구원과 향외적 구원의 초점 불일치, 그 불일치를 잇는 존재론적 신비주의와 현실 역사적 진리의 애매모호성과의 불합치, 그리고 본능과 지능을 합친 현실적 문제해결의 객관적 철학과 직관적 영성주의 철학과의 괴리 문제, 그리고 베르그송이 남긴 '열린 도덕'(la morale ouverte)과 '닫힌 도덕'(la morale close)과 의미상으로 연관되는 유학 사상 내부에서 도학적 순수주의와 실학적 실용주의와의 어긋남 등이 나로 하여금 한 곳에 정착하지 못하고 끝없는 여정을 이어가도록 만들었다. 어느 한 쪽을 선택하지 못하고 나의 사유는 거의 예외 없이 양 쪽을 다 인정하는 이중성과 양가성 철학 방식을 표명하였다. 그래서 "~일 뿐만 아니라, 또한 ~"(not only~, but also~)이라는 표현법을 나는 중년기에 자주 사용했다.

저 표현법은 초기부터 대두된 나의 이율배반적 문제의식을 풀어주는 방법의 발견을 말한 것은 아니지만, 적어도 대립적인 것의 두 극단을 다 용인하는 어중간한 중간의 타협을 나타내고 있었다. 이런 이중성의 어중간한 사유방식이 결과적으로 구조주의의 공부와 더불어 나의 오랜 우회의 철학적 여행을 쉽게 해 줄 조그만 나의 집을 발견하게 해주었다.

구조주의에서 내가 배운 성과는 의식과 인간의 소멸이 진리의 터전이라는 것이다. 자의식과 인간의 주제는 늘 그동안 나의 철학적 공부에 빠지지 않고 등장했던 주 메뉴였는데, 이제 구조주의적 사유의 터득으로 자의식과 인간의 강한 목소리가 오히려 초점이 맞지 않는 나의 철학적 문제의식의 해결에 방해가 된다는 것을 느끼기 시작했다. 즉, 자의식과 인간의 목소리가 사라짐으로써 저 대립적인 것으로 여겼던 모든 문제의식이 다 무의미하게 사라진다는 것이다.

3. 자의식과 인간의 소멸 — 구조주의에서 해체주의까지

그러기 위하여 나의 마지막(실제로 마지막인지 모르지만) 사유의 행
정인 해체주의를 말해야 한다. 구조주의의 철학에서 나는 데리다(J.
Derrida)의 해체철학의 의미를 읽어내는 것을 배웠다. 데리다는 나의
후기 철학하기에서 매우 중요한 전환점을 암시해 준 사상가였다. 데
리다가 불교의 연기법(緣起法)과 같은 이중적인 차연(差延; la différ-
ance)의 진리를 설파하는 것을 보고, 이것이 내가 대학생 때 공부한
적이 있었던 노장(老莊)과 원효(元曉)의 이해할 수 없는 이상한 언설
을 해설해 주는 것이 아닌가 하는 생각이 전광석화처럼 떠올랐다.

그랬다. 오랜 세월과 지리상의 간격을 넘어서 데리다와 노장과 원
효가 서로 통했다. 나는 어떤 철학적 구원을 느꼈다. 그리고 또 데리
다의 철학은 그동안 강의시간에 듣고 또 공부했으나 잘 체득되지 않
았던 하이데거의 난해한 사유를 해오할 수 있는 길을 암시하는 것이
아닌가 직감했다. 역시 나의 생각이 옳았다. 내가 도달한 해체철학
은 모든 구성적 능위(能爲)의 이성 철학을 거부하는 무위(無爲)의 철
학과 같았다. 이 무위 철학의 효시는 불가(佛家)와 도가(道家)의 노
장철학이다. 인도의 나가르주나(Nagarjuna)와 아슈바고샤(Aśvaghosha),
중국의 승찬(僧璨), 혜능(慧能), 현수(賢首; 法藏), 징관(澄觀), 그리고
한국의 원효, 서산(西山) 등의 고승(高僧)들과, 노자와 장자 등이 해
체철학의 옛 거봉들이다. 오늘날의 포스트 모더니즘(post-modernism)
과 유사한 서양 철학에서는 14세기의 에카르트(M. Eckhart)와 17세기
의 스피노자(B. Spinoza), 그리고 20세기의 하이데거(M. Heidegger)와

데리다(J. Derrida)와 들뢰즈(G. Deleuze)와 바타이유(G. Bataille) 등이다.

단적으로 내가 도달한 해체철학의 집은 의식과 인간의 소멸, 그리고 양가성의 인정으로 집약되는데, 그런 사유는 인간의 자연동형론(physiomorphism)을 띠고 있다. 인간의 자연동형론은 구성주의적인 자연의 인간동형론(anthropomorphism)과 다른 길을 간다. 나는 이 해체철학을 무(無)와 공(空)을 닮으려는 사유라고 명명하고 싶다. 이 사유가 나의 지나간 모든 철학적 이율배반을 해체시키는 것 같은 안심(安心)의 집이라는 것을 간략히 말하련다.

나는 처음에 향내적 부드러운 정신의 행복과 한국인의 거친 역사적 불행을 극복할 수 있게 하는 향외적인 한국철학의 창조라는 이율배반적 요구를 안고 철학하기를 시작했다. 나와 내 나라가 다 행복하기를 기원하는 소박한 낭만주의가 나의 철학하기의 동력이었다. 나의 후기적 사유는 불교와 노장과 하이데거가 혼융한 삼위일체와 같다. 불교의 유식학과 하이데거를 통하여 나는 내면의 성역이 따로 있는 것이 아니라, 마음은 능연심(能緣心)으로서 바깥의 세상으로 향하는 욕망이라는 것을 익혔다.

하이데거가 말한 '현존재'(Dasein)가 곧 '세상에 존재함'(das In-der Welt-sein)과 같다는 분석의 의미를 불교적인 마음의 견분(見分)과 그 견분의 그림인 상분(相分)의 관계로서 해석했다. 그렇다면 세상은 내가 고칠 수 있는 대상이 아니라, 같은 '공동현존재'(Mitdasein)의 공동업(共同業)으로 살아가는 모든 이의 마음들이 그려내는 욕망의 표현인 셈이다. 마음의 공동업을 바꾸지 않으면 세상의 개혁은 다 헛농사 짓기에 다름 아니다. 세상을 이념으로 혁명하겠다는 생각은 다 어떤 이념적 정신으로 소유하겠다는 도덕주의 이상의 투사에 불

과하다. 그러나 세상은 수리 가능한 대상이 아니다. 그러므로 향내
는 정신이고 향외는 역사사회라는 이분법이 무의미하다. 과거의 철
학에서 경제기술주의는 형이하적 현실적 실용주의고, 사회도덕주의
는 형이상적 도덕정신주의라고 여겨졌으나, 해체주의에서 보면 다
소유주의의 철학이다. 왜냐하면 전자는 세상을 과학기술적 편리의
개념으로 개발하고, 후자는 사회도덕적인 정의의 진리로 세상을 개
조할 것을 역설하기 때문이다. 그러나 세상을 기술로 개발하든 공동
선의 도덕으로 개조하든, 다 인간이성이 장악하겠다는 소유의 권력
의지다. 이것은 존재론적 사유가 아니다.

마르셀은 '존재'(l'être)와 '소유'(l'avoir)로 철학적 사유를 구분하였
고, 하이데거는 '존재론적'(ontologisch) 사유와 '존재자적'(ontisch) 철학
으로 그것을 분류했다. 그런데 두 철학자의 철학하기의 통합이 가능
하겠다. 존재는 존재론적 사유로 해체적이고, 소유는 존재자적 철학
으로 구성적이겠다.

해체론과 구성론의 철학으로 나누어지게 하는 것은 무와 공의 이
해다. 구성적 철학(인과론적 신학과 도학적 유학)은 무와 공을 허무의
대명사로 간주해서 존재 이해에서 이것을 배제했다. 그러나 이 무와
공은 불가와 도가에서 유(有)나 존재와 양립 불가능한 허무가 아니
고, 하이데거가 밝힌 다함이 없는 무진장(Unerschöpflichkeit)의 상징이
다. 그것은 장횡거(張橫渠)가 말한 태허기(太虛氣)와 유사하다.

하이데거의 존재나 불교와 노장에서 말한 유(有)는 명사적이고 개
념적인 존재자가 아니라, 무(無)의 근거에서 솟은 생멸적 현상이다.
무는 인과론적 원인이 아니다. 인과론과 근거론은 다르다. 하이데거
의 소론을 요약하면, 전자는 'davon'(therefrom)이고, 후자는 'darin'(ther−

ein)이다. '~에서부터' 제조되는 것과 '~안에서' 솟아나는 것은 다르다. 전자는 타동사적 운동이고, 후자는 자동사적 운동이다. 무진장한 허공에서부터 만물의 존재가 연생으로 생기하고 사라지는 반면에, 최고 존재자인 신으로부터 만물의 존재가 창조(제조)된다. 이 제조된 존재도 사실상 존재자이다. 신이 주인이고 만물은 그 주인의 소유물이다. 주종(主從)의 관계다. 소유론적이다.

마음은 허공과 같은 무로서 개념이나 손으로 잡을 수 없지만, 우리가 그 마음이나 허공이 있다고 여긴다. 칠정(七情)과 만물 때문이다. 칠정은 마음의 본체인 무의 현상적 유다. 칠정은 여러 가지 인연으로 얽혀 발생한다. 허공도 무지만, 해와 달과 구름과 별빛과 기러기의 행렬을 통하여 그 허공이 있다고 여긴다. 만물도 허공에서 인연의 얽힘으로서 생기한다. 이것은 불교의 화엄사상과 연관된다. 이런 얽힘의 생기를 하이데거는 번역하기 힘든 용어인 'Ereignis'(無의 본성이 일어나는 것으로서의 性起, 生起로서의 존재, 李基相의 존재사건 등)라고 불렀다.

존재의 신비와 차연(差延; Unter-Schied=différance)으로서의 존재양식이 별개의 것이 아니다. 공(空)이란 신비와 현상적인 존재의 연기법이 별개의 다른 것이 아님을 나가르주나가 언명하였다. 연기법은 해체주의에서 하이데거와 데리다가 말하는 차연으로 옮겨진다. 차연의 존재방식은 노자가 말한 배메기와 같은 '병작'(竝作)이기에, 메를로-퐁티가 이미 언급한 '교차배어법적인 얽힘장식'(l'entrelacs chias-matique)의 애매모호성과 같다. 그래서 이 현상학자가 다시 해체주의의 철학에서 재음미된다.

존재의 신비와 존재의 애매모호성도 이율배반적이 아니다. 존재

(Sein)가 무의 현시가 아니라면, 그 존재는 필연적으로 실재적이고
실체적인 존재자(Seiendes)의 개념으로 미끄러지고, 존재자의 형이상
학은 더 위계가 높은 존재자의 소유론적 정당성을 초래한다. 소유론
적 개념은 명사적 실체적 논리로서 가능하나, 연기법적인 차연의 존
재방식은 이중적인 것이 혼융되어 있거나 병작되어 있기에 명사적
개념화가 불가능하다. 그래서 불교와 노장사상에서 '현'(玄)이나 '황
홀'(恍惚)이라는 애매한 용어를 쓴다. 이 용어는 술 취한 이의 몽롱
한 의식이 아니라, 흑백으로 갈라지지 않는 이 세상의 현상적 사실
의 반개념적 존재방식을 일컫는다.

4. 무아 無我 의 집 발견

해체철학은 경제적 실용적 이익(현실주의)과 도덕적 공동선(이상
주의)의 이율배반을 극복한다. 순자적인 경영철학과 맹자적인 도덕
철학의 이율배반뿐만 아니라, 베르그송적인 닫힌 도덕과 열린 도덕
의 상반성도 넘어서게 한다. 칸트(I. Kant)가 창세기 신화를 해석함에
서 금단의 열매를 먹은 사건을 인간에게 이기심과 지능이 생긴 단초
로 보면서, 저 신법의 위반이 비록 도덕적 불량을 초래했으나 인간
의 역사에서 경제기술을 움트게 했다는 것이다. 인간에게 경제기술
과 도덕의 초점 불일치가 있음을 칸트가 통찰했다. 경제기술은 이기
심과 지능이 만들고, 사회도덕은 반(反)이기심과 도덕적 양심이 빚
는다. 이 두 가지가 동서철학사에서 궁합이 좋지 않아서 이율배반적
갈등을 빚어 왔다.

그런데 이상주의적 사회도덕의 당위성이 별로 효과가 없다는 것을 밝힌 철학자가 16세기 동양의 무위적 유학자인 왕양명(王陽明)과, 17세기 서양의 무위적 합리주의자인 스피노자였다. 그들에 따르면 마음은 도덕적으로 옳은 것을 따르는 것이 아니라, 좋아하는 것을 좋아하는 기호라는 것이다. 그렇다. 마음은 좋아하는 것을 자발적으로 행하지, 도덕적 이성이 옳다고 판단해서 즐겨 그것을 따르는 것이 아니다. 마음은 자연적 기호다.

이성(도구적 이성과 도덕적 이성)의 만듦을 진리로 여긴 것을 해체하는 무위철학은 마음의 자연, 즉 무위적 자발성에로 재귀할 것을 종용한다. 여기서 나는 다시 불교의 유식학(唯識學)과 노장의 무위사상, 그리고 베르그송과 라캉과 하이데거의 사유로부터 어떤 가르침을 받았다.

마음의 자연성은 본능과 본성이다. 동물은 본능과 본성이 일치한다. 그러나 인간에게 본능과 본성이 같은 위상에 있으면서 다르다. 그래서 베르그송은 본능을 닫힌 직관, 직관을 열린 본능이라고 불렀다. 절묘한 명칭이다. 인간의 본능은 이익이 되는 것을 취하려는 생존의 소유적 욕망이다. 칸트의 지적처럼 이것이 과학기술을 낳았다. 본능의 소유적 욕망은 본디 무위적인데, 인간에게 본능의 콘텐츠가 너무 취약해서 기대한 욕망을 달성하기가 어려우므로 베르그송이 갈파했듯이 지능의 힘을 유위적으로 빌린다. 다른 한편으로 베르그송이 말한 직관을 나는 본성이라고 옮긴다. 본성도 자연적 기호를 갖고 있다. 이익을 좋아한다. 본능이나 본성이나 다 이익을 좋아한다.

하이데거의 철학과 라캉의 정신분석학도 다 궁극적으로 '그것이 말한다'(Es spricht./Ça parle.)의 사유로 귀결된다. 자아가 소멸되고 '그것'(Es/Ça)이 주어로 등장한다. 그러나 '그것'의 콘텐츠가 다르다. 하이데거의 것은 불교적인 법계의 존재론적 본성(여래성)을 말하는 것 같고, 라캉의 것은 무의식적인 본능의 소유론적 성욕을 뜻하는 것으로 보인다. 그리고 이익의 좋음을 취하는 방식에서 다르다. 본능은 타동사적으로 바깥에 있는 이익을 소유하므로 타인들과 배타적인 아수라의 투쟁을 벌일 수밖에 없고, 본성은 자동사적으로 자기 안의 좋음과 그 이익을 스스로 존재론적으로 분비하기에 넘쳐흐르는 이익을 타인들에게 시여한다. 전자는 이기배타적(利己排他的) 이익의 사냥이고, 후자는 자리이타적(自利利他的) 이익의 현시다.

맹자의 의리유학과 순자의 이익유학의 갈등이 본성의 이익을 보는 사유에서 만날 수 있다. 그리고 도덕적 도학의 당위론적 무상명령이 후퇴하면서, 본성의 자발적이고 존재론적 욕망이 그 자리를 대신한다. 존재론적 사유가 도덕론적 사유를 밀어낸다. 앞으로 철학교육은 존재론적 사유가 경제기술적 사유와 사회도덕적 사유를 보충 대리하는 방향으로 진행되지 않을까? 나는 가톨릭에서 불자가 되었다.

어떻게 존재론적 사유를 자득할 수 있을까? 불교를 제외한 다른 해체적 사유의 영역인 노장의 도가사상이나 양명학의 양지현성(良知現成)사상이나, 서양의 해체적 사유(하이데거/데리다/스피노자)도 거기에 이르는 길을 말하지 않는다.

그 길은 무아(無我)의 길이다. 무아의 길에 이르기 위하여 먼저 본능의 소유적 욕망을 지워야 한다. 그래서 먼저 모든 소유의 무상함을 익히는 허무의 약이 등장한다. 소유의 집착이 괴로운 병을 낳는다는 것을 체득하는 허무적 무의 세상보기는 마음의 욕망을 소유에서 존재로 전회시키는 계기를 이룬다.

그 다음 무는 종용적(從容的) 의미로 탈바꿈한다. ‘종용’(das Seinlassen)은 만물의 생기를 그대로 여여하게 수용하고[容] 또 여여하게 보내는[從] ‘놓아둠’(Gelassenheit)의 사유에 다름 아니다. 종용적 사유는 허공의 태허와 같은 본체를 마음이 닮을 때에 일어난다. 허공과 허심은 같이 간다. 허심은 억지로 만들어지지 않는다. 그래서 불교는 만드는 것을 버리기 위한 수행으로서 지관(止觀)과 염불(念佛) 등을 말한다. 그러나 철학적으로 ‘무념의 염, 무상의 상’(無念之念, 無想之想)으로서 수행을 증득하기가 쉽지 않다. 그래서 욕망을 소유적 욕망에서 존재론적 욕망으로 치환시키면, 더 쉽게 본성이 말을 한다는 것이다. 즉, 도덕론처럼 이기적인 본능과 기약 없이 싸우는 것이 아니라, 불성(佛性)이나 신성(神性)이나 양명학적 양지(良知)를 닮으려는 욕망이 자아의 본능적 욕망을 밀어내면서, 동시에 본성인 ‘그것’이 스스로 말하게 하면 된다는 것이다. 라캉도 본능의 욕망을 ‘그것’이라고 불렀는데, 왜 본능적 욕망이 여기서 강력한 자아의 범주로 분류되는가? 라캉의 본능도 불교적 업감(業感; ça)과 유사한데, 그 업감의 ‘그것’이 자꾸 언어활동에서 쌓아두려는 집취(執聚)의 성향을 지니기에 나르시스적이고 공격적인 ‘나’(我)가 허상으로 등장한다는 것이다.

불성이나 신성이나 양지의 사유는 다 무아의 발현이다. 특히 에카르트가 무와 공의 신학을 이미 14세기에 전개했다. 무아의 사유는 다 무선무악(無善無惡)의 원본이다. 지눌(知訥)이 이미 말했듯이, 그런 무아의 존재론적 사유의 차원에서 각자가 지닌 타고난 재능은 다 여래의 보광명지(普光明智)의 한 조각 구름과 같다. 그 재능을 이기적 소유론적 본능을 위해서 발양하는 것이 아니라, 무아적 존재론적 본성을 위해서 직업정신(calling spirit)으로 꽃피운다면, 그것은 각자의 자리적(自利的) 성공을 이룰 뿐만 아니라, 또한 이타적(利他的) 복덕을 짓는 것이기도 하다. 그렇다면 자리적 본성이 좋아하는 청아한 '마음의 가난'이 이루어지면서, 이타적으로 사회생활에서 적성에 따른 일하기와 물질적 경제적 복락(well-being)도 함께 가능해지는 문명이 도래하리라. 무의 존재론은 이기적(본능적) 경제기술주의가 자리적(본성적) 경제기술로 이행하는 것을 가능하게 하는 길을 찾을 것이다. '마음의 가난'과 '물질적 복락'이 양립 가능한 문명의 길, 이것이 21세기적 화두가 아니겠는가?

하이데거가 과학에서는 절차방식을 묻는 방법들(Methoden)이 귀중하나, 철학적 사유에서는 오직 길들(Wege)만 있을 뿐이라고 일렀다. 그 길을 그는 운동(Be-wegung)의 뜻이 아니라, '마음의 길닦기'라고 옮겨질 듯한 'Be-wëgung'이라 명명했다. 나는 그 길닦기를 무아의 집으로 가는 '길닦기'라고 해석하고 싶다. 그리고 그 무아의 집을 나는 '본성의 실용주의'라고 이름 붙이고 싶다.

담론적 철학하기

정대현
▍이화여대

1. 이론적 방법, 담론적 방법

나의 학문 방법론은 무엇일까? 이 물음을 처음 대하면 당혹스럽다. 학문을 위한 기계적 절차들 가운데에서 어떤 길을 선택했는가의 물음으로 들릴 수 있기 때문이다. 그러나 이 물음을 어떻게 공부해왔는가에 대한 물음으로 이해할 때 답은 편해진다. 그렇다면 이 물음은 나의 경우 두 가지로 대답할 수 있다.

첫째는 자전적인 것이다. 나의 부모는 물론 동북아 전통에서 성장하고 한국어를 사용하면서 '중요한 이야기'와 '중요하지 않은 이야기'를 구분하고, '아마 오늘이나'를 매일 생각하는 종교적 세계관을 가진 분들이다. 이러한 가정 배경은 어떤 지성적 가치를 어린 내가 추구할 것인가에 영향을 미쳤다고 믿는다. 사물 세계의 일희일비(一喜一悲) 우연성보다는 지성 세계의 영원한 의미구조에 관심을 갖게 되었다. 이러한 관심의 경향 때문에 대학에서 철학을 선택하고, 석사

논문 주제로 칸트 인식론을 공부하고, 유학 가서 비트겐슈타인, 언어철학을 전공하게 된 것이 아닐까? 그리고 결과적으로 한 단계의 지성적 관심의 추구들이 다음 단계의 노력의 절차를 구성하고, 이러한 단계들이 쌓이면서 나의 공부 방식은 나타났다고 할 수 있다.

둘째는 학문적인 것이다. 이 경우도 선택적인 것이 아니라 회고적인 것이다. 방법은 크게 두 가지로 나눌 수 있다. 이론의 방법과 담론의 방법이다. 이론의 방법은 모더니즘이나 실재론의 체계에서 의미하는 방법이다. 세계에 대해 유일하게 참인 진술의 체계가 존재한다면, 그러한 체계에서의 방법이란 '진리에 이르는 유일할 수밖에 없는 그 길'이다. 그러나 현대에 와서 이론의 방법들은 다원화되고 특정한 문제에 제한하여 주목하고 계산해야 하는 추상적 설명 구성의 방법이라고 믿는다. 이러한 이론 방법들도 그러한 문맥에서 필요하고 추구될 수 있어야 한다.

그러나 담론의 방법은 포스트모더니즘이나 언어공동체주의의 체계에서 시사되는 길일 것이다. 세계는 선택한 언어에 따라, 그리고 언어 사용자가 처한 문맥에 따라 필요와 관심이 달리 표상되는 국면성의 세계인 것이다. 그렇다면 '철길을 따라 도달하게 되는 그러한 유일한 진리'가 주어지지 않을 뿐 아니라 '그러한 진리에 확정적으로 도달할 수 있는 철길' 자체가 없는 것이다. 인간의 이야기는 결국 공동체의 담론이고, 기준·목표·의미·방법·논리·윤리·초월도 담론의 문법 안에서 추구할 수 있고, 탐구되어야 하는 주제일 것이다. 그렇다면 이론적 방법은 담론적 방법의 하위 수단이 된다.

2. 철학하기

　나의 담론 철학은 무엇일까? 이 모습은 사람에 따라 달리 보일 것이다. 한 가지 방식은, 먼저 1인칭 서술을 하여 2인칭 반응을 들어본 다음 3인칭 평가를 기다려 보는 것이다. 6권의 저술, 1권의 공동 저서에 대해 차례로 살펴보고자 한다.

　《한국어와 철학적 분석》(이화여대출판부, 1985)은 "철학 작업이 한국어로도 가능하다"는 책의 논제를 걸고 그 문맥적 근거 제시와 문맥과의 담론을 통해 이 작업을 실천하려 하였다. 논제를 위해 '철학은 언어 행위다'라는 가설을 제안한다. 이것은 기존의 철학 전통에서는 낯선 가설이지만, 철학이 생각하기이고 담론이라면, 언어 없이는 철학이 이루어지기 어렵다는 생각에 근거한다. 그리고 '철학 문제는 문맥적이다'라는 주장을 한다. 진리와 지식도 철학 문제이지만 자유의지, 사랑, 여성해방, 교양, 욕설 같은 비법적 언어도 한국인 철학자가 살고 있는 문맥으로부터 발생하는 개념적 철학적 성찰을 요구하는 주제라고 생각한다.

　《지식이란 무엇인가—지식 개념의 일상 언어적 분석》(서광사, 1990)은 "지식은 정당화된 참 믿음이라는 일의적 개념이 아니라 가족 유사적 다원적 개념이다"는 논제를 걸고, '안다'라는 일상 언어의 분석을 통해 그 논제를 지지한다. 이러한 논제는 인식론의 언어는 무엇이어야 하는가에 대한 새로운 관점에 근거한다. 전통적으로 철학은 개념 활동이고, 단일 개념 체계는 다양한 언어들로 표현된다고 믿었다. 이러한 믿음이 정당하다면 지식 개념은 일의적일 것이다.

그러나 언어 의미는 단일한 실체적 개념을 나타내는 것이 아니라 공동체가 사용하는 방식인 것이다.

《필연성의 문맥적 이해》(이화여대출판부, 1994)는 "필연성은 사물도 언어도 아니라 통문맥적으로 이해되는 언어적 질서다"라는 주장을 한다. 필연이 사물적일 수 없는 까닭은, 이 세계는 어떤 단계에서도 붕괴의 논리적 가능성을 갖기 때문이다. 또한 어떤 사태 표상도 언어 의존적이므로 필연도 서술의 양식일 뿐이라는 주장도 설득력이 없다. "퇴율이 한글로 철학을 하였더라면 지금의 한국 철학은 매우 다른 것이었을 것이다" 같은 반사실문의 구조는, '퇴율'이 현실세계와 반사실의 가능 세계에서 동일한 대상들을 지칭하는 통문맥적 지칭 고정성을 유지함으로써 필연의 문맥적 안정성을 갖는다고 생각한다. 통문맥성 지칭 고정성은 여러 체계들의 중첩성의 담론의 구조에 입각한 개념 설정이다.

《맞음의 철학―진리와 의미를 위하여》(철학과현실사, 1997)는 "언어 의미는 진리가 아니라 맞음으로 조명된다"는 논제를 걸고 있다. 진리 개념은 진위의 이분법적 세계 이해를 전제하고 이데아나 형이상학적 실재론을 전제할 때 설득력 있는 개념이지만, 이 이분법을 언어 이해에 적용하려고 할 때 문제들이 발생한다. 그러나 맞음은 통중도(通中道)의 내재적 형이상학의 가치를 표현한다. 인간이나 만물의 자연사는 사건이 아니라 개인들이나 공동체의 체계들 사이의 지속적 과정으로서 통하도록 되어 있고, 행동은 과불급이 없는 중용을 지키는 것이고, 이러한 과정을 통해 마땅한 길은 나타나기 마련이라고 생각한다. 실체적 진리보다 과정적 맞음 개념은 유기적 문맥적 언어 이해의 근거로서 더 적합한 개념이다.

《심성 내용의 신체성―심리언어의 문맥적 외재주의》(아카디아, 2001)는 마음에 대해 특정한 주장을 한다. 마음의 동일성은 마음 자체를 들여다보아 해결될 수 있는 것이 아니다. 들여다볼 마음 자체란 없기 때문이다. 들여다볼 때 나타나는 것은 마음 자체가 아니라 마음의 내용이다. 그렇다면 마음의 동일성은 심성 내용의 동일성이라는 추측이 가능하다. 이 책은 심성 내용에 대한 기존의 동일성 이론들을 논리적 존재론적 언어적 접근들로 유형화하고, 이 접근들이 수용하기 어려운 심신 이원론의 구조를 반영하고 있다고 비판한다. 심성 내용은 심신불이(心身不二)라는 몸과 마음의 음양적 신체성의 관점에서 접근될 수 있다는 주장을 한다. 그리고 그 몸은 생활양식 안에서 다른 몸들과 어우러져 공동체를 구성하고, 이 공동체의 생활양식으로 그 마음의 내용 또한 구성하는 것이다.

《다원주의 시대와 그 대안적 가치》(이화여대출판부, 2006)는 "다원주의 시대에도 공유적 가치는 필요하고 가능하다"는 논제를 네 개의 명제로 옹호한다. 첫째, 이론적 다원주의는 이론들 사이에 통약 불가능성이 개입하여 인정, 배려 같은 태도를 도입하여 소통을 시도하지만 성공하기 어려운 반면에, 담론적 다원주의는 담론들이 발생하는 시공의 공유적 구조로 인격적 생활양식에 의하여 소통에 부담이 없다. 둘째, 과학탐구의 논리가 가설 반박의 후건부정의 구조를 보이는 것처럼, 윤리의 논리도 모든 사람의 행복이라는 단일 조건 추구보다는 한 사람의 고통이라도 부정성의 극복 구조로 읽을 수 있다는 것이다. 셋째, 《중용》의 성기성물은 다음과 같은 논제들로서 정당화될 수 있다. 성(誠)은 인간만이 아니라 만물의 구성적 성질이고, 이 조건이 만족될 때 개체의 성(性)이 나타나고, 동시에 그 개체가 성(成) 또는 이루어지고, 모두가 이루어지는 성(聖)의 경지에 이른다; 중용은 단순히 통계적 수치의 사건이 아니라 이루어지는 시중(時中)의 과정이다; 중용의 황금률은 "대접받고자 하는 대로 대접하라"는 거래적 지침이 아니라, "대접 받고 싶지 않은 방식으로 남을 대접하지 말라"는 인격성 보존원리다; 성(誠)은 일회적 사건이 아니라 개과천선(改過遷善)을 드러내는 진화적 내재적 구조의 과정이다. 넷째, 만일 '성기성물'이 군자 양식이 아니라 모성 양식에서 의미를 부여 받는다면, 성기성물은 여성들이 전통적 사회의 제도적 억압을 받았음에도 유의미하게 지켜온 여성주의적 가치라 할 수 있을 것이다.

《표현인문학》(정대현 외, 생각하는나무, 2000)은 네 명제로 요약될 수 있다. 첫째, 희랍적 인문학은 온전한 시민을, 르네상스 인문학은 인본주의를, 제도적 인문학은 기능적 인간론을, 유학적 인문학은 군자론을 추구했다고 할 수 있다면, 인문학은 특정한 인간론을 전제한다는 가설은 지지할 만하다. 둘째, 현대인의 인간 조건은 절대적 상대적이 아니라 성기성물적 가소성(plastic) 시공으로 규정될 수 있다. 자기실현의 논리로서의 일은 시공의 주체적 가소성으로 나타나고, 인간과 자연의 공동운명체 조건은 서구의 인간—자연 이분법을 극복한 유기적 가소성으로 파악될 수 있을 것이다. 정보사회에서의 인격 편재성은 전통적으로 이해된 인간의 사물적 국소성을 극복하여 인격의 가소성으로 나타난 것이고, 구체적 인간 경험으로서의 성은 인격이 정보적으로 비환원적이라는 반가소성으로 해석할 수 있을 것이다. 그렇다면 현대인의 인간조건은 하나의 개념으로 요약할 수 있을 것이다. 여러 가능한 후보 가운데 하나는 담론적 표현 개념이다. 셋째, 고전인문학은 '인문학은 1차적으로 문자, 2차적으로 비문자를 포함한 문화활동을 통해 자연적 사회적 질서의 제약으로부터 자유의 확장 경험을 모색하는 노력이다'고 이해할 수 있고, 표현인문학은 '인문학이란 1차적으로 문자, 2차적으로 비문자를 포함한 문화활동을 통해 사람다움의 표현을 하는 노력이다'고 할 수 있다. 넷째, 표현은 이해를 전제하지만 이해는 표현을 함축하지 않는다.

나의 담론 철학을 더 잘 보여주는 것으로, 책은 《맞음의 철학—진리와 의미를 위하여》고, 논문은 〈성(誠)의 지향성—이원적 지향성에서 음양적 지향성에로〉(《철학논집》 9, 서강대 철학연구소, 2005.3)다.

3. 학문하는 방식, 그리고 반성

몇 개의 저술에 나타난 철학하기의 모습에 대해 반성을 하지 않을 수 없다. 이 반성은 학문적 삶의 방식이면서 또한 한계, 약점, 보완, 지향의 지점을 보일 수 있을 것이다. 몇 가지 사안별로 나누어 생각해 보겠다.

학문적 고전들

사람의 몸이 식사의 결과라 한다면, 인간 지성은 독서의 흔적일 것이다. 나의 학문적 고전은 칸트의 《순수이성비판》과 비트겐슈타인의 《철학적 탐구》다. 석사 공부의 인식론적 관심과 박사 공부의 언어철학적 관심으로 그러한 선택이 이루어졌다고 믿는다.

《비판》은 철학책으로는 드물게 하나의 물음을 선명하게 묻고 있었다. "어떻게 선험적 종합판단이 가능한가?" 선명한 물음은 난해한

책을 읽어내는 데 도움이 되었다. 칸트는 한편으로 경험과 선험을
구분하여 인식의 방법으로서 선험을 선택하고 분석판단과 종합판단
을 구분하여 대상인식의 구조를 확보하였다. 다른 한편으로 감성의
능력으로 직관 형식으로서의 시공간에 촉발되는 내용에 접근하고,
오성의 능력으로 논리 형식으로서의 개념을 적용하여 선험적 종합
판단에 이른다는 것이다. 이 선험적 종합판단은 물자체(Ding an sich)
와 구분되는 대상(Gegenstand)에 대해 '인식대상의 조건'과 '대상인식
의 조건'을 동일화한 판단인 것이다.

《탐구》는 경구체의 어록 방식, 알아보기 힘든 구조로 접근이 어려
운 책이지만, 역시 하나의 물음을 던지고 있다. "언어 의미는 어떻게
얻어지는가?" 언어는 자연이나 실재를 반영하는 거울로서 의미를
갖는 것이 아니라, 사람들의 삶의 양식으로부터 주어지는 의미를 갖
는다. 실재 반영으로서의 사실에 입각한 의미라는 것이 불가능한 까
닭은, 그러한 사실이 무수하게 다른 의미 해석을 허용하기 때문이다.
언어는 보고나 서술의 기능만이 아니라 물음, 감사, 격려 등의 여러
가지 수행성을 보이고, 개념이라는 것도 공통성이 아니라 가족유사
성에 기반 하여 있는 것을 보아, 그 생활양식성을 알 수 있다는 것이
다. 사람들은 사회종으로서 다양한 생활양식을 갖지만 자연종으로
서 공유하는 생활양식을 가지며, 이에 근거하여 인간 언어들은 상호
번역될 수 있는 것이다.

두 개의 고전은 얼핏 보아 연결되지 않는다. 그러나 플라톤과 데
카르트의 성취를 음미하는 동안, 칸트와 비트겐슈타인은 좀 더 밀접
하게 나타나 보인다. 플라톤은 이데아(idea)가 현상계의 모든 대상에
참여하고 있고, 인간은 그 대상을 처음으로 볼 때 그 이데아를 기억

하게 되고, 그 기억된 이데아에 의해 그 대상을 인식한다고 한다. 데카르트는 의심할 수 없는 나의 확실성으로부터 나의 관념(idea)의 출발점을 찾고, 내가 명석 판명하게 지각한 판단은 선한 신에 의해 참으로 보증된다고 믿었다. 칸트는 데카르트의 관념과 선한 신을 유일한 논리 체계의 개념(concept)으로 대체하고, 비트겐슈타인은 언어(language) 공동체라는 좀 더 내재적 기준으로 다원성과 공유성을 확보한 것이다. 플라톤이 철학의 천상적 고속도로를 시작하고 데카르트가 이를 지상으로 끌어내렸다면, 칸트는 이를 비신화화하고 비트겐슈타인은 공동체화하였다고 생각한다.

아쉬운 것은 나의 학문적 고전이 빈약하다는 점이다. 니체와 베르그송, 유학과 불교를 읽어야 했다. 학창시절에 훌륭한 선생님의 강의도 들었고 몇 권의 책을 읽었지만, 어린 의식에 뿌리내리지 못했다. 동서양의 철학을 모두 공부해내는 현대 중국철학은 부럽다. 이제야 사서삼경 등의 동양 고전을 읽으면서 많은 것을 배우고 있다. 학문적 고전을 더 확장하고 싶다.

학문적 도구들

칸트를 읽는 동안 철학하는 방법을 배운 것 같지는 않다. 칸트는 당시 내게 유일한 철학체계로 보였고 이해와 수용의 대상이었을 뿐, 그를 확장하거나 수정할 대상으로는 상상할 수 없었다.

그러나 비트겐슈타인은 "일상 언어의 사용방식에 주목하라"고 말하고 있었다. 철학적 문제가 언어와 독립하여 따로 있는 것이 아니고, 언어의 혼란이 철학적 문제라는 것이다. 일상 언어의 사용 방식은 그러한 혼란의 출구를 시사한다는 것이다. 지식이 무엇인가를 알기 위해서는 '안다'라는 일상 언어가 사용되는 방식에서 출발하라는 것이다. 명제적 인식만 있는 것이 아니라 기술적 인식, 대상적 인식, 관계적 인식 등이 있다는 것이다. 지식은 가족 유사적 개념이라는 것이다.

일상 언어 분석을 통하여 개념 분석의 절차를 배우게 되었을 때, 비로소 칸트의 심오한 수준에서의 철학적 개념 구성의 방식을 볼 수 있었다. 형이상학 체계도 세계를 바라보는 하나의 창을 일상 경험의 한 국면에서 출발시킨다는 가정을 세울 수 있었다. '참'이라는 단어 이해의 알키미디언 지점을 '저' 세계에 두는 경우 초월적 형이상학이 결과 되지만, '이' 세계에서 구하는 경우 내재적 형이상학이 나오는 것이다.

일상 언어 분석이나 개념 분석은 엄밀한 뜻에서 의미 분석이라고 생각한다. 그러나 의미 분석은 어떻게 좀 더 철저하게 접근할 수 있는가? 하나의 문장이 이 현실 세계에서 참인가 거짓인가의 판단으로는 그 문장의 의미가 파악될 수 없다. 이 문장은 가능세계 i 에서는 참이지만 가능세계 j 에서는 거짓일 수 있다. 진위가 달라지는 가능세계들의 접근 가능성의 모델에 따라 그 문장의 의미는 달리 나타나 보이는 것이다. 가능세계적 의미론은 얼핏 말장난처럼 들리지만, 이 분석론 없이는 반사실문이나 크립키 형이상학 등의 논의를 평가하기는 어려울 것이다.

철학하는 유일한 방법은 없다고 생각한다. 눈앞의 문제의 성격에 따라 일상 언어 분석, 개념 분석, 논리 분석, 양상 분석, 문맥 분석, 현상 분석, 실존 분석 등이 동원될 수 있고, 여러 가지 종류의 종합도 가능할 것이다. 때에 따라서는 러셀-콰인이 소개한 단칭명사의 술어적 환원 같은 도구도 유용하고, 동양 고전으로부터의 읽기도 중요한 도구다. 학문적 도구들은 목수의 연장함에서처럼 다양하다. 그러나 목수의 창의성이 그 연장함에 담긴 모든 것보다 중요한 도구이듯, 학문에서도 가장 중요한 도구는 학자의 창조적 생각이라고 믿는다. 연장 탓을 하는 동안 생각할 시간은 사라질 수 있다. 그리고 이 창조적 생각은 유아적이거나 이론적이기보다는 담론적이라고 생각한다. 한국사회에서 인문학은 위기라 하고 철학적 공간은 좁아지고 있다는데, 창의적 사고를 얼마나 해냈는지에 대해 반성하게 된다.

학문적 주제들

나의 학문적 주제들은 무엇인가? 학문적 주제는 대학원 세미나실에서 설정되었다고 믿는다. 학기마다 관심 있는 주제들을 제시하고 학생들과 더불어 공동의 관심 주제를 선정하곤 하였다. 한 세미나의 주제가 다음 세미나의 주제 선정에 영향을 주고, 주제의 다른 국면으로 들어가면서 주제 심화를 추구하고자 하였다. 일주일 내내 세미나 준비에 시간을 들였고, 세미나에서 얻은 지식은 학부 강의에 반영하였다. 논문은 세미나가 끝나고 방학을 맞아 평균 두세 편을 쓰고자 하였다. "학기 중에 몸 팔아 논문 자유의 방학을 산다"라고 했다. 과외활동을 할 마음의 여유가 없었다. 학교 공동체나 학회 공동체에 구성적 성원으로 참여하고자 하였지만, 여러 분의 배려로 이 참여 자체가 연구에 지장을 주지는 않았다.

세미나 주제들은 프레게, 비트겐슈타인, 콰인, 데이비드슨, 크립키, 퍼트남, 김재권, 포돌, 버지 같은 철학자들도 주제였고, 지칭, 진리, 실재론, 필연성, 반사실, 수반, 인과성, 심성 인과, 명제 태도, 표상, 심성 내용, 일상 언어, 방법, 규칙, 영상언어, 모호성, 문맥성 등도 주제로 선택되었다. 세미나마다 자료를 배부한 습관은 여러 학기를 걸치면서 한 주제에 대한 자료나 생각의 집중도를 높여주었다. 이들을 학문적 주제의 첫째 유형이라 부를 수 있을 것이다. 연구비 없이, 학문적 주제의 독자적 선택이라는 의미에서다.

학문적 주제의 둘째 유형은 공동체 촉발적 주제들이다. 교내외의 공동체들과 교유하면서 도달한 주제들이다. 한국어로 철학을 할 수 있어야 한다; 지식이란 가족 유사적이다; 여성학은 인간론이다; 간호란 통합적 행위다; 무용은 소외 없는 자유의 몸짓이다; 건강은 신체적인 것만이 아니다; 신학은 공동체 표현적이다; 법학은 인문학이다; 교양이란 주제 통합적이다; 학문 한국화는 담론적이다; 인문학은 표현이라는 적극적 자유다; 다원주의 시대의 가치는 성기성물이다. 연구 주제는 한편으로 우회적으로 보일 수 있지만 다른 한편으로 자아 확장적이고 공동체 구성적이다. 문제는 어떻게 수행하는가일 것이다.

셋째 유형의 주제는 영상언어다. 앞으로 추구하고 싶은 주제다. 언어를 문자언어 중심주의에서 다양한 언어들의 다원주의에로 확장하고 싶은 것이다. 영상철학자(Richard Allen, Noel Carroll, Stanley Cavell, Gregory Currie, Carl R. Plantinga, Mary Warnock)들을 읽으면서 동양 언어 전통의 기여 가능성을 생각하게 되었다. 서양 언어가 진리 개념을 모델로 한 일관성 논리의 이상언어를 추구하였다면, 동양 언어 전통은 맞음 개념을 모델로 하여 문맥을 문본의 한 부분으로 구성해 내는 구체적 상형성의 언어라고 생각한다. 그렇다면 문자언어와 영상언어, 공간언어와 시간언어의 상호 보완적 논리의 추구가 가능할 것인가? 영상언어로 인문학을 한다는 것은 무엇인가? 영상 내용에 대한 인문학적 분석이나 평론도 중요하다. 다만 한걸음 더 나아가, '영상언어로' 생각하고 표현하는 문법이 있을 것인가? 시서화의 상형문자 전통의 조상들로부터 이 시대의 우리가 배워야 할 비법이 있다면 그것은 무엇일까?

그러나 이러한 주제들에 대한 반성도 없지 않다. 이러한 방식은 철학의 문맥, 한국의 문맥에 맞는 철학 주제 모색에 얼마나 효과적이었을까? 너무 개인적 접근이 아니었을까? 학문적 주제 개발을 위한 좀 더 체계적이고 공동체적 방식은 없는 것일까? 개인의 자발성을 존중하면서 좀 더 효과적인 그러한 접근이 있다면 그것은 무엇일까? 주제의 공유는 어떻게 가능할까?

만일 이론이 특정 사안에 대한 설명 시도의 체계내적 구조라면, 담론이란 개인이나 공동체의 체계들 사이의 소통 행위나 그 내용이라 할 수 있을 것이다. 그렇다면 플라톤의 대화록은 담론적 학문의 길을 이미 보이고 있었던 것이 아닐까? 이론 학문은 그 단어의 규정상 특정 체계내적 활동이고, 다른 체계와의 소통을 목표로 하지도 않았고 소통도 어려울 것이다. 그러나 담론 학문은 출발부터 체계들 사이의 소통 행위이고 서로 맞추어가는 조정의 활동인 것이다. 경우에 따라 이론적 접근도 하여야 하지만, 그러나 이것은 담론적 구조라는 큰 틀의 하부구조 안에서 바라볼 수 있어야 할 것이다.

2부 방법으로서의 철학

나의 철학과 그 방법

박이문

▎연세대 특별초빙교수

　목적을 전제하지 않은 방법은 논리적으로 불가능하다. 그러나 방법의 가능성이 전제되지 않은 목적이 불가능한 것 또한 자명하다. 목적과 방법, 또는 방법과 목적 사이의 관계에 대한 이 같은 명제는 논리적으로 양립할 수 없지만, 실천적인 세계에서 부정할 수 없는 엄연한 객관적 사실이다. 목적과 방법의 위와 같이 모순된 관계는 소크라테스적 뜻에서 '변증법'적이며 상호 보충적이며, 서로 얽힌 뫼비우스(Moebius) 끈처럼 순환적이다.

　목적에 따라 방법의 선택은 달라진다. 목적은 크게 지적 기술적 및 실천적 범주로 분류할 수 있고, 이 같은 각기 다른 범주들은 그 안에서 다시 수없이 많이 세분된다. 지적 목적은 진리 탐구를 함축하는 순수학문의 형태로 나타나고, 모든 학문은 각기 그것이 추구하는 탐구대상에 따라 크게 철학과 과학으로 범주화되고, 이 두 종류의 학문은 다시 각기 수많은 종류로 세분될 수 있는 대상의 구분에 따라 세분된다. 이러한 학문적 분절화는 거의 무한히 계속될 수 있

다. 목적과 방법이 뗄 수 없이 상호적으로 얽혀 있는 이상, 학문 대
상의 세분화 및 재구성에 따라 학문적 목적도 상대적으로 다양하고
복잡할 수밖에 없고, 학문적 목적의 다양화에 상대적으로 그 방법도
필연적으로 다양하고 복잡해진다.

만일 내가 어떤 하나의 삶의 목적을 가지고 살아왔다면, 그것은
어떤 것이며, 만일 그 목적이 지적인 영역에 속하는 학문이라는 진
리 탐구의 범주에 속하고, 그 학문의 목적이 '철학'이라는 진리 탐구
에 속한다면, 내가 추구한 철학적 인식, 진리 발견의 대상은 무엇이
었던가? 내가 '철학'이라는 학문의 틀에서 추구했던 것, 즉 진리는
어떤 것이었으며, 그러한 목적을 실현하기 위해서 나는 과연 어떤
방법을 갖고 있었으며, 그러한 방법 또는 방법들이 있었다면 그것을
적용함에 어떤 문제가 있었던가?

1. 가장 정밀한 세계관으로서의 철학

'철학'이라는 학문적 개념의 다원성

그리스에서는 고대로부터 '철학'이라 부르는 학문이 가장 근본적
인 진리 탐구의 양식으로 존재해 왔고, 그러한 전통이 르네상스 이
후 유럽을 중심으로 한 서양문화권에서 전승되었고, 오늘날에는 세
계 전체에서 자연스럽게 전이·유통 그리고 사용되고 있다. 그래서
그리스의 탈레스나 소크라테스, 인도의 《우파니샤드》 경(經)이나
《바가바드기타》 경의 집필자들, 그리고 중국의 《역》 집필자들이나
노자, 공자, 장자, 맹자 등에서 시작하여 주자, 데카르트, 칸트, 헤겔,

니체, 후설, 하이데거, 프레게, 카르납, 비트겐슈타인, 콰인, 크립키, 사르트르, 푸코, 데리다, 로티 등이 추구한 문제들을 통틀어 '철학적'이라 부르고, 그들의 저서를 '철학'의 범주에 넣고, 그러한 저서를 쓴 저자들을 합쳐 '철학자'라 부른다.

이러한 관례에도 불구하고 '철학'이라는 학문은 단 한가지로 정확히 정의될 수 없다. 위와 같은 이른바 대표적 철학자들의 학문의 공통적 대상과 그 목적이 과연 존재했으며, 그들의 저서들이 주장하는 진리 내용의 공통점이 과연 존재하며, 존재한다 해도 그것을 정확히 한 가지로 규정하는 것은 불가능하다. 오늘날까지도 '철학'이라는 학문이 정확히 무엇에 대한 어떤 종류의 진리를 추구하는 것이냐에 대한 시비가 위와 같은 철학자들 가운데서도 지속되고 있다는 사실은, '철학'이라는 학문의 유일하고 보편적 규정의 불가능성에 대한 역사적으로 구체적인 증거다.

철학을 한다는 뜻에서, 그리고 철학적 진리를 발견하겠다는 의도에서, 나는 지난 40여 년 동안 줄곧 위와 같은 '철학자'들의 저서를 두루 읽었다. 그러나 지금 뒤돌아보면, 내가 알고자 했던 핵심적 문제의 하나는 '철학적 진리 자체'만이 아니라, '철학이 도대체 무엇인가?'라는 자기반성적 물음에 대한 대답을 찾는 일이기도 했다. 이러한 사실은 사유와 탐구양식의 하나인 철학의 본질이 자기 반성성에 있음을 입증하는 것으로 볼 수 있다. 그것은 철학이 어느 정도 자기 나름대로 정의될 수 있고, 그 정의에 따라 철학적 목적과 방법 및 그러한 방법으로 얻어낼 수 있는 철학적 대답도 달라질 수밖에 없기 때문이다. 그렇다면 철학의 특수성은 어디서 찾을 수 있는가?

발견으로서의 철학과 개념 분석으로서의 철학

철학은 서로 다르고 때로는 서로 모순되는 수많은 철학 개념 규정이 존재해 왔고, 현재도 그 문제를 둘러싸고 철학자들 사이에 논쟁이 끝나지 않고 있다. 하지만 모든 철학관들은 편이상 '세계관'으로서의 철학관과 모든 명제들에 동원되는 언어의 '개념적 논리적 분석'으로서의 철학관이라는 두 개의 큰 범주로 양분될 수 있다.

전자의 철학관은 전통적 그리고 일반 대중들의 철학관과 일치한다. 철학을 새로운 대상 발견의 한 양식으로 파악한다는 점에서 다른 학문과 다를 바 없지만, 그 발견 대상을 서로 구별되는 특수한 것, 또는 세계, 자연, 우주 전체를 분리할 수 없는 단 하나의 통일된 인식대상으로 삼는 데 있다고 본다는 점에서 철학은 다른 학문들과 구별된다는 것이다. 노자, 탈레스, 플라톤, 데카르트, 칸트, 헤겔, 니체, 마르크스, 베르그송, 하이데거, 사르트르 등이 전자의 철학관을 대표한다.

그러나 이러한 철학관으로는 철학을 종교나 과학과 구별할 수 없다. 힌두교, 기독교 등의 종교는 말할 것도 없고, 뉴턴이나 아인슈타인의 물리학, 우주 발생과 진화에 관한 빅뱅 이론들은 다 같이 하나로서의 자연·우주·존재를 총괄적 인식대상으로 삼고, 그 대상의 올바른 재현, 그림임을 주장하고 있기 때문이다. 하지만 우주·존재 전체의 그림으로서의 철학은 한편으로 확실성, 객관성에서는 과학적 그림에 훨씬 못 미치고, 다른 한편으로는 종교적 그림, 즉 인식에 비추어볼 때 그 대상의 폭에서 훨씬 작고, 정서적 만족도에서 훨씬 미흡하다.

세계관으로서의 철학관의 대안으로 후자의 철학관, 즉 분석철학적 철학관이 고안된 것은 바로 전자의 철학관이 갖고 있는 위와 같은 문제들에 근거한다. 철학이라는 학문이 다른 학문들과 구별되는 것은, 그것의 기능이 대상의 발견이 아니라 대상에 대한 명제들의 명료화와 정체를 이끌어낸 논리적 근거의 해명, 즉 인식의 투명성의 논리적 근거를 제공하는 데 있다고 말한다. 이러한 철학관은 그것이 이른바 분석철학이라는 운동과 함께 생겨난 개념이기는 하지만, 실제로는 이미 근대적 의미로서의 철학의 시조로 공인된 소크라테스에서 분명하게 나타났고, 흄, 후설, 프레게, 카르납, 비트겐슈타인, 콰인, 데리다 등 분석철학자들만이 아니라 현상학적 계열에 있는 철학자들에서도 계승되고 있다. 그러나 '개념의 명료화'라는 분석철학적 철학관은 철학적 의도를 세계·자연·존재라는 대상에 대한 진리의 발견과는 상관없이, 그러한 대상들 안에서 일어나는 담론들의 언어에 내재된 언어적 의미를 해명, 즉 사유의 투명성과 엄정성 확보에만 두었다는 것이 문제다. 왜냐하면 이러한 뜻의 철학은 응용논리학과 구별되지 않기 때문이다.

어떤 대상에 대한 모든 명제가 철학적인 것은 아니다. 그 대상이 아주 특정한 것이 아니라, 자연·우주·존재 즉 모든 것의 총체가 될 그 모든 종류의 명제가 자동적으로 철학적인 것은 아니다. 그것이 과학적 또는 종교적인 것과 구별될 수 있는 철학적 명제가 되자면, 그 명제의 근거가 이성에 의해 직관적인 동시에 논리적으로 뒷받침되어야 한다. 또한 한 명제가 직관적으로 참되고 아무리 투명한 논리로 뒷받침되었더라도 그것이 특정한 대상에만 해당되는 것이라면, 그러한 명제는 철학적으로 만족스럽지 못하다.

'둥지'라는 이름의 세계관으로서의 철학

  철학의 궁극적 목적은 단 하나의 통일된 실체로서의 자연·우주·
존재에 관한 단 하나의 참된 그림, 즉 인식·명제를 찾아내는 데 있
다. 나는 어떻게 살 것이냐의 실존적 문제를 포함해서 모든 것, 단
하나도 빠짐이 없는 정말 모든 것, 모든 현상, 모든 사건, 모든 경험들
을 단 하나로 정연하게 통일해서 투명하게 이해하고, 맞게 행동하며,
옳게 살고 싶어 한다. 나만이 아니라, 그리고 철학자만이 아니라, 모
든 사람이 알게 모르게 그러한 지적 및 실존적 욕망을 갖고 있다고
나는 믿는다. 이 같은 나의 철학적 목적이 현실적으로 실현불가능하
다는 것을 인정하더라도, 그것은 모든 인간에게 내재된 어쩔 수 없는
지적 꿈임을 나는 확신하다. 적어도 나의 경우 그렇다.

  내가 철학에 관심을 갖고 오늘날까지 오랫동안 그곳에 머물러 씨
름하고 있는 이유가 그렇고, 그 동안 철학이라는 테두리에서 읽은
책들의 종류와 내가 넘나든 철학적 여러 영역들의 다양성이 위와 같
은 나의 철학관을 반영하고, 나의 그러한 신념을 뒷받침한다. 내가
전통적, 사념적, 현상학적, 플라톤적, 헤겔적, 하이데거적 철학에 끌
리면서도 분석철학에 쏠리는 것은 나의 이런 철학관 때문이며, 그와
동시에 분석철학에서 지적으로 많은 귀중한 가치를 발견하고 배움
으로써 그러한 철학관에 비추어 생각하고 글을 써왔으면서도, 그와
반대편에 있는 유럽적 철학과 더 나아가서는 고대 동양철학에 매력
을 느끼면서도 거부감을 느껴왔던 것도, 바로 나의 이런 지적 지향
과 철학관 때문이다.

  나는 철학이 종교나 과학과 구별되지만, 종교나 과학과 마찬가지
로 일종의 세계관(Weltanschauung)에 지나지 않으며, 종교적 또는 과학

적 세계관과는 다른, 그러나 마찬가지로 일종의 세계관에 지나지 않는다고 확신한다. 이러한 철학관에서 볼 때, 철학자는 지적 '신'이 되고자 하며, 그의 관점은 '신의 관점'(God's eyes' view)을 갖고자 한다. 나는 이러한 철학적 세계관을 '사유의 둥지'로서의 철학관이라 부르고, 그러한 방식의 철학을 '둥지의 철학'이라 이름 짓고, 그러한 철학적 사유를 철학적 둥지 짓는 작업으로 파악한다. 나의 철학관은 지금까지의 여러 철학관들이나 철학적 활동의 부정을 함축하지는 않는다. 둥지의 철학관의 관점에서 볼 때, 모든 철학활동은 물론 모든 학문들도 세계관으로서의 단 하나의 통일된 관념적 둥지를 짓는 데 필요한 다양한 부분적 분과적 활동이며 건축양식들이라고 생각한다.

철학이 인식 대상이 아니라 어떤 대상의 한 인식 양식으로 파악된다면, 철학은 자연·우주·존재가 될 수 없음은 물론 그런 것의 일부가 결코 아니라, 그러한 것들의 표상으로서의 인간의 관념적 표상에 지나지 않는다. 왜냐하면 인식은 인간의 일종의 관념적 내용 또는 그러한 내용을 함축하는 지적 활동이기 때문이다. 인간의 관념과 독립되어 있다고 전제되어야 하는 철학적 인식 대상으로서의 자연·우주·존재가 인간의 의식 속에서 인식되는 순간, 그것은 그냥 객관적인 자연·우주·존재가 아니라 필연적으로 인간의 의식 속에 관념화된 주관적 자연·우주·존재로 변신한다.

이렇게 변신된 자연·우주·존재를 그것과 구별하여 세계라고 부를 수 있다. 내가 철학을 세계관으로 부르는 중요한 이유의 하나는 바로 이 때문이다. 우리가 접하고 우리에게 비친 자연·우주·존재는 메를로-퐁티가 말하는 '야생적' 상태로서가 아니라 이미 관념으로 표상된, 언어적 재현을 통해 '의미'로 해석된 존재, 즉 '문화'다. 그 이전의 원초적 상태와 논리적으로 결코 동일할 수 없는 '문화화'된 자연·우주·존재는 전자와 차별화해서 '세계'라고 부를 수 있다. 그리고 이때 세계는 곧 '세계관'이다. 왜냐하면 '세계'는 문화로서 총체적으로 관념화된 인식체계이기 때문이다. 철학이 자연·우주·존재의 관념화된 세계 인식 양식 활동이라면, 그러한 활동의 산물로서의 철학은 곧 '세계관'이다.

세계관으로서의 철학은 발견된 자연·우주·존재의 그냥 재현이 아니라 인식 주체의 의식에 의해서 감각적 경험의 범주와 해석의 과정을 걸쳐서 어떤 의미를 띤 존재로서 재구성된 관념적 건축물이다. 그리고 그러한 관념적 건축, 즉 세계관으로서의 철학이라는 건축활동, 그 동기 및 건축구조는 새의 둥지 짓기, 그 동기 및 그 건축구조와 같다. 새들은 둥지를 튼다. 그 동기는 짝짓기, 새끼 낳고 키우기 등을 통해 자신의 유전자를 매개로 생존과 번영이라는 모든 생명체의 궁극적 욕망의 충족, 즉 '존재의 의미, 즉 행복에 대한 희구'에 있다. 새들이 트는 둥지의 구조는 건축학적 본질은 '조화와 행복'이다. 새들이 짓는 모든 둥지는 기술적, 경제학적, 생태학적, 미학적, 그리고 실용적 모든 관점에서 건축의 백미다. 그 구조에서 우리는 모든 것들의 조화를 찾는 의미를 발견하고 따뜻한 행복감을 피부로 공감한다.

새들의 둥지 짓기, 그런 활동의 의도, 둥지의 구조가 그러하듯이, 철학도 인간이 트는 둥지 틀기 활동이며, 그 활동의 밑바닥에는 '행복'이라는 원초적 동기가 있으며, 그러기 위해서 그러한 의도를 충족시킬 수 있는 건축구조를 지향한다. 새돌의 둥지와 철학의 둥지의 차이는 전자가 본능에 의해서 본능적 목적을 물리적 차원에서 자연으로 구성되는 데 반해서, 후자는 의지에 의해서 인간적 목적을 관념적 언어적 차원에서 언어·문화적 차원에서 이루어지고 있다는 것이다. 철학은 인간인 그가 우주 안에서 물리적으로나 지적으로나, 아주 복잡하고 헷갈리게 인식하고 있는 모든 현상, 사실, 사건들, 그가 개인적으로 체험하는 혼탁한 정서적 경험들을 총망라한 것을 일관성 있고 조화롭게 정리하여 하나의 통일된 전체로 파악하고자 하는 욕망의 표현이다. 이런 의미에서 지적 활동으로서의 철학은 모든 차원에서 지적으로 만족하고, 정서적으로 편안할 수 있는 자연·우주·존재의 지적 둥지 짓기이며, 세계관으로서의 철학은 관념적 언어적으로 지어진 지적 건축물, 즉 둥지다.

'철학적 둥지', 즉 '둥지'로서의 철학은 어떻게 설계되고 조립되는가? 그러한 둥지 짓기와 지어진 둥지는 각기 철학자의 철학관에 따라, 그리고 그 철학자의 설계능력, 건축기술에 따라 달라진다. 기계적으로 적용할 수 있는 철학적 둥지 짓기의 보편적 방법은 무엇인가? 그런 것은 없다. 그렇지 않다면 나의 철학적 방법은 무엇이었으며, 그 방법에는 어떤 문제가 있었던가?

2. 나의 철학하기 방법, 그리고 문제점

나의 철학하기

나의 철학하기 방법을 진술하기 위해서 내가 거친 철학수업 과정을 약간 이야기하는 것이 좋을 것 같다. 나에게는 각별히 이렇다 할 꼭 하나의 철학 방법이 없다. 아니 그런 것은 다른 누구에게도 없다고 믿는다. 철학이라는 학문의 성격 때문에 그렇고, 나의 경우 더욱 그렇다. 사정이 이런 데는 내가 철학을 하게 된 동기 및 나의 철학 공부 과정과 뗄 수 없는 관계가 있다.

내가 본격적으로 철학을 해보려고 철학학사(license es lettres en phi- losophie)를 준비하기 시작한 것은 파리에서 불문학 박사학위 논문을 제출하고 심사만을 기다리고 있던 33세의 늦은 나이였다. 고등학교나 대학 예과에서 단단한 철학적 기초를 닦은 프랑스 학생들과는 달리, 나에게는 철학적 지식과 사유의 훈련이 전혀 없었다. 그래서 불규칙적으로 많은 새치기를 해야 했다.

나는 관심 있는 철학자, 문제, 시대에 관련된 책들을 닥치는 대로 읽기 시작했다. 나는 대학입학자격시험을 위한 참고서에서 시작하여, 철학사, 중요한 철학자들의 이론을 소개한 많은 단행본, 철학적 문제 중심으로 다룬 여러 책들, 인식론, 형이상학, 언어철학, 윤리, 종교, 예술 등에 관한 수많은 책들을 뒤져서 또 읽고, 그 가운데 어떤 책들 혹은 그 책들의 어떤 부분들은 몇 번, 아니 몇 십 번이고 읽었다. 정확히 잡히지 않는 그 내용을 이해하기 위해서였다.

소르본느대학에서 철학학사 과정에 필수적인 여러 강의를 듣고 연습시간에 참여하면서 2년 반에 걸쳐서 당시의 나에게는 힘겨웠던 네 번의 필기시험과 네 번의 구두시험을 통과해서 학사학위를 땄다. 나는 많은 개념들을 배웠고, 많은 철학자들의 이름과 저서들을 알게 되었다. 본격적인 철학자들의 저서를 읽고 그것을 이해하는 것이 너무나 힘들었다. 너무 과속으로 공부를 하는 것 같았다. 하지만 나는 이런 과정에서 철학적 문제를 생각하는 훈련과, 철학적인 것만 아니라 주어진 어떤 문제들에 대해 논술을 펴는 테크닉을 약간 배운 것

같았지만, 나에게 정말 분명한 것은 하나도 없었다. 이대로라면 내가 정말 철학자가 되어 철학적 저서를 낼 만큼의 지적 수준에 이를 것 같지도 않았다. 그런 수준에 이르기 위해서 내가 갈 길이 너무나 요원하고 고달프게 생각되었다.

그렇지만 철학 공부는 모든 것을 설명하고, 무엇이든 자신 있게 소견을 펴고, 정말 훌륭한 시를 쓰려는 열망에 타오르던 나에게 비켜갈 수 없는 도전이요 따라서 내게 꼭 필요한 준비며, 내가 꼭 거쳐야 할 필수적인 훈련이라고 생각되었다. 나는 그 뒤 미국에 가서 새삼스럽게 철학박사 학위를 받고 그곳 대학에서 오랫동안 교편을 잡았다. 그 과정에서 아주 많은 책을 읽었다. 많은 것, 모든 철학적 문제와 대답을 훤히 알고, 남들이 못한 문제를 시원하게 풀어주고 싶었다. 하지만 내가 정말 원했던 것은 철학박사도 철학교수도 아니었다. 나는 넓은 의미에서 자유로운 사상가로, 문필가로, 작가로, 시인으로서 모든 지적 철학적 문제를 풀어서 세계를 밝히고 가장 올바른 삶을 살고 싶었다.

그런데도 오늘날까지 나는 대학 강단에서, 그리고 철학이라는 울타리에서 완전히 빠져 나오지 못하고 산다. 아직도 지적, 특히 철학적 양식의 축적과 철학적 사유 훈련이라는 준비가 필요하다고 믿기 때문이다. 그러기에 미국에서의 학생으로서나 교수로서나, 한국에 돌아와서 오늘날까지, 나는 파리에서 학생생활을 하던 때와 마찬가지로 여러 방면의 철학책들을 비교적 많이 읽는 편이다. 책을 읽으면서 전에는 노트도 많이 하려 했으나 날이 갈수로 책에다 줄을 그어두거나, 때로는 숫제 그냥 신문 읽듯 눈으로만 훑어 읽는 버릇이 생기고, 따라서 원래도 기억력이 없는 데다가, 나이가 든 지금은 인용할 수 있을 만큼 분명하게 기억에 남는 내용들이 별로 없다. 다만 책을 읽는 과정 그 자체에서 적지 않은 지적 즐거움과 나의 지적 지평이 밝아짐을 경험하곤 했고, 현재도 그렇다. 이러한 사실은 독서를 통해서 한 경험들이 내 기억 속에 분명히 남아 있지 않더라도, 그것을 통한 경험의 과정은 무의식적이나마, 마치 우리가 먹는 음식이 원래의 모양을 잃게 되더라도 그것이 우리의 생물학적 존재의 일부로서 어딘가에 남아 있듯이, 지적 피와 살의 일부가 나의 삶의 세계 어느 구석을 구성하는 정신적 자양분으로 남아 있으며, 앞으로도 그럴 것이라고 믿는다. 그리고 이러한 나의 독서는 내가 자연·우주·존재를 일목요연하게 관조할 수 있고 설명할 수 있는 철학적 높은 산의 정상에 한발자국이라도 가까워지는 데 알게 모르게 도움이 될 것으로 확신한다.

나의 철학 수업이 이처럼 산만하고 비체계적인, 즉 '방법이 없는 방법'이었다고 하지만, 한 가지 버릇은 줄곧 가지고 있었다. 언제나 읽는 책 내용의 요점을 파악해 비판하고, 나의 관점에서 나름대로 독창적인 생각을 찾아내려 애썼다. 줄곧 '나의' 철학을 만들고 싶은 욕망에 차 있었다. 어떤 철학, 어떤 철학가의 전문가가 되기를 거부해 왔다. 나는 그냥 철학교수, 특히 철학사 교수로 남을 생각은 한 번도 해본 적이 없다. 가당치 않고 결과적으로 허만한 욕심이라는 것을 의식하고 있었던 것이다.

나의 철학함에서 두 가지 문제점

위와 같이 서술한 철학공부 과정에서 나는 두 가지 문제를 늘 의식하면서 아주 안타까운 느낌을 억제할 수 없었다. 그 가운데 하나는 언어의 문제였다. 우리가 세계 어느 문화권에 속해 있든지, 서양 철학을 모르고는 오늘날 세계적 차원에서 철학한다고는 말할 수 없는 현실과 관계되나, 서양철학은 이미 세계철학이 되어 있고, 그만큼 상대적으로 다른 어느 전통에 속하는 철학보다 발전되어왔다. 그것은 그리스, 라틴어 텍스트까지는 아니더라도, 적어도 독일어, 프랑스어, 특히 영어로 쓰인 텍스트를 읽고, 그런 언어로 자신의 철학적 텍스트를 써야 함을 함의하고, 또한 이러한 철학자들은 그러한 언어에 능통해야 함을 말한다.

그러나 나의 경우, 처음에는 프랑스어, 그리고 그 뒤에는 영어에 자유로워야 함을 말한다. 그러나 모국어도 그리 잘 구사할 줄 모르는 나에게 30세가 훨씬 넘어 쓰기 시작한 프랑스어나 영어라는 언어의 벽은 아무리 노력해도 쉽게 극복할 수 없었다. 이런 상황에서 내가 프랑스 또는 영미 철학자들과의 말싸움, 글쓰기나 가르치는 싸움터에서 제대로 경쟁할 수 없었다는 것이다. 이러한 사정 속에서 영어, 프랑스어, 독일어 등의 해독력은 프랑스 특히 미국에서 활동하는 긴 세월에 걸쳐서 내가 채택하지 않을 수 없었던 철학적 탐구 방법의 기본적 요소였다.

앞에서 서술한 나의 철학적 방법론에는 언어 구사력의 결함 이외에도 자동적으로 언제 어디서나 적용할 수 있는 자연과학적 방법을 엄격하게 규정할 수 없고, '비방법적'이라 할 만큼 유동적이고 복합적이라는 데 있다. 내가 채택한 '방법 없는 방법'이라고 말할 수 있는 철학 방법은 자연·우주·존재 전체를 통틀어 설명, 즉 세계관을 만들어 보겠다는 야심의 방대성으로 필연적으로 함축된 것이기는 하지만, 그렇더라도 그것으로 인한 철학적 명제의 불투명성을 인정할 때 방법론적으로 큰 문제가 아닐 수 없다. 하지만, 만약 내가 생각하는 대로 철학이 궁극적으로 지향하는 것이 이상적일 수 있는 관념적 둥지 짓기에 있다면, 철학이라는 둥지의 구조물이, 인간의 거처로서의 구조물이 깔끔한 대신 자연과의 단절과 조화의 파괴를 동반하는 것과는 대조적으로, 산새들의 둥지의 구조처럼 겉으로는 엉성하게 보이지만 정교하고, 소박하지만 자연과 단절되지 않고 조화를 보존하고 갖추는 데 불가피한 조건이라면, 나의 철학적 방법의 문제가 정말 문제가 아니라고 볼 수도 있다.

인식은 대상을 전제하고 그 대상을 파악, 서술하는 양식이다. 그러나 인식의 주체인 의식은 그 대상의 단순한 거울이 아니라 관념적 재구성 활동이다. 이런 점에서 의식은 황금에 대한 탐욕에 가득 찬 욕심꾸러기 마이다스 왕의 손과 같다. 마이다스 왕의 손이 닿는 순간 그가 먹으려던 음식은 먹을 수 없는 황금으로 변하듯이, 인식의 손이 닿는 순간 그가 지적으로 잡고자 하는 대상·존재 자체는 더 이상 손에 잡을 수 없고, 그의 손에 잡힌 것은 언어적 텍스트의 형태를 갖은 관념적 구조물로만 남게 된다.

한 인식 양식으로서의 철학도 다른 인식 양식과 전혀 다르지 않다. 인식은 의식대상을 파악, 즉 진리 발견을 추구한다. 인간의 지성은 오직 이런 경우에만 만족, 즉 행복할 수 있다. 지적 만족은 지적으로 편안함 곧 행복을 의미한다. 언뜻 보기와는 달리, 지적 만족은 궁극적으로는 정서적 만족과 뗄 수 없다. 모든 인식은 지적 행복 찾기며, 인식의 산물인 '진리'는 지성이 행복할 수 있는 거처, 즉 언어로 구성된 관념론적 '둥지' 짓기의 활동이며 그 결과다. 철학적 인식도 마찬가지다. 이 점에서 철학이라는 인식 양식도 다른 지적 활동과 다르지 않다.

　하지만 철학은 다음과 같은 두 가지 점에서 다른 인식 양식과 구별된다. 첫째, 철학적 이상, 철학자의 꿈, 철학의 궁극적 추구가 개별적 존재, 현상, 사건, 경험들이 아니라 모든 것, 즉 자연·우주·존재를 대상으로 삼고 그것을 하나의 통일된 총체로서 파악하는 데 있다. 철학이 일종의 세계관인 것은 바로 이 때문이고, 이런 점에서 철학은 체계화된 종교적 세계관 다르지 않다. 둘째, 철학적 세계관은 종교적 세계관과는 달리 투명한 이성에 그것의 확고한 토대를 두고자 한다. 세계관으로서의 철학적 둥지를 기계적으로 적용할 수 있는 한두 가지 방법으로 건축할 수 없음은 자명하다. 철학이라는 둥지는 시적 상상력, 유연성을 갖은 예술적 기술로만 예술적 솜씨를 필요로 하다. 또한 철학이라는 둥지 짓기 작업은 관념적 건축작업이지만, 그 건축은 신규건축이나 재건축이 아니라 언제나 리모델링 건축이다. 왜냐하면 아무도 그리고 무엇이고 백지상태에서 시작할 수 없다. 절대적 시초는 없다, 모든 시초는 알고 보면 이미 있는 것의 보수작업이고, 모든 건축공사는 언제나 보충 공사다. 철학이라는 둥지의 틀기라는 건축작업도 마찬가지다.

　둥지의 철학은 '철학적 시인 동시에 시적 철학' 글쓰기가 될 것이다. 그리고 지금 나의 삶의 다음과 같은 몇 가지 지적 궤적을 뒤돌아보면, 그러한 글쓰기, 즉 둥지의 리모델링 작업은 이미 나의 소년기부터 무의식 속에서 시작되었고, 다음과 같은 몇 단계 행로를 거치면서 줄곧 계속되어 왔다는 생각이 든다.

　중고등학교 시절의 나는 열렬한 문학 소년이었다. 시인이 되는 것이 꿈이었고, 수많은 엉터리 시를 썼다. 내가 이랬던 것은 이 시절 나름대로 퍽 심각히 앓았던 인생, 사회, 세상, 존재에 관한 철학적 의문이나 고민과 무관하지 않다고 믿는다. 대학에서 불문과에 적을 두었고, 대학 졸업논문이 시인 보들레르였던 것이나, 당시 유행이었던 사르트르의 실존주의에 매료되어 그의 삶을 선망하고 모델로 여겼던 것도 위와 같은 나의 지적 및 정서적 경향의 맥락과 일관된다고 생각한다. 보들레르의 세계가 미적으로 아름다우면서 뜨거운, 즉 시적인 것이었다면, 사르트르의 세계는 지적으로 투명하고 실존적으로 치열한, 즉 철학적 것이다. 나는 뜨거우면서도 투명한 삶을 꿈꾸고 있었고, 시적이면서도 철학적인 세계를 무의식 속에서 갈구하고 또한 그러한 세계를 만들고자 했다.

　서울대 대학원 석사 논문으로 〈뽈 발레리에 있어서의 실재와 지성의 변증법으로서의 시〉(La poésie en tant que la dialectique entre la realité et l'intellect chez Paul Valery)를 썼고, 몇 년 뒤 소르본느대학에서 불문학박사 논문으로 〈말라르메에 있어서의 이데어: 정연성이라는 꿈〉(L'"Idee' chez Mallarme-La cohérence revée)를 제출했으며, 다시 몇 년 뒤 미국 서던 캘리포니아대학(University of Southern California)에서는 〈멜로-뽕띠의 '표현'이란 개념의 존재론적 해석〉(An Ontological Interpretation of the Concept of 'Expression' in Merleau-Ponty)라는 논문으로 철학박사학위를 받았다.

　위와 같은 문학적 및 철학적 하위 논문들의 주제들을 선택할 때마다 의식한 것은 결코 아니지만, 지금 그들을 검토해보면 모두를 관통하는 두 가지 일관성을 찾아낼 수 있다. 첫째는, 내가 관심을 가진 연구대상 인물들의 세계에서 시와 철학의 경계가 다 같이 희미하다는 점이다. 발레리와 말라르메가 위대한 시인이지만 동시에 가장 지적, 다시 말해서 철학적 시인에 속하며, 메를로-퐁티는 20세기 초반의 프랑스 철학을 대표하는 철학자이지만 동시에 그의 철학적 세계가 어느 철학자보다도 시적이라는 점이다. 둘째는, 위와 세 인물의 사유에 깔려 있는 가장 중요한 문제가 언어 이전의 실체와 언어적 표상 사이에 존재하는 철학적으로 갈등적, 논리적 모순관계였고, 시인으로서 또는 철학자로서 그들의 공통된 핵심적 고민이 그러한 갈등을 지적으로 해결하는 문제였다는 사실에서 찾을 수 있다.

이 두 가지 문제는 서로 별개가 아니라 동전의 양면일 뿐이며, 그것은 물질과 의식, 몸과 마음, 존재와 인식, 실체와 표상 등 관계의 문제며, 그것은 모든 사유가 궁극적으로는 나름대로 반드시 입장을 취해야만 하는 가장 원초적이면서도 가장 핵심적인 철학적 문제다. 철학에서 이러한 관점에서 볼 때 내가 썼던 학위 논문들의 주제 선택이 우연한 것이 아니라 나의 지적 관심이 근본적으로는 철학이며 동시에 시적인 것임을 입증하고, 그런 관심이 얼마만큼 일관되었고 집요했던가를 말해준다는 것을 이제서야 깨닫는다. 이 문제는 철학에서 전통적으로 실재론과 관념론 사이의 형이상학적 논쟁, 존재와 그 언어적 표상을 둘러싼 인식론적 논쟁으로 오늘날까지 지속되고 있다.

나는 1963년 말 소르본느에서 1년 동안 참석했던 철학 세미나에서 데리다의 《음성과 현상》(*La voix et le phénomène*)을 읽고 그 전에는 전혀 몰랐지만, 그의 핵심적인 철학적 관심이 바로 위와 같은 철학의 고질적 문제 해결에 있었음을 비로소 알게 되었다. 그가 제시한 해결의 열쇠 말은 '차연'(差延; differance)이며, 그 열쇠의 견고성의 방법은 '해체(解體; déconstrcution)라는 이름의 철학적 언어분석이다.

그러나 나는 그의 열쇠가 꼭 맞지는 않는다는 결론을 피해 갈 수 없었다. 언젠가 데카르트, 칸트, 특히 니체처럼 철학에 코페르니쿠스적 그리고 마르크스적 혁명을 선동해 보겠다고 혼자 음모를 꾸리고 있던 차에 그의 분석에 빨려 들어갔기 때문에 더욱 그랬다. 이때 나는 '존재·의미 차원의 매트릭스'(the onto-semantical matrix)라는 이름이 붙은 철학에서의 코페르니쿠스적 혁명을 터트릴 수 있는 개념적 포탄을 곧바로 만들었다.

'존재·의미 차원의 매트릭스'는 존재나 인식, 실체나 현상, 물질이나 정신 어느 특정한 쪽을 지칭하는 개념이 아님은 물론, 각기 두 짝 모두를 총칭하는 개념도 아니다. 그것은 우리가 무엇을 의식, 생각, 말, 서술할 때, 논리적으로 우주론적으로 전제하지 않을 수 없는 원초적 틀이다. 이런 점에서 그것은 우주의 일부가 아니라 우주를 보고 언급하는 논리적 눈이며 언어에 지나지 않고, 눈을 보는 눈, 귀를 듣는 귀의 경우에도 보는 눈, 듣는 귀로서의 눈과 귀는 신체, 우주 즉 어떤 의미로서도 존재·지체가 아니다. 내가 제안한 이 개념에 비추어 볼 때, 실체론과 관념론, 존재와 인식, 대상과 언어적 표상, 몸과 마음, 물질과 정신 등은 대립된 두 개의 존재가 아니라 존재론적으로는 서로 분리될 수 없는 단 하나의 실체이지만, 인식론적 개념적 의미론적으로는 피할 수 없는 두 가지 원초적 구별이며, 존재론적으로는 모든 것들이 서로 연속적으로 이어져 있는 것이고, 그것들 사이의 단절, 즉 불연속성, 차이, 그리고 갈등을 오로지 인식론

적 개념적 의미론적 차원에서만 의미가 있고 또한 불가피하다는 것
이다. 존재와 그 서술, 대상과 그 언어, 마음과 몸, 실체주의와 관념
주의, 인식과 그 대상의 관계는 단절적인 갈등이 아니라 순환적 고
리로 보아야 한다는 것이다. 그래서 나는 고대로부터 지금까지 논쟁
이 계속되어 왔지만 풀리지 않는 많은 철학적 문제가 이 새로운 개
념에 비추어 모두 새롭게 검토되고 풀릴 수 있다는 생각을 떨칠 수
없었다.

　1974년에 계간 《문학과 지성》에 발표한 〈시와 과학〉이라는 논문
에서 '존재·의미론적 매트릭스의 개념'을 처음으로 적용해서 시적
인식과 과학적 인식의 관계를 설명했고, 1980년에 출판한 저서 《노
장사상》에서 노장사상을 설명하는 데 사용했다. 그 밖에도 영어와
프랑스어로 쓴 여러 논문에서도 그 개념을 적용하여, 메를로-퐁티,
콰인, 굿맨, 데리다, 그리고 그 밖의 철학자들과 여러 가지 철학적 주
장들을 반박하는 데도 사용했다.

　몇 년 전부터 구상해왔고 집필을 계획하고 있는 저서 《둥지의 철
학》 밑그림이 바로 위와 같은 나의 철학적 역정의 지평선에서 떠오
르게 되었다. 이 저서를 끝내는 날, 비로소 나는 오랫동안 갇혀 있던
철학적 개념의 감옥으로부터 해방되어 시적 세계에 들어가서 자유
를 만끽하게 될 것이라는 예감이 든다.

현상학적 탐구 방법

구연상

▌항공대 연구교수

1. 방법의 지위와 기능

　학문의 탐구 방법은 학문적 탐구를 이끄는 길 또는 학문적 진리에 이르는 길을 말한다. 방법은 목적지가 아니라 길로서 이해되어야 한다. 진리를 최종 목적으로 추구하는 모든 학문은 나름의 방법을 갖출 필요가 있다. 물리학이 수학적 방법을 사용하는 한, 물리학자에게 수학은 선택이 아니라 필수가 된다. 이때 물리학이 왜 수학적 방법을 사용해야 하는지는 물음의 대상이 되지 않는다. 물리학적 진리를 획득하는 순간 그 획득 방법은 저절로 정당화되기 때문이다.

　그러므로 저마다의 학문 분야에 투신하려는 자는 먼저 방법의 기술부터 익히려 한다. 방법의 숙달은 탐구의 자유도를 높여 줄 뿐 아니라 그 결과물에 대한 신뢰도도 두텁게 해주지만, 반대로 자신이 종사하는 학문 방법에 서툰 사람은 탐구 자체가 좌절될 수도 있다.

　학문 방법은 학문 세계의 공유 재산이자 공동체적 약속과 같다.

방법의 위반은 엄밀한 학문 영역에서는 금기사항으로 간주되고, 학문 방법에 대한 비판과 반성은 학문 공동체에 대한 도전으로 간주되기도 한다. 기존에 통용되던 한자어 중심 또는 외국어 중심의 학문 용어들을 한국인의 일상어와 토박이말로 바꿔 쓰려는 시도들이 학문 세계에서 쉽게 받아들여지지 않는 까닭이 여기에 있다.

하지만 방법이 진리라는 목적지에 이르게 해 주는 길이고, 방법 자체에 대한 탐구 또한 이미 진리 탐구에 속하는 것이라면, 학자는 마땅히 자신의 방법에 대한 엄밀성을 끝까지 유지해야 하고, 아울러 자신의 학문 용어들이 갖는 방법적 지위와 역할을 근본적으로 숙고해 가야 한다. 우리가 '존재'(存在)라는 낱말을 학술어로 쓰고자 한다면, 우리는 그 낱말 자체의 뜻과 다른 낱말들과의 관계를 정확히 규정할 수 있어야 한다. 하나의 낱말을 그 뜻도 맛도 제대로 모른 채 사용하는 사람은, '진리에 이르는 길'을 닦으려는 게 아니라 오히려 그 길을 은폐하려는 사람과 같다.

학문의 모든 개념과 용어는 방법의 지위를 가질 뿐 아니라, 결국 학문적 진리에로 이르는 길을 표시하는 이정표로서 기능한다. 번역 학문어도 사정은 마찬가지다. '존재'라는 우리말은 일본어 '存在'의 차용어인 까닭에, 그 자체로 이해되지 못한다. '존재'는 일본어 '存在'를 지시하거나, 더 나아가 번역어 '存在'가 가리키는 'Sein'이나 'Being'을 참조할 때만 제대로 이해할 수 있다. 이러한 종류의 지시와 참조가 많을수록 길의 끊김도 심해지고, 결국 그 길을 뒤따라가기 어려워진다. 탐구의 길이 끊기지 않도록 하기 위해서는 우선 학술어가 그 자체에서부터 이해될 수 있어야 한다.

길을 안내하는 언어나 방법이 그 자체에서 제대로 이해되지 않는다면 우리는 엉뚱한 길을 가게 될 것이고, 결국 목적지에서 더욱 멀어지고 말 것이다. 이정표 하나하나가 제대로 이해되는 것도 중요하지만, 우리가 그 이정표들의 도움으로 최종 목적지에 안전하게 도달하는 게 더 중요하다. 물론 목적지에 도달하기 위해서는 올바른 방법의 도움이 절실하다. 그렇기 때문에 방법과 목적지의 상호 관계에 대한 전체적 숙고, 즉 방법론에 대한 비판이 요구된다.

방법은 앞서 주어진 목적을 달성할 수 있을 때 올바르다. 학문적 탐구의 목적이 진리의 발견에 있다면, 학문적 탐구의 방법은 진리의 발견을 위한 것이어야 한다. 진리가 학문 분야마다 사뭇 다를 수 있기에 그 방법 또한 다양할 수 있다. 진리가 탐구의 목적이라면, 진리는 찾아나서는 길 위에서만 발견될 수 있는 셈이고, 찾아나섬으로서의 탐구는 다시금 어떤 부름에 의해서만 촉발된다. 탐구를 촉발하는 부름을 우리는 흔히 '물음'이라 부른다.

방법은 목적지에 대한 탐구로부터 형성되고, 탐구 내지 연구는 물음으로부터 비롯된다. 사람은 물을 수 있는 자이지만, 그렇다고 언제나 물음을 던지지는 않는다. 물음은 문제의 발생에서 터져 나오며, 그 발생 사건은 문제 속으로 뛰어들면서 문제 자체로부터 한 걸음을 물러나 그것의 유래와 의미를 되새김하는 사람에게만 일어난다. 따라서 탐구는 궁극적으로 문제에 대한 물음으로부터 발원하는 셈이고, 탐구의 방법은 이러한 물음을 체계적으로 수행하기 위함인 셈이다.

방법의 도움을 받는 학문적 탐구는 문제에 대한 물음, 즉 물음거리에 대한 '앞서-가짐'(알고 있음)과 해석 관점에 대한 '앞서-봄'(관점 취하기), 그리고 특정의 개념체계에 대한 '앞서-잡음'(개념 지평) 등의 토대 위에서만 가능하다. 아니, 탐구는 이러한 '앞서-구조'(선

이해)의 사태와 그 근원을 명료히 밝히는 일에 다름 아니다. 탐구는 문제에 대한 올바른 대답을 찾는 과정이다. 물음에 대한 대답의 올바름은 언제나 '물어진 것 자체'(물음거리)에 의해 결정되지만, 그 결정에는 묻는 사람의 선택과 판단 또는 누군가의 조언 등이 함께 속한다. 탐구는 대답이 찾아질 때 종결된다.

탐구자가 묻고자 했던 바, 또는 물음을 통해 찾고자 했던 바(목적)가 바로 진리라면, 학문적 탐구가 취해야 할 방법은 저 '앞서-구조'의 모호함에서부터 진리에까지 도달시켜 주는 길이어야 한다. 즉 탐구의 방법은 선입견의 문제를 무시하거나 피하려 해서는 안 되고, 오히려 이 문제를 직시하는 데서부터 출발해야 한다. 그렇기 때문에 방법은 언제나 '시대의 지평'에서 새롭게 비판되어야 한다. 뿐만 아니라 목적지 자체의 올바름에 대해서도 깊이 숙고해야 한다.

여기서 우리는 학문적 탐구의 한 방법인 현상학을 문제로 삼고자 한다. 우리의 물음 범위는 '현상학적 탐구 방법에 대한 올바른 이해'로 제한된다. 즉, 방법 비판에 필수적인 '목적지 관련 물음들', 말하자면, 현상학적 탐구 방법이 과연 이 땅에서의 철학적 탐구를 위해 적절한 방법론을 제공해 주는지, 현상학적 탐구 방법은 이 땅의 학자들이 추구하는 학문 목적을 위해 올바른 것인지, 한국 학자들의 탐구 목적은 무엇이고, 그들의 물음거리는 무엇이며, 그 물음을 둘러싼 '앞서-구조'(선이해)는 어떠한지 등의 물음들은 문제 삼지 않는다. 이 물음의 정당성은 현재 우리나라의 많은 학자들이 현상학적 탐구 방법을 사용하고 있다는 현실에서 찾을 수 있다.

현상학은 1980년대부터 우리나라에 본격적으로 소개되기 시작했다. 한때 현상학은 우리나라 철학계 전반에 일대 파문을 일으킨 적이 있었지만, 현재는 전공자들만의 전유물로 퇴조해 가고 있다. 이는 오늘날 인문학 전반이 겪는 공통의 현상이다. 인문학이 사람의 삶의 형식과 의미를 탐구하는 학문인 한, 인문학적 탐구의 위기는 학문의 위기이자 동시에 삶의 위기인 셈이다. 왜냐하면 사람은 누구나 자신의 삶의 질과 의미를 묻지 않을 수 없는데, 이러한 문제를 학문적으로 탐구해 온 인문학이 위기에 처했다는 것은 인문학적 대답이 올바르지 않다는 뜻이고, 이는 다시금 사람들이 삶의 의미에 대한 올바른 해답을 찾지 못한 채 방황할 수밖에 없음을 뜻하기 때문이다.

서양에서 수입된 현상학이 이 땅의 인문학을 위해 절실한 까닭은, '현상 자체'에 주목하게 해 주기 때문이다. '이 땅에서 일어나는 현상들'의 유래와 의미를 탐구하고자 하는 학자, 곧 '우리말로 학문하고자 하는 학자'라면 그 방법으로서 현상학의 지침을 따를 만하다. 물론 우리의 연구가 서양의 한 학문으로서의 '현상학 자체'에 대한 연구로 그친다면, 그것은 기존의 소개학에 머무를 뿐이다. 우리나라의 학문 세계에서 진정으로 필요한 바는 '외국에서 일어나는 현상들에 대한 탁월한 탐구 결과들'(외국 이론들)에 대한 단순 연구가 아니라, 이 땅에서 벌어지는 우리 삶의 현상들에 대한 용기 있는 탐구 시도다.

하나의 방법은, 그것이 방법의 자격을 갖는 한, 수입될 수 있고, 공유될 수 있으며, 더 나아가 배우거나 가르칠 수 있다. 이러한 보편성이 방법의 중요성을 말해 준다. 방법의 보편성이 비록 탐구의 대상이나 목적에 의해 앞서 제한될 뿐 아니라, 그 방법이 자라나온 역사와 문화의 제약을 받을 수밖에 없을지라도, 그것은 탐구를 위해서는 필수적이다. 누군가 명시적 탐구 방법을 갖추지 않은 채 모국어로써 자유롭게 학문 활동을 할 수 있다고 할지라도, 그가 정말로 아무런 방법 없이 학문하는 것은 아니다. 그에게서는 모국어 자체가 이미 방법으로서 기능하는 셈이다. 이때 그는 특별한 방법론 없이 탐구를 진행한 것이 아니라, 자신이 사용할 줄 아는 언어를 탐구의 방법으로 채택한 것이다. 만일 그가 자신의 탐구 목적을 제대로 달성하고자 한다면, 그는 자신이 사용하는 언어를 최대한 엄밀하게 또는 올바른 뜻과 맥락에 따라 사용해야 한다.

방법의 수입에서는 번역의 문제가 심각하게 발생한다. 왜냐하면 외국어와 모국어 각각이 이미 하나의 방법인 한, 번역 자체는 한 방법을 그것과 전혀 다른 방법에로 옮기는 불가능한 시도이기 때문이다. 번역 방식으로 수입되어 활용되는 방법은 번역 과정에서 왜곡을 피할 수 없다. 이는 방법의 공유에 치명적 약점이 된다. 방법에 대한 완전한 공유는 한 방법만 사용하는 것이다. 이는 곧 번역의 포기를 의미한다. 그러나 우리는 포기 대신, 왜곡의 위험을 무릅쓰고서라도 좀 더 나은 탐구의 방법을 얻기 위해 번역으로써 방법을 수입해 왔다.

방법의 수입 과정에서 우리는 두 가지 일을 해야 한다. 하나는 본디의 방법 자체를 올바로 이해하는 일이고, 다른 하나는 그 이해가 왜곡되지 않도록 가능한 올바른 번역어를 마련하는 일이다. 이는 모국어의 뜻과 관계(맥락)에 대한 선행적 이해를 전제로 한다. 우리가 'computer'라는 말을 번역하지 못해 소리 나는 대로 적어서 '컴퓨터'라고 쓰는 일은, 방법의 공유를 위해서는 도움이 될지 모르지만, 한국어가 갖는 방법의 지위와 기능을 무력화시키는 일이 된다. 우리가 흔히 쓰는 '정보'라는 말은 영어 'information'의 일본어 번역어 '情報'를 한국어 발음 체계에 따라 표기한 것이지, 우리말 번역어가 아니다. 우리말 속 대부분의 한자들 또한 사정은 이와 마찬가지다.

탐구의 한 방법으로서의 '현상학' 또한 사정이 크게 다르지 않다. 우리말(한국어)이 한국인에게 자신들의 물음과 생각을 마름질할 수 있는 가장 손쉬운 탐구 방법이자, 한국 학자들에 의해 가장 탁월하게 절차탁마될 수 있는 학문 방법인 한, 우리는 '현상학'에 대한 좀 더 올바른 우리말 번역어를 고민해 가야 할 것이고, 더 나아가 현상학적 탐구 방법의 전체적 내용을 우리말로 올바로 정립해야 한다. 여기서는 우선 현상학적 탐구 방법을 우리말로 설명해 보고, 그 방법의 일반적 내용을 간략하게 제시해 보고자 한다.

2. 현상학의 낱말 뜻과 방법 개념

오늘날 일반적으로 현상학이라 하는 것은 에드먼드 후설에 의해 창안되어, 잡지 《철학 및 현상학적 연구 연보》에 참여했던 M. 가이거 · A. 펜더 · A. 라이나하 · M. 셸러 · O. 베커 · E. 슈타인 등에 의해 일종의 운동으로 전개되기 시작해 그 뒤 다양한 흐름을 형성한 철학을 일컫는다.(허버트 슈피겔버그 지음/ 최경호 · 박인철 옮김, 《현상학적 운동 I, II》, 이론과실천) 현상학은 기술적(記述的) 현상학으로 출발하여 신칸트학파의 주관적 구성주의를 배제하면서 '객관으로의 전향'을 감행하는 동시에 경험의 폭을 사실에만 한정시키는 실증주의와는 달리 '본질에 대한 직관'을 중시하였다.

하지만 후설이 "선험적(先驗的) 현상학"을 전개하면서부터 '현상학적 운동'은 여러 갈래로 나누어지기 시작했다. '순수 의식의 현상학'이라 일컬어지는 선험적 현상학은 순수 의식의 본질을 기술한다.

이는 사물의 존재를 무비판적으로 수용하는 인습적 태도 또는 자연주의적 태도를 멀리하고(현상학적 판단 중지), 주어진 현상의 온갖 변화요소들을 모두 제거하여 불변하는 본질적 요소만을 추출해 내는 이념화 작용을 거쳐 본질 직관으로 나아간다(형상적 환원).

현상학적 운동의 결과, 현상학의 성격과 내용은 학자마다, 지역마다 큰 차이를 보이고, 심지어 현상학에 대한 통일적 이해마저 점점 더 어려워지고 있는 실정이다. '우리말로 학문하기'의 탐구 방법에 대한 모색의 일환으로 쓰인 이 글의 목표는, 현상학의 영향사를 압축적으로 서술하는 것이 아니라, '현상학적 탐구 방법'을 우리말로 설명하고, 그 핵심 내용을 정리해 주는 것이다.

하이데거는 《존재와 시간》 7절에서 현상학이라는 낱말의 의미를 간결하고 인상 깊게 설명하였다. 우선 주목해 볼 바는 '현상학'이라는 표현이 일차적으로는 방법개념으로 사용된다는 점이다. '현상학'이라는 말은 '생물–학'이라는 표현이 그 탐구의 대상과 관련되는 것과 달리, 아무런 탐구 대상도 나타내지 않는다. 그 표현은 탐구의 방법, 즉 학문적 탐구를 어떻게 수행해야 하는지의 방법을 말해 주고 있을 뿐이다. "사태들 자체에로!"(Zu den Sachen selbst!)로 정식화될 수 있는 현상학 준칙에 따를 때, 자명하게 받아들인 모든 것—이론, 설명, 개념 등—은 해체되어야 한다. 달리 말해 기술(記述)되어야 할 모든 것은 사태 자체로부터 직접적으로 제시되고 증명될 수 있어야 한다.

하이데거는 독일말 페노멘(Phänomen)을 그리스말 파이노메논(φαινομενον)에로 소급하여 '자기를 나타내는 것'(das Sichzeigende/나타난 것), '드러난 것'(das Offenbare)으로 해석한 뒤, 파이노메논을 다시 그것의 동사형 파이네스타이(φαινεσθαι)에로 소급시켜 '자기를 그 차신에서 나타내는 것'(das Sich-an-ihm-selbst-zeigende)으로 확정적으로 규정한다. 이러한 형식적 규정에서 '현상'이라는 낱말의 지시 대상은 완전히 열려 있다(미리 확정되어 있지 않다).

'현상'(現象)이라는 우리말은 '지각할 수 있게끔 우리에게 출현하는 대상' 곧 '나타난 것'을 뜻한다. 현상은 나타난 것이다. '나타난 것'은 '숨겨져 있던 상태로부터 그렇지 않은 상태로 된 것', 즉 '밤의 상태로부터 낮의 상태로 넘어온 것', '자신의 낯[얼굴]을 나타내는 것'을 말한다. 우리말에서 '낯'은 자기를 대표하거나 대신할 수 있다. 따라서 현상이라는 말은 '자기를 나타내는 것'으로 새길 수 있다. 자기를 나타내는 것은 '낯을 숨기거나 가리지 않는 것', 즉 '낯을 드러내는 것'을 뜻한다.

낯[자기]을 나타내는 것은 밝은 곳으로 들어서 있어야 하는데, 그 가운데도 대낮의 밝음 가운데 놓인 것은 자기를 숨기기가 어렵다. 우리가 어떤 것 자체를 만날 수 있으려면, 그것은 '자기를 그 자신에서 나타내는 것'이어야 한다. 보기를 들어보면, 정원에 서 있는 한 그루의 소나무는 그것이 자기를 나타내는 한, 그것 자체에서 만나질 수 있지만, 만일 그 소나무가 한 장의 사진 속에서 자기를 내보이고 있다면, 이때 우리에게 '자기를 나타내는 것'은 '그 자체에서의 소나무'가 아니라 '사진 속에 찍힌 소나무'가 된다. '소나무 사진 그 자체'는 분명 우리에게 '자기를 나타내는 것'이지만, 그러나 그것은 그러한 나타냄을 통해 '그 자체에서의 소나무'를 대신(代身, stand for)할 뿐이다.

우리는 마음 속 생각과 느낌[心情]을 말로써 표현할 수 있다. 표현(表現)된 말은 "자기를 나타냄을 통해 다른 어떤 것을 겉으로 내보임"의 구조를 갖는다. 누군가 자신의 마음속에 숨겨져 있던 '생각과 느낌'을 말로써 표현했다면, 그 생각과 느낌은 '내보이는 것'(표현)을 통해 다른 누군가에게 전달될 수 있다. 전달은 스스로 자기를 나타낼 수 없는 생각과 느낌이 자기를 나타낼 수 있는 방식인 셈이다. 표현은 전달자로서 다른 어떤 것을 내보이기 위해 자기를 나타내는 것이 된다. 그런데 만일 누군가 어떤 표현을 잘못 말하거나 잘못 알아들은 경우, 그 표현은 본디의 '생각과 느낌'을 내보이지 못한, 아니 누군가가 본디 내보이고자 했던 어떤 내용을 가리는 것이 된다. 그럼에도 표현 자체는 어쨌든 '자기를 나타내는 것'이어야 한다. 이때 어떤 것을 잘못 내보이는 것을 우리는 '가상'(假象, Schein)이라 부른다.

이 관계를 다른 보기로 설명해 본다. 뺨에 붉은 기운이 나타났다 치자. '붉어진 뺨'은 '자기를 나타내는 것'으로서 몸의 열을 내보이고, 열은 그것이 '자기를 나타내는 것'으로 될 때, 다시금 '감기에 걸렸음'을 내보일 수 있다. 이러한 사태는 거꾸로도 이야기 될 수 있다. 감기는 열을 통해 '자기를 내보이고', 열은 붉은 뺨을 통해 '자기를 내보인다.' 여기서 '내보인다'는 표현은 '자기를 나타내지 않고 다만 자기를 알리고 있다'는 뜻이다. 그럼에도 '내보임'은 '어떤 것(붉어진 뺨)이 자기를 나타내는 한에서만 가능하다. '자기를 나타내는 것'은 '다른 것을 통해' 자기를 내보이는 것이 아니라 자기 자신을 통해 자기를 나타낸다.

'현상'이 '자기를 나타내는 것'이라면, '현상-학'에서의 '학'(學)은 무엇을 뜻하는가? 그것은 배움의 뜻이 아닌가? 그렇다! 만일 '현상학'이란 갈말[用語]이 옮김말이 아니었다면, 우리는 곧바로 '배움의 뜻하는 바'를 해명해야 할 것이다. 그러나 여기서 '-학'은 독일어 '-logie'를 우리말로 옮긴 것이다. 그렇기에 여기서는 'logos(logie)'에 대한 하이데거의 뜻매김만을 살펴보고자 한다.

하이데거는 아리스토텔레스를 따라 로고스(Logos)를 델룬($\delta\eta\lambda o\acute{u}\nu$)

또는 아포판시스(ἀποφανσις)로써 해명한다. '델룬'은, 말이나 이야기 속에서 말해지거나 이야기되는 것을 '명백하게 드러내 줌'을 뜻하고, 아포판시스는 말해지고 있는 것을 '그것 자체로부터(ἀπο…) 보게 해 줌(φαίνεσθαι)'에 의해 규정될 수 있다.

로고스는 이성, 비례 등을 뜻하기도 하지만 일반적으로는 말을 뜻한다. 말의 근본 특징은 그 말이 내보일 어떤 내용을 전달하는 데 있다. 말은 전달 내용을 내보이는 것으로서 그 말을 이해하는 사람에게 그 내용이 나타나도록 해 준다. 표현된 말 그 자체로부터 내보이는 '말의 내용'은 이러한 내보임을 통해 '자기를 나타내는 것'이 될 수 있고, 우리는 비로소 말의 내용을 알게 된다. 말의 내용은 '자기를 나타내는 것'으로서의 말 자체로부터 내보여진다. 하이데거는 이러한 내보임을 '보게 해 줌'이라 규정했다. 이는 볼 수 있도록 허용한다는 것, 즉 접근할 수 있도록 개방한다는 것을 뜻한다.

로고스(말)는 말의 내용을 '뱉어진 말 그 자체'로부터 보게 해 주는 것이다. 이때 '뱉어진 말 그 자체'는 '자기를 나타내는 것'이어야 하고, 말의 내용은 말의 내보임을 통해 비로소 '자기를 나타내는 것'이 되어야 한다. 물론 말의 내보임은 참일 수도 있고, 거짓일 수도 있다. 말을 통해 내보여진 내용이 말의 실제 대상을 그것이 있는 그대로 나타낼 때 그 말은 참이 되지만, 그르게 나타낼 때 거짓이 되고, 나타내는 게 아무것도 없을 때 무의미한 말이 된다.

이제 '현상학'이란 표현은 현상의 로고스 또는 현상의 아포판시스로 풀이된 셈이다. 하이데거는 '현상학'을 '아포파이네스타이 타 파이노메나'(ἀποφαίνεσθαι τὰ φαινόμενα)라고 새긴 뒤 그것을 다음과 같이, 즉 "자기를 나타내는 것을, 그것이 자기를 그 자신에서부터 나타내듯이 그렇게, 그 자신에서부터 보게 해 주는 것"(Das was sich zeigt, so wie es sich von ihm selbst her zeigt, von ihm selbst her sehen lassen)으로 풀이한다. 현상학의 이러한 형식적 의미는 방법 개념의 의미를 충족시키고 있다. '현상학'은 현상에 대한 학문을 뜻하는 것이 아니라, 그것이 무엇이 되었든, '자기를 나타내는 모든 것을 그 자체에서 그리고 다른 것으로부터가 아니라 그 자체로부터 보게 해 주는 방법'을 일컫는다.

'현상학'의 낱말 뜻에 대한 이런 작은 해명만으로도 현상학에 대한 이해의 푯대를 세우고자 하는 앞서의 시도에 적지 않은 도움을 주었을 것이다. 그러나 이러한 해명은 어쩌면 현상학에 대한 나름의 이해를 갖춘 이에게는 오히려 혼란 내지 반감만을 가중시켰을 수도 있다. 왜냐하면 앞서의 설명은 마치 하이데거의 설명을 그대로 옮겨놓은 듯할 뿐 아니라, 후설이 여러 단계로 발전시킨 현상학이나 퐁티의 독창성이 증명된 '지각의 현상학' 등을 현상학 자체에서 제거해 버릴 위험마저 안고 있는 듯하기 때문이다.

여기서 이러한 반론에 대한 변명을 대신하여 '자기를 나타낸다'는 글귀 자체에 더 귀 기울이기를 권한다. 후설은 '자기를 나타내는 것이 나타나는 자리'로서의 의식과, 그 나타남의 방식을 해명하는 데 총력을 기울였고, 퐁티는 '자기를 나타내는 것'과 '그 자리로서의 의식'의 분리 불가능성, 빗대어 말해, 순수 의식의 육화 사실을 '지각의 구조'와 '코기토의 구조'('속에 있음'과 '세계에로-향해-있음'의 혼합)에서 증명해 보이고자 했다. 반면 하이데거는 '자기를 나타내는 것 자체'를 그것의 있음의 사실과 그 의미에서 물었다. 이로써 하이데거는 현상학을 인식론이 아닌 존재론적 지평으로 전환했다.

만일 우리가 현상학의 낱말 뜻을 "자기를 나타내는 것을 그것 자체에서, 그리고 그것 자체로부터 보게 해 줌"으로 파악한다면, 사람의 말과 몸, 더 나아가 생각과 마음 그리고 사회와 현실까지도, 그것들이 저마다의 방식으로 무엇인가를 내보이거나 자기를 나타내는 것들인 한, 모두 현상인 셈이고, 그러한 현상의 통일적 해석 기관으로서의 우리들 자신은 언제나 그러한 현상들을 그것들 자체로부터 보일 줄 아는 방법에 정통해 있어야 한다. 물론 그렇기 때문에 우리는 또한 왜곡기관일 수도 있다.

현상학의 종류는 사람이나 그의 역사와 문화에 따라 다양할 수 있다. 자연 현상이 시대에 따라 서로 다르게 해석되어 왔다면, 그것은 '자기를 나타내는 것'으로서의 자연 자체가 바뀌어 왔기 때문일 수도 있고, 거꾸로 자연이 내보여지는 창구로서 우리들 자신의 의식이나 설명 방식 또는 관찰 기기 등이 달라져 왔기 때문일 수도 있다. 물리학적 의식을 갖춘 사람에게 나타나는 자연과 시(詩)적 의식을 갖춘 이에게 나타나는 자연은, 마치 동양인과 서양인이 세계를 다른 방식으로 지각하듯, 다른 의미로 나타날 수 있다.

'현상학'의 낱말 뜻은 현상학을 '현상에 대한 학'으로 풀이해서는 안 되고, 일종의 방법 개념으로서, 즉 '자기를 나타내는 것을 그 나타남의 사실로부터 보게 해 줌'의 원칙으로서 받아들여야 함을 보여 주고 있다. 현상학은 '자기를 나타내는 것'을 그 나타남의 유래와 방식 그리고 의미에서부터 보게 해 주어야 한다는 '방법의 원리'를 천명하고 있다.

여기까지의 설명은 '현상학'이라는 낱말 자체에 대한 해명이라고 할 수 있다. 이 해명에서 한자 '學'과 우리말 '배움'의 뜻은 따져지지 않았다. 또 우리는 '−logie'를 '−학'으로 번역해도 좋은지도 묻지 않았다. '學'은 책을 펼치고 선생님의 가르침을 받는 어린아이들의 모습을 떠올리게 한다. 즉 '學'에는 성현이나 스승의 가르침을 존중하는 태도가 짙게 깔려 있다. 반면 '배움'은 몸에 익히거나 배게 하는 뜻을 갖는다. 이때는 스스로의 실천이나 깨달음이 강조된다. 반면 '로고스'는 '보게 해 주는 말'에 더 가깝다. 따라서 '현상의 로고스'를 '현상-학'으로 번역하는 데는 무리가 따른다.

'현상의 로고스'는 '나타나는 것을 보게 해 주는 말' 또는 '나타나는 것 말할 줄 알기' 등으로 새길 수 있다. '말할 줄 앎'은 일종의 설명 능력이다. 설명이 논(論)의 한 방식이라면, '말할 줄 앎'은 '따짐'의 한 방식이라 할 수 있다. 그렇다면 '현상의 로고스'는 '나타나는 것 따지기'를 뜻하는 셈이다. '현상의 로고스'는 낱말의 구성 방식에서 보자면 '나타나는 것' 또는 '자기를 나타내는 것'이 무엇인지 따지고 밝힘을 뜻할 뿐 아니라, 그러한 '따짐의 원리'를 '나타나는 것의 나타나 있음 자체로부터 따져 밝혀라!'는 외침으로 표현하는 것으로 볼 수 있다.

이제 '현상학'이라는 낱말 풀이를 넘어 실제로 전개되었던 현상학의 탐구 방법을 살펴보도록 하자. 현상학에 대한 훌륭한 입문서와 연구서가 한국에서도 이미 다수 출판되어 있기 때문에, 여기서 제시될 설명은 이 글의 취지에 맞는 정도만 제시될 것이다.

3. 현상학적 탐구 방법

후설은 현상학을 대상으로부터 그것을 의식하는 주관의 활동에로 되물어가려는(zurückfragen) 시도 및 과제로 규정하고 있다. 현상학적 탐구 방법은 탐구의 모든 결과물을 그것에 대한 인식 형성의 궁극적 원천에서부터 제시하라는 요구에 다름 아니다. 이러한 요구는 특정한 탐구 방법이나 이념을 무조건적으로 전제한 채 연구를 진행하는 모든 시도에 대해 반대하라는 외침에 다름 아니다.

보기를 들어, 자연과학이 비록 큰 성과를 거두고 있기는 하지만, 그 밑바탕에 특정한 믿음, 즉 이 세계가 관찰된 그대로 객관적으로 있다는 믿음이 깔려 있는 한 현상학은 자연과학적 태도를 거부하는 것이다. 현상학의 반대는 단지 소극적으로 과학적 태도의 밑바탕에 깔린 실증주의적 전제들을 부정하는 데 그치지 않고, 더 나아가 적극적으로 학문적 인식의 근원적 토대를 구성하는 데까지 나아감으로써 결국 학문 일반의 정당한 기초를 마련해 주고자 하는 것이다.

실증주의란 감각적으로 검증 가능한 사실만을 학문적 탐구의 대상으로 삼고자 하는 태도를 말한다. 이러한 태도는 어디에서 그 정당성을 얻을 수 있는가? 만일 검증 가능성에 대한 실증적 요구 자체는 검증이 불가능하다면, 실증주의는 근본적으로는 맹목적 믿음에 근거해 있는 셈이 된다. 만일 이러한 사실이 은폐됨으로써 실증주의의 위력이 날로 거세지고, 그에 따라 학문적 대상 영역이 '감각적으로 검증 가능한 사실'로 축소된다면, 결국 의미를 추구하는 모든 학문들은 검증 불가능한 사실들에 기초한 학문으로 전락하거나, 아니면 학문의 지위마저 잃게 될 것이다.

그런데 검증 가능한 사실만을 추구한다고 믿어지는 과학 자체도 시간, 공간, 물질, 전기, 유기체 등과 같은 근본개념들의 위기를 맞을 뿐 아니라, 검증 불가능한 사실들에 기초한 인문학들 또한 사라지기커녕 여전히 학문의 지위를 유지하고 있다. 이러한 사실은 실증주의의 학문관이 실제 학문 현실에 맞지 않는다는 점을 반증해 준다. 현상학은 학문적 탐구의 대상이 되는 현상의 범위를 독단적으로 감각 사실에로 제한한 실증주의의 맹목적 태도를 비판하고, 학문 일반에 적용될 수 있는 탐구 방식을 제안한다.

이를 위해 현상학은 우선 '설명이나 분석'과 같은 실증적 방법 대신 '기술(記述)의 방법'을 사용한다. 기술은 말하자면 일종의 '받아 적기'라고 할 수 있다. 받아 적기는 자신의 이해와 해석이 덧붙여진 설명의 유혹이나 주어진 것들의 전체적 관계를 파괴하는 분석의 유혹을 뿌리친 채 오직 현상 자체가 말해 주는 바만을 그대로 받아들이려는 방법을 말한다.

현상학적 탐구 방법으로서의 기술(記述)은 '원본적으로 부여하는 직관(直觀)'에 기초하여 수행되어야 한다. 왜냐하면 사본이나 위본이 아닌 원본을 제공해 줄 수 있는 직관만이 인식의 권리원천일 수 있기 때문이다. 직관은 의식 자체 또는 순수한 내재(reine Immanenz)의 영역에서 일어나는 통찰을 말한다. 그렇다면 기술의 방향은 외부세계의 대상들에게 맞춰져 있는 게 아니라, 거꾸로 의식의 내부로 되돌려져 있다. 현상학자는 이렇게 그 외부로부터 자기 내부로 되돌아와 그 안에 있는 모든 것들을 특정 이론들의 재단을 거치지 않은 상태에서 그대로 기록해야 한다.

그런데 의식의 내부에 대한 엄밀한 재고조사의 목적은 의식의 사실에 대한 경험적 체험담을 쓰기 위한 것이 아니라, 인식의 대상목록을 작성하기 위함이다. 의식의 사실들은 순간적으로 흘러가 버리는 체험들, 따라서 인식의 대상일 수 없는 것들이다. 인식의 형성과정을 기술하기 위해서는 의식의 밖, 즉 초월적 대상에로 나가지 않은 상태에서 인식의 대상을 확보해야 한다. 이를 위해 '형상적 환원'의 방법이 활용된다. 이는 기술(記述)의 방향을 의식의 사실 세계로부터 본질·형상의 세계로 전환하는 것을 말한다. 형상적 환원의 목적은 본질 직관에 있다. 현상학에서의 본질은 실체와 같은 것을 의미하지 않고, 오직 '어떤 사물을 그 사물이게 해 주는 필연적 형식'을 뜻한다.

　이러한 의미의 본질은 플라톤의 이데아처럼 인간적 삶의 세계 저편에 객관적으로 있는 게 아니라, 아리스토텔레스의 에이도스처럼 우리들의 직관에 주어지는 사물들 자체 속에 들어 있다. 하지만 본질은 즉각적으로 파악되기 어렵고, 나름의 구성과정을 거쳐야 한다. 왜냐하면 의식에 주어질 수 있는 현상들은 너무도 다양하기 때문이다. 그 다양한 현상들에 대한 인식이 가능하기 위해서는 그 다양성의 통일성, 보기를 들면 수많은 종류의 삼각형을 모두 '삼각형'으로 인식할 수 있기 위해서는 그 다양성을 '하나'로 묶어줄 수 있는 유개념이 필요하다. 만일 우리가 모든 종류의 삼각형 현상들을 직관하면서 그 현상들마다에서 맞아떨어지는 불변적 요소들을 추출했다면, 그 통일적 요소는 변형 가능한 어떠한 삼각형 속에도 들어 있어야 할 뿐 아니라, 그것 없이는 그 어떤 것도 삼각형이 될 수 없다. 이 요소가 바로 본질이다. 이렇게 현상의 변형, 변형태들 서로를 맞춰봄, 맞아떨어지는 요소들의 추출 과정을 거쳐 파악된 본질이 하나의 형상으로 통찰될 때 그것은 비로소 직관된다.

　직관된 본질은 아직 지향적 구조의 영향력 아래 놓여 있기 때문에 여전히 외부 사물과 관계를 맺고 있다. '형상적 환원'은 탐구의 영역을 '본질의 세계'로 되돌려놓기는 하지만, 아직 현상학의 규범이 요구하는 '순수한 내재'의 영역으로까지 되돌려놓지는 못한다. 그것은

'형상적 환원'이, 현상을 원본적으로 기술하라는 요구로부터 비롯된 것이기 때문이다. 그런데 외부 세계의 사물과 관계된 인식은 불완전할 따름이다. 왜냐하면 사물은 언제나 자신의 한 측면만을 내보일 뿐이고, 그러한 단편적 사물에 대한 파악조차도 후속 지각들에 의해 얼마든지 오류로 판명될 수 있기 때문이다.

만일 현상학이 모든 학문적 인식의 토대를 제공해야 한다면, 현상학은 이러한 인식의 불완전성을 극복해야 한다. 완전한 인식은 명증(Evidenz)의 요구를 충족시킨 인식을 말한다. 명증성의 확보를 위해서는 주어진 현상이 '원본적 직관'을 통해 '있는 그대로', 즉 그 현상과의 완전한 일치관계에서 파악되어야 함은 물론, 그렇게 파악된 것이 '있지 않거나 의심할 수 있는 가능성'을 모두 제거해야만 한다. 이러한 명증의 확보가 쉽지 않음은 당연하다. 현상학적 방법은 명증의 걸림돌들을 제거해야 한다.

그 가운데 가장 제거하기 힘든 것이 곧 특정한 시대 속에서 오랜 동안 삶을 살아오면서 무의식적으로 우리들 자신의 의식 속에 받아들여진 자연주의적 태도(natürliche Einstellung)다. 우리는 자기 자신에게 지각된 사물이 지각된 그대로 객관적 세계 속에 실제로 있다고 믿는다. 그렇다고 우리가 지각의 착각이나 오류를 부정하는 것은 전혀 아니다. 그러나 이 부정이 다시금 지각 자체에 의해 수행되는 한, 즉 자연적 태도는 지속된다. 게다가 이 태도를 따르면 개별 사물들에 대한 지각은 변화될 수 있지만, 그 대상 세계 전체는 나름의 통일성을 유지하면서 객관적으로 있다. 자연주의적 태도는 '통일적 세계가 실제로 있다'는 믿음을 뜻한다.

'판단중지'(Epoche)는 일상적 삶과 학문적 활동의 기반으로 자리 잡고 있는 자연주의적 태도의 무비판적 수용을 거부하는 '현상학적 태도', 즉 '현상학적 환원'을 뜻한다. 판단중지는 의식을 초월한 세계나 사물의 있음을 부정하는 것이 아니라 본래적 인식의 대상을 명증의 요구를 충족시키는 것으로 제한하는 방법이다. 외부 세계와 관계된, 즉 자연주의적 태도에 입각해 받아들여지는 현상들은 모두 명증의 조건을 충족시킬 수 없는 것들이다. 그 현상들은 단편적이고, 시간적 변경의 과정에 놓여 있을 뿐 아니라, 그것들에 대한 인식의 필연적 참 또한 결코 확보될 수 없다. 판단중지는 이렇게 자연주의적 태도는 인식의 권리원천이기는커녕 오히려 그 반대라는 사실을 부정의 방식으로 증명해 보임으로써, 현상학적 시선을 사물 관련에 대한 미련을 떨쳐버리고 철저히 명증의 영역으로 이끄는 역할을 담당한다.

자연세계로부터 해방된 현상학적 시선은 주어진 모든 인식의 형성과정을 그것의 궁극적 원천에로 거슬러 올라갈 자유를 획득한 셈이다. 이 자유는 내적으로 결박된 '세계의 끈'을 풀고 그 반대의 방향, 즉 '순수한 의식'의 방향으로 나아갈 자유다. 개종에 빗대어지는 이러한 전면적 태도 변경을 거쳐, 그러한 초월적 세계가 의미를 부여받는 원천이자 그 구성 근거인 주관에로 시선을 전환하는 것을 일러 '초월론적[선험적] 환원'이라 한다. 이때 '초월론적'(transzendental)이라는 말은 칸트에서와는 달리 반드시 경험에 앞선다(先驗的, a priori)는 사태와 결부될 필요가 없이, 다만 앎(지식, 인식)을 형성·구성하는 '인식작용'에로 되물어가는 동기를 뜻한다. 따라서 '초월론적 환원'은 외적 경험이든 내적 경험이든 상관없이 모든 현상과 관계되어야 하지만, 외부 대상으로부터 현상에로 그리고 다시 의식 주관에로 향하는 방향성을 갖는다.

'초월론적 환원'을 통해 열어 밝혀지는 영역은 대상의 존재 관련이 근본적으로 배제된, 즉 '순수한 의식'의 영역이다. 이 영역은 자기 이외의 어떠한 것에도 의존하지 않는, 그러나 다른 것들의 있음이 거기로부터 구성되는 원천이다. 이 영역에서는 모든 것이 명증적이다. 그러므로 '순수한 의식'에 대한 해명은 곧 현상학의 근본목적을 달성하는 길, 즉 모든 학문의 근본학으로서의 철학이 되는 길이다.

순수한 의식 속에서 우선적으로 발견되는 것은 질료(hyle)와 의식작용(noesis)이다. 다음으로 의식작업에 의해 나름의 방식으로 의미가 부여된 질료, 즉 노에마(noema; 지향적 대상)가 발견된다. 노에마는 의식의 구성물인 셈이다. 다만 이때 '구성한다'는 것은 어떤 대상으로 하여금 우리의 의식에게 나타나도록 해 준다는 것을 말한다. 의식은 이러한 의미에서 구성된 현상을 직관(인식)한다. 대상을 구성하는 의식은 '선험적 주관'이라 불리는데, 이 주관은 인식을 위해 자신의 영역을 떠날 필요가 없다. 그것은 '대자적(반성적)으로 완결된 존재 연관'(ein für sich geschlossener Seinszusammenhang) 안에 머무른다.

4. 현상학의 한계와 의의

현상학적 탐구 방법의 핵심은 대상에 대한 인식을 그것을 구성하는 의식작용에로 '환원'하는 길에 놓인다. 그런데 이러한 환원의 방법 때문에 현상학은 그것이 의도했던 바와는 달리 탐구대상에 대한 제약을 낳았을 뿐 아니라, 주관과 객관의 심각한 분열을 초래했고, 게다가 '현상학적 환원'은 그 자체로 결코 완전할 수 없다. 특히 본질

직관의 방법은 그 탐구 대상을 어떻게든 정의(definition)의 방식으로 규정할 수 있는 것에로 제한하고 말았다. 왜냐하면 본질이란 유(類)에 다름 아니기 때문이다. 따라서 있음(Sein)과 같이 유로써 정의할 수 없는 것들에 대한 현상학적 탐구는 애초부터 불가능해진 셈이다. 이러한 제약의 근본원인은 현상학이 자신의 기초를 '주관-객관'의 도식에 두었다는 데 있다.

이러한 현상학적 방법의 불충분성은 크게 두 가지 방향에서 보완되고 있다. 하나는, 현상학을 오직 '방법의 지위'에만 국한시켜서 구체적 내용 탐구에 대한 영향력을 최대한 줄임으로써 '있음의 뜻하는 바'(Sinn von Sein)와 같은 것에 대한 현상학적 탐구의 길을 여는 것이고, 다른 하나는, 분리된 '주객 관계'를 지각의 우월성에 기초해 종합한 뒤 '실존과 공존'에 대한 해석을 시도하는 것이다. 하이데거와 퐁티로 대표될 수 있는 이러한 현상학적 방법들은 그들이 탐구하는 구체적 내용과 분리될 수 없이 밀접히 연관되어 있다.

현상학적 탐구 방법은 우리의 관심을 대상 자체로부터 그 대상을 인식하는 의식에로 주목하게 해 준다. 우리는 자신에게 주어지는 다양한 경험들에 눈을 감지 않고 예민하게 눈뜸으로써 그 경험들의 의미를 되새겨볼 수 있게 된다. 우리가 처한 사회적 역사적 학문적 현상 등에 눈을 뜸으로써 우리는 현실에 닥친 어려움을 문제로서 깨닫게 되고, 따라서 그에 대한 대응을 할 수 있게 된다.

현상학적 탐구 방법은 현상에 대한 우리들의 의식단계를 점차 높여갈 것을 주문한다. 감각의 차원에서 단편적으로 주어지는 인식에 만족하지 말 것이며, 귀납적 방식으로 다양하게 경험되는 현상들의 통일성을 인식하는 데에서 탐구의 노력을 중단하지도 말며, 더욱 분발하여 현상의 발생근거와 인식의 원천을 찾도록 권고해 준다. 이러한 방법에는 강제성의 요소가 들어 있다. 플라톤의 동굴의 비유를 빌려 말하자면, 태양이 비치는 진리의 세계에 이르기 위해서는 자신의 일상적 삶이 펼쳐지는 '동굴의 세계'로부터 벗어 나오려는 힘든 노력이 전제되어야 한다.

그러나 방법은 방법으로 그쳐야 한다. 그것은 진리에로 이르는 통로일 뿐 진리의 내용은 아니다. 방법은 진리를 위한 것이어야 하지만, 진리를 제약해서는 안 된다. 세계가 다르고, 의식이 다르고, 역사가 다르며, 시대가 다르다면, 우리가 아무리 동일한 방법을 고수한다손 치더라도 그 탐구 내용은 결코 같을 수 없을 것이다. 또 진리 자체의 의미가 이미 다양하다면, 방법의 지위란 그 다양한 의미의 진리에 따라 달라져야만 할 것이다. 현상학이 전제하고 있는 명증이라는 진리 개념은 그 자체로 매우 의심스러울 수밖에 없다. 만일 명증이 한 개별적 의식에서의 사건이라면, 진리란 상대적일 수밖에 없게 되고, 비록 명증이 선험적 주관이나 상호적 주관에서 확보된다손 치더라도 명증적 상태의 인식이 대상과의 일치로서 이해된 진리에 도달한 것인지에 대한 증명은 전혀 주어질 수 없다.

따라서 현상학적 탐구 방법은 세계와 의식과 역사의 차이를 반영할 수 있어야 하고, 다양한 진리개념에 맞춰 좀 더 개방적 성격을 갖추어야만 할 뿐 아니라, 무엇보다 '주관과 객관'이라는, 서양 철학의 오래된 인식론적 전통 도식에서 해방되어야 한다. 이렇게 열린 방법으로 새롭게 태어난 현상학적 탐구 방법은 그 방법이 자라난 지역적 한계를 극복하고 나름의 방법적 보편성을 획득할 수 있게 될 것이다.

문제제기론으로써 철학하기

미셸 메이에르의 철학적 방법론 훑어보기

박치완

한국외국어대

나의 학문, 학문의 길

학교 공부보다 농사일에 많은 시간을 보내며 자랐던 나에게 서울에서의 대학생활은 그리 즐거운 것도 마음 편한 것도 아니었다. 모든 것이 낯설기만 했고, 서울이라는 거대 도시로부터 받은 문화적 충격은 실로 대단했다.

일단 서울 지리에 어둡다보니 한 학기가 다 가도록 대부분의 시간을 종로통을 중심으로 남가좌동 친척집과 이문동 학교를 오가는 방법을 익히는 데 보내야 했다. 게다가 교련, 체육, 국민윤리, 국어작문 등을 필수로 수강해야 하는 상황에서, 대학은 이미 내가 청운의 뜻을 품고 상경하면서 기대했던 그런 수준과는 상당한 괴리가 있었다. 전공인 프랑스어도 문법, 작문, 회화 등 모두 기초만 가르치고 있어 별 흥미를 느끼지 못했다. 고등학교 때 제2외국어로 배운 프랑스어 실력만으로도 충분히 한두 학기는 버틸 수 있었기 때문이다.

이런 이유로 나는 대학 1학년 내내 강의실을 찾기보다는 쌍화차에 계란 노른자를 올려주는 대학 근처의 '정다방'을 아지트삼아 시를 쓴다면서 방황했고, 그리고 남은 시간은 불교학생반에서 동기들과 세상 고민을 이야기하며 보냈다.

지금 돌이켜보면, 이 모든 것들이 서울 생활에서 받은 문화적 충격을 완화시키기 위한 나름의 몸부림이 아니었나 하는 생각이 든다. 그리고 2학년이 되어서는 불교 공부의 연장선에서 자연스럽게 서양 철학에 관심을 갖게 되었고, 복학하고부터는 본격적으로 철학과에서 살다시피 했다. 나를 유혹하는 대부분의 철학과 수업들을 수강을 했고, 그 밖에도 관심을 끄는 많은 과목들을 청강을 했다.

청강을 했던 과목 가운데 특히 칸트의 《순수이성비판》을 독일어 원전으로 강의하셨던 손봉호 교수님 수업을 잊을 수 없다. 독일어에 까막눈이라 쉽게 그 내용이 이해되지는 않았지만, 손 교수님의 강의실을 오가며 토해내는 열변은 다양하게 등장하는 철학적 용어나 개념이 주는 어려움은 견뎌내게 하기에 충분했다.

이기상 교수님의 현상학 강의 또한 지금도 기억에 생생한 수업 가운데 하나다. 유학을 막 마치고 외대 전임이 되신 이 교수님께서는, 칠판을 몇 차례씩 지워가며 당시 한국 철학계로서는 따끈따끈한 후설과 하이데거의 철학을 열정을 다해 학생들에게, 시쳇말로 '쏟아부었기' 때문이다.

대학원 철학과에 입학해서는 박정근 교수님의 중국철학사 강의와 임일환 교수님의 치좀(Chisholm) 강의를 열심히 들었던 기억이 난다. 박 교수님의 강의는 처음 열리는 동양철학 강의였을 뿐만 아니라 "심득(心得) 보고서를 제출하라"고 요구하셨기에 색다름이 있었고, 임 교수님의 가능세계 의미론은 그 당시로서는 보지도 듣지도 못한 강의로, 요즘 유행하는 보드리야르의 가상세계나 들뢰즈의 잠재성 개념을 아무런 거리감 없이 소화하게 해준 매우 소중한 강의였다고 생각된다. 또한 박희영 교수님의 베르그송의 《창조적 진화》에 대한 강의는 나에게 프랑스 유학이라는 씨앗을 뿌려주었고, 결과적으로는 베르그송의 철학으로 박사학위를 쓸 수 있도록 직접적인 도움을 주었다고 해도 과언이 아니다.

프랑스로 유학을 떠나면서 내가 베르그송을 선택한 이유는 간단하다. "엄밀한 의미에서 프랑스 철학자라고 할 수 있는 철학자가 누구인가?"에 대한 고민의 결과라고나 할까? 데리다의 《목소리와 현상》(*La voix et le phénomène*)을 중심으로 그의 해체주의를 비판적으로 검토하는 석사학위논문을 썼지만, 그를 프랑스 철학자라고 하기에는 왠지 어색한 감이 있었다. 그는 메를로-퐁티나 사르트르 또는 레비나스처럼 분명 현상학자이며, 후설의 현상학은 주지하듯 현대 독일 철학의 대명사가 아닌가? 당시로서는 프랑스철학 자체가 척박한 환경인 한국에서 프랑스철학을 한다면 어떤 철학자가 적합할 것인지를 고민했던 것이다. 물론 데카르트를 전공할까도 생각해보았지만, 그의 철학은 라틴어를 이해해야 한다는 부담을 주었다. 그래서 학부 전공인 프랑스어만으로 가능한 베르그송을 선택한 것이고, 지금도 그때의 선택은 그르지 않았다고 생각한다.

프랑스의 영혼(l'âme française)과 프랑스의 정신(l'esprit français)에 대해 철학적으로 고민한 학자는 베르그송이 유일하다고 해도 과언이 아니다. 그리고 20세기의 철학을 논함에 있어 베르그송은 항상 그 선두에 서 있다. 그는 이른바 새로운 시간 개념인 지속(la durée)으로 20세기의 철학을 연 것이다. 생존시에 이미 '프랑스의 니체'로 회자

되었던 그가 프랑스 안에서는 물론 밖으로까지 미친 영향력은 대단했고, 《창조적 진화》로 노벨문학상을 받기도 한, 명실공히 작가-철학자이기도 하다. 더 부언하건대 베르그송은 그의 모국어인 프랑스어로 프랑스 국민이면 누구나 읽고 이해할 수 있는 그런 언어로 철학을 한 대표적인 대중 철학자이기도 하다.

바슐라르연구소(Centre Gaston Bachelard de Recherches sur l'imaginaire et la rationalité)가 있는 프랑스 디종(Dijon) 시(市)의 부르고뉴대학(Univ. de Bourgogne)에서 나는 베르그송과 7년 반을 씨름했다. 그 결과는 〈앙리 베르그송의 철학적 방법(직관)에 대한 근대적-탈근대적 해석〉이라는 박사학위논문이었고, 2001년 셉탕트리옹대학출판부에서 출판되는 기회도 얻었다.(*Conceptions et enjeux de la méthode bergsonienne : de l'intuition de la durée à la dualitude pour une lecture nouvelle moderne/postmoderne*, Presses universitaires du Septentrion) 이 모든 것이 지도교수인 장 자크 뷔넨뷔르제(J.-J. Wunenburger)의 세심한 배려가 없었던들 불가능했을 것이다.

유학을 마치고 귀국하면서 비행기 속에서 나는 "이제 진짜 철학공부 좀 해보고 싶다"는 생각을 했다. 박사학위논문이 나의 20년 철학 공부를 해갈시켜준 것은 아니었던 것이다. 아니, 박사(博士)가 학문의 길로 들어서는 일종의 관문이라면, 내가 머물기를 원했던 것은 덕사(德士)였다고나 할까?

이러한 생각에는 지금도 변함이 없다. 철학이라는 학문의 특성이 본래 이러한 것 아닌가? 아니 그래서 성과 내기에 내몰린 요즘의 학문 풍토는 나에게 마치 진흙탕 위를 걷는 기분이 들게 한다. 양적인 성과만을 중시하고 자기를 비우는 공부, 공부를 통한 자기 수련(修鍊)을 허락하지 않는 한국 학계의 현실이 그저 무정하게 느껴질 뿐이다.

어찌하랴. '나의 연꽃'을 피우기 위해서는 수련을 하듯 철학을 해야 한다고 늘 마음을 다잡고 있지만, 지은 업보(業報)가 두터워서인가? 배부른 소리인지 모르겠지만, 공부에 전념할 수 있는 환경이 좀체 주어지 않는다. 여전히 '제삼자의 이야기'를 변호하거나 비판하는 일로 밥벌이를 하고 있다. 집 안에서도 소통되기 어려운 글귀들로 밖에서 무고한 학생들을 홀리고 있다.

그래, 사실 그래서 학문은, 특히 철학은 그 어떤 경우라도 그 자신에게 수단이 아닌 목적이어야 하는 것인지 모른다. 학문이 단지 수단이 아닌 목적일 때 나 자신에 대해 설명이 가능할 것이고, 나와 내가 하는 학문 간에 괴리가 생기지 않을 것이다.

이것이 바로 나의 학문관이며, 인문학 특히 철학은 그 주인과 분리되어 따로 놀아서는 곤란하다고 늘 생각하고 있다. 무엇을 연구하는 것(최근 재현의 문제와 이미지의 문제를 철학사적을 정리하는 일, 현대철학자들의 텍스트를 수사학적 개념들로 메타비평하는 일, 데카르트의 코기토 논증이 현대철학자들에게서 어떻게 변용되어 나타나고 있는지를 고찰하는 일 등에 관심을 갖고 있기는 하지만)이 중요한 것이 아니고, 그 무엇으로 세상에서 이름을 얻고 말고가 중요한 것이 아니고, 삶이 곧 학문인가가 중요하다는 것이다.

삶이 곧 학문일 때, 바로 그때 그 학문은 절대적이며 타인의 작업들과 비교불가한 것이 된다. 이러한 학문관을 갖기까지 나는 많은 일월(日月)을 허비했다. 문제는 그럼에도 현재 '이것이 나의 학문'이라고 세상에 내세울 만한 작업을 못하고 있다는 점이다. 그 직접적 이유는 역설적이게도 나의 전공이기도 한 '프랑스 철학' 때문인지 모른다.

우리말로 우리의 영혼과 정신을 담아 철학을 펼칠 수 있기 위해서는 얼마나 더 시간이 필요할까? 우리말로 직조된 나의 철학적 글들이 세계적인 철학(?)으로 평가받자면 또 얼마나 많은 시간이 소요되어야 할까?

철학만큼 새로운 깃발을 꽂기 쉽지 않은 학문도 없을 것이다. 주지하듯, 그 이유는 다른 학문과 달리 하드웨어가 너무도 잘 보관되어 있는 것이 철학이기 때문이다. 그러나 분명한 것은 철학의 역사가 곧 철학은 아니다. 시대들과 문화들을 연결해주는 철학은 드물고, 다양한 연구 관심들을 하나로 응집시킬 수 있는 방법론은 더더욱 드물다. 어쩌면 그래서 우리는 철학을 하면서 자신과 시대를 자신의 철학적 사유 속에 담아내기 위해 묻고 또 물어야 하는 것인지 모른다. 그럴듯한 대답을 소유하는 것으로 만족하기보다 제대로 묻고, 그 물음 자체를 참구하는 것이 더 중요한 것인지 모른다.

이 글에서 소개하는 미셸 메이에르의 문제제기론의 핵심이 바로 여기에 있다. 그를 발견한 것은 대학원 시절 이기상 교수님의 하이데거 수업의 학기말 리포트를 준비하면서였다. 《국제철학지》(*Revue internationale de Philosophie*)에 실린 그의 〈아리스토텔레스로부터 하이데거까지〉라는 논문은 당시 데리다며 푸코 등에 빠져 있던 나에게 철학하기를 다시 시작해야겠다는 다짐으로 이어졌다. "그래 철학은 과학처럼 답을 구하는 학문이 아니지……." 철학을 한답시고 십 수 년을 보냈지만, 답을 구하는 방식의 철학이 잘못된 것임을 메이에르를 통해 깨닫게 된 것이다.

물어라, 제대로 물어라, 끝까지 물음 자체를 화두(話頭)처럼 물고 늘어져라! 답을 구하는 것이 철학이 아니라 '묻고 대답하는 과정 자체'가 철학의 본래 길이라고 그는 나에게 주의를 준 것이다.

이 자리에서 감히 밝히지만, 메이에르를 통해 나는 텍스트에 대한 집착을 버릴 수 있게 되었다. 텍스트에 코와 이마를 대고 그 속의 의미와 맥락을 따져 묻는 방식의 독서법만이 정도(正道)가 아니라는 것을 깨달은 것이다. 이러한 독서법은 '그'의 텍스트에 함몰되기 쉽다. 하지만 '그'의 물음과 대답은 어디까지나 '그'의 것이다. '그'의 텍스트 속에 대답으로 제시된 것들이 내가 철학을 하면서 추구하는 것들일 수 없고, 나의 삶을 설명해주지 않는다.

중요한 것은, 메이에르를 접하고 나서부터 나는 모든 텍스트와 일정한 거리를 유지할 수 있게 된 것이다. 텍스트와 일정한 거리를 유지해야만 '나'를 사유의 주체로 세울 수 있을 것이다. 그렇다. 철학은 기존의 텍스트들에 대한 해석과 번역, 의미 찾기만으로는 충분하지 않다. 해석과 번역, 의미 찾기를 넘어서서 우리는 우리의(자신의) 철학을 창조해야 할 의무가 있다. 그러기 위해 우리에게 '단계적으로' 필요한 것이 문제제기론이 아닐까 하고 주제넘게 의견을 제시해본다.

물론 문제제기론이 '절대적' 방법론이라고 방점을 찍을 생각은 없다. 하지만 내가 알고 있는 철학적 방법론들 가운데에서 이 문제제기론이, 내가 박사학위논문을 구상할 때도 유효적절한 안내 역할을 해주었지만, 현재로서도 여전히 나의 철학의 길을 밝혀주고 있고, 그래서 이 글에서 독자들에게 소개하는 자리를 마련했다.

존재는 "유일한 그리고 다양한 것이다"(*Physique VIII.* 258b11)고 가르쳤던 아리스
토텔레스의 아카데미가 아직 건재한다면, "존재는 군림과 종속, 일과 다양, 제한
과 제한으로부터의 해방이 조화를 이룬 로고스다"는 주제로 자유롭게 토론하는
자유의 학교로 변모해 있을 것이다. 그리고 존재자들의 등급을 분리하는 수학
대신 "모든 것이 존재다"라는 수사학이 인기 과목이 되어 있을 것이다.(M. Meyer)

1. 들어가는 말 — 철학의 결전장으로서 존재라는 무대

아리스토텔레스는 존재를 '문제'로 파악한 최초의 철학자다.1) 그
에 따르면, "존재란 과거에도 물어졌으며, 현재에도 물음에 붙여지
고 있고, 미래에도 끊임없이 하나의 문제로서 제기될"(*Métaphysique*,
1028b) 그런 것이다. 화이트헤드가 서양 철학사 2천여 년은 플라톤과
아리스토텔레스의 재해석이라고 말한 것도 결국은 '문제로 제시된,
스스로를 문제로서 자기 표현하는 존재'의 의미를 찾기 위해 사유했
던 역사라는 뜻일 것이다.

그런데 하나의 불가능의 기호(le signe d'une impossibilité)2)를 노크했

---

1) 조나단 번스는 아리스토텔레스의 저술들이 학에 대한 저술이지 학의 성질을 갖춘
   저술이 아니기 때문에 문제학일 수밖에 없었다고 적고 있지만 이는 적절한 지적이라
   고 볼 수 없다.(문계석 옮김, 《아리스토텔레스의 철학》, 서광사, 1989, 76쪽) 본론에서
   다루겠지만 존재는 정답이 있는 'question'이 아니라 오히려 해답을 찾아가는
   'questionnement. problème'에 가깝기 때문이다.
2) M. Meyer, "De Aristote à Heidegger", *Revue internationale de Philosophie*(RIP), N° 168, 1989,
   p.153. 이 글에서 자주 인용하게 될 메이에르의 글들을 다음과 같이 약칭하기로 한다.
   De la problématologie. Philosophie, science et langage, P. Mardaga, 1986(Dp); *Logique, langage et
   argumentation*, U.P. de Hachettet, 1982(L-A); "De Aristote à Heidegger", RIP, N° 168,

던 거인들의 한판 승부(l'enjeu d'une gigantomachie)는 철학의 역사가 진행되어 오면서 존재를 그 궁극적 본질에서 탐문하기보다는 단지 하나의 사유 대상으로 전락시켜, 이를 개념으로 규정해 버리는 오류를 범하고 말았다. 그리스인들에게 존재에 대한 탐구는 언어를 통해서는 결코 파악할 수 없는 것이었지만,3) 철학이 그 모양새를 갖추어가면서, 존재는 언어를 사용하는 인간의 지배 아래 놓이게 되어 유일자, 이데아, 실체, 단자, 자아, 타자 등이 그렇듯, 언어에 의해 굳어진 하나의 이름(Nom)이 되어버린 것이다.

그리스인들에게는 하나의 신비적이고 상징적 표현의 대명사였던 존재4)가 급기야 철학자들의 언어-놀이로 전락한 것이다. 단적으로 표현해, 아리스토텔레스가 문제로 제시한 존재가 '어떤 것'이라는 존재물, 존재자로 전락해버린 것이다.5) 메이에르(M. Meyer)나 오방크

___

1989(A-H); "Dialectique, Rhétorique, Herméneutique et Questionnement", RIP, N° 127~128, 1979(DrQ); "La conception problématologique du langage", *Langue Française*, N° 52, 1981(Lcp); "Métaphsique et Néo-Positivisme", RIP, N° 144~145, 1983(MNP); "Science as a Questioning-Process: A Prospect for a New Type of Rationality", RIP, N° 131~132, 1980(Sq).

3) 베르낭(J.-P. Vernant)에 따르면 "그리스인들에게 이성은 정관사를 취하는 이성(*la raison*)이라기보다는 부정관사를 취하는 이성(*une* raison)"이었다고 한다. 때문에 그리스인들에게서는 신화적 사유와 로고스를 통한 이성적 사유가 공존할 수 있었던 것이다.(박희영 옮김, 《그리스인들의 신화와 사유》, 아카넷, 2005, 16쪽 참조) 아리스토텔레스의 존재 탐구 역시 이러한 두 배경과 무관하지 않다.(J. P. Darmon, "Un cours nouveau dans les études Grecques", *Critique*, N° 274, 1970, pp.272~274)

4) J. Beaufret, *Dialogue avec Heidegger: Philosophie grecque*, Minuit, 1973, p.106.

5) 아리스토텔레스에게 존재는 명사화된 '이름'이 아니라 술어적으로 '다양하게 표현된다. 그가 'τόδε τι'를 우선 대개는 '이 사람', '여기 있는 이 말과 같이 우리에게 먼저인 (l'être pour nous) 개별자로 설명했던 것은, 보프레가 적절히 지적하고 있듯, "여기 있는 이것으로 나타나게끔 있는 그대로 놓아둠"(J. Beaufret의 앞의 책, p.93, 105~106 참조)이라는 의미가 강하지, 존재를 대상화시키려는 의도는 없었다. 언어(parole, logos)를 통해 '여기 있는 이것'으로 존재가 표현된 것(존재자)일 뿐 궁극적으로 그에게 존

(P. Aubenque)가 존재를 언어로는 파악할 수 없는 것,6) 원칙적으로 파악 불가능한 것으로 규정하고, 존재의 대상화(또는 명사화)에 대해 철저히 비판을 하고 나선 것도 이런 이유 때문이다.

이들이 존재를 본래 자리로 되돌려 놓으려는 것은 주지의 존재를 언어화, 이성화시키려는 근대의 연구들에 저항하기 위해서라고 볼 수 있다. 과거의 존재 연구사를 부정하고 존재를 새롭게 동사적(술어적)으로 개방시켜보려는 이들의 노력들이 의미하는 바가 단지 존재의 문제에 국한된 것은 아니다. 거의 모든 철학적 물음들이 사실은 이러한 경로를 통해 화석화, 경화(硬化)되어 있는 상황이라 감히 평가할 수 있기 때문이다.

필자가 이 글을 통해 메이에르의 문제제기론을 소개하면서 그의 철학적 '방법론'을 일별해보려는 이유가 여기에 있다.7)

재는 '동사들의 동사'(Verbe des verbes)로 결코 고정된 어떤 형체를 취하지 않는다. 이런 점에서 아리스토텔레스는 분명 반플라톤주의자이지만, 존재를 플라톤처럼 다의성의 종합인 일자(一者)로 체계화시키지 않고 "존재인 한에서의 존재"를 다양한 술어 형식으로 물을 수밖에 없다고 믿었던 그의 생각이 오늘날의 입장에서 보면 훨씬 더 개방적인 태도가 아닌가 생각된다. 플라톤의 종합이 존재로부터(out of which) 가능한 추상이라면, 아리스토텔레스의 존재 기술의 다양성 테제는 존재 안에서(into which) 구체적 자양분을 취하고 있다.(이 점에 대해서 W. K. C. 거드리도 정확히 지적하고 있다. 박종현 역, 《희랍철학입문》, 종로서적, 1981, 157쪽 참조)

6) M. Meyer, *op.cit.*, p.153; P. Aubenque, *Le problème de l'être chez Aristote*, Partie Ⅱ 참조.

7) 우리는 메이에르의 'problématologie'를 '문제제기론'으로 번역하고자 한다. 그에 따르면 물음을 묻고 대답하는 과정으로서 문제제기론은 이미 그리스인들의 아고라(Agora)에서 발아되었다고 할 수 있지만, 그 자체가 철학의 고유한 대상이 되지 못한 점이 아쉽다고 적고 있다. 그 이유는 간단하다. 플라톤 이후 오직 대답의 자율권과 이성의 패러다임으로서 정당화만이 유일하게 진리의 기준으로 여겨졌기 때문이다.(Dp, pp.14~15 참조)

2. 물음을 묻고 대답하는 과정으로서 철학함

메이에르에 따르면 철학함(philosopher, penser)이란 "물음을 묻고 대답하는 과정"이다.8) 그런데 전통적으로 철학적 물음은 "아르케란 무엇인가?", "정의란 무엇인가?", "덕이란 무엇인가?", "존재란 무엇인가?"라는 식으로 물어졌고, 그 대답은 "물이다", "불이다", "4원소다", "지혜와 용기와 절제의 합으로서 정의다", "덕 그 자체다", "존재 그 자체다" 등으로 대답되어왔다.

이를 정식화시켜보면 'X란 무엇인가?'가 될 것이고, 그 대답은 결국 'X는 X다'가 될 것이다. 다시 말해 철학적 물음도 명제 형식이며, 그 대답 또한 물음에 준하는 명제 형식이다. 만일 우리가 어떤 물음 X를 제기해 놓고 그 물음에 대한 대답을 찾고자 한다면 필연적으로 이 명제 형식을 따르게 된다는 것, 이는 결국 모든 철학적 물음이 그 물음에 대한 대답을 위해 또 다른 명제를 끌어들일 수밖에 없다는 말이기도 하다. 바꾸어 말해, X에 관한 물음을 해결하기 위해서 '또 다른' 명제가 논거로 제시되는 것이다. 하지만 대답의 기능을 하는 제2의 명제는 주어진 물음 X에 대해 부분적인 언급을 하는 수준에 그친다.

그렇다면 제기된 물음에 대한 대답이 명제 형식을 띨 수밖에 없다는 한계를 극복하기 위해서는 어떻게 해야 할까? 이에 대한 메이에르의 제안은 다음과 같다: 철학적 물음에 대한 대답을 구하기 위해

---

8) DrQ, p.147; Sq, p.65.

조급해하거나 안달하지 말고, '물음을 묻고 대답하는 과정'(un proc-
essus de questionnement) 자체에 충실하라!9)

우리는 과연 메이에르의 주문대로 물음을 묻고 대답하는 과정에 충실하고 있는가? 아니면 그럴듯한 대답을 찾기에 여념이 없는가? 후자는 철학을 하나의 체계 안에 가두고자 하는 태도이며, 전자는 철학을 세계 속에 개방시키고자 하는 입장이다. 그런데 철학의 역사를 꼼꼼히 들여다보면 쉽게 파악할 수 있지만, 전자보다는 후자가 주류를 이루고 있다는 점이다. 결국 전통의 철학적 물음은 'X는 X다'라는 대답을 기대하고 묻는 물음이었기에, 'X란 무엇인가?'라는 물음이 물음으로서 제 역할을 못한 것이다. 이는 이미 대답을 알고서 묻는 것과 같으며, 묻는다는 것 자체의 의미가 전혀 없다. 이미 알고 있는 것 자체를 대답으로 확인하는 일에 다름 아니란 뜻이다.

이렇듯, "사람들은 대답하기를 좋아하고, 대답하기를 욕망하며, 대답만을 찾는다."10) 그리고 그러한 대답을 통해 타인으로부터 확언적(assertorique) 동의를 구하고, 그로 인해 자신의 주장을 긍정하게 되며, 그것만이 절대·보편적으로 옳은(apodictique) 판단이라고 믿는 경향이 강하다. 그러나 대개의 철학적 대답이 설사 'X'라 해도, 그것은 어디까지나 'X란 무엇인가?'라는 물음에서 파생한, 어찌 보면 '부차적인' 것에 불과하다. 그런데 이 의문형 물음이 X인 것으로 대답되었을 때, 그 대답은 그것 속에(dans le *Il*)11) 갇힌다. 이렇게 되면 물음

---

9) DrQ. p.147.
10) *Ibid.*, 필자 강조. 이 글에서 웃점 표시한 부분은 모두 원전 강조에 따른 것이다. 메이에르가 'aimer, désir, rechercher'라는 동사를 활용한 것은 물음 자체보다 대답하기에 급급했던 철학을 비판하기 위해 끌어들인 것이 아닌가 추측된다.
11) *Ibid.*, p.163.

과 물음을 던지는 자가 물음을 묻고 대답하는 과정에서 자유로운 것이 아니라 철저히 대답 안에 종속된다.

메이에르의 문제의식인즉, ① 철학적 진리는 물음을 묻고 대답하는 과정인 대화를 허용할 때가 아니고서는 진정으로 추구되었다고 할 수 없으며, ② 철학적 진리의 자율권은 일시적 '대답'이 아닌 지속적 '과정'이 담보해 준다는 것이다. ③ 결국 철학은 물음에 대한 대답으로 받아들여지는 것이기보다는 대답 중인 것으로(comme étant la réponse),12) 언제든 주어진 대답이 다시 새로운 물음 앞에 호출될 수 있을 때 모름지기 대답으로부터 자유로운 철학이 될 수 있다는 것이다. ④ 또한 철학적 물음이 이렇게 대답 중인 것으로 이해될 때에만 철학은 비로소 모순적인 것, 우연적인 것들까지도 새로운 대답(거리) 안에 포함시킬 수 있게 된다.

이렇듯 메이에르는 전통의 철학적 물음-대답의 폐쇄적인 틀을 하나의 과정으로 개방시키고, 그 과정 속에서 철학적 물음과 대답의 자율성을 되찾고자 했던 것이며, 바로 이 점이 철학의 고유한 논제가 되지 못한 것을 메이에르는 그의 《문제제기론에 대하여》라는 저서에서 집중적으로 부각시키고 있다.13) 문제제기론을 '새로운 철학적 방법론'으로까지 제시하고 있는 메이에르는 과연 플라톤의 《메논》편을 어떻게 분석하는지, 그 구체적 예증을 살펴보도록 하자.

---

12) *Ibid.*, pp.164~165 참조.
13) Dp, p.14 참조.

3. 플라톤의 《메논》 편과 강요된 대답

메이에르는 플라톤의 《메논》 편 분석을 통해 철학적 물음을 묻고 대답하는 과정이 얼마나 왜곡되어 왔는지를 실례로 보여준다.14) 그에 따르면 《메논》 편의 물음–대답 구조는 다음과 같이 구성되어 있다: ① 사람의 덕성이란 가르쳐질 수 있는가? ② 그것은 훈련을 통하여 터득할 수 있는가, 아니면 타고난 성질인가? ③ 대체 덕이란 무엇인가? 이런 메논의 물음들에 대해 소크라테스는 무엇보다도 중요한 것은 '덕 자체란 무엇인가?'에 있다고 강조하며, 덕에 대한 물음은 앎의 대상이라기보다는 '신의 은혜'를 통해 현자만이 알 수 있는 것이기 때문에, 덕이 무엇인가를 묻는 것 자체가 무지의 소치라고 단언한다. 결국 메논과 소크라테스와의 대화는 '덕 그 자체'에 관한 논의로 종결된다.

《메논》 편에 나타난 이상과 같은 플라톤의 대화 구성에 대해 메이에르는 "플라톤에게 있어서 물어지는 것의 시작은 우리가 이미 알고 있는 것에 대한 상기로 끝나기 때문에, 물음을 묻고 있는 것과 물음을 통해 구하고자 하는 것 자체를 알고 있다는 것을 구분하지 못하고 있다"고 비판한다. 다시 말해 "물음을 묻는 것이 가능하고 또 계속 물어지는 것으로써 물음이 존속하는 한 물음은 존재에 대한 염려에서 생긴 의문인 것인데, 플라톤은 이러한 물음 자체를 폐쇄시키고"15)만 것이다.

---

14) A–H 참조.

이와 같이 플라톤을 비판하면서도 메이에르는 메논과 소크라테스가 물음의 과정을 대화로써 풀어나가려고 한 점은 최소한 긍정적으로 평가한다. 하지만 덕 그 자체만을 메논에게 계속해서 주지시키고 있는 소크라테스의 태도나, 덕 그 자체가 아닌 것들로서 끊임없이 대답을 나열하고 있는 메논의 태도는 받아들이기 힘들다는 것이 메이에르의 입장이다. 왜냐하면 두 사람의 대화는 물음-대답의 과정 속에서 간격이 좁혀지기는커녕, 각자 자기의 대답을 미리 가지고 상대방을 오히려 설득하려 하고 있기 때문이다. 이는 각자의 물음과 대답이 서로 다른 실체들로 구성되어 있을 뿐만 아니라 서로 다른 입장을 고수하기 때문에 나타난 결과라 할 수 있다.16) 이와 같은 현상은 실제 철학에서도 그렇지만 과학적 물음과 대답에서 가장 심하게 나타난다.17) 결국 소크라테스의 계속되는 의문 제시와 메논의 소크라테스의 물음에 대한 대응은 각기 자신들에게서만 논리적 필연성을 획득하는 궤변이 되고 만다. 소크라테스의 당위적인 대답 요구는 이런 점에서 진정한 의미의 대화를 위한 것이라고 볼 수 없다. 뿐만 아니라 이 둘의 대화에는 형식적(선험적) 필연성과 경험적 보편성 사이의 건너뛸 수 없는 장벽이 가로놓여 있다. 진정한 대화가 가능하기 위해서는 자기 비판적 정신이 필요한데, 이 두 사람은 모두 독단적 정신의 전형을 보여주고 있는 것이다.18)

---

15) *Ibid.*, p.145.

16) Sq, p.51.

17) MNP, p.100: "과학적 물음은 항상 문제 자체를 해결하려고 하기 때문에, 정확히 말하면 그것은 더 이상 물음이 아니고 대답 자체라 할 수 있을 것이다."

18) M. Maneli, "The New Rhetoric and Dialectics", RIP, N˚ 127~128, 1979, p.225 참조. 독단적 정신의 소유자는 어떠한 비판과 의문에 대해서도 자기를 양보하지 않지만 비판적 정

《메논》 편의 역설은 소크라테스가 X라는 물음이 '어떤 것'(즉 X)으로 대답되기를, 즉 그의 물음에 대해 오직 하나의 대답만을 메논에게서 기대하고 있기 때문에 물음을 묻고 대답하는 과정이 전적으로 무시되었다는 데 원인이 있다. 기대했던 대답이 메논으로부터 제시되지 않기 때문에 물음을 묻고 대답하는 과정이 연장된 것이라고나 할까? 그런 점에서 소크라테스가 "가정된 것에서부터 가정되지 않은 것"(hypothétique vers anti-hypothétique)으로 건너뛰려는 것은 모순이다.19) 게다가 이러한 건너뜀은 물음을 고유하게 규명하기 위해서가 아니라 불변의 진리를 윤리적 또는 정치적 의도로까지 수용하기를 강요하고 있다는 데 문제가 있다.

물음 X가 메논의 방식처럼 이것 또는 저것(ceci ou cela)으로 대답되기 위해서는 X가 당연히 어떤 것의 형식을 취할 수밖에 없다. 그런데 소크라테스는 일관되게 X가 아닌 X 자체(즉, 덕 자체)를 요구한다. 이러한 강요가 결국 메논의 대답을 무화시켜버리며, 물음과 대답의 과정 속에 Xs(즉, 다양한 덕들)가 등장하는 것을 원천봉쇄한다.20) 다시 말해, 《메논》 편에서 플라톤은 'X란 무엇인가?'라는 물음을 제기해 놓고서, 정작 'X인 바의 것인 것은 무엇인가?'(qu'est-ce que (Ce) X?, l'être de X)에 대한 대답을 요구하고 있는 것이다. 때문에 메논의 이것 또는 저것으로서의 대답을 소크라테스는 받아들이지 않는다. 소크라테스가 볼 때 메논의 이것 또는 저것으로서의 X는 X

신의 소유자는 모든 진리와 새롭게 발견되고 알려진 사실들에 대해서 열린 태도를 취한다는 차이가 있다.

19) J. P. Cometti, "Vers une rationalité de l'interrogation?", *Critique*, N° 485, 1987, p.198에서 재인용.

20) A-H, p.142.

인 바로부터 파생된 어떤 것에 불과할 뿐이다. 이런 이유 때문에 메이에르는 상기(想起)를 통해서만 진정한 앎에 도달 가능하다는 플라톤의 존재론 체계가 결코 자신의 철학적 물음을 변증법적으로 궁구했다고 볼 수 없다며 비판한다.21) 앞에서 이미 말했듯이, 플라톤은 그의 대부분의 철학적 물음들을 다양한 '존재자(들)'로 개방시켜 놓지 않고 하나의 '존재'에로만 환원시킨 것이다. 플라톤에게는 바로 이 '하나'의 존재, 이데아를 상기하는 것이 철학함의 궁극 목표였던 것이다. 《메논》 편에서의 플라톤의 '덕이란 무엇인가?'라는 물음도 결국은 감각세계와 지성세계 사이의 차이를 판별하기 위해 주어진 것이고, 바로 이 물음이 일종의 구별자(différenciateur) 구실을 한다는 것이다. 그리고 메논처럼 끝없이 'X가 무엇이냐?'고 물음을 제기하는 자는 플라톤이 볼 때는 본인이 무지하다는 것을 드러내는 것에 다름 아니다. 플라톤이 볼 때 메논은, 그러니까 감각적인 것에 얽매여 지성(과 존재 자체)을 망각한 자요, '우리에게 먼저인 것'과 '그 자체로 먼저인 것'을 구분하지 못하는 한낱 무지렁이에 불과한 자다.

메이에르의 플라톤 비판의 요지가 바로 이것이며, 그가 문제제기론을 통해 제시하려는 것은 일반적으로 상반된 것들로 받아들이고 있는 감각/지성, 존재자/존재, 우리에게 먼저인 것/그 자체로 먼저인 것 사이의 어긋남을 새롭게 연결시켜 보려는 데 있다.

---

21) *Ibid.*, p.144, 145 참조.

4. 대답들(Xs)을 향해 열린 물음과 문제제기론

플라톤에게는 거의 모든 철학적 물음의 대답이 X로 이미 주어져 있고 또한 전제되어 있다(ce qui est donné et presupposé). 이에 비해 아리스토텔레스[22]나 하이데거[23]의 대답은 X 또는 Xs로 나뉜다. 즉 이들에게는 철학적 물음을 묻고 대답하는 과정이 플라톤에 비해 훨씬 '역동적'이다.

구체적으로, 'X란 무엇인가?'라는 물음에 대해 이들은 X 그리고

---

22) 모로(J. Moreau)도 잘 지적하고 있듯, 아리스토텔레스는 플라톤의 지성에 의한 X와 감각적 Xs라는 이원론을 극복했다기보다는 차라리 "인식론적 요구와 존재론적 확신 사이에서 끊임없이 갈등했다"("L'être et l'essence dans la philosophie d'Aristote", *Autour d'Aristote*, Ed. M. A. Mansion, U.P. de Louvain, 1955 참조)고 보는 것이 더 설득력이 있을지 모른다. 실제로 프랑시스 자크(F. Jacques) 같은 철학자도 아리스토텔레스에서 존재의 다양한 기술은 "아마도 참인(probablement vraies) 우연들(Xs)을 탐구하기 위해서가 아니라, 참으로 승인된(véritablement approuvé) 존재(X)를 위한 논리적 예비작업"(F. Jacques, "Logique ou rhétorique de l'agumentation", RIP, N° 127-128, 1979, pp.55~56)이라 분석하기도 한다. 그럼에도 우리는 아리스토텔레스가 최소한 그의 철학 여정의 초기에 Xs, 즉 우연한 것들, 존재와는 실질적 관계를 맺지 못하는 것들까지도 동일률과 절대적 필연성만을 강조하던 당시의 철학계의 지배담론에 아랑곳하지 않고 고민한 점, 그 모험은 최소한 높이 평가받을 만하다(A-H, p.144)고 생각한다.

23) 메이에르에 따르면, 하이데거에게도 존재는 술어적으로 다양하다고 한다. 즉, 하이데거의 존재는 명사나 이름으로 대상화되기 이전의 동사 상태로 우리에게 주어진다. 그러나 메이에르가 보기에 하이데거의 존재론이 갖는 근원적인 문제점은 우리가 "존재의 부름에 침묵으로 귀 기울여야 하는바" 더 이상 그것이 진정한 의미의 담론(dis-cours)의 형태는 아니라고 지적한다. 담론의 형태가 아니기에 현존재(Dasein)에게 존재와 관계 맺을 수 있는 가능성이 희박할 수밖에 없다.(A-H, pp.146~150 참조) 하이데거는 한마디로 형이상학의 새로운 구축과 존재론에 너무 집착하여(MNP, p.103; A-H, p.153 참조) 철학의 전통을 보수하고 내속된 모순들을 최소화시키기는 데는 공헌했지만, 그 또한 플라톤과 마찬가지로 자신이 '이미 알고 있는' 것에 근거해서 물음을 묻고 대답할 뿐이라는 것이 메이에르의 견해다.

Xs(또는 –X)로 대답하고 있기 때문이다. 널리 알려진 사실이지만, 어떤 하나의 X가 대답으로 주어졌다는 것은 많은 다양한 대답들 가운데 하나가 선택되었다는 것이며, 이 다양한 가능세계들이 존재하지 않는다면 그 어떤 하나의 X가 있을 수도 없다. 따라서 메이에르는 다음과 같이 주장하기에 이른다: X와 X인 바의 것은 '그리고/또는'이라는 외관으로 드러난다.24) '그리고/또는'이라는 존재 물음–대답의 일반화는 "존재는 유일한 하나이면서 동시에 다양함이다"는 뜻과 연결된다.

이를 규명하기 위해 메이에르는 모든 철학적 물음–대답이 로고스 (Logos, 즉 언어)에로 되돌려지고, 반드시 로고스에서 제기되어야 한다고 강조한다. 이렇게 해야만 플라톤과 같이 감각적인(우리에게 먼저인) 것들과 지성적인(그 자체로 먼저인) 것을 양분시키지 않고 X, Xs가 "동시에 그리고 각각"이 참으로 드러날 수 있다고 강조한다.

이처럼 메이에르가 로고스에 착안한 것은 로고스야말로 현상계의 억견들까지도 자신의 원리 속에 포함시킬 수 있다고 보았기 때문이다. 이러한 로고스의 원리에 따를 때 이제 'X란 무엇인가?'라는 물음은 동일률에 따른 논리적 필연성을 가져야 하거나 동일성의 지도(la carte d'identité)에 의해 형식적으로 규제될 이유가 더 이상 없고, 어떻게 X와 Xs(그리고 X의 부정인 –X까지도) 각각을 고유하게 대답으로 살려내느냐가 관건이 된다. 즉 X와 Xs가 "동시에 그리고 각각" 참일 수 있는 방법을 모색해보려는 것이 그가 고심하는 바다.

어떻게 X와 Xs가 "동시에 그리고 각각" 참일 수 있는가? 이를 위해 메이에르는 우리에게 무엇보다도 확정적인 대답을 전제하지 말

---

24) A–H, p.149 참조.

것을 권고한다. 그렇다면 철학적 물음–대답이 로고스에로 되돌려지
고, 로고스에서 제기되어야 한다는 것은 대체 어떤 의미이며, 또 대
답을 전제하지 말라는 것은 또 무슨 의도인가? 그의 말대로 물음–
대답의 과정 속에서 철학을 한다는 것이 대체 어떻게 철학을 한다는
것인가?

문제제기론이란

문제제기론에 대한 그의 설명을 간략히 소개하면서, 위에서 제기
된 물음들을 해소시켜보도록 하자.[25]

① 철학적 물음이 물음이기를 그칠 때, 이 물음은 앎을 요구하는
  인식론적 물음이라고 할 수 없다.
② 철학적 물음과 대답은 우리가 조작적으로 단정할 수는 없다.
  그래서 '과정'이 중요하다. 물음과 대답의 차이를 '문제제기론적
  차이'라고 부른다. 그렇지만 문제제기론적 차이가 명제들에 관
  한 차이로 환원되지는 않는다.
③ 하나의 명제는 곧 대답이다. 그러나 물음의 로고스에로 되돌려
  짐이 명시적인 것을 요구하지 않을 때, 비록 그것이 대답의 부
  재라고 할 수 있을지는 모르겠으나, 그럼에도 '하나의' 세계(d'un
  monde)를 대답으로써 구축하고 있다는 사실은 자명하다.
④ 여기서 중요한 것은 물음을 계속 묻는다는 데 있으며, 이것이
  바로 문제제기론의 토대이자 추구하는 방향이다.

---

25) 문제제기론에 대한 아래 요약은 필자가 이 글의 각주 2)에서 제시한 메이에르의 여러
   글들을 참고하여 임의로 정리한 것임을 밝힌다.

결국 메이에르는 언어분석철학 전공자답게 자신의 방법론에 대해 간결한 설명을 하고 있다. 힌티카(J. Hintikka)는 물론 비트겐슈타인의 영향권 안에서 메이에르는 어쩌면 일종의 '게임'을 즐기고 있는지 모른다. 중요한 것은 그의 철학함 방식이 Xs를 인정하고, 이것들을 철학의 체계 안으로 규합시키기 위해 힘쓴다는 점이고, 철학적 담론으로 억지가 아닌 '가능한 세계들에 근거한 사유의 개방'을 꿈꾼다는 점이다.

솔직히, 철학(넓게 보아 인문학)은 언어 게임이 아닌가! 이 자리의 우리 또한 이와 같은 게임을 즐기고 있는 것 아닌가? 그리고 언어 게임의 목적이 자신의 삶을 구제하는 데 있으며, 다시 말해 삶의 형식을 구제하는 데 있다면, 그것으로 족한 것 아닌가?

그런데 문제는 우리가 이를 한껏 누리지 못한다는 데 있다. 단적으로 말해, 술어들과 명제들의 논리규칙에 따라 움직이는 언어 게임에서 우리는 (절대)진리라는 환상을 기대하거나 전제하고 있고, 이것이 문제의 원인이라는 것이다. 그런 환상을 갖기에 'X란 무엇인가?'라는 모든 철학적 물음은 X로 대답되었던 것이고, 메이에르의 통찰대로 그러한 형식으로는 '다른' 세계를 발견할 수도 받아들일 수도 없었던 것이다. 결국 메이에르가 묻고 되묻는 과정을 철학함의 새로운 방법으로 제시한 것도 이런 이유 때문이리라.

중요한 것은 기존의 대답 위주의 물음 형식을 재고해, 이를 '진정한 물음 형식'으로 바꾸어야 한다는 것이다. 다시 강조하지만, 메이에르에게는 진정한 철학적 물음은 끝없이 묻는 데 그 본의(本意)가 있다. 결국 주어진 대답 자체도 재삼 물음의 대상이 될 수 있는 것이다. 물음도 대답도 의문문 형식이라고나 할까.

의문문 형식은 언어(로고스) 속에 내재되어 있어 '언어' 게임을 통해 그 형식을 찾을 수밖에 없고, 그 형식은 종국적으로는 세계에서 재발견된다. 의문문 형식은 세계에 대한 가능성을 말함으로써 세계를 말한다. 다시 말해 의문문 형식은 가능적 세계를 말한다.26)

이런 점에서 그의 문제제기론은 역설적으로 명제주의(proposition-alisme)와 깊은 연관이 있고 또 명제주의적 입장을 취하기 때문에,27) ①에서 메이에르가 밝히고 있듯, 그의 문제제기론은 그냥 묻기만 하는 데 그치지 않고 인식론적 고민을 '나름대로' 하게 된다. 그가 이렇게 인식론적 고민을 하는 것은 전통의 명제주의에서처럼 단순히 논리적 차원의 명료화에 철학함을 한정시키지 않고, ②에서 제시되어 있듯, 문제제기론적 차이(différence problématologique)를 통해 철학은 물론 형이상학의 토대를 새롭게 하려는 데 그의 목표를 두고 있다. 즉 물음과 대답의 차이에 근거해서 종국에는 철학적 언어(로고스)의 토대를 다시 구축해 보려는 것이다.

우리 인간은 언어(로고스)를 사용해서 철학적 물음을 던지기 때문에 존재가 의미를 갖기 위해서는 로고스와의 관계가 필연적이다. 여기서 '필연적'이란 이것이냐 저것이냐 가운데에서 하나를 선택하기 위해서가 아니라 서로 모순되는 것들(X, −X, Xs) "각각에 고유한 의미를 부여해야 하기 때문에"28) 필연적이라고 메이에르는 강조한다.

---

26) A-H, pp.155~157 참조.
27) 메이에르가 명제주의적 입장을 취한 것은 존재론과 명제주의 사이의 관계를 명백하게 인정하기 위한 것이지, 존재론이 명제주의화되고 명제주의가 존재론이 되어야 한다는 의미는 결코 아니다.(A-H, p.159) 모든 명제가 비록 언어(logos)로 이루어져 있기는 하지만 로고스가 명제가 될 때 그것은 진위 판별에 국한된 차원으로 의미가 축소될 소지가 없지 않다는 것을 잊어서는 안 된다.

이로부터 메이에르의 철학적 물음은 이제 "일치와 다양이 하나의 명제 속에서 변화한다"는 보편적 명제성(proposionalité commune)을 획득한다.29)

덧붙여 말하건대, 모든 물어지는 것은 물어지는 그것의 본질 속에 가능한 답이 담겨 있는 법이지, 이미 알고 있는 것이나 망각된 것의 상기에서 답을 찾을 수 없다는 것이다. 메이에르가 말하는 진정한 대답은 이렇게 대답들의 차이가 아닌 물음들의 차이에서 구별된다.30) 전통의 철학함 방식이 그가 보기에 얼마나 갑갑했으면, 새로운 방식의 "물음을 통해 우리가 진정으로 돌아가야 할 곳은 전통의 '모든 물음이 결국 잘못된 물음'이었다"31)고까지 비판하고 있겠는가!

사실 우리는 주어진 철학적 물음에 대해 가능한 대답을(그것이 X든 Xs 가운데 어떤 것이든 간에) 할 뿐이며, 그것이 설사 어설프다고 할지라도 이성이라는 절대 기준 앞에 주눅들 이유가 조금도 없다.32) 어설프고 부족한 대답이라면 본인에 의해서든 다른 사람에 의해서든 언제든지 다시 물어질 것이 자명하고, 다시 대답될 것(③)이기 때문이다. ④에서의 언급이 그래서 우리에게 중요하다. "중요한 것은 물음을 계속 묻는다는 데 있으며, 이것이 바로 문제제기론의 토대이자 추구하는 방향이다."

다시 정리하자면, 물음을 묻는 자, 철학자에게 'X란 무엇인가'라는

---

28) A-H, p.149.
29) *Ibid.*, pp.143~150 참조.
30) *Ibid.*, p.147.
31) *Ibid.*, p.145.
32) 메이에르는 "언어와 과학의 명제적 모델인 이성"이 철학을 제자리걸음하게 한 주범이라고 비판하고 있다.(Dp, pp.16~17)

물음은 물음을 묻고 대답하는 역동적 과정 속에서 대답되어야 한다. 왜냐하면 결국 물음에 부쳐지는 X가 물음에 대한 실제 대상이며, 바로 이 X가 물음과 대답이라는 상반성을 허용하기 때문이다. 이처럼 철학적 물음이 고유한 의미에서 '로고스'에 충실할 때, X는 굳이 고유한 본질이 설사 없다고 할지라도 다양하게 표현될 수 있고, 물음에 따라 대답되는 것이 비로소 필연성과 자율성을 갖게 된다. 이를 정식화하면 다음과 같다: 어떠한 가정이나 전제로부터 자유로운 물음은 물음을 묻고 대답하는 과정에서 X와 −X(Xs)를 동시에 그리고 각각 고유하게 포함시킬 수 있다.

이상의 내용이 메이에르의 문제제기론의 요점이다. 이렇듯 메이에르는 철학적 물음에 대한 필연적 대답과 동일성으로부터 물음의 결과를 확정지으려는 전통 철학의 관습, 편견을 버리고 모든 철학적 물음들의 배경을 문제제기론을 통해 전면적으로 재구성하고, 이를 '하나의 새로운 방법론'으로 제시했던 것이다.

물음이 아닌 '문제'로서 철학

물음을 묻고 대답하는 과정으로서의 '언어–게임'이기도 한 문제제기론에서는 양자택일이라는 강요된 요청은 이제 폐기된다.[33] 동일성의 논리에서는 Xs가 제거되지만 문제제기론에서는 Xs가 충분율로서 기능하기 때문이다.

그렇다면 이제 모더니스트들처럼 끝없이 토대를 쌓거나, 포스트모더니스트들처럼 기존의 토대를 무너뜨리는 데 집착해야 할 이유

33) A–H, p.155.

가 없다. 문제제기론에 따르면 물음을 묻고 대답하는 과정 속에 토대를 쌓고 무너뜨리는 것 자체가 포함되기 때문이다. 다시 말해, 물음을 묻고 대답하는 과정이 철학함의 새로운 토대인바, 즉 문제-제기론인바, 이제 우리는 온갖 보편학이라는 미명 아래 행해진[34] 지적 횡포나 그것에 대한 저항으로부터 자유로울 수 있다. 이렇게 메이에르는 플라톤에서 하이데거에 이르는 전통의 형이상학을 비판하는 것은 물론, 자신의 철학적 뿌리라고 할 수도 있는 분석철학적 전통에 대해서도 비판을 가한다.

분석철학적 전통(정확히는 논리경험주의)에 따를 때, '언제', '어떻게', '무엇을', '무엇이(누가)' 등으로 물어진 물음은 물음의 지시 관계에 따라서 최소한의 것(minimale)이 아프리오리(a priori)나 양화 가능한 것들 가운데에서 예/아니오로 대답된다. 여기서 대답은 제기된 물음에 대한 하나의 참인 판단일 뿐이다. 메이에르가 볼 때, 논리경험주의자들에게서도 철학이 물음을 묻고 대답하는 과정에서 역동적이라는 사실이 망각되어 있다. 물음의 해결에 집착하여 부정적 판단은 배제한 채로 특칭판단의 명증성에만 고심하기 때문이다.[35] 형이상학자가 존재를 어떤 것(x)으로 절대화시켜 주어진 물음에 대해 순전히 수동적인(pur patient) 것만을 대답으로 제시하였듯이,[36] 논리적 문법적 형식에 충실한 논리경험주의에서도 명제나 구문 밖에서 제기되는 물음들에 대해서는 전혀 (새로운) 대답을 기대할 수 없다. 이

---

34) 메이에르는 이러한 철학을 'l'ontologie de la décision, l'ontologie déterminé, l'ontologie régionale, logico-expérimentalisme' 등의 용어를 사용해 비판하고 있다.
35) L-A, p.124.
36) J. Catesson, "Philosophie et aventure", *Critique*, N° 307, 1972, p.1086.

들의 사유 경제학은 결국 한정된(또는 특수한) 부분에 투자해서 명증의 최대화(maximale)를 구할 따름이다. 이들은 인간이 형식이나 체계 밖에서 얼마나 자유롭게 행동하고 말하며 사유하고 노동하는지를 망각하고 있는 것이다.

바로 이런 이유 때문에 메이에르는 "물음을 계속적으로 물어나가는 것(questionnement)"보다 더 근본적인 철학함이란 있을 수 없다고 강조하기에 이른 것이다: 근본적으로 물음이 생기는 것은 대답들을 복수로서 개방하여 모든 것이 대답을 통해 다양성을 획득하기 때문이다. 물음은 그 어떤 공간으로부터 자유로워야 하며, 그곳, 즉 '대답의 공간'에서 벗어나야 한다.37)

언어를 사용해 물음을 묻는 자는 대개의 경우 주어진 물음에 대해 명시적으로 대답해야 한다는 부담 때문에 탐구하는 자(chercheur)로 전락하기 쉽다. 그래서 그는 십중팔구 물음 자체보다는 이미 탐구된 것(chose cherchée)과 자신이 해결하려는 물음에 집착하기 쉽다. 그런데 문제제기론에서 말하는 물음이란 앞서도 설명했듯, 단순하게 대답을 제공할 수 있는 그런 물음(question)이 아니라 대개는 문제(problème) 자체다. 바로 이 문제에 대한 질서(l'ordre des problèmes)를 명시적으로 또는 암시적으로 밝히는 일이 철학자의 본분이다. 물음을 통해 철학이 대답으로부터 자유로운 문제로 자리 잡을 때, 바로 그 때 철학은 이제까지의 모든 형식, 모든 사유 패턴으로부터 자유로운 세계로 진입할 수 있다.38)

---

37) J. P. Cometti, *op.cit.*, p.104에서 재인용.

38) 우리는 메이에르가 'interrogation, question, problème'과 같은 용어들을 구분해서 사용하고 있다는 사실을 간과해서는 안 된다. 그에 따르면 'problème'이 어떠한 대답으로부터

5. 새로운 이성과 망각의 방법, 결여의 원리

〈형이상학과 신실증주의〉라는 논문에서 메이에르는 "미래의 형이상학(철학)은 형이상학에 대한 교체(mutation de la métaphysique)"라고 단언하고 있다. 그런데 그는 이러한 교체작업을 작금의 해체주의자들과 달리 철저히 '이성의 원리'에 따라 수행하고자 한다. 그가 이성의 원리를 따른다는 것이 어쩌면 역설적으로 보일지 모른다. 하지만 실은 전혀 그렇지 않다. 왜냐하면 메이에르에게 이성(ratio)이란 전통의 명제주의 비판과 자신의 로고스 존재론의 공존을 도모하기 위해 요청된 것으로, 철학함의 '마지막 분석'(en dernière analyse)에서 이 이성이 요구되기 때문이다. 그리고 이 이성에 따른 로고스의 명제화 때문에 전통의 철학에서는 '사유 불가능한 것'까지도 담론(discours)의 논리 속에 포함시킬 수 있게 된다. 그에게는 결국 모든 것이 물음의 담론이 될 수 있는 것이다.

그런데 메이에르는 문제제기론의 방법론으로써의 변별력을 강화하기 위해 이성의 원리를 따르는 것 외에도, 망각의 방법(la manière de l'Oubli)과 결여의 원리(principe de Manque)를 통해 자신의 방법론을 일신시킨다. 물음에 방향이 있고 머무를 대답이 존재한다는 것 자체는 이미 전통의 철학적 물음과 다를 바 없다고 판단했기 때문이다.

도 자유로운 물음이라면, 'interrogation, question'은 논리적이고 필연적인, 단언적이고 명시적인 대답을 요구하는 전통의 철학적 물음이다. 이 가운데 특히 'interrogation'은 소피스트들에게서 발견할 수 있듯 'interrogation par interrogation' 형식을 통해 지식을 소유하고자 하는 자들의 물음 방식이라고 메이에르는 적고 있다.(DrQ, p.176)

이런 측면에서 메이에르의 방법론은 전통의 철학적 물음-대답 방식과도 구분되지만, 작금의 해체주의나 포스트모더니즘 등에서 드러나고 있는 허무주의적 방법과도 구분된다. 이들 프랑스의 68사상가들이 비록 부정(부재)을 긍정(현전)으로 변화시키는 데 전력하여[39] 전통의 독단론으로부터 자유로워졌을지는 모르지만, 문제는 이들의 방법론이 다분히 무질서, 무의미를 지향한다는 데 있다. 이들로 인해 우리는 원리, 형식, 질서로부터 '완벽한', '유일한', '결정적인', '합리적인'이라는 기의(signifié)는 버릴 수 있었는지는 모르지만,[40] 아직 원리들의 다원성과 방법론의 다원성을 획득한 상태라고 말할 수는 없다. 이들의 물음 역시 전통적 물음과 마찬가지로 일종의 거짓명제(pseudo-proposition)를 통해 전통의 잘못된 토대를 무너뜨리며 새로운 답을 찾고는 있으나, 그 답이라는 것이 철저히 파편화되어 있거나 유령처럼 사유권 밖에서 떠돌고 있다.

메이에르의 망각의 방법은 이들의 작업과 달리 대답보다는 물음을 중시한다. 즉 '망각은 대답을 해야만 한다는 것에 대한 망각인 것이며, 때문에 어떤 하나의 대답이 주어지는 것 자체를 거부한다. 이점이 바로 68사상가들과 메이에르의 차이다. 메이에르에게는 물음이 계속된다는 것 자체가 바로 자신의 철학적 토대이자 조건이기 때문에,[41] 중요한 것은 대답 자체를 구하는 데 연연하지도, 대답에 얽

---

39) 데리다와는 달리 메이에르에게 부재(absent)는 문제제기론이라는 지평에 따른 부재이기 때문에 필연적 대답을 구하는 철학들과 모순되지 않으며, 물음을 제기하는 순간 바로 역동적으로 변한다.(Sq, p.67 참조)

40) C. Perelman, "La philosophie du pluralisme et la nouvelle rhétorique", RIP, N° 127~128, 1979, pp.9~17 참조.

41) Lcp, p.84.

매이지도 않는다는 점이다. 그에게는 '하나의' 대답이 로고스의 질서에 따라 다양하게 대답될 뿐이다. 그러므로 기존의 견해에서 볼 때, 메이에르의 이론이 '힘이 없는 사유'(pensée faible)이거나 '전통에 대한 거부를, 거북스럽게 표현'(l'expression d'un malaise, d'un refus)한 것일 수도 있겠다.42) 하지만 물음과 대답이 문제제기론 안에서 역동적으로 순환될 때, 문제제기론적 차이가 구성하는 것은 '자유로운 토의의 공간'(d'un espace de libre discussion)이라는 사실이다. 이와 같은 토의의 공간이 철학적 물음의 배경이 될 때, 이제 물음은 비로소 "삶 또는 죽음이 있는 물음, 경제적 물음,43) 더 나아가 물음의 상태를 계속 유지하게 되는 물음" 등으로 확장될 수 있다.

때문에 메이에르가 비록 이성의 원리를 따르고는 있지만, 이때의 이성은 전통에서와는 전혀 다른 이성으로, 이는 어디까지나 메이에르가 담론의 질서, 자유로운 토의의 공간(l'espace de libre discussion)을 위해 부득이하게 요청한 것이다. 다시 말해, 메이에르에게는 이성이 문제에 대한 질서를 부여하기 위해 필요한 것이고, 이 질서에 따른 대답들은 명시적인 대답들과는 반대로 로고스가 밝혀주는 차이를 통해 고유하게 로고스를 출현(naissance du Logos)시키는 행위가 된다.

이런 점에서 결국 메이에르가 말한 '이성'은 문제제기론적 차이와 깊이 관련된 새로운 이성이라고 할 수 있다.44) 그리고 이 새로운 이

---

42) 메이에르 자신이 그의 철학을 "전통에 대한 거북스러운 표현"이라 표현하고 있다.

43) J. P. Cometti, *op.cit.*, p.210. 경제적 물음이란 'question d'argent'을 번역한 것인데, 이는 상거래에서 가격흥정을 위해 매매자끼리 나누는 물음과 대답이라고 할 수 있다. 또 하나의 가능한 해석은 '암시적인 물음'이라고도 번역할 수 있겠는데, 명확한 대답을 요구하는 명시적 물음과 상반된다는 의미에서 그렇다.

44) DrQ, p.153.

성(동일성의 확장)은 자연스럽게 결여의 원리와 짝을 이루게 된다: '결여의 원리'는 원리가 어디에 머무르기를 원하는지에 대한 망각이다. 이때 물음과 대답이 풍부해지며, 원리는 은유적 언어와 로고스 자체의 불명료한 본질들로 가득 차게 된다. 우연적인 것들(accidents)의 본질을 다루기 위해, 초월되거나 부정된 것들을 사물 상태(l'état de quelque chose)로부터 구원하기 위해 결여의 원리가 필요하다.

결여의 원리는 동일률에서 볼 때는 모순된 것들까지도 기꺼이 받아들이게 되며, 따라서 결여의 원리 속에서 배제되고 부정되는 것이란 존재하지 않게 된다. 심지어는 공허하고, 불가능한, 무의미한 물음까지도 결여의 원리 안에서는 고유한 역할이 있다는 뜻이다. 주어도 술어들도, 존재도 존재자도, 심지어는 무(無)까지도.

그동안 철학적 물음과 대답은 정관사를 취하는 이성(la raison)에 의해 조종됨으로써, 메이에르가 이상에서 강조한, 진정한 의미의 '토의의 공간'을 형성하지 못했던 것이다. 자유로운 토의의 공간을 위해서 우리는 이제 부정관사를 취하는 이성(une raison)으로 철학함의 공간을 넓혀야 할 때다. 부자연스러운 대답을 구하는 대신에 문제를 더 넓은 가능성에 열어두어야 한다. 지혜에 대한 사랑은 대답들에 대해 개방적일 때, 오직 그때에만 그 진의(眞意)에 부합할 수 있기 때문이다.

주지하듯, 철학은 지혜를 탐구한다. 그런데 지혜(sophia)는 고정된 것이거나 주어진 것이 아니라 우리가 항구적으로 참구(參究)해야 하는 것이다. 그런데 만일 어떤 이가 철학적 물음을 제기하고 그 물음에 대한 대답이 자신이 내린 바로 그것 하나밖에 없다고 믿는다면, 이는 근본적으로 지혜를 사랑하는 철학의 본래 뜻에 위배되는 것이다. 그럴 양이면 철학의 영역이 아닌 다른 곳에서 자신의 직업을 구해야 할 것이다. "논리적으로 언어를 투명하게 하는 데 그쳤던"[45] 철학이 지향해야 할 길은 자명하다. 그것은 바로 문제들 속에서(dans des problèmes) 지혜를 사랑하는 것이다.

이런 점에서 메이에르의 문제제기론은 우리에게 칸트식의 코페르니쿠스적 전환보다도 훨씬 더 근본적인 전환을 요구한다고 할 수 있다.[46] 새로운 법칙이나 규칙을 찾기 위해서 묻고 대답하는 것이 아니라, 물음이 소환된 바로 그 지점에 대해 반성하는 것이 문제제기론의 본래 뜻이기 때문이다. 문제제기론에서는 대답이 물음으로부터 '독립적'이기 때문에 물음 자체에 대한 반성이 또한 가능하다. 그렇다고 해서 문제 자체가 비본질적인 것이 되어버린다거나 X를 비판하고 부정하기 위해 Xs를 추천하고 천거하려는 것도 아니다. 철학적 대답은 어디까지나 '그리고/또는'으로 표현되며, 로고스, 즉 언어 안에서 유일하게 그 가능성을 부여받을 뿐이다.

이와 같은 메이에르의 새로운 사유 질서에 비추어 볼 때, 관념론·실재론·유명론 등의 이름으로 파당(派黨)을 이루고 있는 '가련한' 철학적 정당들은 재편되어 마땅하며, 문제제기론은 바로 이것들을 의심의 시험대 위에 올려 철학 자체의 토대를 새롭게 구성하는 데 목표를 두고 있다.[47]

메이에르, 그의 안내에 따라 이제 우리는 근대 이후의 거대 서사

---

45) MNP, p.93, 99, 100, 103 참조.
46) DrQ, p.167.
47) *Ibid.*, p.157. 부언하건대, 메이에르는 스스로도 자신의 물음을 묻고 대답하는 과정으로써 문제제기론을 "사유 자체의 원리, 탁월한 철학적 원리", "제일 철학"이라고까지 적고 있다.(Dp, p.14, 28)

로서의 철학은 물론, 작금의 무정부주의적 해체주의도 재고의 대상
이라는 것을 깨닫게 되었다. 물음과 대답이 계속되는 과정, 그것이
철학함의 현실이자 목표라는 것을 겸허히 반성할 때가 된 것이다.[48]
그리고 이것이 바로 메이에르가 강조하는 철학함의 새로운 길인 것
이다. 철학함의 새로운 길 위에 결정되어 있는 것은 아무 것도 없다.
우리는 바로 그 과정을 철학함의 본의로 삼아야 한다.

> 철학적 담론의 가능성은 그 사유대상이 이미 결정되어 있지 않다는
> 데에 있다.…… 그런데도 철학적 반성에 대한 반성은 초월적 가능성,
> 즉 추상이 고유한 운동인 것처럼 여겨진다.…… 철학의 대상은 하나가
> 아니다.…… 사유하는 자여, 그 대상을 결정할 수 없음에 정면 승부하
> 라![49]

---

48) Lcp, p.91. 이 글에서는 다루지 못했지만 로고스의 명제화, 결여의 원리, 새로운 이성
　등을 통해 메이에르가 추구하는 것은 전통의 존재론 극복에 있다. 전통의 존재론 극
　복을 그는 'dialectique, nouvelle rhétorique, herméneutique, argumentation' 등을 통해 시도
　하고 있으며, 이 방법론들이 문제제기론 내에서 상호 확장(co-extensive)될 수 있다고
　확신하고 있다.(Lcp; DrQ; L-A 참조)
49) G. Kortian, "La discours philosophique et son *objet*", *Critique*, N° 384, 1977, pp.409~412.

3부 문화와 학문

신학문으로서의 문화심리학

기존의 심리학과 차별되는 패러다임적 특수성과 그 방법론

최상진 ▮ 중앙대 명예교수

한규석 ▮ 전남대

내가 한 한국인 심리학 연구 뒤돌아보고, 구슬 꿰어보기 —최상진

나는 1966년 고려대 심리학과 학부 졸업과 함께 그 해부터 1969년까지 국방부 선병위원회에서 지능적성검사 등 심리검사개발에 연구원으로 관여하였다. 1969년부터 1971년까지 한국행동과학연구소 연구원으로 조직진단, 가족계획 등의 응용심리분야 연구에 참여하였다. 1971년부터 1975년까지 하와이대학교에서 박사학위과정을 수료하였고(1975년 학위취득), 1976년 3월부터 2005년 8월까지 중앙대학교 심리학과에서 교육과 연구를 수행하였다. 2005년 9월부터 2006년 8월까지 중앙대학교 특임교수를 거쳐 현재에 이르렀다.

1976년부터 중앙대학교에서 심리학을 5년 동안 강의하면서, 우리 한국인의 심리적 특성에 대한 연구가 필요하다는 생각이 어렴풋이 싹텄다. 한국인의 심리와 관계된 최초의 관심은 '속담 속에 내재된 한국인의 심성–심리관'이었다. 내가 쓴 최초의 한국인 심리 관련 논문은 1981년 〈속담을 통해서 본 한국인의 전통의식〉(《중앙대학교 내

혜홀》 창간호)이었으며, 후속 논문으로 1984년 〈사회적 측면에서 본 한국인의 인간관계〉(《중앙대학교 문리대학보》, 1986년 〈탈Heider적 상식심리학 모형의 탐색적 제안〉(《사회심리학연구》 2권 2호) 등으로 이어졌다. 아마도 한국에서 '상식심리학'이라는 말이 한국심리학회의 학술지(사회심리학연구)에서 처음 사용된 것이 바로 이 논문이라고 생각한다.

상식심리학 모형을 제안했던 1986년도 논문이 발표된 이후, 나는 속담과 상식심리학적 내용을 모두 아우르는 패러다임적 체제를 탐색하는 과정에서 모스코비치(Moscovici)의 사회적 표상이론(social representation theory)을 접하게 되었고, 이 이론을 정리하여, 1990년 《한국심리학회지》(일반, 9권 1호)에 〈사회적 표상이론에 대한 고찰〉을 출판하였다. 이 시점부터 나의 심리학적 주제는 사회적 표상이론의 관점에서 재조망–분석되었고, 그 첫 번째 논문이 1990년도 〈속담을 통해 본 한국인의 심성에 대한 사회적 표상〉(《중앙대학교 사회과학연구》 4집)이었다. 이어서 1991년 〈한의 심리학적 분석〉(《중대논문집》 인문과학 편, 34집), 1992년 〈한국인의 체면에 대한 사회심리학적 한 분석〉(《한국심리학회: 사회》 6권 2호) 등으로 이어진다.

사회적 표상이론의 틀 속에서 한국인의 심리를 분석하는 것을 기점으로, 나의 한국인 심리에 대한 분석은 이른바 국제적으로 공인된 연구접근이라는 그 알량꼴량한 정당성을 스스로 내세우기 시작하였고, 그 후 심리학의 핵심개념인 자기(self)에 한국인의 독특성을 반영한다는 생각에서, 1992년 〈한국인의 문화–심리적 자기(自己)〉(《중앙대학교 인문과학논문집》 35집), 1993년 〈한국인 자기의 본성〉(The nature of Korean selfhood: A cultural psychological perspective; *The Korean Journal of Social*

Psychology 7-2)을 출판하였다. 그리고 이런 생각들이 기화가 되어 2002 년도에 아시아사회심리학회에서 출간한 《아시아 사회심리학의 진 보》(*Progress in Asian social psychology: Conceptual and empirical contributions*)라는 책 에 〈한국인의 자기의 개념적 탐구〉(A Conceptual Exploration of the Korean Self: In Comparison with the Western Self)가 출판되었으며, 이는 서구의 self 는 물론 심리학 일반에 대한 공식적 도전의 의미를 갖는다.

위의 '자기'에 대한 한국인 심리학적 접근은 한국인의 우리성 (1990), 한국인의 눈치(1990), 한국인의 한(1991), 한국인의 통제유형 (1992), 한국인의 체면(1992), 한국인의 심정심리학(1994), 한국인의 정(1994) 등의 연구로 이어지면서, 그 연구의 성격이 그 이전의 '인지 중심적–표상이론의 관점'으로부터 '정서중심적–문화심리학적 관점' 으로 확대되었다. 이 시기에 내가 가졌던 생각은 '특별히 연구자가 창안한 심리학적 개념을 가지고 한국인의 심리를 설명하는 방식이 아니라, 현재적 실재의 우리 생활과 말 속에서 밥 먹듯이 사용해왔 던 '마음–심리 표현말'들을 찾아내어, 이를 있는 그대로 떠내고 정리 하여 알기 쉽게 만드는 개념화 작업에 관심을 두었다.

이 과정에서 내가 취한 접근방식은 마음–심리와 관련된 우리말을 '되도록 많이' 찾아내고 개념화하는 것이다. 현재 분석된 한국인 심 리학적 개념이 핵심 개념만도 십 수 개에 이르는데, 이는 세계 어느 나라에서도 찾아볼 수 없는 풍부한 수확이기도 하다. 이러한 접근이 갖는 장점은, 개별 개념의 내용을 풍부히 하고 정세화하는 데 도움 이 될 뿐 아니라, 서로 다른 성격의 개념들 사이의 상호관계성을 알 아봄으로써 문화심리의 역동성을 전체론적(Ganzheit; holism) 심리학 으로 통합한다는 점에서 문화심리학적 접근의 성격과 궤를 같이한다. 이 과정에서 사후에 얻게 된 통찰 가운데 하나는, 한국인의 마음 말에는 생각이나 행동보다 속마음(subjectivity)과 마음경험(experiential mind-state)을 담고 있는 내용들이 풍부하고 다양하며 민감하게 작용한다는 것이다.

1990년대 중반을 넘어서면서, 연구의 관심은 우리 생활 속의 마음 말 자체에 대한 '토착심리학적 분석'(indigenous analysis) 차원을 넘어, 문화심리학적 이론으로서의 형식적 틀(formal theory)을 갖추는 방향으로 연구 관심이 옮겨갔다. 예컨대, 1998년에 출판된 〈제3자 심리학과 당사자 심리학 — 인간관계의 두 양상〉(The third-person-psychology and the first-person-psychology: Two perspectives on human relations; *Korean Science Journal*, 25)에서, '당사자 심리학'(the first-person-psychology)은 정, 심정, 우리성, 한, 화 등에 공통으로 내재하는 사적인 마음경험연구에 적합한 심리학을 구성해야 된다는 생각에서 제안된 개념이자 이론이다. 또한 그동안 심정에 대한 연구(1994, 1997, 1998, 1999, 2000, 2001, 2002, 2004)를 진행하는 과정을 통해, 심정질(質)의 마음경험이 타문화권에도 존재한다는 생각에서, 보편적 정서로서의 심정이론을 제안하였다. 그 결과, 케임브리지대학출판부에서 2007년도 출판한 《케임브리지 사회문화심리학 핸드북》(*Cambridge Handbook of Sociocultural Psychology*)에 〈문화 정서의 분석〉(Analysis of Cultural Emotion: Understanding of Indigenous Psychology for Universal Implications)이라는 제목으로 실렸다.

지금까지 위에서 다루어온 한국인 심리학의 개념들을 일단 한군데 모아놓는다는 취지에서 2000년에 《한국인 심리학》을 발간하였다. 그러나 그 책 속에는 문화심리학의 핵심적 이슈인 마음에 대한 부분을 다루지 못했고, 또 하나는 마음과 문화가 어떻게 교접하는가에 대한 이론이 빠졌다. 그러나 이 두 가지 문제에 대해 계속 마음의 끈을 놓지 않은 상태에서 조각 형태로 기회를 빌려 발표해왔다. 예 컨대 〈한국인의 마음속에 형상화된 마음모델 구성을 위한 시론〉(2002), 〈구현되는 마음의 심리적 분석: 존재형태, 표출양식 및 사용맥락〉(2002), 〈한국인의 마음 모델〉(A mind model of Korean People: From the theories of Neo-Confucianism, 2002), 〈한국인의 내면에 형상화된 마음〉(2003), 〈마음속의 문화와 문화 속의 마음〉(Culture in mind and mind in culture, 2003), 〈한국인의 문화적 마음과 심리의 관계〉(2004), 〈동아시아의 마음심리학〉(Mindful psychology in East Asian culture and people, 2004) 등은 모두 마음에 대한 단상들을 그때그때 적어서 구두로 발표한 것들이다.

　이 과정에서 나는 한 가지 큰 잘못을 저질러 왔음을 깨달았다. 그 것은 내용적으로는 '마음경험'을 연구하면서, 그것을 정리해서 개념 화하는 과정에서 '마음경험'의 개념화가 아닌 '마음'의 개념화에 매 달렸다는 사실이다. 즉, '구체적인' '마음현상'을 연구하고, '철학적 − 추상적' 의미의 '마음 개념'을 가져와 전자를 정리하려고 하는 데서 오는 차원상의 괴리다. 결론적으로, 심리학에서의 마음연구는 '마음 경험'을 통해서 이루어지고, 개념화하는 '마음경험 심리학'이어야 한 다는 것이다. 이 주제는 내가 앞으로 할 과제이기도 하다. 그리고 공 동연구자인 한규석 교수가 책임연구자로서 그 일을 완료할 것으로 믿는다.

1. 머리말

문화심리학자 발시너(Valsiner)와 로사(Rosa)는 2007년에 케임브리지대학에서 출판한 《사회문화심리학 핸드북》(*Handbook of Sociocultural Psychology*)의 편집자 서문의 화두를 '문화심리학, 너는 누구냐'는 식의 정체성 문제 제기로 글을 시작하고 있다.

> 왜 사회문화심리학인가? 이 책은 최초의 사회문화심리학 편람이다. 그래서 무엇을 다루는지 설명이 필요하다.…… 심리학의 한 하위분야를 말하는가? 아니면 다르게 접근하는 심리학을 만들고자 함인가?

이어서 이 질문에 대한 해답을 다음과 같이 내리고 있다.

> 두 가지 모두를 의미하기도 하며, 동시에 두 가지 대안 그 어느 것도 아니기도 하다.…… 이 편람은 심리학의 방법론을 전혀 새롭게 재구성하고자 하며, 동시에 심리학과 인류학, 사회학, 그리고 역사학간의 소통을 위한 다리를 만들고자 하는 것이다.

위 글에서 그들은 앞에서 제기한 두 가지 질문에 대해 일단은 '그렇다'라고 답하면서, 그러나 문화심리학은 경계를 넘어 문화-사회-인문 등 다른 학문 분야와 연계되어 구성되는 유기적 복합 학문임을 강조하고 있다.

여기서 한 걸음 더 나아가, 이들은 문화심리학의 핵심연구대상을 일상적 삶 경험 속에서 축적-구성되는 사회-문화적 심리로 규정짓고 있다. 필자가 여기서 발시너 등의 핸드북 한 부분을 원용하는 데는 특별한 이유가 있다. 그것은 앞에서 인용한 세계 최초의 문화심리학 핸드북이라는 말에서 나타난 것처럼, 문화심리학이란 학문은 현재진행형으로 구성되는 신학문 분야이며, 따라서 학문적 정체성이 아직도 구성 단계에 있다는 점이다.

이 글은 그 동안 필자와 연구 동료들이 한국인의 심리를 한국인의 일상적 삶 속에서 연구해오면서 체험하였던 문화심리학의 정체성 문제를 에세이 형태로 정리한 것이다.[1]

최근 들어 '문화심리학'이라는 말은 동류 개념인 토착심리학(indigenous psychology), 비교문화심리학(cross-cultural psychology)이라는 말과 더불어 심리학계는 물론 사회학계, 문화인류학계, 심지어는 철학계에서까지 자주 사용되고 있다. 물론 이 세 가지, 즉 문화심리학, 토착심리학, 비교문화심리학은 서로 공통점과 차이점이 있으며, 그러한 차이점은 문화심리에 대한 관점이나 문화와 심리 현상 사이의 관계성에 대한 본체론적 시각에서의 차이에서 비롯된 것이라기보다는, 개념화 또는 접근방식에서의 강조점 차이에서 비롯된 것이다. 따라서 이 세 접근은 서로 상보적인 관계에서 공존하며 통합될 수 있는 동류성을 내장하고 있으며, 여기서는 이 세 접근을 함께 아우르는 개념으로 '문화심리학'이라는 명칭을 사용하고자 한다.(최상진, 1997, 1999, 2000; Choi, 1998)

심리학계를 중심으로 조망해 볼 때, 문화심리학은 '그 현실적 필요

---

1) 이 글에 대한 더 상세한 논의는 최상진과 한규석(1998, 2000) 및 한규석과 최상진(2008)을 참고하기 바람.

성을 한편으로 인정하면서, 다른 한편으로는 그 방법론적 접근방식에서 과학적 정밀성이 부족하다'는 이유로 전통 심리학자들이 문화심리학적 연구에 선뜻 끼어들지 못하는 것이 지금의 현실이다. 물론 이러한 견해는 문화심리학이 전통 심리학적 연구 접근방법의 문제점[예컨대, 조작주의(operationism), 원자주의(atomism), 실증주의(positivism)]은 신랄하게 비판하면서도, 문화심리학에서 제안하거나 사용하고 있는 방법론은 현재의 수준에서 볼 때 전통 심리학자들의 관심을 끌 정도로 발달되지 못하였다는 데 기인하기도 한다. 문화심리학의 방법론이 문화심리학에서 내세우는 패러다임적 전환(전통 심리학의 패러다임에 반하는)을 뒷받침할 정도로 발달되지 못한 배경에는 '현대적 의미에서의 문화심리학'(문화심리학의 발단은 Wundt의 Volkerpsychologie로까지 거슬러 올라갈 수 있으나, 오늘날 '문화심리학'이란 개념으로 새롭게 등장하여 재구성되고 있는)의 역사가 아직 일천하다는 점과 무관하지 않다.

문화심리학의 방법론적 발달이 지연된 또 하나의 배경은, 문화심리학에서 추구하는 목표가 전통 심리학의 기본 틀에 도전하고, 대안적 틀 개발을 지향하고 있다는 점을 들 수 있다. 문화심리학은 단순히 '문화를 심리연구에 반영한다'거나 '문화를 심리학 이론 구성과 연구에 도입한다'는 차원을 넘어, 전통적 심리학 일반에서 당연시해 왔던 심리학의 기본적인 전제 및 인식론과 상충되는 대안적 패러다임을 제안하고 있다. 따라서 문화심리학자들의 주관심과 주활동이 현단계에서 구체적인 문화심리학의 방법론적 개발이나 도구의 제작보다는 문화심리학의 본질과 인식론의 구성에 치중되어 왔다.

지금까지 앞에서는 문화심리학의 방법론이 아직 발달하지 않았다는 점을 시인하면서, 그 이유를 회고적인 입장에서 검토해 보았다. 이러한 조망은 전통 심리학자들의 문화심리학에 대한 방법론적 조잡성 비판에 대한 시인을 전제로 하여 이루어진 조망이다. 그러나 다른 한편, 이와 같은 문화심리학에 대한 전통 심리학의 비판이 반드시 타당하지는 않다는 점도 지적할 수 있다. 연구방법은 알려고 하는 내용이 어떤 것이냐에 따라 달라질 수 있으며, 따라서 어떤 특정한 연구방법이 타당하냐의 문제는 그 방법이 연구하려는 대상의 본질에 적합하게 접근하고 있느냐의 문제로 평가되어야 한다. 문화심리학은 우선 연구의 대상 면에서 전통 심리학과 차이가 있다. 이러한 차이는 방법론에서의 차이가 있을 수 있음을 함축하며, 동시에 전통 심리학의 방법론적 인식론을 문화심리학의 방법론 평가에 그대로 적용할 수 없음을 시사한다.

마음 또는 심리가 행동으로 구현되며, 동시에 심리학은 감각기관을 통한 직접 관찰이 가능한 행동을 연구대상으로 삼아야 한다는 전통 심리학의 입장에서는, '외현적 행동'을 관찰(특히 실험관찰)을 통해 계량화하고, 이를 인과적인 이론으로 구축하는 데 주관심을 둔다. 따라서 자연과학적 방법론의 기본적 인식론인 객관주의, 보편주의, 인과주의, 조작주의 등을 방법론에서의 '정밀-조잡' 판단의 기준으로 삼는다. 그러나 행동보다는 개인의 주체적 경험과 주체적 경험의 문화적 구성성을 연구대상으로 삼는 문화심리학에서는 정신적인 마음과 생각을 역사-사회-문화적 맥락에서 이해하고 기술하며 설명하는 데 주관심을 둔다. 따라서 문화심리학의 연구대상은 마음과 생각이 되며, 여기서 행동은 주체적 경험에 관여되는 마음과 생각을 추론하거나 확인하는 외현적 단서의 하나로 취급된다. 따라서 문화

심리학의 방법론은 현상적 해석학적 문화인류학적 기호학적 접근의
특징인 주관주의, 문화-사회-역사적 구성주의, 현상적 경험주의, 해
석주의의 인식론을 중요한 방법론적 틀로 도입하고 있다.

따라서 문화심리학에서는 계량적 연구방법보다는 질적인 연구방
법을 우선한다. 또한 연구 대상인 심리현상을 개념화하는 데에서 심
리학자가 개념의 성격을 조작적으로 정의하고 구성하기보다는, 그
현상에 대한 일반인의 표상과, 이러한 현상 및 표상과 관련된 일반
인의 경험 양식을 일반인 심리학의 입장에서 분석한다. 아울러 연구
의 대상 자체에 대한 성격 규명과 이를 기초로 한 그 현상에 대한
개념화가 일차적인 과제가 되고, 이 작업에 많은 노력을 쏟아 붓게
된다. 이러한 개념화 과정의 초기 단계에서는 일반인의 표상 내용과
경험속성들을 일반인이 생각하고 느끼며 생각하는 바대로 일반인의
언어로 표출시키는 것이 필수적이며, 이를 위해 구조화된 질문지가
아닌 개방형 질문지(open-ended questionnaire)를 사용하는 것은 당연하
고 타당한 방법이기도 하다. 이 과정에서는 일반인의 반응을 계량화
하는 일보다는 그러한 반응이 무엇을 뜻하며, 그러한 반응의 배경에
깔려 있거나 숨어 있는 심리적인 경험과 관여된 마음 및 생각을 읽
어내는 것이 중요한 과제가 된다. 이러한 과정과 활동은 전통 심리
학적 연구방법의 시각에서 볼 때, 주관적이며 정밀성이 낮은 조잡한
방법으로 비추어질 수도 있다.

그러나 문화심리학의 시각에서 전통 심리학의 방법론을 볼 때, 여
러 문제점을 지적할 수 있다. 전통 심리학은 인간의 심리가 보편적
원리로 설명될 수 있다는 인식론을 전제로 구성되어 있다. 그러나
서구와 미국을 중심으로 발달한 전통 심리학의 개념이나 이론이 타

문화권에서 타당하지 못하다는 연구결과가 근래에 상당한 정도로 축적되었다. 예컨대, 서구 심리학의 핵심개념 가운데 하나인 '자기'(self)가 동양인에게는 다른 형태로 구성됨을 보여주는 연구(Markus & Kitayama, 1991; Matsumoto, 2000), 좀 더 좁게는 한국인의 자기가 서양인의 자기와 다르다는 연구(Choi & Kim, 2003) 등이 축적되면서, 서구의 심리학에서 자기의 개념을 수정하는 결과를 가져왔다. 즉 서구인의 자기는 '독립적 자기'로, 동양인의 자기는 '상호의존적 자기'로 재구성함으로써 두 개의 자기를 받아들이는 방향으로 수정된 셈이다. 이는 보편적 개념으로서의 자기가 문화에 따라 다른 형태로 구성될 수 있음을 전통 심리학에서 스스로 수용한 중대한 사건이라고 볼 수 있다. 이뿐만 아니라, 서구 심리학에서 개념화하거나 이론체계화한 개념들이 타문화권에서 전혀 다른 형태로 나타난다는 연구결과가 계속 보고되고 있다. 예컨대, 수치(shame)에 대한 연구에서, 일본을 포함한 수직적 사회에서는 수치가 사람들로 하여금 사회적 규칙에 대한 위반을 방지하는 사회적 제약요소로 작용하는 것으로 나타났으나, 필리핀의 일롱고(Ilongot) 부족과 같은 평등한 사회에서는 수치가 행동을 통제하지 않는 것으로 나타난다.(Ratner, 1997)

전통 심리학이 옛부터 내세우고 있는 방법론적 과학주의를 부정하는 비판도 만만치 않다. 포퍼(Popper, 1972)는 전통 심리학을 포함한 전통 사회과학에서 내세우는 실증주의적 기본 전제(basic tenets)가 실제의 과학적 사고와 과학자의 활동을 그대로 나타내지 못한다는 것을 지적한 바 있다. 포퍼는 과학자들이 실증의 근거로 내세우는 기본 전제들은 그들이 잘못 알고 있는 '과학적 방법'을 모방해서 만든 허구적 '과학주의'(scientism)라는 말로 실증주의의 문제점을 비판하고 있다. 심리학자인 레빈(Lewin, 1935)도 〈아리스토텔레스적 사고〉(Aristotelian thinking)라는 제목의 글에서 간접적으로 실증주의적 지각표상(percepts)을 비판한 바 있다. 그는 심리학에서 사이비과학적인 사고가 작용하여 현상의 구체적인 본질을 포함시키지 못하는 피상적이며 정태적인 개념범주를 사용하고 비판하면서, 인간 심리의 본질적인 속성과 그 역동을 이해하기 위해서는 좀 더 과학적인 사고에 인접한 '갈릴레이식 사고'(Galilean thinking)로 전환해야 함을 제안한 바 있다.

과학으로서의 전통 심리학에 대한 비판에서 출발한 문화심리학의 패러다임은, 앞에서 언급된 바와 같이 새로운 과학 패러다임인 '인간 과학적 패러다임'을 따르고 있다.(Kim, 2000; 최상진·한규석, 1998) 이러한 패러다임에서 전통 심리학의 연구방법론을 조망해보면, 전통 심리학의 연구방법론은 사람의 심리연구에 적합하지 않은 것으로 평가될 수 있으며, 반대로 문화심리학적 접근방법은 비록 현재의 수준에서는 정밀한 수준의 자료를 생산해내는 데는 미치지 못하나 그래도 틀리지는 않은 방법을 사용하고 있다는 평가를 내릴 수 있다.

필자들은 여기서 문화심리학의 방법론이 더 우세하다거나 또는 전통 심리학의 방법론이 더 발달된 방법론이라는 것을 주장하거나, 두 방법론을 비교–평가적 차원에서 분석하는 일을 시도하는 일보다는, 오히려 현재 사용되고 있거나 앞으로 개발될 가치가 있다고 판단되는 문화심리학의 방법론을 소개와 제안의 형태로 제시해보는 데 관심을 둔다. 이를 위해서는 방법론의 제시에 앞서 문화심리학의 존재론 및 인식론을 먼저 소개하는 것이 타당한 순서라고 생각한다. 왜냐하면, 어떤 연구방법을 사용하는 것이 적합한가의 문제는 연구

대상의 본질에 대해 어떻게 개념화하느냐에 따라 달라지는 문제기
때문이다.

2. 문화심리학에서 보는 심리적 현상의 성격

　문화심리학의 일차적 목표는 인간의 심리현상을 좀 더 충실하게
이해하고 기술하고자 하는 데 있다. 인간의 심리현상은 환경과의 부
단한 관계맺음과 상호작용 속에서 구성되고 변화된다. 이 과정에서
인간의 생물학적 속성은 인간과 환경과의 관계맺음과 상호작용의
양식 및 이를 통해 경험의 형태로 구축되는 심리현상과 심리를 생물
학적 성격과 원리의 방향으로 이끌고 제약하는 기능을 갖는다. 인간
이 관계 맺고 상호작용하는 환경은 크게 물리적 환경과 사회-역사-
문화적 환경으로 구분된다. 이들 환경적 요인들은 개별적이며 아울
러 복합적인 역동의 형태로 인간의 심리경험을 매개하거나 직접적
과정을 통해서 심리현상을 구성하는 데 결정적인 영향을 미친다. 이
점에서 인간의 심리현상은 생물학적이며 물리환경적이며, 사회-역
사-문화적인 형태로 구성되고 주조된다고 볼 수 있다. 문화심리학
은 이러한 다양한 매개 및 영향요인 가운데에서 사회-역사-문화적
인 측면에 초점을 두고 인간의 심리 및 심리현상을 이해하고 설명하
는 데 주관심을 갖는다. 따라서 문화심리학에서 다루려는 심리 및
심리현상은 문화적 경험을 통해 구성되고 축적되는 심리 및 심리현
상이다.
　문화심리학의 대상인 문화적 심리 및 심리현상은 인간 내부의 생

리와 인간 외부의 문화와 불가분의 관계를 맺고 있다는 점에서 서로가 서로에게 동질의 방향으로 이끌어 가고 영향을 미치는 변증법적 동화를 지향한다. 그러나 이들 요소들은 자기 스스로의 구성논리와 운행논리를 지니고 있어서, 어느 한 요소가 다른 요소를 이해하는 데 도움은 될 수 있어도, 어느 한 요소가 다른 요소를 대신할 수는 없다. 이러한 맥락에서 문화적 심리 및 심리현상은 생리학이나 문화와 구분되는 독자적인 존재 및 기능영역을 지닌다고 본다. 이를 설명 형태로 구현해보면 다음과 같다.

먼저 변증법적 동화를 지향한다 함은 심리 및 심리현상은 그 발생 기원을 문화에 두고 있으며, 동시에 심리 및 심리현상의 특징은 문화의 특성을 내재하며, 그 기능은 문화의 요구와 이상을 충족시키는 방향으로 작용함을 의미한다. 즉 "문화적 격자 틀(cultural templates)은 인간의 정신 및 내면심리의 심층부위에까지 스며들어 있으며, 인간의 정서생활과 신체–정신적 반응의 성격과 형태를 일정한 방향으로 주조한다."(Wikan, 1990, p.17) 같은 맥락에서 "정서적 의미는 기본적으로 사회–문화적 체계에 따라 구조화된다. 정서에 대한 담론은 동시에 사회에 대한, 권력 및 정치체제에 대한, 그리고 친족관계 및 결혼관계에 대한 담론이며, 아울러 그 사회에서의 정상과 비정상에 대한 언술이 된다."(Lutz, 1988, pp.5~6)

다음으로, 각각의 요소가 독자성을 갖는다 함은 생리나 문화가 곧 심리가 아님을 뜻한다. 예컨대, 문화와 관련하여 구성되는 인간심리의 문화적 특성은 사회적 조건이나 이데올로기, 또는 문화적 규범을 그대로 복사해서 구성되는 것이 아니다. 그렇다고 인간의 심리가 이들 문화–사회적 현상과 절연된 관계로 있는 것은 아니다. 인간심리

의 문화적 특성은 인간의 문화-사회적 활동 속에서 복잡한 심리과
정을 통해 자기 안에서 재구성되는 이차적 성질의 문화 경험이며 문
화 이해다. 따라서 문화심리학에서 인간심리의 문화적 특성을 연구
하거나 파악하는 방식은, 문화를 직접 연구하기보다는 사람이 문화
를 심리적으로 경험하고 구성하는 방식과 내용에 대한 분석을 통해
이루어진다. 토마스(Thomas)와 츠나니에츠키(Znaniecki)가 제안하는
문화심리2)의 접근방식은 이와 유사한 것으로, 그들의 글을 인용하
면 다음과 같다.

> 사회과학은 사회적 존재로 만들어진 인간의 외면적 특성을 파악하
> 는 것으로 끝나서는 안 된다. 여기서 한 걸음 더 나아가, 사람들의 실
> 제적 삶 경험과 내면적인 태도를 밝혀야 하며, 이는 이러한 삶 경험이
> 사회-문화-제도 속에서 일어나는 실재적이며 살아있는 현실이 되기
> 때문이다.(Thomas & Znaniecki, 1958, p.1834)

기어츠(Clifford Geertz)도 문화심리학의 방법론과 관련하여 이와 유
사한 주장을 하였다.

> 우리에게 필요하나 우리가 아직 갖고 있지 못한 연구방법은 경험의
> 의미와 구조를 사회구성원이 체험하고 이해하는 방식으로 기술하고,
> 분석하는 데 필요한 발전된 방법론이다. 이 점에서 문화심리학은 문화
> 에 대한 과학적 현상학이다.(Geertz, 1973, p.364)

---

2) 이들 연구자들이 문화심리라는 표현을 쓰지는 않았다. 오히려 사회심리학이라는 표
현이 정확하지만, 이 글의 취지에 부합하는 범위에서 필자들은 문화심리라는 표현을
쓰고 있다.

이러한 맥락에서 문화심리학은 개인 또는 집단의 실제적 삶 속에
서 일어나는 현상적 경험과 삶의 실천적 활동 속에서 구성되는 인간
심리의 문화적 측면을 연구하는 학문으로 규정할 수 있다. 따라서
문화심리학에서 관심을 갖는 심리의 영역은 의미, 동기, 의도성, 사
고, 인간을 포함한 세계의 구성 등을 포함하는 마음과 생각 및 사고
이다. 또한 문화심리학에서는 문화가 갖는 특성인 공구성성, 공유성,
간주관성을 바탕으로 소이연(所以然)하고 소당연(所當然)하게 구성
되는 심리화된 문화적 성분을 떼내어 체계화하는 것을 과제로 삼고
있다.

여기서 외재화된 문화가 인간 심리에 영향을 미치며, 동시에 인간
심리 내부에 내재화된 심리적 구성요소로 전화되는 과정은 크게 생
성적 과정과 구성적 과정의 복합을 통해서 이루어진다. 생성적 과정
은 비고츠키(Vygotsky, 1978), 레온티예프(Leontiev, 1981), 라트너(Ratner,
1997) 등이 제안하고 발전시킨 러시아 역사-문화학파의 관점으로,
인간의 문화심리가 역사-사회적 틀 속에서 이루어지는 실천적 삶의
활동과정을 통해 얻어지는 실경험적 심리형성의 과정을 말한다. 이
점에서 생성적 과정은 문화심리의 원초적 발생론에 강조점을 둔다.
다른 한편, 구성적 과정은 실천적 삶 속에서 일어나는 실경험적 심
리생성과정보다는 집단적 사회과정 속에서 이루어지는 담론과 상호
작용을 통해 이미 구성된 문화가 의미체계, 신념체계, 해석체계, 가
치체계 등의 형태로 인간의 심리 속에 내재화되는 과정에 둔다. 브
루너(Bruner, 1990), 슈웨더(Shweder, 1991), 하레와 길레트(Harre & Gillett,
1994) 등의 접근이 이에 해당되며, 여기서는 집단적 과정을 통해 문
화가 심리의 구성요인으로 내재화되는 과정에 초점을 둔다는 점에

서 문화심리의 사회구성적 과정에 강조점을 둔다.

문화심리학에서 문화와 심리의 관계는 변증법적 관계 속에서 서로 영향을 주고받는다. 상호 영향의 과정은 문화나 심리 가운데 어느 한쪽이 작동할 때 이에 따라 반응하는 후속 환류(feedback)의 과정뿐 아니라, 어느 한쪽의 변화가 다른 한쪽의 변화를 유도하는(단순한 반응이 아닌) 전향적 유도환류(feed forward)를 통해 이루어진다. 그러나 문화심리학의 궁극적 지향은 문화와 심리를 별개로 구분하여 이 둘이 어떤 영향을 주고받는가에 관한 관심을 넘어서, 심리 속에 용해된 문화와 문화를 매개로 이어지는 심리적 삶 자체를 이해하고 설명하는 데 있다.

3. 문화심리학 연구방법

문화심리학에서는 전통 심리학에서 연구 대상으로 삼고 있는 자극과 반응은 물론 상황과 마음을 다룬다. 그러나 이들 대상의 본질을 규정하는 방식은 이 둘 사이에 큰 차이가 있다. 문화심리학에서의 자극은 문화 속에 담겨 절여지고 곰삭은 문화적 자극이다. 이러한 자극은 개인의 문화―일상적 삶 속에서 그 의미와 성격이 이미 주어진[旣所與] 자극이며, 동시에 이러한 자극과 관련된 감정, 신념 및 행위양식을 필요나 당위의 형태로 내장하고 있다. 그러나 전통 심리학에서의 자극은 일반적으로 물리적 형태로 규정되거나 또는 심리적인 순수 단일 차원의 성격을 띤 자극으로 규정되고 조작된다. 이러한 전통 심리학의 관점에서 보면 문화심리학에서의 자극은 문화

적으로, 개인생활사적으로 오염되었고, 동시에 다양한 요소로 구성
된 복합 자극이다. 이러한 차이는 문화심리학과 전통 심리학이 지향
하는 바가 다른 데서 비롯된 것이다. 문화심리학에서는 일상생활 속
에서 일어나는 사건을 있는 그대로 통째로 다루는 것을 가치 있게
여기는 반면, 전통 심리학에서는 이러한 사건을 심리적 차원으로 환
원하여 단일 차원적 자극으로 재구성하는 방식을 지향한다. 같은 맥
락에서 문화심리학에서는 일상적 삶의 상황 속에 묻힌 상태
(contextualize)에서 자극의 의미와 기능에 대해 연구하는 것을 지향하
나, 전통 심리학에서는 자극을 상황과 분리(de-contextualize)하여 독립
적으로 자극의 기능을 연구하는 것을 선호한다.

이러한 지향성의 차이는 반응의 경우에도 동일하게 적용된다. 문
화심리학에서 관심을 두는 반응의 성격은 전통 심리학에서 사용하
는 반응과 차이가 있다. 전통 심리학에서의 반응은 일반적으로 명백
하고 순수한 단일차원으로 개념화되는 행동을 뜻한다. 그러나 문화
심리학에서의 반응은 상황 속에 묻힌 복잡한 자극과 관련해서 경험
되는 심리 경험적 복합체, 즉, 마음경험, 정서-도덕적 판단 및 느낌,
마땅히 해야 할 일, 자극과 관련된 행동 등을 포괄한다. 문화심리학
에서는 행동을 반응으로 사용할 때 그 행동의 의미와 성격은 물론,
그 행동에 대한 행동 당사자의 해석과 의도 및 기능을 심층적으로
분석한다. 이유는 행동이 그 자체로 그 의미를 규정하지 못하기 때
문이다. 행동의 의미는 행동의 당사자가 자극이나 상황과 관련해서
'어떻게 해석했고, 어떤 마음이 들어서, 왜 그렇게 행동했는가'에 대
한 설명을 통해서만 드러나기 때문이다. 행동의 밑에 깔린 심리내적
경험을 분석하는 또 하나의 이유는, 복잡한 심리현상이 밖으로 드러

나는 방식이 다양할 수 있기 때문이다. 일반적으로 복잡한 심리현상은 단일한 또는 고정된 행동으로 나타나지 않는다.

전통 심리학에서 자극과 반응은 독립적인 것으로 개념화하고 있다. 그러나 문화심리학에서는 자극과 반응을 반드시 분리되고 독립적인 개념으로 규정하지 않는다. 자극의 성격이 이미 자극에 대한 반응의 주체인 개인의 자극 경험과 자극 구성에 의해 규정되며, 동시에 자극에 대한 반응도 자극 자체라기보다는 삶의 과정 속에서 자극과 관련해서 축적된 경험양식과 반응 구성양식에 밀접히 관련된다. 문화심리학의 관점에서는 이처럼 자극 속에 경험과 마음이 있고, 동시에 반응 속에서도 자극과 관련된 경험과 마음이 개입된다. 즉, 문화심리학에서는 '자극에 대한' 반응이라기보다는 '자극과 관련된' 반응인 경험과 마음을 연구의 대상으로 삼는다. 따라서 문화심리학적 연구는 문화적 상황 속에서 내재된 문화적 자극을 접해서 일어나는 경험과, 이에 관여되는 문화적 마음을 그대로 '떠'내서 이를 체계화하고, 다시 이로부터 이러한 경험과 마음의 구성과정과 원리를 추출해 내는 데 초점을 둔다.

방법론과 관련해서 문화심리학에서는 발달심리학, 사회심리학, 문화인류학 등에서 사용되던 기존의 방법을 전용해왔다. 앞에서 언급한 바와 같이, 문화심리학은 새롭게 구성되고 있는 학문이라는 점에서 자기 고유의 방법론을 개발할 시간을 갖지 못했다. 이러한 전용 현상은 오히려 자연스러운 것이라는 시각도 가질 수 있다. 왜냐하면, 기존의 발달한 다른 학문 분야에서 발전되어 온 방법을 문화심리학의 목적에 맞게 활용하는 것은 오히려 바람직한 현상이라고 생각하기 때문이다. 그러나 다른 한편 문화심리학에서 주창하는 것처럼, 문화심리학의 연구방법은 그 나라 사람들의 삶의 양식과 문화의 성격에 따라 다르게 주조되어야 한다거나(Greenfield, 1999), 문화심리학은 전통 심리학과는 달리 질적이며 해석학적인 접근이나 현상학적 접근을 해야 한다(Ratner, 1997; Yang, 1999 등)는 입장에서 보면, 문화심리학은 기존의 전통 심리학에서 사용해 오던 방법과는 다른 대안적 방법을 개발해야 한다. 이 글에서는 후자에 초점을 두고 지금까지 사용해 온 기존의 문화심리학 연구방법과 더불어 필자들이 새롭게 제안하는 방법들을 함께 제시해 보기로 한다. 제시의 편의상 문화심리학의 방법을 크게 ① 문화적 자극과 관련해서 일어나는 경험 및 해석을 분석하는 접근, ② 문화적 심리현상에 대한 사회적 표상을 분석하는 접근, ③ 일상 언어에 대한 분석을 통해 문화심리의 구성 형태와 내용을 분석하는 접근, ④ 사회적 삶 과정의 활동분석을 통한 문화심리 생성과정과 내용을 분석하는 접근으로 나누어, 이에 해당되는 대표적 접근방법을 소개해 보기로 한다.

　　문화적 자극과 관련해서 일어나는 경험 및 해석을 분석하는 접근방법
　　이 방법은 문화와 심리가 복합적으로 관여되는 실제의 사건 현장에 대한 직접 관찰이나, 이를 비디오로 시청하고 그러한 사건이 나타나게 된 과정과 더불어 그 사건에 개입된 사람들의 행동, 감정표현, 말 등을, 그 사건 당사자의 입장에서 이유, 해석, 의미, 심리 등에 대한 설명을 관찰자나 시청자에게 말하도록 하고 그 내용을 문화심리적 시각에서 분석한다. 여기서 비디오를 피험자들에게 보여주고 이에 대한 당사자 입장에서 피험자들의 반응을 채취하는 방법은 전통 심리학에서의 실험법과 매우 유사하다. 다만 차이점은 실험심리

학에서의 자극 제시와는 달리, 상황 속에서 맥락화된 문화적 자극을 사용한다는 점과, 사건 장면에 관여된 사람들의 입장에서 그들이 현상적으로 느끼며 경험하고 있는 마음의 상태와 생각을 피험자들이 그들의 입장에서 보고하는 형태를 취한다는 것이다. 피험자들이 사건 장면에 관여된 사람들의 입장에서 그들이 현상학적으로 경험하고 있는 마음의 상태와 생각을 그들의 입장에서 대신해서 말해준다는 점에서 기존 심리학의 실험방법과는 차이가 있다(실험심리학에서는 피험자 자신들의 반응을 중심으로 함). 이러한 현실상황적 실험 방법은 일반인의 문화심리를 생생하게 채취하는 데 효과적인 방법이 된다. 그 이유는, 문화적 경험을 추상적이거나 개념적 서술이 아닌 구체적 사건 장면에서 직접 목격할 때 실제적 체험 형태로 재생될 가능성이 크기 때문이다. 포르노 영화가 성 장면에 대한 언어적 기술보다는 구체적 성생활 장면으로 구성되는 이유도 이러한 원리에 기초한다고 볼 수 있다. 이러한 실험적 접근방식은 문화심리적 현상이나 개념에 대한 표상분석 방식과 더불어 사용할 때 그 문화심리적 현상의 경험적 구체성과 의식적 관념이 어떻게 합치하며, 어떻게 소통되며, 어떻게 구현되는가를 밝히는 데 효과적일 수 있다.

실제로 토빈 등(Tobin, 1989; Tobin, Wu & Davidson, 1989)은 동일한 문화적 사건이 문화권에 따라 어떻게 다르게 해석되는가를, 최상진과 유승엽(1993)은 〈서편제〉에 대한 실험을 통해 한(恨)에 대한 현상적 경험과 이에 대한 한국인의 설명방식을 도출해낸 바 있다.

문화적 심리현상에 대한 사회적 표상을 분석하는 접근방법

문화적으로 현저하며 보편화되어 있어 실생활에서 실물성 경험으

로 체험되는 문화현상에 대해서는 그 사회 구성원들의 표상이 간 주간적(intersubjective)인 공유성과 시간적 일관성을 가지고 있으며, 규범적 의미체계와 설명체계 등이 발달되어 있을 가능성이 높다. 어떤 심리현상에 대한 사회적 표상이 바로 이러한 속성에 얼마나 가깝게 근접하고 있느냐에 따라 그 심리현상의 문화적 현저성, 보편성, 실물성, 체험성의 정도를 판단할 수 있다. 일반적으로, 사회적 표상 연구의 초기 단계에서는 사회구성원들의 표상 요소들을 총망라하기 위한 질문이나 연상자극을 제시하는 방법으로 사람들의 머릿속에 파편적으로 들어 있는 문화심리적 경험요소, 인식요소, 감정요소, 동기요소 등을 발화 내지 외현화시키는 것이 일반적이다. 이 과정에서 개별적 발화방식과 집단적 발화방식을 각기 또는 혼용해서 사용할 수 있으며, 그 자극으로는 언어로 표현된 자극보다는 실물이나 장면 형태와 같은 실물성 자극이 더욱 바람직하다.

예컨대, 노인을 발화자극으로 사용할 때, 노인이라는 말보다 노인 얼굴을 직접 보여주거나 비디오로 제시하는 것이 더욱 바람직하다. 자극으로서의 노인을 선정할 때, 그 대상으로서의 노인을 응답자 자신이 직접 접촉한 경험이나 함께 생활한 삶의 경험이 있으며, 동시에 응답자의 삶 속에서 의미 있는 어떤 인물일 때 더욱 구체적이며 실제적인 응답을 도출해 낼 수 있다. 예를 들어, 최상진(2000)은 한(恨)에 대한 연구에서, 첫 번째는 한이라는 말을 자극으로 제시하는 방법, 두 번째는 자신과 무관한 일반 노인의 얼굴을 한 많은 노인의 얼굴이라고 소개하면서 비디오로 보여주고 한에 대해 상념을 발화시키는 방법, 세 번째는 자신의 주변에서 한 많은 사람을 한 사람 골라 그 사람과 자신과의 관계를 말하도록 한 후, 그 사람의 얼굴을 주어진 백지 위에 직접 그리게 하고, 그 사람의 한에 대해 자신의 경험을 기술하도록 하는 세 가지 방법을 사용하였다. 여기서 가장 구체적이고 생생하며 다양한 많은 반응을 얻은 방법은 세 번째 방법이었다. 이는 문화심리적 현상의 경험 자체와, 이에 대한 표상구성 및 표상의 인출에서 자신이 관여된 문화심리적 현상이 가장 용이하게 나타남을 보여주는 결과라 하겠다.

일상 언어에 대한 분석을 통해 문화심리의 구성 형태와 내용을 분석하는 접근방법

사비니와 실버(Sabini & Silver, 1982)는 질투(envy), 희롱(flirtation), 분노(anger)와 같은 도덕적 개념에 대한 분석을 전통적인 조작적 정의에 바탕한 심리적 개념화를 통해 도덕현상을 단순화시키는 작업에서 출발했다. 그러나, 심리학자의 책상에서 이루어지는 개념화가 실제의 도덕현실을 부당하게 왜곡시킬 뿐만 아니라 도덕의 본질을 탈색시킨다는 점을 깨닫고, 일상적 언어 현상 속에서 도덕의 구성과 본질을 밝히는 방향으로 작업을 전환하였다. 이 당시만 해도 이러한 접근은 전통 심리학에서 비과학적이라는 이유로 이단시해 왔다. 따라서 이들은 자신들의 연구를 논문이나 이론이 아닌 에세이라고 표현하였다. 그러나 최근 들어 하레 등(Harre etc., 1994)과 브루너(Bruner, 1990) 등에 의해 제안된 담론분석법(discourse analysis)이나 언술분석법(narrative analysis) 등은 물론, 비트겐슈타인(Wittgenstein, 1983)의 언어심리학과 모스코비치(Moscovici, 1984)에 의해 제안된 '사회적 표상' 접근에서는 일상의 언어가 심리의 구성은 물론 심리적 현실을 만들어 낸다는 논리를 제시하고 있다.

최상진은 한국인의 대표적 문화심리적 개념들(심정, 정, 한, 우리성,

체면, 눈치, 핑계, 의례성, 아줌마, 팔자, 의리 등)을 연구하는 과정에서 일차적으로 그러한 개념 자체는 물론, 그러한 개념이 언어적으로 표현되는 과정에서 사용되는 맥락을 분석함으로써 그러한 개념에 내장된 심리적 요소와 경험들을 도출하고 규정해 내고 있다. 또한 한규석(2000)은 공(公)과 사(私)의 문제에 대한 언어분석적 접근을 통해 한국인의 공과 사에 대한 심리적 구성을 분석한 바 있다. 심리현상과 관련된 일상 언어는 그 속에 자신의 경험이 농축되어 있으며, 동시에 그러한 언어의 기저가 되는 구체적인 실물성 준거(actual reference)를 가지고 있다. 따라서 문화심리학자들은 문화심리를 풍부히 내장하고 있는 일상의 언어를 찾아내고, 이를 분석함으로써 그 언어로 살아가는 사람들의 문화심리를 추출해 낼 수 있는 것이다.

문화심리학의 이론 구성에서 가장 큰 영향을 미친 학파는 러시아 역사-사회학파이며, 그 기본적인 틀을 최초로 짠 사람은 비고츠키(Vygotsky)이다. 그는 인간의 심리가 문화와 문화적 과정을 매개로 구성된 것으로 보고, 그 가운데서도 언어의 매개과정을 강조하였다. 그러나 후계자인 레온티예프(Leontiev)는 언어와 더불어 인간의 실천적 삶 속에서 일어나는 활동의 심리구성에 대한 매개과정을 강조하였으며, 여기서 한 걸음 더 나아가 라트너(Ratner)는 활동이 사회제도 및 사회구조에 의해 어떻게 영향을 주고받는가에 대한 이론을 제시하고 있다. 이들의 접근을 통틀어 활동 중심적 문화심리학이라고 부를 수 있는바, 여기에서는 마음이 역사-문화-사회 속에서 이루어지는 활동을 통해 구성된다는 입장을 취한다. 이러한 접근은 주로 루리아(Luria) 및 로고프(Rogoff)에 의해 발달심리학 연구에 적용되고 있으나, 문화심리의 발생적 기원을 밝히기 위해서는 삶의 활동 자체와 이러한 삶의 활동이 이루어지는 거시적인 사회역사적 생태에 대한 통합적이며 역동적인 분석이 필수적이라고 볼 수 있다.

4. 맺는말

분트(Wundt)는 흔히 문화심리학의 창시자로 불린다. 분트의 민족심리학(Volkerpsychologie)에서 분석의 대상이 되는 것은 신화, 관습, 언어 및 역사적 유물이다. 만약 분트가 오늘을 사는 사람이라면 그는 이러한 분석의 대상을 비디오나 오디오를 사용해 실험실 안에서 연구했을지도 모른다. 최근 들어, 디지털 카메라가 개발되면서 이제는 사회의 여러 현장과 사건을 실물 그대로 실험실 안으로 가져올 수 있다. 문화심리학이 문화적 심리적 현상을 내재하는 사건과 행동을 이해하고 설명하는 데 관심이 있는 한, 이러한 문화적 사건과 행동을 준실물 형태로 실험실에서 재현하는 일은 언어를 통해 그 현장을 설명하는 방식보다 훨씬 효과적일 것이다. 최근의 휴대전화를 비롯한 최첨단 기록 장비는 문화적 현상이 벌어지는 다양한 현장을 시간과 공간을 초월하여 재현할 수 있게 만들어 준다. 한 개인이 장기간에 걸쳐 간헐적으로, 그것도 비체계적으로 접하게 되는 다양한 현장을 실험실에서 조직적인 형태로 편집한 현장의 장면을 자극으로 사용하는 방법은 문화적 체험을 재현시키는 데 아주 효과적인 방법이 될 수 있다.

　　그러나 동시에 문화심리학 연구에서는 긴박한 대처 현실에서 관여되며 작동되는 심리적 경험과 마음의 움직임을 당사자적 입장에서 체험하는 것이 매우 중요한다. 이러한 입장은 곧 라트너(Ratner, 1997)가 제시한 활동 중심적 접근이라고 볼 수 있다. 다행히 문화심리학 연구에서는 연구자가 그 문화의 내부인이 될 경우, 이러한 긴박한 대처 현실 상황에서의 당사자적 자기 체험을 가질 수 있어서 문화심리적 사건에 대한 이해와 해석을 도출해 내는 데 매우 유리한 입장에 설 수 있다. 그러나 동시에 문화적 내부인이 자신의 문화심리적 기본 틀이 새로운 보편적 조망을 억압하는 장애요인으로 작용할 수 있다는 문제점도 있을 수 있다. 따라서 문화심리학 연구에서는 문화내부자적 관찰과 이에 관여되는 연구자 자신의 당사자적 경험분석을 통한 해석 시각을 넘어서는 제3자적 관찰자로서의 객관적 시각도 지녀야 한다. 이 점에서 문화심리학자는 주관적 접근과 객관적 접근을 병행해야 한다. 이를 비유적으로 표현하면, 두 방을 왔다 갔다 하며 드나들 듯이 관점과 시각의 전환을 교대적-교차적으로 시도해야 한다. 또한 이에 대한 자의식이 연구의 과정에서 늘 작동되어야 한다. 문화심리학 연구에서는 자기 문화가 아닌 다양한 다른 문화와, 다른 문화에서 이루어진 문화심리적 연구에 대한 폭넓은 지식을 자문화 사람들의 심리연구에서 의식적 반조(返照)의 배경으로 삼으며, 동시에 이러한 반조를 통해 연구자 자신이 구성한 해석이나 설명방식이 어떤 문화권에 ‘대해서’ 구성된 것인가를 끊임없이 반성해야 한다. 왜냐하면, 연구자들은 거의 습관적으로 어떠한 개념을 구성할 때, 그 개념을 만드는 과정에서 그 개념을 의미지우는 관련된 타개념에 ‘대응하는’ 형태로 자신의 개념을 만들기 때문이다.

끝으로, 이 글에서는 전통적 과학이론에 기초한 심리학의 한계와 문제점을 제기한다기보다는, 새롭게 부상하는 문화심리학의 개념적 틀과 방법론적 시각 확대를 조망해 봄으로써 문화심리연구에 좀 더 적합한 접근방법을 탐색해 보는 데 일차적 관심을 두었다. 앞으로 이러한 다양한 접근들을 통한 심리학 연구가 수행되어, 또 하나의 연구방법으로 정착할 수 있을 것으로 기대해 본다.

■ 참고문헌

최상진(1999), 〈문화와 심리학—그 당위성, 이론적 배경, 과제 및 전망〉, 한국심리학회 하계심포지엄.

──(2000), 《한국인 심리학》, 중앙대학교출판부.

최상진·김기범(1999), 〈한국인의 self의 특성—서구의 self 개념과 대비를 중심으로〉, 《한국심리학회지: 사회 및 성격》 13(2).

최상진·유승엽(1993), 〈서편제 속의 '한'심리학〉, 1993 사회과학연구소 국제학술세미나, 중앙대학교 사회과학연구소.

최상진·한규석(1998), 〈심리학에서의 객관성, 보편성 및 사회성의 오류: 문화심리학의 도전〉, 《한국심리학회지: 일반》 17(1).

──(2000), 〈문화심리학 연구방법론〉, 《한국심리학회지: 사회 및 성격》 14(2).

──(2008), 〈마음의 연구와 심리학: 마음의 문화심리적 분석에 바탕한 심리의 작용 틀〉, 《한국심리학회지: 일반》 27(2).

한규석(2000), 〈한국인의 공과 사의 영역: 공정과 인정의 갈등〉, 《한국심리학회지: 사회문제》.

Bruner, J. S.(1990), *Acts of meaning*, MA: Harvard University Press.

Blloor, D.(1983), *Wittgenstein: A social theory of knowledge*, New York: Columbia University

Press.

Choi, S. C.(1998), "The third-person-psychology and the first-person psychology: Two perspectives on human relations", *Korean Social Science Journal*, 25.

Choi, S. C. & Kim, K.(2003), "A conceptual exploration of the korean self in comparison with the western self", K-S Yang, K-K Hwang, P. B. Pederson, and I. Daibo, *Progression Asian Social Psychology*, conceptual and empirical contributions, Westpost: Praeger.

Choi, S-C., Han, G., & Kim, C-W.(2007), "Analysis of Cultural Emotion: Understanding of Indigenous Psychology for Universal Implications", J. Valsiner & A. Rosa (Eds.), *Cambridge Handbook of Sociocultural Psychology*, Cambridge: Cambridge University Press.

Geertz, C.(1973), *The interpretation of cultures*, New York: L Basic.

Greenfield, P.(1999), "Three approaches to the psychology of culture: Where do they come from? Where can they go?", Paper presented at the 3rd Conference of the Asian Association of Social Psychology, August 4-7, Taipei, Taiwan.

Harre, R., & Gillett, G.(1994), *The discursive mind*, London: Sage.

Kim, U.(2000), "Indigenous, cultural, and cross-cultural psychology: A Theoretical, conceptual, and epistemological analysis", *Asian Journal of Social Psychology*, 3.

Leontiev, A. N.(1981), "The problem of activity in psychology", J. V. Wertch(Ed.), *The concept of activity in Soviet psychology*, NY: Sharpe.

Lewin, K.(1935), "The conflict between Aristotelean and Galileian mode of thought in contemporary psychology", K. Lewin, *A dynamic theory of personality*, New York: McGraw-Hill.

Lutz, C.(1988), *Unnatural emotions*, Chicago: University of Chicago Press.

Markus, H. R. & Kitayama, S.(1991), "Culture and the self: Implication for cognition, emotion, and motivation", *Psychological Review*, 98.

Matsumoto, D.(1996), *Culture and psychology*, Albany: Brooks/Cole Publishing Company.

Moscovici, S.(1984), "The phenomenon of social representations", R. Farr & S. Moscovoci (Eds), *Social representations*, CA: Cambridge University Press.

Popper, K. R.(1972), *Objective knowledge*, New York: Oxford University Press.

Ratner, C.(1997), *Cultural psychology and qualitative methodology: Theoretical and empirical considerations*, NY: Plenum.

Sabini, J. & Silver, M.(1982), *Moralities and everyday life*, Oxford: Oxford University Press.

Shweder, R. A.(1991), *Thinking through culture*, MA: Harvard University Press.

Thomas, W. & Znaniecki, F.(1958), *The Polish peasant in Europe and America*, New York: Dover.

Tobin, J. J.(1989), "Visual anthropology and multivocal ethnography: A dialectical approach to Japanese preschool class size", *Dialectical Anthropology*, 13.

Tobin, J. J., Wu, D. Y. H., & Davidson, D. H.(1989), *Preschool in the three cultures: Japan, China, and the United States*, New Heaven: Yale University Press.

Valsiner, J. & Rosa, A.(2007), "Editor's introduction", J. Valsiner & A. Rosa (Eds), *Handbook of socio-cultural psychology*, Cambridge: Cambridge University.

Vygotsky, L. S.(1978), *Mind in society: The development of higher psychological processes*, Cambridge: Harvard University Press.

Wikan, U.(1990), *Managing turbulent hearts: A Balinese formula for living*, Chicago: University of Chicago Press.

Yang, K-S.(1999), "Monocultural and cross-cultural indigenous approaches: The royal road to the development of a balanced global psychology", Paper presented at the 3rd Conference of the Asian Association of Social Psychology, August 4-7, Taipei, Taiwan.

문화읽기 방법에서
문화만들기 방법을 찾는 민속학

임재해
∥ 안동대

1. 우리 이론에 의한 학문주권과 인문학문

학문이론은 우리의 삶과 세계관은 물론 우리의 운명까지 좌우한다. 마르크스의 사회주의 이론은 세상을 혁명으로 요동치게 만들었으며, 동서 냉전체제를 조성하기까지 했다. 한 사람의 운명은 물론 민족의 운명까지 갈라놓는다. 이데올로기를 결정하는 거대이론은 사람들이 받아들이는 정도에 따라서 체제 변혁을 일으키는가 하면, 혁명을 촉발하는 힘까지 발휘한다. 그러므로 학문 이론의 개척은 상당히 중요하다. 거대학문 이론의 개척은 학문주권뿐만 아니라 민족과 국가의 운명, 또는 인류의 운명까지 좌우하기 때문이다.

학문주권은 생존주권처럼 절박한 문제다. 그런데 우리 인문학문의 현실은 세계 학계에서 학문주권을 누리기 이전에, 다른 학문들 틈바구니에서 분과학문으로서 생존권까지 위협받고 있다고 야단법석이다. 최근 몇 년 동안은 '인문학의 위기'를 주제로 한 학술대회가

질릴 정도로 많이 열렸지만, 실제적 효과는 정부의 인문학문 지원을 요구하는 일종의 시위 구실 정도에 머문 감이 없지 않다. 최근에도 인문학문의 좌장이라 할 수 있는 철학자들이 '인문학의 위기와 교육정책의 구조적 전환'을 주제로 논의를 벌였지만,1) 늘 그래왔듯이 '인문학자의 위기'가 '인문학문의 위기'로 착종되는 현상과 함께, 제도의 문제를 당위적으로 지적하는 차원에서 만족할 수밖에 없었다.2)

인문학문의 위기를 논의하면서 이를 학문적으로 극복하지 못하는 것은, 결국 인류의 미래를 바람직하게 제시하는 설득력 있는 이론을 생산하지 못하고 있기 때문이다. 인문학문은 결국 '인간다운 삶'을 위해 이바지하는 기능을 갖추어야 제 자리를 인정받을 수 있다. 더 구체적으로 말하면, 인간다운 삶의 준거로 삼을 만한 '인간해방의 문화'를 창조적으로 제시하고, 이를 민주적으로 누릴 수 있도록 향유체계를 만들어 가는 것이 인문학문의 기능이라 할 수 있다. 자연학문이 득세하여 인간다운 삶을 왜곡하고, 첨단과학 기술이 횡행하여 지속 가능성을 위협할 때일수록, 그리고 사회학문이 사회체제를 시장 논리로 몰고 가며 모든 삶의 문제를 상품 가치로 환원시키고 장터인간을 우상화하는 상황일수록, 인문학문의 가치는 새삼 강조되고 인문학문의 기능은 더욱 활성화되어야 마땅하다.

자연학문이 사람들의 현실적 편의를 충족시켜 주는 새로운 기술을 개발해 주고 다양한 기술상품들을 제공하는 까닭에, 사람들의 관

---

1) 대동철학회·한국동서철학회 주최, '2001 국제철학대회 — 인문학의 위기와 교육정책의 구조적 전환'(전남 성륜사, 2001. 5. 1.).
2) 홍기돈, 〈교육제도 전환보다 인문학 관점 확립하는 게 급선무〉, 《교수신문》 제202호, 2001년 5월 14일자, 12면 참고.

심을 끌어 모으고 있다. 사회학문은 경제적 풍요와 사회적 지위를 보장하는 각종 일자리를 마련해 주는 까닭에, 학문 후속세대들이 끊이지 않고 이어진다. 인문학문의 길은 이와 다르다. 새로운 기술이 아니라 새로운 현실인식의 틀을 마련해 주고, 풍부한 일자리가 아니라 올곧은 역사의식을 일깨워 줄 수 있어야 한다. 인문학문은 세상의 문제를 해방적 관심에서 통찰하고 현실적 가치 기준을 마련하여 설득력을 얻어야 학문 세계에서 설 자리를 확보할 수 있다. 과학기술의 편의와 경제적 욕망을 넘어서, 삶의 보람과 자아실현을 추구할 수 있어야 인문학문의 사명을 온전하게 감당할 수 있다. 그러므로 인문학문의 가치 창출을 위해서도 '현실인식의 틀 찾기'를 하지 않을 수 없다.

결국 인문학문이라고 하는 것이, 인간다운 삶을 충족시키는 일에 현실적으로 기능할 수 있을 때 학문으로서 쓰임새가 높아진다. 그것은 지식이나 정보로서 학문이 아니라, 인간적 성숙과 현실적 실천으로서 학문이 살아 있어야 함을 말한다. 나는 이러한 인문학문의 현실인식에 따라 민속문화의 본질을 독자적으로 포착하고 현실인식의 틀을 설정하였으며, 민속자료를 근거로 역사의식을 가다듬는 가운데 시대구분론을 창조적으로 제기하였다. 그리고 스스로 마련한 역사발전론과 역사의식에 따라 학문활동을 계속하고 생활 속에 실천하며, 때로는 정통 사학의 시대구분론에 맞서거나 세계 지성계를 휩쓰는 서구학자들의 제국주의적 현실진단을 비판하는 논의까지 펴고 있다. 그러므로 여기서 수립한 현실인식과 역사인식의 틀은 거대이론이라고 할 수는 없지만, 내 학문활동의 방향을 설정하고 이끌어 가는 지표가 될 뿐 아니라, 인문학문의 역사적 진행 전망을 새롭게 제시하는 이론적 준거가 될 수 있다.

그러한 작업은 민속문화 읽기를 통해서 가능했다. 민속학은 인문학문의 새로운 시각을 제시해 주는 민중의 문화학이자 토박이 민족문화를 다루는 민족학인 까닭이다. 인문학문을 대표하는 문·사·철의 학문적 전통을 보면 지배층의 고급문화를 대상으로 한 연구의 한계가 쉽게 드러난다. 문학연구는 작가들이 쓴 작품만 문학이라는 인식 아래, 예사 사람들도 문학을 창작하고 향유하고 있다는 사실을 지나쳐 왔다. 생활 속에서 삶과 함께 자연스레 향유되어 온 민중들의 구비문학을 본격적으로 주목하기 시작한 것은 최근의 일이다. 그러나 민속학은 민중들의 구비문학 연구에서부터 비롯되었다고 해도 지나치지 않다. 구비전승되는 민중의 문예활동을 조사하고 연구하는 데서부터 민속학은 발전하였다.

역사학은 왕조사와 정치사, 중앙사, 전쟁사, 남성사 중심에 매몰되어 있었다. 민중사와 생활사, 지방사, 여성사 연구는 상대적으로 소홀하였다. 민중생활사 또는 미시사, 그리고 지방사와 여성사 연구는 최근에 주목되기 시작했다. 민속학은 처음부터 민중생활사나 다름없는 내용을 다룬다. 마을사 중심의 지방사와 여성 풍속을 주목하는 여성사도 민속학이 앞선다. 지배층에 의해 기록된 관찬사료 중심의 문헌사학이 지닌 한계를 성찰하고, 민중들의 구술사를 다루기 시작한 것은 최근의 일이다.

철학연구도 철학자들의 철학, 곧 전문가 철학만 다루는 것이 일반적이었다. 문학이나 사학과 다름없이 철학자들이 남긴 문헌자료를 주대상으로 한다는 점에서 다르지 않다. 경전을 읽고 쓸 수 없는 사람에게는 철학이 없는 것처럼 간주되었다. 민중철학이니 생활철학이니 하는 것은 철학개론에 갇혀 있고, 실제로 민중들의 전통문화 속에 갈무리된 토박이 철학에 눈길을 주는 일은 거의 없다. 그러나 민속학은 민속문화의 사상체계를 포착한다는 점에서 민중철학 논의와 만난다.

이처럼 문·사·철로 대표되는 전통적인 인문학문 영역은 지배층 중심의 고급문화 영역에 속해 있다. 고급문화의 생산 주체인 지식인들은 으레 당대의 선진 외래문화를 수용하기 일쑤다. 신라 때 지식인들이 당나라 문화를 수용했다면, 조선조의 지식인들은 명나라 문화를, 우리 시대 지식인들은 미국과 일본을 거쳐 들어오는 서구문화를 수용하여 자신들의 기득권을 누린다. 대중문화는 이러한 경향이 더 강하다. 이식문화 또는 수입문화라 해도 좋을 만큼 외래문화에 가깝다. 외래문화를 수용하거나 이식한 고급문화 또는 대중문화를 대상으로 독창적인 현실인식을 하기 어렵다. 그렇지만 민족문화로서 고유성과 독창성을 지닌 민속문화를 주목하게 되면 상대적으로 그러한 가능성이 훨씬 높다.

2. 민속문화에 의한 현실인식의 틀과 세계관

민속문화를 주목한다고 해서 곧 독창적인 현실인식의 눈이 열리는 것은 아니다. 연구대상을 보는 관점에 따라 다른 결과에 이를 수 있다. 민속문화를 평가하고 재단하는 이성주의적 시각이 있는가 하면, 민속문화를 통해 새로운 문화인식의 지평을 확대하고, 확대된 인식지평을 통해 다시 민속문화를 해석하는 해석학적 시각이 있다.

종래에는 민속문화를 합리적 이성의 눈으로 판단하여 비합리적인 주술 문화로 인식하거나, 낭만적 관점에서 잃어버린 전통에 대한 호기심을 충족시키는 수준에서 만족했다. 그러나 해석학적 시각에서 인식지평을 확대하며 역사적 이해과정으로 보면, 주술적인 문화도 다시 해석되고 비합리적인 요소도 그 가치가 재인식된다.

민속문화를 통해서 현실인식의 틀을 발견하려면 해석학자 가다머(H. G. Gadamer)가 말하는 지평융합의 단계에 이르러야 한다.3) 인간 중심적 이성의 선험적 기준으로 판단하는 일을 멈추고 자연학문의 합리주의 지식과 권위를 의심하며 역사를 초월한 객관적 역사인식을 부정하는 가운데, 대상과 세계에 대한 총체적 이해를 과거의 재구성이 아니라 과거와 현재의 변증법적 결합과정에서 찾고자 한다. 모든 전통들은 현재의 지평에서 제기되는 질문에 의존해서 해명되는 것이다. 따라서 연구대상으로서 민속문화의 전통지평과 연구자 자신의 현재 인식지평이 서로 소통할 때 성숙한 지평융합이 전개된다. 과거지평과 현재지평, 민속문화와 연구자 사이에 지평융합이 일어날 때 진정한 이해가 가능하다. 그러므로 민속문화는 단순한 연구대상이나 객관적 타자로 존재하는 것이 아니라, 전승을 통해서 영향을 주고 연구자를 일깨워주는 소통의 상대자로 인식되어야 한다.

내게 민속문화는 해석의 대상이 아니라 세상 읽는 눈을 뜨게 하는 자각의 대상이자 문화의 코드를 푸는 디코드의 열쇠 꾸러미다. 초기 단계에서 발견한 열쇠들이 지평융합을 통해 한 꾸러미의 열쇠를 이루게 되었다. 민속문화의 본질에 대한 통찰은 그 동안 일련의 연구

---

3) 성시정, 〈민족사학의 탈근대적 역사인식〉, 《민족학연구》 1(한국민족학회, 1995), 338~
339쪽 참조.

를 통해 일어난 지평융합의 과정 속에서 비롯된 것이다. 그 결과 나는 민속문화가 추구하는 삶의 가치를 궁극적으로 '더 많은 사람들이 더 자유롭고 더 풍요로운 삶을 추구하는 지속 가능한 삶의 양식'이라고[4] 추론하게 되었다.

민속문화가 궁극적으로 추구하는 것은 공동체 성원 전체의 자유와 풍요를 지속적으로 누리는 데 있다.[5] 지배층은 자신들의 기득권을 누리기 위해 민중들을 억압하고 수단화한다. 권력의 상층부에 속할수록 자신이 포함된 계층의 소수만이 자유로운 삶과 경제적 풍요를 누려야 한다는 편견에 사로잡혀 있다. 그러나 민중이 주체가 되어 전승하는 민속문화는 사정이 다르다. 소수 기득권의 자유와 풍요가 지속되는 한 민중의 자유와 풍요는 기대할 수 없다. 그러므로 지배층의 기득권을 부정하면서 다수 민중의 자유와 풍요를 추구하게 되는 것이다.

민중들은 초기에 자신들의 민주적 자유를 억압하고 경제적 풍요를 앗아가는 것이 자연현상이나 신령이라 생각하였다. 따라서 모든 문제를 종교 주술적으로 해결하려고, 공동체의 평안과 풍농을 비는 각종 제의와 주술 행위를 하였다. 공동체 굿에는 이러한 소망이 잘 담겨 있다. 그러나 인지가 점점 발달하면서 자신들로부터 자유와 풍요를 앗아가는 것이 자연이나 신령이 아니라 신분적 특권을 누리는 인간이자 계급적인 사회체제라는 사실에 눈을 뜨게 되자, 공동체 놀이나 예술을 통해서 사회의 모순을 드러내고 기득권을 비판하는 민

---

4) 임재해, 《한국민속학과 현실인식》(집문당, 1997), 6쪽.
5) 임재해, 〈민속문화의 현대적 수용과 변용의 논리〉, 《민속문화의 수용과 변용》(집문당, 1999), 21~22쪽.

속문화를 창출하기 시작했다.

　마을굿에서 발전한 탈놀이들이 계급모순에 따른 신분적 특권을 비판하고, 종교적 관념에 의한 신성한 권위의 허위를 풍자하는 것은 좋은 보기다.6) 더 나아가, 남녀 성차별에 의한 가부장적 권위에 저항하는 여성주의적 의식도 적극적으로 갈무리되어 있다. 해방적 관심에서 보면 민중이 주체가 되어 계급해방과 종교해방, 여성해방을 추구하는 민속문화를 창출해낸 것이다. 민중의식이 각성하면서 사회적인 모순을 민속예술이나 놀이로 형상화하는 데 머물지 않고 실제 변혁운동으로 전개하기도 한다. 농민들이 주체가 되어 반봉건·반외세를 주장하며 지배체제에 힘으로 저항한 동학농민혁명이 좋은 보기다.

　따라서 민속문화는 민중들의 사회주의적 혁명의식을 부추기는 문화적 동력으로 주목되기도 했다. 소콜로브(Sokolove)를 비롯한 러시아 민속학자들은 "민속은 과거의 메아리(echo)인 동시에 또한 현재의 강력한(vigorous) 목소리"로 인식하는 한편, "민속은 과거에 계급투쟁의 반영이자 무기로 존재하였으며, 현재도 그러한 기능은 여전히 지속되고 있다"고 규정하였다.7) 계급 차별 없이 신분적 자유와 경제적 풍요를 추구하는 것이 민속문화의 고유한 특성이었다. 그러므로 상대적으로 더 많은 사람들, 곧 민중이 주체가 되어 더 자유로운 민주적인 삶과 더 풍요로운 경제적인 삶을 추구하는 것이 민속문화라 할

---

6) 조동일, 《탈춤의 역사와 원리》(홍성사, 1979), 222쪽. "관념적 허위, 신분적 특권, 남성의 횡포는 탈춤을 창조한 층이 비판하던 낡은 사회의 세 가지 기본적인 허위이며 상호 밀접한 관련을 가지고 있다."

7) Richard M. Dorson Ed., *Folklore and Folklife*(The University of Chicago, 1972), p.17.

수 있다.

민속문화의 주체들은 주로 농업과 어업 등 1차산업에 종사한다. 달리 말하면, 1차산업은 생명을 가꾸는 생명산업이다. 모든 생명은 자연에서 비롯되며, 자연현상과 더불어 간다. 자연 적응적으로 형성된 민속문화는 자연친화적이며, 모든 자연물의 생명성을 인정할 뿐 아니라 자연물을 신성하게 여기며 섬기는 전통을 지니고 있다. 자연물의 생명성을 인정하고 이를 섬기는 사실을 종교적으로 애니미즘이라 하며 과학적 사고로 미신이라 규정하여 타파의 대상으로 삼기도 하지만, 생태학적 시각에서 보면 지속 가능성을 지닌 공생적 세계관으로 받아들일 수 있다. 실제로 민속문화 속에서는 자연을 섬기는 전통이 다양하게 자리 잡고 있어서, 자연 정복적 요소나 환경오염의 전통은 찾아보기 어렵다. 모든 생활양식이 순환적이고 공생적이어서 지속 가능성을 지니고 있는 문화다.

따라서 민속문화는 "더 많은 사람들이 더 자유롭고 더 풍요로운 삶을 추구하는 지속 가능한 문화"로 포착하는 동시에, 이러한 문화야말로 인간다운 삶의 문화를 제시하는 현대적 가치로 인식하고 세계관적 준거로 삼게 되었다.[8] 민속문화의 전통적 지평과 연구자의 현실적 인식지평이 만나서 형성한 세계관적 준거는 곧 바람직한 문화로 추구되어야 할 현재의 문화이자 미래의 대안문화다. 그러므로 결국 인간다운 삶의 문화는 다음 네 가지 가치관에 터를 잡고 있어야 한다는 말이다.

하나는 '더 많은 사람들'을 염두에 둔 민중적인 가치관이다. 놀고

---

8) 임재해, 〈민속문화의 현대적 수용과 변용의 논리〉, 21~24쪽.

먹는 소수의 특권층보다 열심히 일하는 다수의 사람들이 주체가 되는 문화가 가치 지향적으로 주목된다. 둘은 '더 자유로운 삶'을 뒷받침하는 민주적인 가치관이다. 정치적인 자유는 물론 상하의 계층이나 남녀의 성별, 직업의 귀천 등 사회제도에 따라 사람들을 차별하고 속박하는 일없이, 모든 사람들이 평등한 삶을 지향하는 문화다. 셋은 '더 풍요로운 삶'을 겨냥하는 경제적으로 생산적인 가치관이다. 생산활동 없이 풍요로운 삶을 보장할 수 없다. 많은 사람들이 민주적으로 자유롭고 경제적으로 풍요롭게 살려면 생산활동에 직접 종사하는 사람이 가장 우대 받는 문화가 조성되어야 한다. 넷은 '지속 가능한 삶'을 위한 공생적 세계관의 확보다. 자유롭고 평화로운 삶을 지속적으로 누리기 위해서도 우리는 인간과 자연이 함께 하는 공생적 세계관을 확립하지 않을 수 없다.9)

이 네 가지 가치관은 제각기 독립적이거나 서로 배타적인 관계에 있지 않다. 전통사회의 민중은 피지배계층이기에 민주적인 사회를 지향하고 일하는 사람들이므로 생산적 가치를 중요하게 여기며, 자연과 더불어 살아가는 까닭에 공생적 세계관을 가질 수밖에 없었다. 다시 말하면, 민중적이기 때문에 민주적이고 생산적이며 공생적인 세계관을 지니고 있는 것이다.10) 그러므로 모든 가치 평가의 기준과 문화 창조의 방향은 이 네 가지 준거, 곧 해당 주체가 민중성을 지녔는가, 모든 의사 결정과 정치 행위들이 민주적인가, 일을 통한 생산성을 추구하는가, 생태학적으로 공생성을 확보했는가 하는 질문에

9) 위의 글, 22~23쪽.
10) 위의 글, 24쪽.

입각해서 이루어진다.

이러한 현실인식의 틀도 처음에는 민속문화의 민중성에 치우쳐서 민중의식을 밝히는 데 머물러 있었다. 그러다가 연구과정에서 점차 문화의 가치를 민주적 자유와 경제적 풍요의 문제로 확장시키게 되었다.11) 계속해서 민속사를 정리하는 가운데 굿문화의 전개 양상을 근거로 역사의 시대구분을 독자적으로 마련하면서 미래를 '공생의 시대'로 설정하게 되었고,12) 환경문제에 주목하면서 계급모순과 민족모순에 이은 새로운 모순으로서 '생명모순' 개념을 설정하는13) 가운데, 바람직한 삶의 문화는 민중의 자유와 풍요로 만족할 수 없다는 자각에 이르렀다. 이러한 성찰적 시각은 민속학의 생태학적 연구에 관심을 돌리게 되어, 마침내 민속문화의 지속 가능성을 주목하고 발견하는 일이 긴요하다는 자각에 이르러 일련의 연구를 하게 됨에 따라, 위와 같은 현실인식의 틀을 마련하게 된 것이다.

그러므로 "더 많은 사람들이 더 자유롭고 더 풍요로운 삶을 추구하는 지속 가능한 문화"는 민속문화의 가치에 대한 내 나름의 자리매김이자, 우리가 추구하고 수립해야 할 바람직한 대안문화이며, 가

---

11) 임재해, 〈지역문화, 그 토박이들의 삶의 문화〉, 《문화비평》 5(형설출판사, 1990), 53~
　　72쪽; 《한국 민속과 전통의 세계》(지식산업사, 1991), 101~125쪽에 재수록. 이 논의
　　에서 지역문화를 '토박이들이 주체가 되는 삶의 문화'로 인식하고 바람직한 "삶의 문화
　　란 곧 자유롭고 풍요로운 삶을 추구하는 문화여야 한다'(106쪽)로 규정하기 시작했다.
12) 임재해, 〈한국민속사 시대구분의 실제와 역사인식의 전망〉, 《한국학연구》 1(단국대
　　학교 한국학연구소, 1994), 189~254쪽에서 이 문제에 대한 본격적인 논의를 하였다.
　　이 글은 둘로 나누어져서 《한국민속사입문》(지식산업사, 1996)에 〈민속사연구의 성
　　과와 전망〉 및 〈민속사의 인식과 시대구분의 모색〉으로 재수록되었다.
13) 임재해, 〈농민문화의 전통과 생명운동〉, 《녹색평론》 12(녹색평론사, 1993년 9~10월
　　호), 28~29쪽. 이 글은 《민속문화의 생태학적 인식》(당대, 2002), 13~46쪽에 재수록
　　되었다.

치관의 준거를 제공하는 현실인식의 틀이기도 하다. 그런데 이 틀은 아직도 유동적이며 더 가다듬어져야 할 것이다. 실제로 민속문화의 생태학적 연구가 지속되면서 '더 많은 사람들'로 설정된 자유와 풍요의 주체가 인간중심주의라는 사실을 깨달았다.

따라서 굿문화에 갈무리된 자연친화적 사상을 포착하는 자리에서 마침내 이를 고쳐 '더 많은 생명들'로 주체를 바꾸었다.14) 사람들만 더 자유롭고 더 풍요로움을 추구해서는 생명모순을 해결할 수 없다는 성찰이다. 이처럼 현실인식의 틀은 지평융합을 통해서 하나의 역사적 사실로서 고정되지 않고, 역사적 변화와 더불어 움직이는 하나의 운동으로 존재하는 것이다. 그러므로 현실인식의 틀 찾기 작업은 사실상 틀 뜯어고치기 작업으로 끊임없이 계속 되어야 할 것이다.

3. 민속문화에 의한 역사인식의 틀과 시대구분론

민속문화의 통찰에 의한 인간다운 삶은 민중성 · 민주성 · 생산성 · 공생성에서 그 준거를 마련하였다. 이것은 공시적 현실인식에 입각한 민속문화의 귀납적 해석에서 추론된 것이다. 통시적 역사인식의

---

14) 임재해, 〈우리 굿문화에 갈무리된 자연 친화적 사상 읽기〉, 2003년 봄 전통생태 세미나(서울대학교 환경대학원, 2003. 2. 20.), 35쪽. "그 동안 민속문화는 '보다 많은 사람들이 보다 자유롭고 보다 풍요로운 삶을 지속 가능하게 하는 문화'라고 했는데, 이제 굿문화에 갈무리된 자연친화 사상 곧 상생적 세계관을 포착하게 되니 그냥 보아 넘길 수 없는 문제가 눈에 뜨인다. '보다 많은 사람들'을 주체로 한 문화인식이 인간 중심적이라는 사실을 깨달은 것이다. 따라서 굿문화의 생태학적 인식을 고려할 때 이 규정은 마땅히 수정될 필요가 있다. 굿문화는 '보다 많은 생명들이 보다 자유롭고 풍요로운 삶을 지속 가능하게 하는 문화'라고, 한층 진전된 자리매김을 하지 않을 수 없다."

문제는 따로 제기되어야 한다. 그래야 문화적 전통을 성찰하고 미래의 문화를 지속 가능하게 전망할 수 있는 새로운 역사의식을 확립할 수 있다.

민속문화의 역사, 곧 민속사의 실체를 보면, 기존의 역사인식과 다르다. 왕조사에 따른 것이든 정치경제사에 따른 것이든 사학계의 일반적 시대구분은 단절과 전환의 단선적 역사를 그리고 있다. 그러나 민속문화는 다르다. 왕조가 바뀌고 정치체제가 바뀌어도 민중들의 일상생활은 여전히 지속되며 새롭게 형성된 문화는 이전의 문화적 전통 위에 새로운 전통으로 자리 잡게 된다.

단군신화의 홍익인간사상과 그 종교적 전통은 아직도 우리 생활 속에 지속되고 있다. 고대의 무교 전통도 지금까지 계속된다. 온갖 탄압이 이어졌음에도 굿이 단절되지 않았다. 그 뒤에 차례로 전래된 불교문화나 유교문화의 전통은 아예 민족문화로 뿌리박고 있다. 신라 유리왕대에 확립되었던 한가위 명절은 최근에 더욱 큰 명절로 부각될 정도다. 신라 헌강왕대에 비롯되었던 처용무도 왕조를 넘어서 지금까지 계속된다. 고려 중기에 형성된 것으로 추론되는 하회별신굿탈놀이도 단절되지 않고 최근까지 지속되었다.

이처럼 민속문화는 왕조의 교체나 정치체제의 전환에도 흔들리지 않고 지속되는 까닭에, 우리 시대의 문화에는 아주 고대적인 문화가 있는가 하면 중세와 근세, 현대문화도 함께 존재한다. 민속사를 보면 마치 문화적 지층을 이루고 있듯이, 역사 발전에 따라 새로운 문화들이 고형의 문화 위에 여러 층위로 축적되어 있음을 발견하게 된다. 그러므로 사학계의 시대구분에 이끌리지 않고 민속문화 자료를 통시적으로 주목하게 되면, 단선적이고 단절적이며 전환적인 역사가 아니라, 복선적이고 지속적이며 축적적이라는 것을 알 수 있다. 그러므로 나는 단선적 역사의 교체로 이루어진 시대구분이 아니라, 길이가 서로 다른 복선적 역사의 축적으로 이루어진 시대구분을 독창적으로 제기할 수 있었다.15)

그리고 시대구분의 논리도 여러 문화 양식을 통해 다각적으로 시도한 끝에 민속문화의 대표적인 양식인 굿의 양식을 중심으로 주술의 시대에서 예술의 시대, 변혁의 시대, 공생의 시대로 구분하였다. 이 시대구분은 우리 굿의 전개 양상과 내재적 원리를 중심으로 포착한 것이지만, 인류의 문화사 일반을 통시적으로 포착하고 미래의 시대에 대한 전망까지 하고 있으므로, 오늘 우리가 어느 방향의 삶을 살아야 역사의 진보에 힘을 보탤 수 있는가 하는 사실을 자각하고 실천적 삶의 지침으로 삼을 수 있다.

과거에는 어느 나라든 모든 문제를 종교제의적으로 인식하고 해결하려고 하던 주술적 관념과 주술문화가 중심을 이루었다. 이른바 제정일치시대는 바로 주술의 시대라 할 수 있다. 병이 나도 굿을 하고, 비가 오지 않아도 기우제를 올리며, 풍농굿과 풍어굿을 해야 농사와 고기잡이가 잘 되는 줄 알고 있었다. 신령과 자연을 섬기는 제의를 바침으로써 모든 문제를 해결할 수 있다고 믿었기 때문에 제의와 주술에 의한 문제해결을 시도하지 않을 수 없었다.

그러나 역사가 진전되면서 사람을 부자유스럽게 하고 경제적으로 궁핍하게 만드는 것은 신령이나 자연이 아니라 사람과 체제라는 자각에 이르렀다. 반상의 계급모순이나 봉건체제의 질곡은 굿을 한다

---

15) 임재해, 〈한국민속사 시대구분의 실제와 역사인식의 전망〉, 219~221쪽 참조.

고 하여 주술적으로 해결될 문제가 아니다. 따라서 사람과 사람 또는 사람과 사회체제 사이의 갈등과 모순을 예술적으로 표현하기에 이른 것이다. 주술적인 행위나 제의적인 표현이 마침내 예술적인 행위로 나아가고, 예술적인 형상을 만들어내는 쪽으로 발전하게 된 것이다. 불교미술이나 기독교음악 등 종교예술이 등장하고, 마침내 종교와 무관한 예술적 표현이 득세하기에 이른다. 하회별신굿이 발전하면서 하회탈춤이 새롭게 첨가되고, 마침내 별신굿과 상관없이 탈춤만 연행되는 것은 이러한 맥락을 잘 보여준다고 하겠다.

예술의 시대는 현실문제를 인문학문의 시각에서 인식하고 예술적으로 표현하는 시대라고 할 수 있다. 그러나 인문학문다운 현실인식과 문예적 표현만으로 사회적 갈등과 체제 모순을 해결할 수 없다. 역사 발전에 따라 이러한 사실을 자각한 사람들은 마침내 현실을 사회학문적으로 인식하고 해결하는 데까지 나아가서 변혁활동을 적극적으로 실천하기에 이르렀다. 계급해방운동이나 민족독립운동을 통해서 인간해방을 실현하고자 하는 시대는 예술의 시대에서 한 단계 진전된 변혁의 시대라 할 수 있다.

우리 시대는 변혁의 시대 말미에 이르러 있다. 변혁운동의 성과로 상당한 수준의 계급해방과 민족독립의 자유를 누리고 있다. 그러나 아직도 해결해야 할 모순과 풀어야 할 갈등이 적지 않다. 과거에 축적된 모순이 아직도 심각하게 남아 있는 민족이나 국가도 있다. 아직도 계급모순과 민족모순의 질곡 속에 빠져 있는 나라가 많다. 그리고 신자유주의 체제에서 자본의 횡포나 미국 중심의 세계체제에 의한 사회학문적 모순이 새로 조성되기도 한다. 사회학문적 변혁의 과제는 여전히 남아 있다.

그렇다고 아직도 계급모순과 민족모순의 문제만 붙들고 있다면, '반봉건 반외세'를 외치며 동학농민혁명을 주도하던 1세기 전 농민들의 현실인식에서 머문다고 할 수 있다. 왜냐하면 기존의 모순 외에 새로운 모순이 조성되었기 때문이다. 그 모순은 바로 생명모순이다. 종래의 모순은 계급모순과 민족모순으로서 인간 사회 내부적인 것이었다. 여기에 인간의 보금자리인 '자연'이 설 자리는 없었다. 인간의 자연 정복은 인간과 자연 사이에 생명모순을 조성한 것이다.

생명모순의 주범은 인간이다. 그 동안 인간생명만 존중하고 동물생명이나 자연생명은 무시하였다. 생태학적 사고에 따르면 생명과 무생명의 경계도 다시 인식해야 할 정도로 모든 것은 살아 있고 또 서로 유기적으로 얽혀서 공생하는 관계에 있다. 따라서 지구를 하나의 생명으로 인정하는 가이아 이론이16) 주목을 끄는 가운데, 태양계를 하나의 우주생명(global life) 또는 온생명으로 규정하는17) 생태학적 생명이론이 새롭게 대두하였다.

따라서 생명모순이 심화되는 생태 위기에 이르면 인간생명만 위기에 이르는 것이 아니라 지구생태계 전체, 곧 가이아 생명이 궤멸될 위기에 이르는 것이다. 비록 변혁운동을 통해 계급해방을 이루고 민족독립을 성취한다고 하더라도, 생명모순에 의한 생태계의 파괴 결과로 인류가 궤멸된다면 아무 소용이 없다. 한 마디로 우리는 변혁운동을 통해 더 많은 자유와 풍요를 누리고 있지만, 생명모순의

---

16) 제임스 러브로크(James Lovelock) 지음, 김기협 옮김, 《가이아―지구의 체온과 맥박을 체크하라》(김영사, 1995), 11쪽에 따르면, 가이아 이론은 지구를 하나의 살아있는 생명체로 간주하고 지구 위에 존재하는 모든 생명체들을 서로 유기적으로 얽혀 있는 공동생명체로 규정한다.

17) 장회익, 〈생명을 어떻게 볼 것인가〉, 《삶과 온생명》(솔, 1998), 167~197쪽.

심화와 거기서 빚어지는 역기능을 고려할 때 지속 불가능한 사회 속에서 살고 있는 셈이다. 그러므로 공생의 시대로 나아가지 않으면 미래는 전망이 없다. 인류에게 미래가 있다면 그것은 바로 공생의 시대다.[18]

4. 굿문화에 의한 시대구분과 공생적 세계관

주술의 시대에서 예술의 시대, 변혁의 시대를 거쳐 마침내 우리가 가야 할 시대가 공생의 시대라는 자각에 이른 것은 민속문화의 역사적 전개 양상을 장기지속적 범주의 시각에서[19] 포착한 결과다. 그러나 주술-예술-변혁-공생의 개념은 우리 굿의 주술성과 변혁성을 논의하면서[20] 점진적으로 발견된 것이다. 학계에서는 굿의 주술성과 예술성에 대한 논의는 이미 여러 차례 있었다. 그러나 이 논의를 더 진전시켜 굿의 변혁성과 공생성까지 확장한 논의는 생태위기에 대한 현실인식과 민속사의 시대구분을 모색하면서 마련된 것이다. 결과만 제시하면, 굿에는 주술의 국면 말고도 예술, 변혁, 공생의 국면이 있다는 것이다.

굿에서 취하는 문제해결의 방법 : 주술성

---

18) 임재해, 〈한국민속사 시대구분의 실제와 역사인식의 전망〉, 234~254쪽 참조.

19) Fernand Braudel, "Histoire et Sciences Sociales: la Longue Dure'e", *Annsaes* 13, 1958; 이정옥 역, 〈역사와 사회과학: 장기지속〉, 신용하 편, 《사회사와 사회학》(창작과비평사, 1982), 257~296쪽 참조.

20) 임재해, 〈굿의 주술성과 변혁성〉, 《비교민속학》 9(비교민속학회, 1992), 115~143쪽.

굿에서 만들어내는 다양한 형상 : 예술성

굿에서 모순 인식과 해결의 목적 : 변혁성

굿에서 실체를 믿고 섬기는 대상 : 공생성21)

굿을 전승하는 사람들의 진술에 따르면 '굿은 맺힌 것을 푸는 것'
이다. '맺힌 것'은 구조적 모순이며 '푸는 것'은 해결이다. 구조적 모
순을 해결하는 것이야말로 변혁이다. 하회별신굿에 탈춤과 같은 사
회비판적 희극이 형성될 수 있었던 것도 굿의 이러한 변혁성 때문이
다. 삼국시대의 일관들이나 무당들도 변혁의지를 가지고 왕정의 모
순을 바로잡고자 하였다. 헌강왕대에 무당들이 굿을 하면서 "지리다
도파"(智理多都波)라고22) 하여 부패한 왕정을 비판하며 신라가 망할
것을 예언한 것이나, 의자왕대에 무당이 "백제는 보름달이고 신라는
초승달"(百濟圓月輪 新羅如新月)이라는 글귀를 통해 죽음을 무릅쓰
고 백제가 멸망할 조짐을 직언한 것은23) 바로 변혁적 전통의 역사
적 자취라 할 수 있다.

문제를 푸는 데 굿의 방법은 독특하다. 변혁적 목적을 달성하기
위해 굿을 하되, 그 방법은 대상을 위하는 데서 출발한다. 따라서 굿
문화의 전통 속에 있는 사람들은 곧잘 무엇을 '위한다' 또는 무엇을
'위해야 된다'고 하는 이타적인 말로 굿의 신앙 행위를 나타낸다. 대
상을 섬기며 위해 주는 행위는 이타적 행위자 대상과 화해하는 행위
다. 대상과 나 사이에 발생한 갈등을 이타적으로 풀이하는 것이 굿

---

21) 임재해, 〈한국민속사 시대구분의 실제와 역사인식의 전망〉, 249쪽.

22) 《삼국유사》 卷二, 處容郎 望海寺.

23) 《삼국유사》 卷一, 太宗春秋公.

문화다. 만일 이렇게 갈등을 이타적으로 풀어서 화해 상태에 이른다면 갈등이 오히려 대상과 나의 공생을 담보하고 상생까지 가능하게 만든다.

결국 대상과 나, 자연과 인간 사이의 갈등과 모순이 문제가 아니라, 이 갈등과 모순을 어떻게 받아들이고 풀어나가는가 하는 방법이 문제인데, 대상을 굴복시키는 이기적 방식으로 문제를 해결하려 들면 갈등과 모순은 구조적으로 더 심화될 수 있다. 그러나 대상을 위하는 이타적 방식으로 해결하려 들면 갈등과 모순은 대상 친화적이어서 상생에 이를 수 있다. 대상과 나 사이의 갈등을 지배와 복종의 관계로 보고 적대적 폭력으로 해결하는가, 아니면 공생과 위함의 관계로 보고 이타적 관심으로 해결하는가에 따라 갈등의 기능은 파괴적일 수도 생산적일 수도 있다. 대상을 이타적으로 위함으로써 맺힌 것을 풀어나가는 굿문화의 갈등 기능은 생산적으로 발휘된다고 할 수 있다.

갈등기능주의자 루이스 코저(Lewis A. Coser)는 파괴적일 수 있는 갈등이 특별한 상황 아래서는 체계에 대한 적응성뿐만 아니라 통합을 촉진할 수도 있다고 했다. 굿문화의 체계에서는 갈등 관계에 있는 대상들이 모두 상호관계 속에서 긴밀한 연관성을 지니고 있다고 믿는다. 달리 말하면, 삼라만상은 서로 공생관계에 있다는 유기체적 세계관을 지니고 있다. 따라서 인간과 자연 사이의 갈등도 유기적 세계관 속에서 받아들이고 이타적으로 해결하고자 하는 까닭에 파괴적 기능을 발휘하지 않고 생산적 화해에 이르며, 친화적 통합 기능을 발휘하게 된다.

그러므로 굿에서는 조상도 위하고 자연물도 위한다. 조상신과 화해하고 자연과 화해함으로써 서로 유대를 강화하고 공생 관계를 이루고자 한다. 여기서 중요한 것은 위하는 대상들이다. 사람들이 잘 위하고 섬기면 잡귀잡신도 해코지하지 않는다고 믿는다. 산과 나무와 바위도 잘만 위하면 덕을 볼 수 있다고 믿는다. 대상을 위하는 데 특별한 제한이 없는 데다가, 대상과 대상의 관계도 위계관계나 종속관계로 보지 않고 대등하게 보는 것이다. 다시 말하면, 굿문화에서 위하는 신들은 서로 상하관계에서 명령체계로 존재하지 않고 제각기 정해진 직능을 가진 채 각자 자신의 영험을 발휘한다고 믿는 것이다.24)

굿의 공생적 세계관은 굿의 목적을 이루기 위해 섬기는 대상에서 잘 드러난다. 굿에서 위하고 섬기는 대상이 조상신을 비롯한 모든 자연물이다. 따라서 천신굿, 지신굿, 산신굿, 용왕굿, 영등굿, 샘굿 등 하늘과 땅, 산, 바다, 바람, 물 등 어느 하나 섬기지 않는 것이 없다. 자연을 두루 섬김으로써 인간의 복록을 보장받으려 할 뿐 아니라, 아예 아이들을 자연물에 팔기까지 한다. 아이들의 수명을 보장받기 위해 인간인 부모가 아니라 자연인 부모를 정해주는 것이다. 다시 말하면, 인간의 부모가 자연이라는 말이다. 실제로 인간은 자연물의 하나이며 자연의 품속에서 나서 자라다가 다시 자연으로 되돌아가는 것이다. 그러므로 굿은 자연을 위하고 섬기는 공생의 문화인 것이다.

----

24) 임석재, 〈한국무속연구서설〉, 《비교민속학》 7(비교민속학회, 1991), 29쪽. 원래 이 글은 《아세아여성연구》 9 및 10(숙명여대 아세아여성문제연구소, 1970 및 1971)에 발표된 것이되, 여기서는 《비교민속학》 7집에 수록된 내용을 인용한다. "神들은 전지전능의 신은 아니고 각각 소정의 직능을 가지고 그 직능의 한계 내에서만 그의 靈力을 충분히 발휘한다는 것이 무속의 神觀이다."

앞으로는 자연친화적인 공생굿이 새롭게 주목받고 득세해야 할 것이다. 주술굿과 예술굿, 변혁굿이 지속되고 축적되어 있으되, 앞으로는 공생굿이 나타남새로 더욱 두드러져야 한다는 것이다. 따라서 우리 굿과 같은 민속문화를 대상으로 포착한 역사인식과 시대구분은 장기지속적이고 축적적이어서, 새 차원의 역사연구를 제시하고 있을 뿐 아니라, 인간과 자연이 함께 가는 생태학적 공생의 시대를 미래의 전망으로 제시해 준다. 그러므로 굿을 통한 역사철학적 자각과 시대구분론은 우리 민속사를 읽는 데 한정되지 않고 인간다운 삶을 바람직하게 설계하고 미래의 역사적 전망을 수립하는 일반론으로 확장할 만한 가치를 지니고 있다.

5. 민속연구의 현장론적 방법과 현장실천학의 길

민속문화를 통해서 현실인식과 역사인식의 틀을 마련한 것이 이론적 성과다. 이제 민속문화를 해석하는 방법에 관해 논의할 차례다. 내가 처음 관심을 가진 것은 구조주의적 방법이다. 1970년대는 구조주의 시대라 할 만큼 우리 학계에 구조주의가 풍미했다. 따라서 꼭두각시놀음을 구조적으로 분석하면서 병립적 구조와 순차적 구조를 통합한 병행적 구조분석 방법을 모색하였다.[25] 그러나 민속문화는 고급문화의 자료(text)와 달리 상황에 따라 가변적으로 재창조되면서 전승되는 까닭에, 자료 자체 못지않게 그 현장이 중요하다. 그러

---

25) 임재해, 《꼭두각시놀음의 이해》(홍성사, 1981).

므로 민속자료와 현장상황의 유기적 관련성을 주목하는 현장론적 방법이 새로 제기되었다.

민속문화를 그 놓인 현장 상황 속에서 포착하고 해명하는 것이 현장론적 방법이다. 나는 현장론적 방법으로 문화해석을 하는 데 관심을 쏟았다. 이 방법은 세 가지 사실을 전제로 한다. 첫째, 문화는 그 자체로 존재하는 것이 아니라 그것을 생산하고 전승하며 향유하는 사람들에 의해 가변적으로 존재한다는 사실이다. 따라서 문화는 고정된 실체가 아니라 상황에 따라서 끊임없이 재창조되는 것이다. 그러므로 민속도 사람들에 의해 실제로 연행(performance)될 때, 그 연행 현장 속에서 포착해야 살아 생동하는 진짜 문화의 실상을 이해할 수 있다.

둘째, 문화는 공동체의 역사적 전통과 사회적 상황 속에서 일정한 양식의 틀이 만들어진다. 따라서 문화가 전승되는 공동체의 역사와 사회를 이해하지 않고서는 문화를 정확하게 포착하기 어렵다. 문화가 실제로 나투어지는 현장, 곧 연행현장도 문화가 전승되는 현장 속에서 존재하며 전승현장에서 축척되어 있는 문화적 역량이 마침내 문화의 실상으로 연행되는 것이다. 그러므로 문화 전승현장으로서 공동체와 민속의 상호관련성을 주목해야 문화의 이치와 존재양식을 제대로 해명할 수 있다.

셋째, 문화는 연구자의 것이 아니라 전승자의 것이다. 문화를 실제로 생산하고 전승하며 향유하는 사람들이 왜 어떻게 그러한 문화를 창조하고 향유하는가 하는 사실을 제대로 포착하려면 전승자의 시각에서 문화를 조사하고 연구해야 한다. 연구자의 시각에서 문화를 다루면 문화의 실상을 제대로 포착할 수도 없으며, 문화의 가치나 기능도 왜곡시킬 수 있다. 그러므로 민속연구는 민속문화의 담지 자인 민중의 시각에서 조사하고 해석하는 것을 원칙으로 한다.

따라서 한마디로 민속학의 학문적 본질을 규정하는 무리를 범한 다면 민속학은 '현장학'이라 자리매김할 수 있다. 현장학은 시제 중 심의 정체성을 말하는 것이 아니라 공간 중심의 정체성을 말한다. 민속문화가 실제로 구현되는 연행현장과 전승현장의 실제 상황을 가장 중요하게 여기는 학문이라는 뜻이다. 그러므로 나는 줄곧 현장 론적 방법을 개척하고 현장조사 방법을 모색하며 실천하는 일에 관 심을 기울여 왔다.

민속학이 현장학이라는 관점에서 '민속학의 자료는 텍스트(text)가 아니라 콘텍스트(context)'라고 하거나, 또는 '민속학의 텍스트는 곧 콘텍스트'라고 주장하며26) '민속연구의 현장론적 방법'을27) 모색하 고, 실제로《설화작품의 현장론적 분석》을28) 통해 방법론적 모형을 만들었으며, 현장론적 방법과 시각을 여러 모로 확장하고자29) 했 다.30)

따라서 흔히 현지조사와 현장조사를 혼동하고 있는 것도 애써 분 별하고, 현장조사방법론에 따라 실제로 마을 민속조사를 실시하며 그 결과를 새로운 방식의 보고서로 담아내고자31) 계속 실천하고 있

---

26) 임재해, 〈민속자료와 향토사〉, 한국향토사전국협의회 편, 《향토사의 길잡이》(수서원, 1995), 162쪽.
27) 임재해, 〈민속 연구의 현장론적 방법〉, 《민속문화론》(문학과지성사, 1986), 202~231쪽.
28) 임재해, 《설화작품의 현장론적 분석》(지식산업사, 1991).
29) 임재해, 〈노래의 생명성과 민요 연구의 현장 확장〉, 《구비문학연구》 1(한국구비문학 회, 1994), 53~101쪽.
30) 임재해, 〈민속문화의 자료와 현장 상황을 읽는 체계〉, 실천민속학회 편, 《민속문화의 자료와 현장》(집문당, 2003), 11~68쪽.

다. 이들 조사보고서는 전자책(E-BOOK)으로도 간행되어 온라인으로 접속하여 이용할 수 있도록 배려하였다. 미래의 민속조사보고서는 이쪽으로 가야 한다고 생각한 까닭이다.

민속조사보고서도 제임스 클리포드(James Clifford)가 표방하는 수준의 《문화를 쓴다》(*Writing Culture*)는[32] 생각을 과감하게 떨쳐버리고 '문화를 담는다' 또는 '문화를 갈무리한다'는 쪽으로 발상의 전환을 해야 한다는 주장도 펼쳤다.

'민속을 쓴다'는 고전적 방법에서 '민속을 그린다' 또는 '민속을 찍는다'는 방법으로 나아왔다. 그림 자료와 사진 자료가 문자 자료를 보조하는 구실을 하게 되었다. 풍속화와 기록사진들은 그 자체로 민속자료 구실을 하게 된 것이다. 풍속화가와 사진작가가 등장하면서 그림이나 사진이 주가 되고 글이 보조가 되는 보고 방식도 등장했다. 동영상 촬영기기가 보급되면서 영상민속지를 시도하는 전문가도 나타났다. 앞으로는 동영상 자료가 민속보고의 중요한 방식으로 자리 잡을 가능성이 높다. 동영상 자료는 조사장비의 발전에서 결과적으로 비롯된 것이기는 하지만, 민속현장을 외면한 현지조사의 해설형 글쓰기에 따른 한계를 결정적으로 보완해 준다는 점에서 조사방법과 보고방법까지 혁신해 주게 된다.

동영상 자료의 보고는 필수적으로 현장조사를 요구할 뿐 아니라, 채록형 쓰기로서 민속 전승자가 실제로 행위 하는(emic behavioral) 자료를 확보할 수밖에 없기 때문이다. 민속현상을 글로 써서 보고하는 데

---

31) 임재해, 《까치구멍집 많고 도둑 없는 목현마을》(한국학술정보, 2002), 1~562쪽; 《반속과 민속이 함께 가는 현리마을》(한국학술정보, 2003), 1~747쪽.

32) James Clifford and George E. Marcus Ed., *Writing Culture–The Poetics and Politics of Ethnography* (University of California Press., Ltd 1986); 이기우 옮김, 《문화를 쓴다》(한국문화사, 2000).

는 언제든지 현지에 가서 주민들을 만나기만 하면 되지만, 민속을 동영상 자료로 담는 데에는 민속문화가 수행되는 바로 그 현장에 제때가지 않으면 안 된다.[33]

그러나 민속학을 현장학으로서 조사하고 연구하는 것은 우리 세대의 방법론적 한계라고 성찰한다. 왜냐하면 한갓 관념만 현장일 뿐이고 실제로 현장의 총체성을 제대로 확보하고 있지 못하는 탁상공론형 현장론이기 때문이다. 따라서 현장에 오래 머물지 않으면서 틈틈이 민속조사를 하는 것 또한 현지조사도 현장조사도 아닌 '출장조사' 수준에 머물 뿐이다. 그러므로 다음 세대는 '현장학'에서 더 나아가 '현장실천학'을 해야 진정한 민속학에 이른다고 전망한다. 그런까닭에 후학들에게는 그쪽으로 가도록 물꼬를 돌리고 있다.

6. 민속학의 학문적 독립성과 학제적 연구

민속학은 신생학문이다. 학문의 역사도 짧으려니와 대학에서 분과학문으로 차지하는 비중도 아주 낮다. 따라서 다른 분과학문 전공자들이 민속학을 부전공처럼 연구해 온 것이 한국 민속학사의 현실이다. 민속학은 분과학문으로서 독립성을 인정받지 못한 셈이다. 자연히 분과학문으로서 독립성을 확보하는 것이 민속학의 긴요한 과제다.

---

33) 임재해, 〈민속 조사보고, 무엇을 어떻게 담아낼 것인가〉, 《마을 민속보고 어떻게 할 것인가》, 민속원, 2003, 57쪽.

민속학이 다른 분과학문의 주목을 끄는 것은 연구대상의 다양성과 포괄성, 그리고 계급성과 전통성 때문이다. 대학에 민속학과가 없을 때에도 전국 규모의 민속학회가 둘씩이나 조직되어 있었고, 현재까지 대학에는 민속학과가 둘뿐이지만 민속학 연구자는 상당히 많아서, 네 개의 민속학회가[34] 전국 규모로 조직되어 활동하고 있다. 다른 분과학문에서 민속학의 연구대상을 자기 학문의 대상처럼 적극 연구하는 까닭이다.

이러한 현상은 학문의 독립성을 훼손하는 것이 아니라 오히려 강화하는 것이다. 민속학 연구자가 많을수록, 그리고 그 성과가 클수록 민속학이 분과학문의 독립성을 보장받기 때문이다. 그러므로 민속학의 학문적 전망을 다학문적 접근성과 학제적 연구의 장점을 발휘할 수 있는 학문이라는 데서 찾아야 한다.[35] 21세기 학문은 학제적 연구를 지향하고 있다.

민속학의 더 적극적인 독립성은 학문주권을 확립하는 것이다. 민속학의 학문주권은 고유한 대상에 있는 것이 아니라 독창적인 이론과 방법론에서 확보되는 것이다. 그러자면 다른 분과학문에까지 영향을 미칠 수 있는 이론적 연구성과를 거두어야 할 뿐 아니라, 외국 학자들의 이론에 종속되지 말고 국제 학계에다 우리 학문의 성과이자 우리 이론이라고 떳떳하게 내놓을 수 있는 독창적인 연구를 해야

---

34) 한국민속학회와 비교민속학회, 역사민속학회, 실천민속학회 외에도 강원민속학회, 남도민속학회 등이 조직되어 있다.

35) 임재해, 〈민속학의 위상과 우리 학문으로서 새 국학 만들기〉, 제6회 국학학술대회 '새 국학 만들기'(안동대학교 국학부, 2001년 12월 14일). 이 글은 〈민속학의 학문적 성격과 새 국학 만들기〉라는 제목으로 《새로운 우리학문, 국학》, 집문당, 2004, 47~99쪽에 수록되었다.

한다. 다시 말하면, 외국이론에 적극적으로 맞설 수 있는 이론을 개척하고, 다른 분과학문의 연구를 선도하는 구실을 할 때, 민속학은 여러 분과학문 가운데서도 꿋꿋하게 자기 정체성을 드러내며 학문주권을 확보할 수 있다. 역사학계가 민속학의 발언을 주목하고 실천하게 된 것이 하나의 보기다.

역사학계에서 역사민속학회를 조직하고 민속문화를 주목할 뿐 아니라, 《조선시대 사람들은 어떻게 살았을까》와 같은 민중생활사 연구를 시작하기에 이르렀다. 나는 이미 20년 전부터 '전설과 역사'[36] 또는 '문학과 역사학'[37]의 문제를 다루면서 우리 역사학이 중앙사에서 지방사, 정치사에서 생활사, 왕조사에서 민중사, 제도사에서 문화사, 남성사에서 여성사, 전쟁사에서 문화교섭사, 사실의 역사에서 의식의 역사로 나아가야 한다고 주장한 바 있고,[38] 실제 민속사 시대구분론에서는 연대기적 역사에서 위상적 역사로 나아가야 한다는 전제로 시대구분을 새롭게 펼치는 작업을 했는데,[39] 사학계는 이제야 그러한 작업에 관심을 기울이기 시작했을 뿐 아니라 같은 주장을[40] 거듭 펴고 있다.

---

36) 임재해, 〈전설과 역사〉, 《한국문학연구입문》(지식산업사, 1982), 125쪽.
37) 임재해, 〈역사의 이해와 문학의 역사적 연구〉, 《정신문화연구》 19(한국정신문화연구원, 1984년 겨울호), 26∼40쪽.
38) 위의 글, 33쪽, "그러므로 역사학의 방향은 사실의 역사에서 의식의 역사로, 지배층의 역사에서 민중의 역사로, 중앙의 역사에서 지방의 역사로, 정치의 역사에서 생활의 역사로 나아갈 필요가 있다."
39) 임재해, 〈한국민속사 시대구분의 실제와 역사인식의 전망〉(1994), 220쪽. "민속의 특이성에 따라 시대구분을 한다면, 민속사의 시대구분은 자연히 연대기적(chronological)인 것에서 위상적(topological)인 것으로 바뀌게 마련이다." 〈꼭두각시놀음의 역사적 전개와 발전 양상〉, 《구비문학연구》 5(한국구비문학회, 1998), 243∼302 쪽에서도 같은 논리 속에서 꼭두각시놀음의 역사적 발전 양상을 해명하였다.

나는 역사학계나 국제학회에서 누가 뭐라고 해도 독창적 시대구분
이라면서 내가 개척한 민속사 중심의 시대구분론을 제시한다. 이른
바 '주술의 시대에서 예술의 시대, 변혁의 시대, 공생의 시대'로 역사
의 시대구분론을 펼친다.41) 현재는 변혁의 시대인데 앞으로는 인간
과 자연이 함께 가는 자연친화적인 공생의 시대로 가야 인류사의 미
래가 지속될 수 있다고 전망한다. 이론적인 제시만 하는 것이 아니라,
그에 따른 연구활동을 해서 민속학의 생태학적 연구를 실천했다.

우리 시대의 가장 중요한 가치관은 생태학적 공생이자 지속 가능
성이라고 주장하며 일련의 생태학적 연구를 수행하고, 《민속문화의
생태학적 인식》이라는 단행본42) 외에 일련의 논문들을 지속적으로
발표했다. 이들 연구는 국제학회에서는 물론, 생태학 및 철학 관련
학회에서 두루 발표되었다.

《민속문화의 생태학적 인식》은 우리 민속사상을 생명담론의 차원
으로 단번에 끌어올린 역작이라 생각된다. 무엇보다도 개념적 사상의
틀을 넘어서서 명제적 논변 틀을 잘 보여주는 본보기이다. 임재해는
풍수지리설, 농촌문화, 민속신앙 등 이른바 민속문화가 오늘의 생명모

---

40) 이해준, 〈문화정책과 문화교육〉, 교육철학회 엮음, 《문화개방과 교육》(문음사, 2001),
   105쪽에서 "이제 역사와 문화에 대한 이해는 바야흐로 '정치사에서 생활사로, 제도사
   에서 문화사로, 중앙사에서 지역사로, 왕조사에서 민중사로, 남성사에서 여성사로, 사
   실 중심에서 의식 중심으로, 연대기적 역사에서 위상(구조)의 역사로' 바뀌어 가고 있
   다."고 하였지만, 출처는 밝히지 않았다.
41) Lim Jae-Hae, "Tradition in Korean Society: Continuity and Change", *Korean Journal*, Vol.31
   No.3 Autumn(Korean National Commission for UNESCO, 1991), pp.13~30에서 이런 발상
   을 처음 제기했으며, 이 글은 뒤에 Han Kyung-Koo, Lim Jae-Hae, Werner Sasse, *Korean
   Anthropology: Contemporary Korean Culture in Flux*(Hollym, 2003), pp.1~23쪽에 재수록하였다.
42) 임재해, 《민속문화의 생태학적 인식》(도서출판 당대, 2002).

순을 해결할 수 있는 가장 유력한 대안문화임을 실증적인 자료의 분석을 통하여 웅변하고 있다.[43]

철학자 고창택은 그 동안의 생태학 연구 성과를 철학적으로 분석하면서, 이론화 단계를, 첫째 개념적 사상 틀로서의 이론, 둘째 명제적 논변 틀로서의 이론, 셋째 설명적 체계 틀로서의 이론을 구분한 뒤에, 위의 연구를 두 번째 단계의 이론적 성과로 평가하고 있다. 자연히 다양한 시각의 민속학 연구 결과는 철학계와 생태학계, 역사학계의 관심까지 불러일으키게 되었다. 나는 세계생태학대회에서 생태민속 관련 논문발표를 비롯해서, 외국어대 대학원 철학과와[44] 계명대 목요철학 세미나,[45] 한국학대학원의 수요역사강좌에[46] 초청받아 민속학적 연구성과를 특강 형식으로 공개발표를 하고, 철학 또는 사학 전공자들과 토론을 벌인 적이 있다.

민속학의 연구성과가 민속학 내부에서 민중민속학, 민족민속학을 넘어서는 제3의 민속학으로서 생태민속학을 제기할 뿐 아니라, 사학과 철학, 생태학 등 다른 분과학문 연구에 일정한 기여를 할 수 있어야 한다. 다른 학문에도 영향을 미치는 성과를 거두어야 민속학이 학문적 독립성을 더 꿋꿋하게 확보할 수 있다.

---

43) 고창택, 〈전통생명사상과 환경윤리이론—이론화 문제를 중심으로〉, 《전통사상과 환경》(경기대학교 소성학술연구원, 2004), 159~160쪽.
44) 임재해, 〈민속, 그 살림의 문화 또는 해방의 문화〉, 전공의 벽을 넘어 우리의 학문이론을 찾아, 문화와 윤리 공개특강(한국외국어대학교, 2001. 12. 3.).
45) 임재해, 〈민속문화 읽기에 의한 현실인식과 역사인식의 틀 찾기〉, 목요철학세미나(계명대학교, 2003. 5. 15.).
46) 임재해, 〈민속학에서 보는 역사의식과 시대구분〉, 한국학대학원 수요역사강좌(한국정신문화연구원, 2004. 12. 15.).

7. 문화의 시대로 가는 민속학과 문화 만들기

모든 학문은 역사의식과 현실인식의 틀 속에서 전개되어야 쓸모 있는 효용성을 발휘할 수 있다. 전통 속에 축적된 인류의 슬기를 길어 올려 우리 시대 문화창조의 길을 열고 새로운 전통을 만들어 가는 것이 인문학문의 사명이다. 현실 문제에 대해서 침묵한 채 아무런 발언권도 행사하지 못하며, 미래의 전망에 관해 창조적인 대안을 마련하지 못하는 인문학문은 사실상 죽은 학문이나 다름없다. 그러므로 역사의식에서 비롯된 학문적 문제의식과 현실인식에 기초한 학문의 기능을 함께 고려하지 않을 수 없다.

역사의식이 인류의 통사를 거시적 시대구분으로 포착할 때 드러나는 것이라면, 현실인식은 당대사를 미시적 시대구분으로 포착할 때 한층 더 뚜렷하게 드러난다. 거시적 시대구분을 통해서 인류의 역사는 변혁의 시대를 거쳐, 인간과 자연이 함께 하는 공생의 시대로 나아가야 하는 것이 역사의식의 자각이라면, 미시적 시대구분을 통해서 우리 사회는 경제의 시대에서 문화의 시대로 나아가는 것이 당대적 현실인식의 각성이라 할 수 있다. 그러므로 올바른 현실인식을 위해서 동시대의 현실을 중심으로 미시적 역사전개 양상을 포착하지 않을 수 없다. 결국 현실인식은 당대사의 흐름을 읽는 인지 능력이라고 할 수 있다. 당대사는 정치와 경제, 문화의 세 영역을 중심으로 시대구분할 수 있다. 정치가 주류인 시대에서 경제가 주류인 시대로, 다시 문화가 주류인 시대로 나아가는 것이 당대사의 전개 양상이자 발전 과정이다.

먼저, 정치가 주류이고 경제와 문화가 종속인 시대가 있었다. 독재정권일수록 정치가 경제와 문화 모든 것을 장악한다. 정치권력이 대기업 경영에 영향을 크게 미치고 나라 경제를 좌우하는 것이다. 이른바 관변경제 체제가 우세하게 유지되고, 정경유착을 통해 재벌이 형성되는 탓에 독재정권에 재벌이 영합하지 않을 수 없다. 문화계도 관변단체 중심으로 움직인다. 자연히 정치체제에 순응하는 관변측 문화인사들은 순수문화를 표방하며 암묵적으로 지배권력을 옹호하거나 묵인하며 기득권을 누리게 되는 시대다. 이처럼 정치권력이 경제와 문화를 좌우하는 시기가 바로 정치주류의 시대인 것이다.

정치가 주류인 시대 다음은 경제가 주류를 이루고 정치와 문화가 종속인 시대다. 재벌경제가 중심을 이루는 체제일수록 경제권력이 막강하다. 정치가 민주화되면서 정권교체가 자유로워지는 까닭에 정치권력이 분산되고 분권화 되는 반면에, 경제권력은 여전히 흔들리지 않은 채 지속성과 집중성을 확보하게 된다. 자연히 재벌 중심의 경제권력이 겉으로는 정치권력에 순응하는 것 같으나, 사실은 국가 단위의 정치권력을 넘어서서, 통시적으로는 기업 경영권을 세습적으로 이어가고, 공시적으로는 다국적 기업 중심의 세계화 체제를 확보하고 있다. 그러므로 재벌개혁을 표방하는 진보적인 정당도 집권을 하게 되면 본디 의지와 상관없이 재벌경제에 의존하고 경제권력에 휘둘리게 마련이다.[47]

문화계도 경제계의 재정 지원을 받아야 문화활동을 제대로 할 수

---

47) 개혁적인 인물인 노무현 대통령도 2004년 12월 해외순방을 하면서 "기업이 나라다" 또는 "한국상품이 우리의 대표"라며 기업과 기업인들에 대한 변화된 인식을 숨김없이 드러냈다.

있다. 관변단체 중심의 문화계보다 경제계의 지원을 받는 문화계가 득세하고, 문화상품으로 거래되는 대중문화가 독점적인 지위를 누리게 되는 시대로 변화된 것이다. 경제가 성장하면 문화도 자연스레 성장한다고 믿는 시기이자 무엇이든 경제로 해결되는 시대다. 자연히 경제가 모든 가치에 우선하게 된다.

경제가 주류인 시대 다음에 오는 것이 문화가 주류인 시대다. 문화가 중심을 이루는 까닭에 경제와 정치가 문화에 종속되는 시대다. 정치에서 경제, 경제에서 다시 문화가 주류인 시대로 바뀌면서 경제성장이 문화를 수준 높게 이끌어가는 것이 아니라, 수준 높은 문화가 경제성장을 촉진하는 것이며, 그에 따라 정치문화도 성숙되는 시기다. 경제든 정치든 문화계의 눈치를 봐야 하고 문화권력이 경제권력과 정치권력 못지않게 득세하는 시기다.

대기업이 문화를 지원하는 것이 아니라 문화에 투자하기 시작하고, 문화계 인물들이 정치권력을 획득하는 가장 유리한 조건을 갖추게 된다. 문화인물들이 정치적 힘을 발휘하고 문화산업이 경제적 부를 보장하는 까닭이다. 한 마디로 문화가 경제와 정치를 두루 석권하는 시기인 것이다. 그러므로 문화의 시대는 문화가 경제를 위한 수단이 아니라 경제의 목적이어야 한다.

교환가치를 추구하는 경제와 달리 문화는 의미가치를 추구한다. 교환가치는 수단적 가치라면 의미가치는 목적가치다. 결국 경제력의 축적도 의미가치를 추구하기 위한 목적과 만날 때 교환가치로서 제 구실을 하게 된다. '개같이 벌어서 정승같이 쓴다'는 옛말처럼, 경제는 인간다운 삶을 누리는 데 필요한 재화를 확보해 주는 수단일 따름이다. 다시 말하면, 생업 현장에서 억척 같이 벌어들이면 재화를 수준 높은 문화생활을 위해 쓸 때, 비로소 인간다운 삶이 실현되는 것이다. 문화는 교환가치를 의미가치로 바꾸어 주는 목적가치기 때문이다. 그러므로 인류의 현대사는 경제의 세기인 20세기 후반기를 넘어서 21세기를 문화의 세기로 겨냥하고 있는 것이다.

문화의 세기에는 인문학문이 주류가 되어야 한다. 인문학문이 문화의 가치를 새삼스레 입증하고 새로운 문화 전망을 개척해야 문화의 세기를 실현할 수 있다. 인문학문이 현대 학문으로 제 구실을 감당하려면, 문화의 세기를 이끌어갈 수 있는 현실 학문으로서 효용성과 기동성을 예민하게 발휘할 수 있어야 한다. 그렇지 않으면 현대 학문으로서 살아남기 어렵다.

가장 오랜 학문으로 주목받던 철학 전공 학과가 대학에서 하나 둘 사라지고, 30년 전에 각광받던 공대가 죽는다고 아우성인 것이 실제 상황이다. 대학의 분과학문에서 붙박이 간판 노릇을 하던 국문학과나 역사학과도 이미 그 간판을 바꾸고 있다. 이들 분과학문이 고유한 연구대상이 없어서 그런 것이 아니다. 현실적인 효용성 때문이다. 그런데 민속학이라 하여 고유한 연구대상만 껴안고 있다고 해서 살아남을 수 있는 것도 아니고, 독립학문으로서 인정받는 것도 아니다.

국제적으로 문화의 세기이자 문화산업의 시대로 규정되고, 국내에서도 분권운동과 더불어 지역문화 시대로 가고 있다. 이러한 현실 인식 속에서 민속학도 문화학으로서 새로운 이론을 개척하고 지역문화 논리를 독창적으로 개발하지 않을 수 없다. 《지역문화와 문화산업》,48) 《지역문화, 그 진단과 처방》49) 등의 저서는 모두 이러한

---

48) 임재해, 《지역문화와 문화산업》(지식산업사, 2000).

현실문화 인식에서 비롯된 연구물이다. 지역문화의 실제 연구로 《민속마을 하회여행》을50) 비롯한 《하회탈 하회탈춤》,51) 《안동문화의 수수께끼》,52) 《안동문화와 성주신앙》,53) 《안동의 비보풍수 이야기》,54) 《하회탈, 그 한국인의 얼굴》55) 등을 펴낸 것도 지역문화에 대한 적극적인 관심 때문이다. 지역문화 연구는 실제로 수행하지 않고 지역문화를 살려야 한다고 주장하는 것은 한갓 입바른 소리일 따름이다.

나아가 지역문화 분권과 관련한 정책적 논의로서 기존의 문화분권론에 빠져들지 않고 문화주권론 또는 문화복권론을 따로 펼침으로써 지역문화에 대한 열쇠말(keyword)을 '문화분권'에서 '문화주권'으로 바꾸고자 하였다. '문화주권 수준에서 보는 지역문화 현실 읽기와 일거리 찾기'와56) '지역문화의 민주적 전통과 문화분권을 넘어서는 문화주권 운동'이57) 이러한 논의들이다. 이때 제기한 문화주권은 더 적극적으로 말하면 문화생산 주권 또는 예술생산 주권을 말하는

---

49) 임재해, 《지역문화, 그 진단과 처방》(지식산업사, 2002).
50) 임재해, 《민속마을 하회여행》(도서출판 밀알, 1994).
51) 임재해, 《하회탈 하회탈춤》(지식산업사, 1999).
52) 임재해, 《안동문화의 수수께끼》(지식산업사, 1999).
53) 임재해, 《안동문화와 성주신앙》(안동대학교 민속학연구소, 2002).
54) 임재해, 《안동의 비보풍수 이야기》(민속원, 2004).
55) 임재해 외, 《하회탈 그 한국인의 얼굴》(민속원, 2005).
56) 임재해, 〈문화주권 수준에서 보는 지역문화 현실 읽기와 일거리 찾기〉, 《국가균형발전을 위한 지방교육문화적 과제》(대통령자문 정책위원회 주최 발표논문집, 전북대학교 건지 아카데미홀, 2003. 9. 26.), 109~166쪽.
57) 임재해, 〈지역문화의 민주적 전통과 문화분권을 넘어서는 문화주권 운동〉, 대구사회연구소 주최 지방분권 시대의 문화분권 정책 토론회(경주코오롱관광호텔, 2003. 10. 18.), 21~68쪽, 이 발표논문집에는 '지역문화의 민주적 전통과 문화분권의 재인식'이라는 주제로 발표되었다.

데, 인간은 누구나 정치주권을 평등하게 지니고 태어났듯이, 문화생
산 주권이나 예술생산 주권도 평등하게 지니고 태어났다는 것이다.

 정치적으로 주권을 행사하지 못하던 왕조시대에도 개인과 지역공
동체의 문화주권은 상당히 민주적으로 행사되었는데, 정치가 민주
화되고 경제가 산업화되면서 오히려 문화주권은 중앙과 문화전문가
들에게 집중되어 버리는 모순에 빠졌다는 비판적 상황인식이다. 그
결과, 지역의 예사사람들은 물론 도시 민중들조차 중앙의 문화전문
가들이 일방적으로 공급하는 문화를 맹목적으로 받아들이는 수준에
머물고 있다는 것이다. 한결같이 텔레비전 모니터를 통해서 공급되
는 문화에 일희일비하면서 스스로 문화생활을 하는 것처럼 착각하
는 처지가 되어버렸다.

 특히 민속문화의 경우에는 개인과 공동체, 지역사회, 민족, 국가별
단위에 따라 제각기 문화주권을 독자적으로 누렸던 것이다. 그러나
이제는 개인이나 지역공동체는 물론, 민족이나 국가조차 문화주권
을 누리기 어렵게 되었다. 제국주의 문화산업과 대중문화가 국경을
넘어서 세계를 석권하고 있는 까닭이다. 문화산업이 문화생산을 뜻
하고 문화창조를 겨냥하는 것이 아니라, 문화상품화를 조장함으로
써 오히려 문화까지 경제화하는 역기능을 발휘하고 있다.

 문화가 상품화되고 문화조차 이윤추구의 대상이 되면, 예사사람
들의 문화창조력은 발휘되지 못하고 민중들의 문화주권은 박탈된
다. 경쟁력을 확보하고 있는 문화전문가와 예술가들이 문화생산권
을 독점하게 되면 문화산업만 이윤을 축적할 뿐, 대부분의 시민들은
문화소비자로 전락하게 된다. 무상으로 공유하던 문화조차 상품화
되면 사람마다 경제력에 따라 문화구매력이 차이가 나게 마련이어

서, 예사 주민들은 문화생산 주권이 박탈되는 것은 물론, 봉건적인 신분사회 이상으로 일상생활이 철저하게 차별화되며 경제력에 따른 불평등을 더욱 심화시키는 결과를 빚게 된다.

정치적으로 주권을 행사하지 못하고 경제적으로 불평등한 전통사회에서도 민중들은 문화를 무상으로 공유하며 공동체문화를 평등하게 누리는 것은 물론, 문화생산 주체이자 예술창작 주체로서 문화주권을 마음껏 누렸다. 민중들은 지배문화에 맞서서 자신들의 자유롭고 풍요로운 삶을 지향하는 민속문화를 주체적으로 창출했던 것이다. 그런데 지금은 정치적으로 평등하고 정치주권을 민주적으로 행사하는 사회이긴 해도, 경제력으로는 가장 불평등한 사회 속에 놓여 있는 것은 물론, 그에 따른 문화적 불평등은 반상의 신분 이상으로 사람들을 철저하고 세밀하게 차별할 만큼 심각한 상황 속에 빠져들게 만든다.

한 마디로 법 앞에 평등할지는 몰라도 돈 앞에 평등한 사람은 없다. 따라서 인문학문은 경제의 시대를 극복하고 문화의 시대로 나아가는 문화주권 이론을 수립하지 않을 수 없다. 민속학도 과거의 민속자료를 조사하여 보고하거나 조사된 자료를 분석하여 민속문화를 해명하는 수준에서 만족할 수 없다. 우리 시대에 맞는 미래의 문화를 만들어내는 데 민속문화 이론이 새로운 길잡이 구실을 할 수 있어야 한다. 그러므로 민속문화를 통해 발견한 민중의 문화창조력과 민주적인 문화생산 주권 문제를 주목하며, 새롭게 문화주권 이론을 펼치고자 하는 것이다.

8. 문화주권론을 개척하는 민속학의 전망

문화가 평등하면 상대적으로 경제적 정치적 불평등이 크게 문제되지 않는다. 왜냐하면 문화가 평등하면 모든 것이 평등하기 때문이다. 문화주권이 보장되면 경제적으로 빈곤하고 정치적으로 소외되어도 줏대 있는 삶이 가능하다. 민속사회에서는 반상의 신분체제가 엄존해도 문화가 상품으로 거래되고 일방적으로 유통된 것이 아니라, 무상으로 공유되고 서로 소통되었기 때문에 마을자치가 가능했으며 사회적 불평등도 극복할 수 있었다. 문화생활에서는 돈이 주인이 아니라 사람이 주인이었던 것이다. 따라서 신분체제 속에서도 문화주권을 누렸던 것이다. 그러므로 정치주권이나 경제주권보다 문화주권이 더 중요하다는 사실을 깨우쳐야, 권력과 금력에 탐닉하는 욕망의 인간이 아니라 인간다운 삶을 창조하는 문화적인 인간이 될 수 있다.

문화가 창조적으로 발전하고 문화가 민주적으로 건강해지면, 그와 관련하여 따라오는 것이 경제성장이자 정치발전이다. 문화가 주류고 정치나 경제는 문화에 따라오는 시대가 문화의 시대다. 그런데 여전히 문화를 경제적 사고 속에서 종속시키고 있는 것이 문제다. 최근에 《문화가 중요하다》는 책을 펴낸 새뮤얼 헌팅턴은, 문화가 중요한 이유로 경제성장에 문화가 결정적인 구실을 한다는 근거로 한국을 보기로 들었다.[58] 그러나 '문화가 정말 중요하다'는 그의 주장

---

58) 새뮤얼 헌팅턴, 〈문화는 정말 중요하다〉, 새뮤얼 P. 헌팅턴, 로렌스 E. 해리슨 공편/ 이종인 옮김, 《문화가 중요하다》(김영사, 2001), 8~9쪽.

은 거짓이다. 왜냐하면 사실상 경제가 중요하다는 주장을 하고 있는 까닭이다.

헌팅턴의 주장처럼, 만일 문화가 경제발전에 결정적 요인으로 작용하기 때문에 문화가 중요하다고 한다면, 정말 중요한 것은 문화가 아니라 경제인 것이다. 경제에 도움이 되는 까닭에 문화가 중요하다는 말은, 만일 문화가 경제성장에 도움이 되지 않는다면 문화를 그 자체로 중요하다고 할 만한 아무런 근거가 없다는 것이나 다름없는 주장이기 때문이다. 따라서 헌팅턴이 '문화가 정말 중요하다'고 외치고 있지만, 문화가 문화 자체로서 중요성이 문제가 되는 것이 아니라 경제적 가치로 환원되어서 비로소 중요성이 문제되는 까닭에, 결국 문화가 중요하다는 헌팅턴의 말은 거짓이다. 그것은 경제가 중요하다는 말과 다름없기 때문이다. 그러므로 문화주권을 제대로 포착하려면 문화의 가치나 중요성이 경제와 상관없이 그 자체로 입증되어야 한다.59)

문화의 가치는 사실상 공기의 가치나 다름없다. 공기가 없는 사회가 삶을 질식시키듯이, 문화가 없는 사회에는 인간다운 삶이 질식되기 때문이다. 따라서 우리는 문화로 먹고 문화로 입고 문화로 생각하고 문화로 행동한다는 사실을 자각해야 한다. 문화주권이야말로 모든 사람에게 가장 인간다운 삶을 보장하는 기본적인 주권이기 때문이다. 그러므로 정치주권을 침탈하고 경제주권을 착취하는 것이 불의인 것처럼, 민중으로부터 문화주권을 앗아가는 일 또한 불의이

---

59) 임재해, 〈문화주권의 회복과 문화 창조력〉, 지방문화분권과 문화주권의 확립, 제16회 향토문화연구 심포지엄(목포초원관광호텔, 2004. 9. 3.), 24쪽. 이 글은 〈지역 문화주권의 인식과 문화창조력〉이라는 제목으로 《지역사회연구》 15권 2호, 한국지역사회학회, 2007, 273~348쪽에 수록되었다.

자 악덕으로 규제되어야 마땅하다. 민중들 위에서 군림하는 문화권력을 비판하고, 민중의 문화생산권을 알게 모르게 앗아가는 문화산업 정책과 문화상품화 경향을 경계하는 일에 쌍지팡이를 짚고 나서는 것도 이 때문이다.

민속학은 밑에서부터 위로 치받는 학문이자 민중의 문화학이다. 따라서 민중을 대상화하고 문화민주화를 거스르는 민속학은 사실상 반민속적이라 할 수 있다. 그러므로 민속학 연구과정에서, '이 연구에서 내가 새로 알아낸 앎은 무엇인가 하는 것보다 민중에게 의미 있는 앎은 무엇인가', '이 연구를 통해서 나의 학문에 무슨 도움을 받을 수 있는가 하는 것보다 민중들의 삶에 무슨 도움이 될 수 있는가', '이 연구가 현실사회에 이바지하는가 하는 것보다 바람직한 사회의 변화와 역사발전에 이바지하는가' 하는 자문을 하며 성찰하는 마음가짐이 필요하다.

일부 민속학자들의 관심은 농경사회의 전통문화를 연구하여 산업사회에 어떻게 효과적으로 써먹을까 하는 데 매몰되어 있는 경우가 있는가 하면, 아예 사회 변화에 따라 연구거리인 민속이 사라져버리지는 않을까 우려하며 민속의 개념조차 바꾸려드는 경우도 있다. 이를테면, 민요는 더 이상 현장에서 불리어지지 않으니 민중들이 널리 부르는 대중가요가 사실상 민요나 다름없으므로, 대중가요를 우리 시대의 민요로 인정하고 연구해야 한다는 따위의 논리다. 대중문화를 따라가면서 민속문화의 가치를 부정하는 현실 추수주의에 자기도 모르게 매몰되는 경향을 보이는 것이다.

민속에 대한 좀 더 적극적인 논의는 자본주의 체제 속에서 민속자료를 문화산업의 자원으로 자리매김하는 작업이다. 민속이 가지는 문화상품으로서 가치를 주목하고, 이를 문화산업으로 연결하여 시장경제 속에서 이윤을 창출할 수 있기를 기대한다. 민속문화가 문화산업자원이라는 사실을 통해서 민속학의 쓸모 있음을 입증하려 드는 것이다. 이런 사람들일수록 문화콘텐츠 사업에 참여하려고 기를 쓰게 마련이다. 먹고사는 문제를 해결해 주는 경세제민의 학으로 민속학을 주목하는 셈이다.

더러는 민족문화의 핵심으로서 민속문화를 주목한다. 그래야 민속학이 설자리가 있다고 여기는 것이다. 민족문화는 다들 중요하다고 여기고 있다는 판단 때문이다. 민족적 당위성을 업고 있는 셈인데, 결국은 문화산업이 중요하다고 여기기 때문에 민속학적 지식으로 그 쪽에 줄을 서는 것이나 그리 다르지 않다. 민속문화는 그 자체로 중요한 것이지, 민족문화의 하나이기에 중요한 것은 아니기 때문이다. 그러므로 마을민속 연구의 목표는 마을민속을 체계적으로 포착하고 이론적으로 해명하여 연구자의 이해관계를 충족시키는 데에서 머물지 않고, 세계 차원의 문화학을 창조적으로 구상하고 인류문화 연구의 방향을 새롭게 제시하는 쪽으로 나아가야 한다.

그러자면 민속연구는 자본주의 체제를 비판적으로 인식하면서 이를 대체할 수 있는 새로운 세계체제를 구상하는 가운데, 경제 중심의 신자유주의를 극복하고 문화주권이 실현되는 문화 민주주의 사회를 지향할 수 있어야 한다. 경제가 주류인 시대에서 문화가 주류인 시대로 역사를 한 단계 진전시켜야 자본주의 체제 속에서 안주하는 민족문화 중심의 민속학에서 벗어날 수 있다. 무엇이든 경제가치로 환원시키고 돈으로 환산하여 상품가치로 자리매김하는 천박한 시장논리와 장터인간의 물신주의를 비판적으로 극복하고, 인간다운 삶의 수준을 높이는 문화적 가치를 의미 가치와 목적 가치로서 존중하는 문화의 시대를 개척해 나가는 일을 민속학의 사명으로 삼아야한다.

재산은 사유재산을 인정하고 경제는 시장주의에 따라 자유경쟁을 인정한다고 하더라도, 문화는 서로 공유해야 인간다운 삶을 이룰 수있다. 민속사회의 전형이라 할 수 있는 마을 공동체에는 사유재산이인정되고 시장주의적 경제활동이 자유롭게 보장되었지만, 마을사람들이 누리는 문화는 사유화되거나 상품으로서 거래되지 않고 무상으로 공유되었다. 그러므로 마을공동체 성원들은 산업사회의 시민들처럼 자기 사회로부터 소외되거나 이윤추구의 무한경쟁 속에 내몰리지 않았다. 공동체문화를 주체적으로 생산하고 전승하며 향유한 까닭에, 서로 안면을 트고 사회적 유대를 가지며 상호교감하는가운데 따뜻한 정을 나누어 가졌던 것이다.

그러므로 민속을 연구하는 방향도 여기서 다시 출발해야 한다. 민속문화의 민주적인 존재양식과 무상공유의 이치를 발견함으로써,현실문화의 한계를 극복하고 미래문화의 바람직한 전망을 수립하는새로운 문화이론의 준거를 제시하는 데까지 이르러야 한다. 그러한대안문화 이론을 마련하기 위해서는 민속문화의 구체적 현장인 마을민속을 통해서 다음 네 가지 문제를 밝히는 데 특히 관심을 기울일 필요가 있다.

하나는, 마을민속이 공동체문화라고 하는 사실이다. 공동체문화가 바람직한 문화의 이상이라고 생각하면, 그러한 문화의 훌륭한 보기인 마을민속을 끌어안지 않을 수 없다. 따라서 공동체문화로서 민속을 조사하고 연구하는 데에는 마을민속이 가장 적절하다. 마을민속이 공동체문화기 때문에 상품화되지 않고 마을사람들이 더불어 공유하는 문화 구실을 한다.

둘은, 마을민속이 무상으로 공유되는 문화라는 사실이다. 문화가 상품처럼 거래되고 유통되는 한 문화생활의 차별은 더욱 조장된다. 문화민주화의 실현을 위해서는 무상으로 공유되는 문화로 가야 한다. 그러한 문화로서 마을민속은 긴요한 연구대상이다. 마을민속은 공동체문화기 때문에 무상으로 공유되는 문화일 수밖에 없다. 문화가 무상으로 공유되어야 주민들이 저마다 창조력을 발휘하는 문화생산 주체가 될 수 있다.

셋은, 마을민속이 주민들의 창조력에 의해 생산된 문화라는 사실이다. 현대인들은 문화창조력을 상실하고 있어서 마을마다 독자적인 문화를 생산하고 전승하며 자기들의 문화를 만들어가는 역량을 발휘할 수 없다. 창조적인 문화생활을 위해서도 마을민속은 새로운 연구거리다. 마을에서는 주민들의 문화창조력이 잘 발휘되는 까닭이다. 주민들이 스스로 문화를 창조하고 전승하며 향유할 수 있어야 문화자치가 가능하고 진정한 민주화가 실현될 수 있다. 사람마다 마음껏 문화창조력을 발휘할 수 있을 때 비로소 진정한 문화주권을 누릴 수 있다.

넷은, 마을민속이 주민들의 문화주권을 보장하고 있다는 사실이다. 문화전문가들이나 작가들이 문화생산을 독점하여 보급하는 바람에 지역주민들은 자기 문화를 생산할 수 있는 문화주권을 잃어버렸다. 문화생산 주권을 회복하고 문화민주화를 실현하기 위해서도 주민들이 주체가 되어 문화생산 주권을 누리는 마을민속을 연구하지 않을 수 없다. 문화주권이야말로 민주시민으로서 누려야 할 가장 일상적인 생활주권이자, 인간다운 삶을 보장하는 실질적인 기본주권으로서 정치주권이나 경제주권에 우선되어야 할 최고의 주권이다.

문화주권은 가장 기본적인 일상생활에서부터 삶의 수준을 높여주는 교양생활, 그리고 삶의 뜻을 창조적으로 형상화하는 예술활동에 이르기까지, 인간다운 삶을 실현하는 기본권이기 때문에 특히 소중하다. 정치적 자유가 주어지고 경제적 여유가 보장되었다고 하여 수준 높은 문화생활을 누릴 수 있는 것은 아니다. 정치적인 힘과 경제적인 양이 삶의 질적 수준을 보장할 수 없다. 문화창조력을 지니고 문화주권을 확보할 수 있어야 진정한 문화생활을 할 수 있다. 그러므로 인간다운 삶의 질적 수준은 정치주권이나 경제주권보다 문화주권에 의해 온전하게 실현된다고 할 수 있다.

민주적인 문화이론 수립을 위한 네 가지 열쇠말, 곧 '공동체문화', '무상의 공유문화', '문화창조력', '문화주권' 문제는 서로 배타적 관계에 있는 것이 아니라 유기적으로 얽혀 있는 것이다. 공동체문화기 때문에 무상으로 공유할 수 있는 문화고, 그렇기 때문에 민중들도 자유롭게 문화창조력을 발휘하며 민주적으로 문화주권을 누리는 것이다. 문화주권론은 문화의 시대에 민주적인 문화이론 만들기의 가장 중요한 과제다. 민속문화를 올바르게 이해하기 위한 연구방법에서 현실문화를 건강하게 만드는 방법으로 나아간 것이 문화주권론이다. 그러므로 민중의 문화창조력과 문화주권론에 대한 지속적인 연구가 앞으로 내 연구의 화두가 될 수밖에 없다.

카리브해 지역의 '혼종성' 연구방법

송병선

┃ 울산대

나의 라틴아메리카 문학 연구 연대기

1980년에 내가 대학을 들어가 스페인어 공부를 시작할 때, 스페인어가 설치된 학교는 국내에 단 한 곳뿐이었다. 당시에는 해외유학을 떠나기 워낙 힘든 때였고, 내가 재학하던 학과의 교수 가운데에서 라틴아메리카 문학을 전공한 교수는 단 한 명도 없을 때였다. 그만큼 라틴아메리카 문학은 귀하고 정보도 거의 없을 때였다. 대학 3학년이 되어서 나는 라틴아메리카 문학을 공부하기로 마음먹었다. 그 당시 나를 지도해준 교수는 콜롬비아 출신의 에르네스토 포라스(Ernesto Porras) 교수였다. 그는 당시의 외국인 교수들과 달리, 콜롬비아에서 저명한 학자로 인정받고 있었고, 동양을 알고 싶은 마음에서 한국에 초빙교수로 왔던 사람이다.

그러던 가운데 1982년에는 가브리엘 가르시아 마르케스가 노벨문학상을 탔고, 나는 그의 조국인 콜롬비아로 유학을 가겠다는 마음을 굳혔다. 4학년이 되자, 포라스 교수의 추천장을 받아 콜롬비아 정부와 미주기구(OAS)가 공동으로 설립한 '카로 이 쿠에르보 연구소' 석사과정에 입학을 신청했고, 추천장 덕분에 쉽게 입학허가를 받았다. 1984년에 콜롬비아로 건너가면서 라틴아메리카 문학 공부는 본격적으로 시작되었다.

잘 알려져 있다시피, 1980년대 국내 문학은 '민중문학'에 지배되어 있었고, 거의 모든 문학도들은 그 영향을 받았다고 해도 지나친 말이 아니다. 그러나 민중문학 계열의 학자들이 말한 라틴아메리카 문학과 현지에서 접한 라틴아메리카 문학 연구는 너무 달랐다. 가령 1970년대 말에 백낙청 교수는 라틴아메리카 문학을 언급하면서, 네루다와 같은 시인은 높이 평가하지만, 가르시아 마르케스나 보르헤스 같은 작가들은 민중성과 괴리가 있다는 성급한 판단으로 부정적인 견해를 밝혔다. 백낙청 교수는 가르시아 마르케스의 《백년의 고독》에 관해, 기법 면에서나 작가의 관심의 방향에서나 지나치게 고급스런 일면을 지니고 있으며, "이 작품에 투영된 토속 세계라는 것도 넓은 의미의 지배층에 속하는 일가가 그 중심이 되어 있으며, 하나의 전설 또는 신화의 규모에 이르는 그 작중 인물들의 고독의 체험도 아직껏 그들이 개척한 신대륙의 대지 및 그 토착민들과 하나로 되지 못한 백인 정착 사회의 소외 상태를 온전한 리얼리즘에 미달하는 차원에서 제시한 것"으로 평가하였다.

이런 부류의 견해에 젖어 있는 내 생각은 대학원에서 공부하면서 산산이 부서졌다. 그리고 민중문학자들이 얼마나 자기중심적인 시각에서, 그러니까 자신들의 잣대로 라틴아메리카 문학을 보았는지를 깨달았다. 이후 나의 라틴아메리카 문학 연구 과정은 국내에서 배운 알량한 지식을 버리고 현지의 관점을 충실하게 공부하는 것으로 선회하였다. 하지만 대학원 과정 때의 대부분 학생들이 그렇듯이, 문학연구방법론이란 것은 논문을 쓰는 형식을 배우는 것에 국한되었다. 나는 내 연구가 이론에 바탕을 두었기는 하지만, 어떤 성격을 띠고 있는지 잘 몰랐다. 미시적인 것에 관심이 많지 거시적인 것에는 미처 눈을 돌릴 여력이 없었기 때문이다. 박사과정이 끝날 무렵, 문학과 학과장이 내 연구방법은 문학사적인 토대가 짙다는 의견을 제시하면서, 나는 내 연구방법이 문학사에 바탕을 두고 있음을 비로소 깨달았다.

3년에 걸쳐 콜롬비아의 국립대학과 하베리아나 대학에서 교수 생활을 한 후, 1993년에 귀국하였다. 그 이후는 라틴아메리카 문학을 소개하는 데 힘썼다. 그것은 특정 관점에 입각한 소개가 아니라, 문학사에 입각한 보편적인 소개다. 당시에는 그런 관점이 유효했다고 판단하였다. 그리고 1960년대부터 세계를 강타한 '붐 소설'이 국내에 어느 정도 소개되었다고 보고, 나는 1980년대 이후의 라틴아메리카 문학과 '붐 소설'에서 소외된 카리브해 문학에 관심을 가졌다. 특히 문학작품을 넘어서 '혼종성'에 관심을 갖고 접근하고 있으며, 지금도 그에 대한 관심은 변함이 없다. 즉, 문학사나 문화사에 바탕을 둔 연구라고 말할 수 있다.

1. 카리브해 지역은 통합적으로 다루어질 수 있는가

카리브해 지역은 카리브해의 도서(島嶼)를 포함하여 중앙아메리카와 남아메리카의 대서양 연안국을 포함한다. 주요 국가로는 쿠바, 아이티, 도미니카 공화국, 과테말라, 온두라스, 엘살바도르, 니카라과, 파나마, 콜롬비아, 베네수엘라, 가이아나, 수리남이 있으며, 프랑스령 가이아나, 과들루프, 푸에르토리코와 같은 수많은 자치령과 속령들이 있다. 이런 인위적인 정치적 국경 못지않게 인종과 언어도 다양하다. 원주민, 흑인, 백인, 동양인들 사이에서 태어난 각종 혼혈인들이 공존하며, 언어도 스페인어, 영어, 프랑스어, 네덜란드어, 크레올어를 사용한다.

이렇듯 혼란스럽고 다양한 카리브해를 떠올릴 때면, 우리는 환상적인 해변과 그곳에 기원을 둔 레게나 살사 같은 음악이나 춤을 생각하며 낭만에 젖는다. 하지만 그곳의 문학과 문화를 연구하는 사람들에게는 낭만의 대상이 아니라, 식민주의 속에서 왜곡된 역사와, 사탕농장에서 노동력을 착취당했던 흑인 노예, 지금도 계속되는 불안한 정치적 상황과 혁명, 그리고 더 나은 삶을 찾아 조국을 떠나야 했던 카리브해 사람들의 아주 힘든 역사다.

카리브해는 콜럼버스가 가장 먼저 발견한 지역이지만, 아이러니컬하게도 그곳의 문학과 문화는 라틴아메리카에서도 가장 연구가 이루어지지 않은 분야며, 따라서 세계사적 관점에서는 말할 필요도 없다. 아마도 이것은 라틴아메리카 문학·문화사 기술을 지배해왔던 자유주의 방법론의 문제에 기인하는 것 같다. 즉 식민주의 유산인 자유주의 문학사 기술은 라틴아메리카 대륙을 스페인어권과 포르투갈어권에만 한정시키면서, 영국이나 미국 혹은 프랑스가 정복하고 통치했던 지역을 무시하고 있었던 것이다. 다시 말하면, 비스페인어권 카리브해 국가들 역시 스페인어권 국가들과 '동일한 자궁'에서 태어났지만, 그들은 '머나먼 조카' 취급을 받았던 것이다.

카리브해 지역은 국가적 경계나 언어적 경계, 혹은 인종적 경계가 반드시 문화적 경계와 일치하지 않음을 보여주는 대표적인 지역이다. 그래서 20세기 중반부터 카리브해의 문화연구자들과 사회과학자들은 이런 식민지적 역사기술을 문제시하면서, 이 지역의 문화/문학적 관점을 재정립하려고 노력한다. 그러나 20세기 전반만 해도 국가중심주의 혹은 언어중심주의 전통에 바탕을 둔 사회과학자들과 언어학자들은 이 지역을 통합적으로 보는 관점을 회의적으로 받아들이고 있었다. 그런데 뜻밖에 이런 통합적 관점은 사회과학자들이 카리브해 지역의 기반을 이루고 있던 사탕수수 대농장제도가 국가적 경계와 언어적 경계를 막론하고 동일한 주기로 대체되었음을 확인하면서 본격적으로 설득력을 띠기 시작한다.

이런 사회·정치적 요인은 사회과학뿐만 아니라 카리브해 문학/문화의 통합적 관점을 논의하는 출발점을 이루었으며, 이런 통합적 관점에 대한 관심은 1950년대 많은 문학/문화 비평가들을 동요시켰다. 자메이카의 비평가 조지 로버트 코울사드(George Robert Coulthard)는 이런 관심을 가장 먼저 표명한 사람 가운데 하나다. 그는 "하나의 카리브해 문학이 존재하는가, 아니면 단지 카리브해에서 씌어진 문학만이 존재하는가?"라는 질문의 형태로 문제를 제기한다. 동일한 시기에 호르헤 마냐츠(Jorge Mañach)는 좀 더 구체적으로 카리브해 국가들의 문학 속에 "통합성, 적어도 지역적 동질성"이 존재하는지 질문을 던진다. 즉, 지리적 개념을 넘어선 이 지역의 문학적 공통분모가 무엇이냐는 것이었다. 한편, 쿠바의 호세 안토니오 포르투온도(José Antonio Portuondo)는 자신이 "아메리카의 지중해"라고 부른 지역의 특정 문제들에 대한 문학인의 입장을 천명하는 방법으로 20세기 전반에 카리브해 문학을 지배했던 주제들을 연구했다. 그리고 1950년대 말 자크 스테판 알렉시스(Jacques Stephen Alexis)는 처음으로 체계적인 형태로 지역별 문화를 총체적으로 접근할 수 있는 가능성을 암시했다.

이런 문학 비평가들이 제기한 1950년대의 관심은 카리브해 문학을 연구하기 위해서 우선 '통합성'의 개념에 도달해야 한다는 것을 전제로 삼고 있었다. 충분히 상상할 수 있는 것처럼, 이런 시도는 체계 부족으로 만족할 만한 성과를 거두지 못했다. 이 지역을 이해하는 데 필요한 근본적인 공통 개념들조차 생각하지 못했기 때문이었다. 가령 코울사드는 "역사적 과거, 인간적인 분위기, 동식물군, 경치와 기후 조건의 유사성"이라는 직관적이고 감정적인 애매한 말로 정의를 내린다. 여기서 우리가 특히 눈여겨 볼 것은 스테판 알렉시스의 주장이다. 그는 아이티의 상황을 출발점으로 삼아서 타이노 원주민, 흑인, 프랑스의 세 문화가 공존하며, 이런 다양한 문화의 혼합은 국민문화보다 상위단계를 구성하는 지역문화의 형성 원칙임을 밝힌다.

하지만 스테판 알렉시스의 의미 있는 혼종 사상은 즉각 수용되지 않는다. 문학비평가들과 작가들, 그리고 문화생산자들은 계속해서 국가적 경계 속에 갇혀 20세기의 카리브해 문학을 연구하는 데 전념했던 것이다. 그러나 아주 특별한 예외가 존재하는데, 특히 자메이카 문학을 구체적으로 연구했던 에드워드 브레스웨이트가 대표적이다. 브레스웨이트는 식민주의적 문학관을 벗어나 카리브해 문학의 통합적 관점을 추구하면서, 《칼리반》이란 잡지를 통해 이런 카리브해의 문학관을 확산시키려고 노력했다.

한편 '통합적 관점'의 개념에 대한 합일성을 도출하지 못했지만, 이 지역을 알리려고 많은 학자와 문학인들이 노력했다. 영어권에서는 앤드루 설키(Andrew Salkey), 실비아 윈터(Silvia Wynter), 재클린 케이(Jacqueline Kaye), 산드라 드레이크(Sandra Drake), 프랑스어권에서 마리즈 콩데(Marsye Conde), 릴리안 케스틀루(Lillian Kesteloot), 기 르빌랭(Guy Levilain), 르네 드페스트르(Rene Depestre), 장 프리스-마르스(Jean Price-Mars), 자크 쉐브리에(Jacques Chvrier), 그리고 스페인어권에서는 리사 다비스(Lisa Davis), 호세 루이스 산체스(José Luis Sánchez), 도리스 솜머(Doris Sommer) 등을 들 수 있다. 이들은 20세기 카리브해 문학을 탈식민지적 관점으로 바라보려고 했지만, 불행하게도 식민지의 유산인 언어권에 의거하여 접근하는 모순을 범한다. 하지만 비록 식민 유산인 언어적 정체성에 의거하여 이 지역을 세분했지만, 그동안 무시되어 왔던 이 지역의 문학과 의식을 널리 알리는 데 성공했음은 높이 평가할 만하다.

이런 식민주의 유산인 정치적 국경과 언어적 국경에 바탕을 둔 관점은 1970년대 말에 들어와 본격적으로 문제시된다. 즉, 미국과 유럽의 전통적인 문학사 서술의 한계를 극복하고, 카리브해의 유기적 문학사의 기초가 마련되는 것이다. 이들은 다음과 같은 네 가지 분야에 관심을 표명하면서, 앞으로 카리브해의 문학과 언어가 어떻게 연구되어야 하는지 방향을 제시한다. 그들의 논점을 요약하면 다음과 같다.

1. 언어의 문제 — 표현매체로서의 언어는 카리브해 지역들을 분리시켰고, 이 지역의 식민지적 관점을 영속화시켰다. 한편, 서구 언어와 원주민 언어의 혼합인 '크레올'은 카리브해 지역의 문화적 특징인 혼종성을 보여줄 뿐만 아니라, 그 안에 내재한 전통과 저항의 의미를 띤다.

2. 정체성의 개념 — 정체성은 영원하고 고정된 것이 아니라, 과정과 역동적인 것으로 고려되어야 한다. 정체성은 또한 역사적으로 발전하며 구체적 개념을 획득하는 민중 개념과 관련이 있다. 그리고 역사적 의미에서 정체성은 국민국가의 형성뿐만 아니라 이 지역 공동체의 개념과 연관된다.

3. 정치와 문화의 관계 — 특히 '크레올'에 대한 개념을 중심으로 전개되는데, 그 의미는 ① 언어, ② 미학적 문화적 범주, ③ 국민 의식의 발전과 그것이 필요로 하는 정치구조의 형성이라는 범주라는 세 가지 측면에서 다루어져야 한다.

4. 이주의 문제 — 특히 경제 종속과 제국주의가 이식한 구조로 인해 생긴 런던, 파리, 뉴욕과 같은 대도시로의 이주가 점검된다. 특히 정치 불안과 열악한 경제적 조건으로 생긴 카리브해의 디아스포라는 아이러니컬하게도 통합의 감정을 발전시키는 조건이 된다. 그것은 이국땅에서 모든 카리브해 사람들은 동일하게 보이기 때문이다. 즉 계급적 인종적 국가적 차이 없이 모든 사람은 처음으로 대도시에서 하나의 카리브해 사람이 된다.

하지만 카리브해 국가들의 문화·문학적 공통점은 1980년대까지 피상적으로 논의되다가, 카리브해 문화의 중심을 쿠바에 두고 그곳 문화의 특성을 연구한 구스타보 페레스 피르마트(Gustavo Pérez Firmat)에 의해 다시 공론화된다.《쿠바의 조건》(1989)에서 그는 20세기 쿠바 문학을 언급하면서, 쿠바의 민속학자 페르난도 오르티스(Fernado Ortiz)의 생각에 바탕을 두고 쿠바와 카리브해의 문화의 본질을 보여주는 네 가지 개념을 확인한다. 그 가운데 첫째는 다양한 문화들이 거의 동시에 유입되면서 생기는 '문화 횡단 현상'(transculturation)이고, 둘째는 쿠바와 카리브해인이 누구인가에 대한 자의식 개념을 보여주는 '쿠바성/카리브해성'이다. 그리고 '멜팅포트'(melting-pot) 개념인 여러 종류의 재료가 뒤범벅된 '아히아코' 요리가 그가 주장한 세 번째 개념이고, 마지막으로 쿠바 또는 카리브해의 독특한 단어 사전인 '카타우로'를 언급한다.

페레스 피르마트의 이런 생각은 어떻게 다양한 외국의 문화들이 쿠바 또는 카리브해 문화/문학으로 통합되는지를 연구할 수 있는 뼈대를 제공한다는 점에서 중요하다. 현재는 쿠바에 살고 있는 사람들에게는 소련의 문화, 그리고 쿠바와 카리브해 망명자들에게는 미국 문화의 흡수·통합 현상으로 확장되고 있다. 이런 일련의 노력들로 말미암아 카리브해의 문화/문학 연구는 유아적 단계에서 벗어나 성숙한 단계로 나아가고 있다. 이제 카리브해 문학은 이제 도서(島嶼)에 국한되지 않고 라틴아메리카라는 대륙의 문학에 통합되었을 뿐만 아니라, '혼종성'으로 대표되는 현대의 세계 문학과 문화가 카리브해로 눈을 돌리게 만드는 계기를 마련해준다.

2. 카리브해의 탈식민주의와 혼종성

20세기 후반 서구의 학술적 정치적 담론은 혼종성(hybridity), 문화
횡단(transculturation), 문화혼합(cultural mestization), 이종성(heterogeneity),
크레올화(creolization), 호미 바바(Homi Bhabha)의 '제3의 공간', 에두아
르 글리상(Edouard Glissant)의 '관계의 시학' 같은 용어들을 통한 '차이'
에 대한 연구라 해도 과언이 아니다. 또한 이런 용어들은 최근의 탈식
민주의적 핵심 개념인 '경계 넘기'(crossing border), '중간자'(in-between)
의 근간을 이루고 있기도 하다. 에드워드 사이드(Edward Said)가 《오
리엔탈리즘》(Orientalism, 1978)에서 '타자'에 관한 유럽 지식의 계보를
보여준 뒤, 가야트리 스피박(Gayatri Chakravorty Spivak), 호미 바바, 또는
라나지트 구하(Ranajit Guha) 같은 인도학자들, 아이자즈 아흐마드(Aijaz
Ahmad)를 비롯한 아랍학자들, 그리고 월터 미뇰로(Walter Mignolo)나 존
베벌리(John Beverley)로 대표되는 라틴아메리카 하위주체 연구그룹
(Subaltern Studies Group)은 이 이론을 따르고 발전시켰다. 잘 알려져 있
다시피, 이런 이론들은 어떤 절대적인 체계나 진리, 또는 고정된 중
심도 거부하고 해체하는 방법론을 취하면서, 서구 담론이 지닌 근본
적인 세계관에 이의를 제기하고 그것을 해체함으로써 새로운 사색의
길을 열어놓고 있다.

이렇게 인문과학과 사회과학(특히 탈식민주의와 포스트모더니즘)에
서 패러다임이 변하면서, 서구의 관심은 문화에 초점을 맞추게 되고,
그것들을 '지역성'에 얽매인 것이 아닌 유동적이고 변하는 것으로 정
의한다. 그러면서 아메리카 대륙은 '혼종성'에 많은 관심을 기울인

다. 이 용어가 지역성을 탈피하는 의미를 지니고 있지만, 아이러니
컬하게도 지역에 따라 다른 용어로 불린다. 미국에서 혼종성은 '다문
화주의'로 이해되며, 라틴아메리카에서는 '혼혈성', 그리고 카리브해
에서는 '크레올화'로 불린다.

　앞에서 언급한 용어들은 지리적 문화적 언어적 경계를 넘는다는
공통점을 지니고 있다. 이런 경계는 여러 이유로 존재하지만, 가장
분명한 것은 식민주의의 역사적 문화적 정치적 유산 때문이다. 이것
은 특히 식민제국들이 자신들의 문화와 언어를 남긴 카리브해 국가
들에서 잘 드러난다. 호미 바바는 이런 피식민 주체의 정체성을 중
간자로 보고, 그 중간자는 혼종성과 모방 개념이라는 두 가지 전략
을 가지고 식민제국의 정형화에 대항한다고 설명한다. 즉, 이런 피
식민 주체가 식민담론을 모방하지만, 그것은 완전히 같지는 않은 차
이를 지니고 있으며, 따라서 늘 경계에 서 있는 불안한 주체이며, 양
가적 정체성을 지닌다는 것이다.

　이렇듯 탈식민주의의 핵심 개념인 혼종성은 계몽시대 이후를 지
배했던 위대한 이분법—문화/자연, 이성/감정, 자아/타자—뿐만 아
니라, 식민역사에서 탄생하는 이분법—식민자/피식민자, 이주자/원
주민, 능동/수동—에서 자유롭다. 그리고 신식민주의적 권력의 재
생산을 거부하는 전략이 되면서 과거의 잃어버린 목소리를 되찾으려
고 노력하는 문화적 저항의 진정한 형식이 된다. 그러나 식민주의적
'역담론'의 전형적 전략인 혼종성은 정치적 사회적 헤게모니와 연결
될 수도 있다. 탈구조주의, 탈식민주의, 포스트모더니즘은 '혼종성'을
헤게모니의 해체로 보고 있지만, 혼종성이 태동하였던 카리브 해의
역사를 보면 꼭 그렇지는 않다는 것을 확인할 수 있다.

여기서는 혼종성 담론이 정치적으로 유럽화와 백인화를 지향하고 있었다는 사실을 지적하기 위해, 쿠바의 혁명가이자 시인인 마르티가 발전시킨 '우리의 혼혈 아메리카'의 혼종성 담론을 간단하게 언급한 이후, 20세기의 몇몇 주요 라틴아메리카 지식인들—호세 바스콘셀로스, 로베르토 페르난데스 레타마르, 앙헬 라마—이 어떻게 혼종성 담론의 패러다임을 재구성하고 있는지 살펴보고자 한다. 그리고 마지막으로 문화적 혼성을 권력의 전략으로 사용하고, 가끔은 사회 주변부 안에서 반체제와 저항으로서 작용하고 있음을 지적하는 모렐로스의 학술적 작업을 언급하고자 한다.

3. 카리브해의 혼종성 —볼리바르 이후의 민족주의 담론

라틴아메리카 역사를 탈식민주의 관점에서 연구하는 영국사학자 피터 흄(Peter Hulme)은 에드워드 사이드를 비롯한 다른 탈식민주의 이론가들이 카리브해 지역에 관심을 두지 않았다는 사실을 비판하면서, 탈식민주의 이론의 진정한 선구자들은 라틴아메리카 작가들, 특히 카리브해 작가들이라고 주장한다. 그러면서 프란츠 파농(Franz Fanon), 에메 세제르(Aimé Césaire), 에두아르 글리상(Edouard Glissant), 페르난도 오르티스(Fernando Ortiz), 로베르트 페르난데스 레타마르(Roberto Fernández Retamar) 등을 대표적인 예로 든다. 카리브해 지역은 라틴아메리카에서 원주민이 완전히 학살되었던 유일한 장소였고, 이것은 토착주의를 강조하지 않는 반식민주의적 담론의 등장을 쉽게 해주었을 뿐만 아니라, 사이드와 바바를 비롯한 탈식민주의자들이 주장하는 혼종 공간을 현실 속에서 보여주는 곳이다. 카리브해 지역에서 유럽중심주의의 산물인 순수성과 기원을 거부하는 '문화 횡단'이나 '칼리반', '혼혈성'의 개념이 나온 것은 우연이 아니었던 것이다.

스페인이 신세계 정복을 시작한 이후, 스페인어권 카리브해 연안 국가들은 스페인 문화, 원주민 문화, 아프리카 흑인 문화의 서로 다른 특성들이 합류하여 혼합된 땅이라는 변별적 특징을 지니고 있다. 카리브해의 혼종성 논쟁과 이론의 계보는 셰익스피어가 사용한 '칼리반'과 '고귀한 야만'의 개념으로 거슬러 올라갈 수 있다. 그러나 카리브해, 더 넓게는 라틴아메리카에 관한 혼종성 담론은 19세기 독립과 국가형성시기에 스페인 식민권력과 투쟁하면서, 여러 서로 다른 인종 그룹을 재편하기 위해 탄생하였다. 이렇게 스페인 식민지에서 새로운 공화국으로 가는 전환기를 이끌었던 시몬 볼리바르(Simón Bolívar)와 호세 마르티(José Martí)를 비롯하여, 새로운 국가건설을 명제로 삼고 있던 멕시코의 호세 바스콘셀로스와 쿠바의 로베르토 페르난데스 레타마르는 민족주의적 관점에서 혼종을 바라본 대표적 지식인들이다.

볼리바르가 1815년 자메이카에서 보낸 편지와, 4년 뒤 앙고스투라(Angostura)의 베네수엘라 의회에서 읽은 연설문은, 라틴아메리카 혼종성을 최초로 민족주의적 관점에서 언급한 자료로 여겨진다. 먼저 《자메이카에서 쓴 편지》(1815)에서 볼리바르는 당대 식민지의 조건에 관해 자메이카의 총독에게 답하면서, 라틴아메리카의 혁명적 노력을 자세하게 설명하고 있다. 그는 아메리카 대륙을 세상에서 가장 큰 "단 하나의 국가"로 만들겠다는 꿈을 꾸고 그런 꿈이 위대하다고 말하지만, 크레올 계급 출신 지도자들이 민족적 지역적 자립계획을 세우고 있기 때문에 요원하다는 것을 인정한다. 그리고 로마제국처럼 분열하면서 형성된 각 독립국들은 과거의 역사 위에 정부를 수립할 수 있었지만, 아메리카는 다르다고 설명하면서 이렇게 말한다.

그러나 우리는 과거의 유산을 거의 상실하고 말았습니다. 게다가 우리는 원주민도 아니고 유럽인도 아닙니다. 우리는 이 땅의 합법적인 주인들과 스페인 침략자들의 피가 반반씩 섞인 혼혈입니다. 다시 말하자면, 아메리카에서 태어났지만, 우리는 법적으로 유럽인입니다. 우리는 원주민들과 맞서 이런 권리를 위해 싸워야 하며, 동시에 침략자들과 맞서 우리 자신을 지켜야만 합니다. 이렇게 우리는 극도로 복잡한 상황에 있습니다.

여기서 그는 유럽인과 원주민의 범주를 언급하지만, 볼리바르가 말한 "반반"이라는 말은 인종적 의미보다는 정치적 의미로 이해되어야 한다. 그러면 왜 그들이 합법적인 소유자들과 침입자들 사이의 '극도로 복잡한 상황'에 있는지 그 의미가 파악된다.

이와 같은 생각은 놀랍게도 1819년 2월에 열린 베네수엘라 국회 개막 연설문에서도 그대로 반복된다. 여기서도 그는 라틴아메리카가 더 이상 스페인에 의해 통치될 수 없으며, 이런 증거는 바로 원주민과 유럽인에 맞서 싸워야 하는 '혼혈 종족'이기 때문이라고 주장한다. 볼리바르는 순종의 개념을 버리면서 이렇게 말한다.

우리는 유럽인도 아니고 미국인도 아닙니다. 우리는 유럽에 뿌리를 둔 아프리카와 아메리카의 혼혈인입니다. 심지어 스페인조차도 아프리카의 피와 제도, 그리고 특성을 이어받았기 때문에 더 이상 유럽인이 아닙니다. 우리가 어떤 인종에 속하는지는 정확하게 규정할 수 없습니다. 원주민의 대부분은 말살되었고, 스페인 사람들은 아메리카 원주민과 흑인과 혼합되었으며, 아프리카인들은 원주민과 스페인 사람들과 뒤섞였습니다. 우리는 같은 어머니한테서 태어났지만, 우리 아버지들은 혈통과 태생이 각각 다른 외국인입니다. 이런 모든 것은 피부색에서 가시적으로 나타나며, 우리는 이런 다양성이 얼마나 중요한지 알아야만 합니다.

여기서 볼리바르는 라틴아메리카의 구성에서 아프리카 사람들의 중요성을 인정하고 있으며, 유럽 인종의 순수성에 관해 의문을 던진다. 또한 라틴아메리카 사람들의 계보에서 원주민 여인의 역할을 인정한다. 그러면서 사회적 인종적 혼혈의 라틴아메리카 사람들은 유럽인들과 차이를 보이며, 따라서 자발적으로 자신들의 운명을 개척해야 한다고 주장한다. 즉, 혼혈이라는 차이성은 자주독립을 위한 투쟁의 조건이라는 것이다.

이렇듯 혼종에 관한 볼리바르의 생각은 스페인 사람들과 원주민 여자 사이의 혼혈이라는 초기의 '메스티소' 개념을 극복하고, 그 동안 간과되었던 흑인들의 공헌을 인정하는 것으로 발전한다. 아프리카 사람들을 아메리카 사람으로 인정하는 이런 볼리바르의 생각은 원주민의 대부분이 말살되어 아프리카-유럽의 만남에 초점을 맞추는 카리브해의 혼종성 담론을 예시하고 있다. 1815년의 《자메이카에서 쓴 편지》와 더불어 카리브해는 혼종성에 대한 생산적이고 사색적인 진원지가 되면서, 혼종성 담론의 중심 지역이자 핵심 지역으로 부상한다.

볼리바르가 혼종성을 찬양했던 19세기 초의 중심인물이라면, 쿠바의 대표적인 지식인인 호세 마르티는 19세기 말에 혼종성을 열렬히 찬미한 인물로 간주된다. 마르티는 볼리바르를 정신적 스승이자 인종적 계급질서와 차별에 의문을 던지게 만든 모델로 여긴다. 그는 볼리바르에 관한 글에서 "인종을 속박에서 해방시키고, 대륙을 해방시키고, 민족을 일깨우지 않았는가?"라고 물으면서, 그의 독립 계획을 해방의 수사법으로 이해한다. 마르티는 쿠바의 독립전쟁, 특히 10년 전쟁(1868~1878)에서 백인과 흑인이 협력했다는 예를 보여주면서, "인종간의 증오는 없다. 그것은 인종들이 없기 때문이다"라고 주장한다. 또한 볼리바르가 라틴아메리카에서 인종간의 전쟁은 절대로 일어나지 않을 것이라고 단언한 후 거의 80여 년이 지난 다음, "쿠바에는 인종간의 전쟁이 일어날 걱정이 없다. 인간은 백인, 물라토, 흑인 이상이다. 쿠바인이라는 사실은 백인, 물라토, 흑인을 초월하는 것이다. 전쟁터에서 쿠바를 위해 죽으면서, 백인과 흑인의 영혼들은 함께 하늘로 올라갔다. 국가에 충성을 다하고 쿠바를 지키면서 형제애를 나누는 것은 일상적인 일이었다. 그래서 백인 옆에는 언제나 흑인이 있었다"고 말하면서, 인종에 대한 볼리바르의 관점을 그대로 반복한다.

마르티는 카리브해의 경험을 바탕으로 인종을 불문하고 모든 카리브해를 비롯하여 라틴아메리카 사람들에게 미국의 팽창주의적 계획에 저항할 것을 권하기 위해 "우리의 혼혈 아메리카"라는 개념을 사용한다. 그러면서 그는 "맨발로 파리의 연미복을 입은 민족"이라고 은유적으로 표현한다. 이 표현에서 알 수 있듯이, 마르티에게 '혼종성'의 개념은 다양한 인종 그룹들이 불편하게 공존하고 있으며, '야만과 문명'이 부적절하게 혼합되어 있음을 시사한다. 그러나 '맨

발'이 상징하는 아프리카 사람들과 원주민들의 야만과 서구 문명의 인식소인 '연미복'은, 인종과 문화의 이분법을 넘어 라틴아메리카의 불평등과 사회적 부정과 계급화는 인종적 혼종에 의해서만 야기된 것이 아니라, 정치적 관계와 사회 계급의 문제에 의해서도 생긴 것임을 시사한다. 그래서 마르티는 '혼종성'의 개념을 인종과 문화와 사회계급으로 확장하여, 스페인에 대항한 쿠바의 독립전쟁에서는 인종적 관용과 사회계급을 막론한 전 국민의 단합이 중요함을 강조한다. 여기서 인종적 화합은 현실보다 이상에 가깝지만, 그것은 유럽, 특히 마르티가 물질주의에 사로잡혔으며, 흑인과 원주민을 배척했다고 비판하는 미국과 대비되어 라틴아메리카 정체성의 강력한 상징으로 자리 잡는다.

민족주의 시대에 카리브해의 혼종성 담론은 흔히 인종 혼합을 통해 '인종'을 개량할 수 있다는 인종차별적이고 유럽중심적인 사고에 바탕을 두고 있다. 즉, 유럽인들과 미국인들이 결과적으로 카리브해/라틴아메리카의 사회를 백인화하고, 원시적인 원주민들을 동화시킬 수 있다는 생각이었다. 하지만 그런 혼종성은 외부의 위협과 내부의 투쟁에 직면한 카리브해 국가들의 중요한 민족신화로 탈바꿈하면서, 긍정적인 자기 이미지와 특이성을 창조하게 된다. 마르티의 주장이 아직도 카리브해 혼종성 담론의 기초를 이루는 것은 바로 이런 점에 기인한다.

라틴아메리카와 카리브해의 혼종성을 연구할 때 빠질 수 없는 글이 멕시코의 교육부 장관을 지낸 호세 바스콘셀로스(José Vasconcelos)의 《우주 인종》(*La raza cósmica*, 1925)이다. 그는 미국의 물질주의와 그들의 문화적 정신적 빈곤을 비판하면서, 우수한 히스패닉의 취향이 결국은 라틴아메리카에서 제5의 인종을 탄생시킬 것이며, 그것은 다른 네 인종(흑인, 백인, 원주민, 아시아인)을 혼합하면서 그들의 현재 위치를 빼앗을 것이라고 지적한다. 마르티와 마찬가지로 그 역시 미국의 라틴아메리카 개입에 관해 깊은 관심을 보이고 있었던 것이다. 이렇게 혼혈로 이루어진 멕시코의 긍정적 이미지를 구성하면서, 바스콘셀로스는 라틴아메리카가 외국인들과 잘 교감하며, 따라서 모든 사람들을 새로운 형태로 변화시킬 수 있다고 주장한다. 그러면서 백인과 흑인과 원주민의 평등을 선언했던 볼리바르와 같은 유명한 지도자들과 마찬가지로 바로 "보편적인 인간의 감정"에서 영감을 받았다고 천명한다.[60]

바스콘셀로스는 멕시코의 힘과 회춘의 원천이 될 혼혈은 강압이 아닌 "취향에 의한 자유로운 선택"에 의해 이루어지는 것이며, 따라서 미래에 유럽의 특성들을 지배하게 될 것이라고 간주한다. 그는 라틴아메리카의 모든 지식인들에게 인류의 "집단적 구원"에 동참할 것을 권하면서, 그것은 그들이 인류의 구원에 필요한 "생물학적 요소와 취향, 그리고 유전인자"를 지니고 있기 때문이라고 역설한다. 즉, 다른 사회들은 고갈되어 있는 반면에, 이 새로운 히스패닉 인종은 진정으로 보편적인 인류의 시기를 시작할 힘이 있다는 것이다. 이전 지식인들처럼 바스콘셀로스는 문화적 의미의 '혼종'을 교화적 사명의 일부로 보았고, 교육을 통해 원주민들을 사회 속에 통합할

---

60) 바스콘셀로스는 인종적 관용을 주장하고 미국의 인종 탄압을 비판하지만, 아시아 이민자들에게 관해서는 인종차별적인 모순적 태도를 취하고 있다. 그는 아시아인들이 "쥐들을 번식시키고" 따라서 원초적 동물적 본능이 지적인 능력에 의해 통제되는 시기에 "인간의 조건을 타락"시키게 될 것이라고 말하고 있다.(Vasconcelos, pp.34~35)

수 있다고 믿었다. 그는 스페인적 전통이라는 굳건한 기초 위에 새로운 종족과 새로운 문화를 창조하려고 했으며, '우주 인종'을 통해 혼혈종족을 옹호하려는 희망을 드러내고 있다.

바스콘셀로스의 '우주 인종'이란 개념은 다양성이 새로운 혼종적인 사회적 문화적 형태를 생산한다는 '멜팅포트'(melting-pot) 개념을 떠올리게 한다. 그러나 미국의 멜팅포트 이미지가 원주민과 흑인들을 제외한 채, 유럽의 이민자들을 주로 다루고 있는 반면에, 바스콘셀로스의 '우주 인종'은 모든 인종을 포함하고 있다는 점이 다르다. 하지만 '우주 인종'의 특징을 결정짓게 될 미학적 대상이 '취향'이라는 점은 그의 이론이 우생학적이며 백인화 과정을 암묵적으로 강조하고 있다는 것을 보여준다. 다시 말하면, 진정한 혼종화보다는 '순수화'를 의미하며, 따라서 멜팅포트의 개념과도 상당 부분 유사함을 부인할 수 없다. 이렇듯 바스콘셀로스의 인종 이론과 미학적 이상주의는 많은 문제점을 지니고 있지만, 그의 글은 문화적 가치와 자기 긍정의 상징으로서 '혼종'의 중요성을 보여주고 있다.

볼리바르와 마르티가 적극적으로 구현하고자 했던 혼종성은 바스콘셀로스뿐만 아니라 이후의 라틴아메리카를 비롯한 카리브해 국가들의 지성계에도 큰 흔적을 남긴다. 쿠바의 대표적인 비평가이자 시인인 로베르토 페르난데스 레타마르는 "라틴아메리카의 문화는 존재하는가?"라는 어느 유럽 기자의 회의적인 질문에 대한 대답으로 《칼리반》(*Calibán*, 1971)이라는 긴 에세이를 출판한다. 그는 《칼리반》을 통해 1959년 쿠바혁명의 관점에서 '혼종성'을 다시 점검하면서, 볼리바르의 앙고스투라 국회 연설문과 마르티의 유명한 '우리의 혼혈 아메리카'를 인용한다. 페르난데스 레타마르에게 마르티의 '혼혈성'은 쿠바혁명 속에서 라틴아메리카/카리브의 정체성을 완전하게 깨닫게 만드는 결정적인 역할을 한다. 즉, 카리브해/라틴아메리카의 정체성에 대한 이런 질문들은 혼종성의 수사학을 발전시키게 되는 동기가 되고, 이내 카리브해 지역의 다양한 요소들에 대한 긍정적인 해답을 제공하게 된다. 다시 말하면, 페르난데스 레타마르의 사상을 태동시킨 이런 의문들은 식민지적 회의주의를 반박하고, 혼종성을 평가하게 만드는 계기를 제공해주었던 것이다.

그래서 페르난데스 레타마르는 "혼종성은 우연한 사건이 아니라 본질"이며 "우리 문화의 변별적 기호, 즉 인종적 문화적으로, 말하자면 원주민, 아프리카인, 유럽인 후손들의 문화"라고 강조한다. 여기서 페르난데스 레타마르는 다시 '인종'을 문화와 같다고 여기는 것 같지만, 곧이어 나오는 각주에서는 "인종들의 부적절한 생물학적 사실이 아니라 문화들의 역사적 사실이다"라고 분명하게 밝힌다. 그는 마르티가 '혼혈'을 강조한 사실을 지적하면서, 자신이 억압받는 사람들과 함께하고 있다는 사실을 확인한 후, "마르티는 급진적으로 반노예주의자다. 왜냐하면 그는 수탈된 계급의 대변자고, 그런 계급 속에서 세 인종은 혼합된다"고 설명한다. 카리브해 경험을 바탕으로 탄생한 마르티의 의견과 마찬가지로, 페르난데스 레타마르의 칼리반 이론 역시 라틴아메리카의 상상적 공동체를 이루면서, 칼리반이란 기표를 라틴아메리카 지성계에 각인시키고, 지성계에 중요한 이정표가 된다.

볼리바르, 마르티, 바스콘셀로스, 그리고 페르난데스 레타마르가 혼종성 사상을 전개한 시기는 모두 국가건설의 중요한 순간이었다는 공통점을 지닌다. 《탈식민지의 카리브해 지역》(*The Caribbean Postcolonial*)

의 저자인 샬리니 푸리(Shalini Puri)는 민족주의 시대의 카리브해 혼종
성 담론이 크게 세 가지 기능을 수행하고 있다고 지적한다. 첫째, 식
민모국 문화와의 변별적 요인으로 신세계의 혼합적 정체성을 연구하
고, 그것을 통해 국가와 지역의 합법성을 제공하는 계기가 되었으며,
둘째, 부르주아 민족주의적 헤게모니를 보장하는 데 중요한 역할을
했던 평등의 담론을 평가하고 대체할 수 있는 방법을 제공했다고 지
적한다. 그리고 마지막으로, 혼종성 담론은 인종정책과 밀접한 관련
이 있는데, 그것은 엘리트가 수용할 수 있는 문화적 인종적 혼종의
성격을 띠고 있다는 것이다. 이런 이유로 카리브해의 민족주의적 혼
종성은 메스티소나 크레올이 특정 시기에 구체화시킨 것으로, 비록
식민주의적 회의주의를 반박하는 데는 성공하고 있지만, 결국 이런
정체성은 '비위협적' 특성을 띠고 있다는 평가를 받는다.

4. 탈식민주의와 카리브해 혼종성 이론 ―'문화 횡단' 이론

동질적 관점에서 혼종성을 파악한 민족주의적 관점과는 달리, 카
리브해 국가들에서는 내적인 차이를 유지해야 한다는 탈식민주의적
관점을 지닌 혼종성 개념이 태동한다. 쿠바의 인종학자 페르난도 오
르티스가 생물학적 혼종성의 개념을 넘어 특정한 지역의 경제를 바
탕으로 '문화 횡단' 현상을 연구한 이후, 그의 이론은 앙헬 라마(Angel
Rama), 마리 루이스 프라트(Marie Louise Pratt)를 비롯하여 마리오 로베
르토 모랄레스(Mario Roberto Morales)로 이어지면서 발전한다. 우선 쿠
바의 민속학자 페르난도 오르티스는 《쿠바에서의 담배와 설탕의 대

위법》(1940)에서 "쿠바의 진정한 역사는 지극히 복잡한 문화 횡단(transculturación)의 역사다"라고 단언하고 있다.

오르티스는 계속해서 '문화 횡단'이란 용어는 소수 문화가 주류 문화로 완전히 동화하는 과정을 의미하는 앵글로아메리카의 사회학적 용어인 '문화변용'(aculturación)에 반대하기 위해 만들어졌다고 설명하면서, 인종들과 문화들의 만남으로 야기된 문화적 변형의 과정은 새로운 혼종을 낳게 되는 '상호 영향'이라는 개념으로 더 잘 설명될 수 있다고 주장한다. 물론 신대륙의 식민지 통치가 역사 속에서 그러한 '만남'을 광범위하고 지속적으로 제공했던 것이고, 그 중심이 바로 쿠바였다. 쿠바는 식민지의 교차로였으며 신대륙의 주요 항구였기 때문에 아주 다양한 문화의 사람들이 도착한 곳이었다. 여러 세기에 걸쳐 일어난 문화 횡단의 과정은 너무도 광범위하여 오르티스는 "쿠바에는 쿠바인의 형성에 영향을 끼친 수없이 많고 다양한 문화들이 있다. 기원을 살펴볼 때 그 문화들은 지역적으로 이질적이며, 그들의 특징도 각기 다르다. 그래서 쿠바에서 인종과 문화는 거대한 규모로 혼합되고, 그것은 모든 다른 역사적 현상을 뛰어넘는 중요한 요인이다"고 주장한다.

그로부터 30년 뒤, 앙헬 라마(Angel Rama)는 문학 분야에 이 개념을 이용하면서, 카리브해에 국한되었던 오르티스의 이론을 라틴아메리카 전역으로 확장시킨다. 그는 문화 횡단의 개념을 전통적으로 문화변용으로 언급하고 있었던 라틴아메리카적 관점에 관해 서술하면서, "두 문화의 접촉에서 수동적 혹은 열등한 요소라고 여겨졌던 것에 대한 저항이다. 이 개념은 이중적 인식에서 탄생되었다. 하나는 이미 문화 횡단이 진행된 현대 문화 속에서 아주 오래된 과거 역사의 특징이 존재한다는 것을 확인하는 것이고, 다른 하나는 창조적 힘이 이어받은 전통뿐만 아니라 동시에 외부의 전통에 대해서도 작용한다는 사실을 확인하는 것이다"고 인식한다. 라마는 문화들 사이에서의 서술적 이행의 형태로 문화 횡단 현상이 함축하고 있는 창조적 가능성에 초점을 맞추고, 1960년대와 1980년 사이에 출간된 라틴아메리카 문학과의 관계 아래서 이런 가능성을 다룬다. 오르티스가 문화 횡단의 가장 좋은 예로 음악과 무용과 같은 행위 담론에 관심을 기울였던 것과는 달리, 라마는 문학이야말로 문화 횡단의 형태를 보여주는 가장 훌륭한 발판이라고 여겼던 것이다.

이후 문화 횡단은 식민지와 식민모국에서 다양한 형태의 문화들이 상호 영향을 끼치는 것을 의미하면서, 라틴아메리카 문화연구에서 중요한 개념으로 자리 잡는다. 가령 마리 루이스 프라트는 이 용어를 인종학적으로 이해한 다음, "지배문화나 구미의 대도시문화가 전파한 자료들에서 하위 그룹이나 소외된 그룹이 어떻게 선택하고 만들어내는지"(Pratt 24)를 설명하기 위해 사용하면서, 오르티스가 사용했던 것과는 다소 다르게 적용한다. 그리고 문화 횡단이라는 접점 지역에서 생산되는 현상이라고 지적하면서, 혼종성과 혼혈 이론을 발전시키는 데 대단한 공헌을 했던 '접점 지역'(contact zone)이라는 개념을 만들어낸다. 이것은 "지리적 역사적으로 분리되어 있던 민족들이 서로 접촉하게 되면서, 일반적으로 강압과 인종 불평등과 좀처럼 제어되지 않는 충돌의 조건을 의미하는 지속적 관계를 설정하는 공간"(Pratt 26)이라고 규정한다. 이런 접촉은 분명히 성적인 접촉을 의미하지는 않지만, 혼혈은 접촉의 즉각적인 결과임을 암시하고 있으며, 그런 '지속적 관계'의 산물로 연구되고 있다.

최근 카리브해 연안 국가의 혼종성에 관한 연구는 사회에서 소외된 대중 부문의 출현을 강조하고 있다. 즉, 혼종 담론은 국가건설과 혼란한 사회의 통일을 강조하던 담론에서 혼종 민중문화에 관한 관심으로 옮겨간다. 물론 계속되는 국내외적 문제와 불평등, 그리고 국가화합을 위협하는 것으로 간주되는 사회운동의 출현에 직면한 경우, 초기의 민족주의적 패러다임을 강조하는 경우가 완전히 사라지지는 않는다. 현대 라틴아메리카 문화연구자들은 현대의 '혼종성' 연구가 하위주체가 아닌 국가통합의 전략으로써 사용될 경우, 혼종 담론은 엘리트들이 저항운동을 무력화시키기 위해 사용했던 과거의 모델과 별로 다르지 않을 수도 있다는 것을 자각한다. 바로 여기서 그들은 하위주체에 관심을 보이게 된다.

이런 하위주체적 관점에서 접근하는 혼종성 이론은 과테말라의 소설가이자 문화연구가인 마리오 로베르토 모랄레스에게서 잘 드러난다. 그는 20세기 후반에 등장한 마야 부족의 사회운동과 정체성 정책을 보면서, 원주민 그룹 안에서 발생하는 이분법적 구성을 비판한다. 그는 마야인-비(非)마야인이라는 대립개념은 복잡한 사회현상을 왜곡시킨다고 지적한다. 즉, 세계화와 갈수록 중요해지는 대중매체가 혼종적 정체성을 탄생시켰고, 따라서 그 누구도 명확하게 이런 구분을 설정할 수 없다는 것이다. 그리고 모든 것을 이분법적으로 구별하는 과거 회귀적 원주민의 태도는 본질주의적인 지배계층인 메스티소 또는 라디노(스페인어를 말하는 혼혈인)의 담론과 차이점이 없다고 주장한다.

이런 맥락 속에서 모랄레스는 혼종성의 개념을 부활시킨다. 그는 혼종 또는 혼혈을 20세기 전반의 멕시코 혁명 동안 라틴아메리카 귀

족계급이 추구했던 백인화로의 동화로 인식하지 않는다. 대신 혼종
이란 본질주의적 정체성의 해체와 서로 다른 민족문화의 조화로운
공존을 야기할 수 있다고 주장하면서, 계속된 문화 혼합의 과정 속
에서 혼종적 성격을 띠게 된 민족문화들 사이의 유동적 경계를 강조
한다. 그는 이런 새로운 현실을 '다문화'라고 지칭하지만, 그 개념은
"모자이크의 경계가 엄격하게 존재"한다는 것을 함축하고 있다고 비
판한다. 그래서 경계의 유지를 의미하는 '차이'와 상호간의 문화 횡
단 현상이 벌어지면서 수많은 형태가 만들어지는 문화적 '혼합'을 구
분한다. 또한 그는 문화 혼합이 새로운 국가정체성의 공통분모이며,
"상호문화주의와 상호인종적 민주화"는 이분법적으로 구성된 정체
성이 혼종성과 문화 혼합으로 바뀌어야만 가능하다고 결론 내린다.

5. 현대세계에서 혼종성의 의미

민족주의 관점에서는 혼종성을 정치적 사회적으로 이용한다. 그
러나 현대 문화연구와 탈식민주의 이론은 혼종성을 새로운 관점에
서 다시 읽게 만든다. 허위의식으로서 그것을 해체하는 것을 넘어,
국가 정체성과 정치, 그리고 혼종성 사이에 카리브해 지식인들이 설
정했던 복잡한 관계를 점검해 볼 기회를 제공해주는 것이다. 즉, 새
로운 주체의 탄생과 현실의 상징적 구성을 강조하는 탈구조주의적
관점에서 이런 혼종성 담론의 의미를 바라보게 해준다. 혼종성의 패
러다임을 백인과 유럽화된 지배 헤게모니의 도구로서만 바라보는
대신에, 그것을 서로 다른 이데올로기적 콘텍스트 속에서, 그리고

서로 다른 입장에서 구성된 여러 방법을 점검해볼 수 있게 만들어 주는 것이다. 이럴 경우, 혼종성 담론은 국가 이데올로기에 반하는 이데올로기로 작용할 수 있을 뿐만 아니라, 동시에 국가 이데올로기를 합법화할 가능성도 가정할 수 있다. 또한 혼종성 담론은 민족의 정체성 해체를 의미하기도 하지만, 사회적 불평등과 정치문제로 갈가리 찢겨진 채, 지구화 경제 속에서 계속하여 뒤처진 채 절룩거리는 사회에서 국가 공동체의 가능성을 강조하는 데 일익을 담당한다는 사실은 부인할 수 없다.

이제 혼종성은 전통적인 인종문화의 경계나 정치적 이분법을 거부하는 문화적 존재다. 즉, 인종의 혼합이라는 발생론적 의미에서 벗어나 서로 다른 이질적인 문화들이 서로 만나는 불가피한 지구적 삶에서 그것들을 적극적으로 받아들이면서 그 안에서 자신의 문제를 찾아내는 현재의 문화전략이다. 이것은 민족국가만을 전제로 한 한국의 문화보다 세계체제를 전제로 하는 한국의 문화가 필요하다는 것을 보여준다. 또한 문화적 혼종성의 개념은 지금까지 인종을 중심으로 전개되어 온 한국인의 디아스포라 연구가 앞으로 어떻게 진행되어야 하는지를 보여주기도 한다. 그리고 수많은 외국인 노동자의 유입으로 인해 생긴 인종적 문화적 혼합을 우리 문화가 어떻게 수용해야 하는지를 보여주기도 한다. 카리브해에서 집약적으로 보여주고 있는 혼종성이 현재 한국에 사는 우리에게 의미를 갖는 것은 바로 이런 지형도를 예시하기 때문이다.

21세기 서양 인문학의 새로운 조류와
그 대안으로서 한국사상

이도흠
┃ 한양대

내가 생각하는 인문학과 인문학자의 길

지금 우리는 행복하지 않다. 현재 세계 인류는 전 지구 차원의 환경 위기, 소외와 갈등의 심화와 보편화, 공동체의 파괴, 억압과 폭력의 구조화, 인간성의 상실과 이성의 도구화, 신자유주의식 세계화로 인한 시장 전체주의의 내면화 등의 위기를 맞고 있다. 게다가 미국발 금융위기로 세계 경제는 스태그플레이션을 향해 점점 다가가고 있으며, 정당성도, 일말의 도덕성도, 아무런 비전도 없는 정권을 맞아 한국 경제는 공황 직전이다.

하지만, 우리가 아무리 어려운 환경에 있다 하더라도, 오일쇼크 때 대체에너지를 개발하였듯, 스스로 주체가 되어 그 역경을 헤쳐가면서, 묻혀 있는 삶의 지혜들을 알알이 캐내는 한, 역경은 외려 한 단계 문명을 성숙시키는 도약대 구실을 할 것이다.

우리가 아무리 가난하다 하더라도, 눈물을 닦아줄 형제가 있고, 고통을 나눌 친구가 있고, 젖동냥을 기꺼이 해줄 이웃이 있는 한, 가난은 외형일 뿐, 삶은 의미로 충만하다. 그 의미들은 가난을 극복하는 힘과 용기의 바탕이다.

길이 어두운 것은 그리 큰 문제가 아니다. 어두울수록 별은 밝게 빛나듯, 나그네는 별빛을 따라 설렘과 그리움에 가득한 여정을 향한 발을 굳게 디딘다.

인문학은 빵을 직접 주지는 못한다. 그렇다고 흔히 말하듯, 인간이 빵만으로 사는 것이 아니라며 영혼을 위한 양식을 채워주는 것이 인문학도 아니다. 인문학은 빵을 더 적게 먹어도 건전할 수 있는 지혜를 알려주고, 빵이 부족한 과거와 현재를 성찰하고, 많든 적든 빵을 나누어 먹으면서 모두가 더불어 행복할 수 있는 길을 열어주는 학문이다. 인문학은 그 시대의 인간을 성찰하는 낡은 청동거울이자 가야 할 길을 밝혀주는, 그러나 구름에 자주 숨는 별이다.

그러나 한국의 인문학에는 현실이 없었다. 현실을 말하면 '좌빨'이거나 학문이 아닌 저널로 매도되기 십상이었다. 이제 우리 인문학은 구름에서 내려와서 땅 위에 굳건히 서야 한다. 인문학자는 그 시대 인간의 문제와 사회 현실의 부조리에 대하여 누구보다도 먼저 분노하지만, 곧바로 행동하기보다 이 분노를 진지한 성찰로 곰삭히고 승화시켜 대안을 제시하는 이들이다.

서양 학문의 '수입 오퍼상'이거나 '고물상', 또는 중국의 앵무새인 것도 문제다. 벌써 오래전의 일이다. 하버마스가 우리나라에 방문하였을 때였다. 하버마스는 유·불·선이 전통으로 이어져 오고 있고, 또 이 셋이 조화를 이루고 있는 우리나라에서 시사를 받고 싶었는데, 정작 하버마스 앞에서 우리 지식인이 취한 태도는 '숙제 검사를 받는 학생'이었다. 서양의 유명한 사상이나 이론들은 거의 모두 한국

을 거쳐 갔지만, 그것이 한국의 현실을 성찰하고 지표를 제시한 예
는 거의 없었다. 모두들 권력처럼 먼저 선점하려는 이들의 푸닥거리
로 끝났고, 유행처럼 제국주의적이고 사대적인 취향을 좋아하는 이
들의 패션으로 스쳐갔을 뿐이다.

어떤 이는 인문학이 나라의 국력과 비례한다 말하는데, 우리보다
후진국인 아프리카, 남미, 인도에서 세계적인 학자나 종속이론, 서발
턴이론, 빈자의 경제학 이론 등이 나왔지만, 아직 한국의 인문사회
학자 가운데 세계 학계에 영향을 준 사상이나 이론을 세운 이는 없
다. 이제 우리는 오리엔탈리즘과 식민성에서 벗어나 우리 현실을 보
는 우리의 이론과 방법론을 세워야 한다. 그렇다고 "우리 것이 좋은
것이여", "동양이 대안이다" 식으로 한국이나 동양 사상과 이론을 당
위적으로 외치는 것은 '고물상'을 자초하는 일이다.

우리 사상과 이론이 선언적인 공리공론을 넘어서려면 최소한 두
가지 과제가 필요하다. 동양으로 돌아가자는 것이 동양의 전제정권
으로 돌아가는 것이라면, 비합리적이고 야만적인 중세의 농업사회
로 퇴행하고자 하는 것이라면, 차라리 현재의 고통을 감내하는 것이
더 낫다. 현실, 우리가 디디고 있는 이 땅의 모순에 대한 비판과 대
안에서 출발하지 않는다면, 그것이 아무리 지극한 이론이라 하더라
도 현재적 의미는 없다. 오늘날 복잡해진 사회 현실에 적용되는 것
이 아니라면, 그것은 '성현들의 현학적이고 신비적인 은유 놀이'로
그칠 뿐이다. 그 논의는 지금 여기 우리가 맞고 있는 현실의 맥락에
서, 현대성이 야기한 모순들에 대한 성찰로부터 출발해야 한다.

아울러 서양 인문학과도 대화를 나누어야 한다. 서양 학문을 백안
시하는 동양학 관련 학자들은, 자신의 학문이 아무리 체계적이고 높

은 수준에 이르렀다 하더라도 그것이 중국 원전의 주석에 불과하다
는 것을 깨달아야 한다. 열등감이나 우월감을 가지고 모든 서구 이
론과 방법론을 무조건 배격할 필요는 없다. 만유인력의 법칙을 외친
뉴턴이 서구의 백인이라고 해서 한국에서는 사과가 아래로 떨어지
지 않고 옆으로나 위로 떨어진다고 주장할 것인가? 보편성을 띠는
부분은 그 이론과 방법론에 대한 철저한 인식을 바탕으로 적극 수용
해야 한다.

우리 사상으로 우리가 놓인 현실을 바라보되, 서양과 소통하는 인
문학을 행하는 지식인상으로 필요한 것이 조선조의 선비상이다. 선
비는 진리를 탐구하는 자이자, 수기안인(修己安人)의 목표대로 그 진
리로 개인을 수양하여 백성을 편안하게 하는 자였다. 진리 탐구와
개인의 수양과 사회적 실천이 삼위일체를 이루어야 진정한 인문학
자다.

이런 취지에서 나는 오늘 한국인들에게 놓인 현실을 제대로 분석
하고, 이들이 좀 더 잘 살 수 있는, 한국적이면서도 진보적인 인문학
을 펴려 한다. 정치적이고 사회적인 억압과 함께 상상과 의식의 층
위에서 억압하는 것을 밝혀, 그들이 진정으로 자유롭고 행복한 삶을
살 수 있는 길을 제시하려 한다. 그것이 바로 나의 길이다.

이를 위해 나는 마르크스를 비롯한 서양의 진보적인 인문학과, 원
효를 중심으로 한 한국의 전통 사상을 종합하고자 한다. 다수자들이
만든 세계관을 해체하고, 소수자의 눈높이에서 세계를 바라보고, 다
수자들이 형성한 텍스트들에 대해 '결을 거스르는 읽기'를 하여 세계
를 다시 구성하고자 한다.

1. 머리말

인문학은 그 시대 인간의 삶에 무늬를 그리는 것이다. 이는 그 시대를 사는 인간 현실에 대한 성찰을 전제로 한다. 이에 필자는 논의를 현재 한국인이나 세계인이 공통으로 맞는 현실의 문제로부터 출발하여, 그 문제에 대한 대안을 우리의 사상에서 찾고자 한다.

이럴 때, "동양, 또는 한국에서 대안을 찾자"는 것은 동양이나 한국의 위대성이나 '동일성'을 주장하는 것이 아니라 '차이'를 드러내는 것이어야 한다. '동일성'이 다른 것을 배척하는 것이라면, 차이는 다른 것을 인정하는 가운데 자기를 나타내는 것이다. 차이의 관점에서 한국사상을 논할 때 '형이상학적 보편성'을 찾을 수 있으며, 궁극적으로는 이 둘을 회통(會通)시킬 수 있다.

이에 20세기, 또는 현대성이 야기한 위기를 극복하려는 21세기 인문학의 새로운 조류를 소개하는 가운데, 그것이 어떻게 한국의 사상과 통하는가에 대하여 먼저 알아본다. 단순히 비교연구를 넘어서서 한국의 것이 서양 인문학을 보완하고 대체하는 인문학이 될 수 있는 가능성과 지평에 대하여 기술하고자 한다.

2. 생태론과 법계연기론

전 지구 차원의 환경위기와 서양의 생태론

국제연합개발계획(UNDP)의 2007년 연례보고서(*Human Development*

Report 2007/2008—Fighting climate change : Human solidarity in a divided world)는 급
박하게 지구 온난화 위기를 알리며 국제적인 연대를 제안한다. 이는
이산화탄소 배출로 인한 지구 온난화 문제가 심각한 지경에 이르렀
으며, 이것이 단지 환경문제뿐만 아니라 농사와 산업, 건강과 위생,
경제, 특히 가난한 자들의 삶에 막대한 영향을 미쳐, 인류가 그동안
이룩해 왔던 진보를 물거품으로 만들고, 종국에는 파국을 가져올 수
도 있기 때문이다. 이 보고서는 현재 지구 대기중 이산화탄소의 농
도는 65만 년 동안 지구 역사상 최고인 380피피엠(ppm)에 이르며, 21
세기 안에 지구의 평균 온도는 섭씨 5도 이상 오를 것이라고 지적한
다.(같은 책, pp.31~32) 지금 상태에서 기온이 섭씨 3, 4도만 올라가도
2080년까지 18억 명이 물 부족으로 고통을 받을 것이고, 해수면 상
승 등으로 3억 3천 만 명이 홍수를 피해 이주해야 할 것이며, 2억 2
천만 명에서 4억 명이 말라리아에 걸릴 것이며, 지구상의 생물 가운
데 20, 30퍼센트 종이 멸종할 것이다.(같은 책, pp.9~10)

이산화탄소 한 가지 이유만으로도 이처럼 엄청난 재앙이 발생하
는데, 지금 지구는 중금속과 화학약품, 매연 등 셀 수 없는 독성물질
들로 대기와 산과 들과 바다가 오염되고 기온이 상승하여, 지구 생
태계가 혼돈 상태에 빠져들고 있다.

국제자연보존연맹(ICUN; The International Union for Conservation of Nature)
은 2008년 10월 6일, 스페인 바르셀로나에서 열린 연례회의에서 전
세계 과학자 1,700명이 참가하여 조사한 4만 4838종의 대상 동식물
가운데 38퍼센트인 1만 6928종이 멸종 위기에 놓였다고 발표하였다.
이 가운데 3,246종은 심각한 멸종위기 상태에, 4,770종은 위험상태,
8,912종은 멸종에 취약한 상태에 있다.(ICUN, 2008) 숨을 쉬고 먹이를

찾고 짝짓기를 하고 움직이면서 우리에게 많은 생각과 상상과 더불어 사는 기쁨을 주던 생물 가운데 40퍼센트에 가까운 생물 종이 맘모스나 공룡처럼 영원히 볼 수 없을 지경에 놓인 것이다.

이제 환경위기는 어느 지역이나 몇몇 종에 한정된 문제가 아니다. 지구 위의 모든 생명체가 이 모순 속에 던져진 '전 지구 차원의 환경위기'이기에 사태의 심각성이 더하다. 전 지구 차원의 환경위기는 세계적이고 순환적인 동시에, 구조적이며 복합적이고 편파적이며 불가역적인 일상이다.

전 지구 차원의 환경위기를 맞아 세계는 생태론적 대안을 내세우고 있다. 1973년에 노르웨이의 철학자 아르네 네스는 기존의 생태이론을 '표층생태론'(shallow ecology)이라 하면서, '심층생태론'(deep ecology)을 주장하였다. 표층생태론은 인간과 자연을 대립적으로 파악하여 자연 그 자체를 위하여 자연을 보존하고자 하는 것이 아니라, 인간에게 유용한 이익이 있을 것이라는 면에서 보존하기에, 인간중심주의를 벗어나지 못한다. 반면에 심층생태론은 인간중심주의에서 벗어나 "생태계에 존재하는 모든 것들은 자기를 실현할, 즉, 생존하고 번성하고, 자기 나름의 형태에 도달할 평등한 권리를 갖는다"는 생명평등주의(biospherical egalitarianism)의 입장에서 생태계 전 구성원을 바라본다. 이들은 모든 생명체들이 서로 관계를 맺고 있으므로 각각의 평등성과 다양성을 인정한 바탕 위에서 생명체끼리의 공생을 추구한다.(Arne Naess, 1973, pp.95~96)

전 지구 규모의 환경문제는 바로 현재의 사회체제와 문명이 잉태한 것이므로, 그것을 근본적으로 해결하기 위해서는 사회체제와 문명 그 자체를 변혁하는 것이 선행되어야 한다. 이를 위해 먼저 현대

사회에 살고 있는 우리들 한 사람, 한 사람이 자신의 세계관과 가치관을 바꿔 의식개혁을 하여야 하며, 지금과 같은 생활방식을 지양하고 새로운 생활방식을 기초부터 만들어 나아가야 한다. 이들은 인간과 자연이란 처음부터 하나라는 명제 아래, 다양성과 공생의 원칙 속에서 모든 생물권이 평등하게 살아갈 것을, 그러기 위하여 인간이 상실한 '자연의 소리', '지구의 소리'를 들을 수 있는 감수성을 다시 회복할 것을 천명한다.

네스는 조지 세션즈와 더불어 심층생태론을 여덟 개의 강령으로 요약한다. ① 지구상의 인간과 인간 이외의 생명의 복리와 번영은 그 자체로 가치(이른바 내재적 가치, 또는 고유한 가치)를 지닌다. 이 가치들은 인간 이외의 생명의 세계가 인간의 목적을 위해 얼마나 유용한가 하는 문제와는 별개의 것들이다. ② 생명 형태의 풍부함과 다양성은 이 내재적 가치의 실현에 공헌하며, 또한 그 자체로 가치를 지닌다. ③ 인간은 생명 유지에 필요한 것을 제외하고는 생명의 풍부함과 다양성을 훼손할 권리가 없다. ④ 인간의 생명과 문화의 번영은 실질적으로 더 작은 인간 개체군과 양립할 수 있다. 인간 이외의 생명이 번창하려면 인간은 작은 개체군이 되어야 한다. ⑤ 오늘날 인간은 인간 이외의 생명에 대해 지나치게 개입하고 있으며, 상황은 아주 빠르게 나빠지고 있다. ⑥ 따라서 정책들을 바꾸어야 한다. 기본적인 경제적 기술적 이데올로기적 구조들에 영향을 미칠 이러한 정책들은 현재의 상황을 매우 다르게 변화시킬 것이다. ⑦ 이데올로기의 변화라는 것은, 생활수준 향상의 표준을 지향하기보다는 더욱 더 삶의 질에 대한 평가의 표준을 지지함을 뜻한다. 이렇게 하여 우리는 큰 것과 위대한 것 사이의 차이에 대하여 깊은 자각을 할 것이다. ⑧ 이상의 논의에 동의하는 사람들은 필요한 변화들을 직·간접적으로 시도할 의무를 갖는다.(Arne Naess, 1998, pp.196~197)

심층생태론은 그동안 환경파괴를 야기하였던 기계론적이고 인간중심주의적인 세계관을 근본적으로 혁신하고, 모든 생명체가 공존할 수 있는 생태론적 세계관과 삶의 자세를 형성하는 데 큰 영향을 미쳤다. 하지만, 사회생태론자들은 심층생태론의 신비주의적이고 반과학적인 정신을 비판하는 동시에, 이미 지배적인 사회를 비위계적인 협력사회로 전환시키려는 환상에서 출발한다고 비판한다. 인간이 인간을 지배하면서 인간이 자연을 개발하고 착취하였으므로, 인간의 인간에 대한 지배를 개혁하지 않고서는 생태의 균형이란 공허한 목표다. 생물주의는 '인간성'을 '자연법'으로 영원히 축소시켜버림으로써, 이 뒤에서 작업하고 있는 것이 추상적인 '인간도 '사회'도 아닌 바로 자본주의라는 사실을 얼버무리고 있다. 이러한 권위주의적인 사고방식은 때때로 다양한 영성에 대한 경건한 호소와 더불어 공존하고 있는데, 이것은 부르주아적인 탐욕에서 등장한 무분별한 이기주의에 성인의 가면을 씌워놓은 형상이다.(머레이 북친, 1997, p.163)

인간중심주의가 인간의 자연에 대한 파괴를 정당화하였다는 주장은 타당하고, 지구의 모든 생명체를 우열이 아니라 다름과 차이의 눈으로 보아야 하지만, 인간이 지구상의 모든 생명체 가운데 지적 능력이 가장 뛰어난 특성을 가진 것 또한 엄연한 사실이다. 전 지구 차원의 환경위기를 인식하고 대안을 세우고자 하는 것 또한 인간이고 그가 가진 이성이다. 그러기에 한 마리의 바이러스와 인간이 동등하다는 생명평등주의는 실제적으로 에코파시즘으로 전락한다. 생물권에 모욕을 가하는 인간들 사이의 차이, 즉 가난한 자와 부자, 남자와 여자, 백인과 유색인, 착취자와 피착취자를 구분하지 않은 채 무조건 '인간'을 공격하는 것이 얼마나 오랫동안 가능하겠는가?(같은 책, p.161)

사회생태론자들이 볼 때 환경위기의 근본 원인은 자본주의 체제에 있다. 이 체제는 진보를 협력보다는 경쟁과 동일시하고, 사회를 정교화한 인간관계의 영역이라기보다 사물들을 소유하는 영역으로 파악하며, 균형과 억제에 근거하는 것이 아니라 성장에 기반 하는 윤리를 창조한다. 인간사에서 최초로, 사회와 공동체는 거대한 쇼핑센터로 축소되었다.(같은 책, p.182)

자본주의는 '확대 재생산'을 해야만 살아남는 체제다. 자본주의적 생산과정에서 인간은 자연을 원료나 기계 등 '불변자본'으로 변환시키고, 변환된 자연은 기계라는 모습을 띠고 다시금 인간 노동력을 대량으로 가변자본화하는 데 기여하며, 인간은 다시 도구를 써서 더욱 급속도로 자연을 불변자본화한다. 자본주의는 잉여노동을 착취하고 상품을 판매하여 자본을 축적하는 사회이기에, 과잉생산을 추구하고 과소비를 조장한다. 노동자들 스스로도 자본주의 체제 속에서 자본주의적 인간이 된다. 그들의 욕망은 직접 실현되지 않는다. 더 많은 돈을 벌고, 더 강한 권력을 소유하고, 더 높은 명예를 얻는 것이 그들의 소망이다. 그들 스스로 자본가와 국가, 대중문화의 상징과 이미지 조작에 놀아났든 아니든, 이들을 얻는 데, 다시 말해, 생태계 전체를 파괴하는 데 스스로 동참한다. 그러기에 자본주의 체제는 자연을 더욱 더 황폐화시키고 인간을 자연으로부터 소외시키는 동시에 쓰레기를 양산한다.

필자가 대학 다닐 때만 해도 안양천은 맑은 냇물이었다. 관악산에서 안양천으로 흐르는 실개천에는 버들치가 새카맣게 몰려다녔고, 안양천 너른 내에도 피라미와 모래무지가 지천이었고, 봄나물이 흐드러진 방죽에는 도마뱀과 살무사가 마구 기어 다녔다. 물이 어찌나 맑은지 바닥까지 훤히 보여, 우리는 내를 걸어 다니다 모래 속에 코를 박고 있는 말조개를 잡곤 하였다. 그때도 구로공단은 있었고, 환경에 대한 인식이 없어 오폐수를 그대로 강에다 버릴 때였다. 그런데 그때 냇물은 왜 그리 맑았고, 지금의 안양천은 왜 죽음의 강이 되었는가? 물이 흐르면서 이온작용 등을 하며 스스로를 정화해 줄 '비워둠'을 두었기 때문이다. 당시 안양천의 정화력이 100톤이었다면, 오폐수는 80톤이 버려져 20톤의 비워둠이 있었기 때문이다. 안양천은 흐르면서 이온작용을 하고, 물과 물가의 동식물은 오염물질을 정화하여 오폐수를 분해했으니 안양천은 늘 맑았던 것이다. 이처럼 비워둠이 있는 한 자연(自然)은 '이름 그대로' 스스로의 원리에 따라 저절로 늘 그렇게 존재했던 것이다. 그래서 무위(無爲)란 아무 것도 하지 않는 것이 아니라 비워둠[虛]을 만드는 것이다.

21세기 오늘의 자본주의는 이 비워둠이 사라진 체제다. 확대재생산의 원리는 자연이 무한할 것이라는 전제에서 번영과 발전을 약속하는 것인데 자연은 유한하였다. 10, 20년 전만 해도 자연에는 여분이 있어 (세계의) 산업화가 300여 년 단행되었어도 오염은 국부적이었다. 그러나 최근에 그곳마저 개발이라는 이름 아래 사라져버리는 바람에 환경위기는 전 지구 차원에서, 인류가 절멸할 정도의 지경에까지 치달은 것이다. 자본주의 체제를 해체하거나 혁신을 가하여 확대재생산의 원리를 자연과 문명 사이의 균형의 원리로 바꾸지 않으면 그 어느 것도 미봉책이다.

사회생태론은 구체성에 바탕을 두고 현실사회의 모순을 분석하여 대안을 제시한 것이기에 현실적 가능성이 있다. 신비주의와 반과학주의를 지양하여 변증법적 이성을 추구하는 것이기에 객관적 보편타당성 또한 획득한다. 공동체 건설과 시민포럼, 인간적 필요에 따른 소비 개념 재정립 등 사회운동을 대안으로 내세우기에 힘을 가지며, 인간 자아의 변화에도 초점을 맞추므로 영속성을 갖기도 한다. 하지만, 현실사회의 모순을 분석하고 지양하는 과학으로서 변증법은 원리 가운데 원리지만, 그 안에 자와 타의 대립과 투쟁을 통한 종합을 내포하고 있다. 이는 사회생태론이 구체성과 힘을 갖지만 그 패러다임 자체는 아직 자연을 파괴한 이분법의 세계관을 벗어나지 못했음을 의미한다.

법계연기론과 화쟁의 생태론

그렇다면 이분법을 넘어서서 전 지구 차원의 환경위기를 극복할 패러다임이 한국의 철학에 있을까? 의상대사의 《화엄일승법계도》를 보자.

> 대연기다라니법에는 만약 하나가 없으면 모든 것이 이루어지지 않는다.…… 하나라고 말하는 것은 자성(自性)이 하나가 아니요 연(緣)에 따라 이루어지기 때문에 하나인 것과 같이 열이라고 한 것은 자성이 열이 아니라 연에 따라 이루어지기 때문에 열이다. 모든 연생법(緣生法)은 어느 한 법도 일정한 상(相)으로서 성(性)이 있는 것은 아니다.(義湘, 《華嚴一乘法界圖》, 《韓國佛教全書》 2권, 6-중) [1]

---

1) 이하 《韓國佛教全書》에서 인용할 경우 《韓佛全》이라 줄이고 권수와 쪽수만 밝힌다.

모든 존재하는 것은 서로 관계를 맺고 있고 서로 의존하고 있다. 불변하여 영속적이고 일원적이며 독립적인 것이 자아라 할 수 있다. 그런데 모든 것은 찰나의 순간에도 변하고, 달의 어두운 부분이 있어서 밝은 부분이 드러나고, 씨가 있어서 열매가 있고 열매가 있어서 씨가 있듯 서로 의존하고 있다. 그러기에 자성(自性)이 없다. 연기하는 모든 법은 자성이 없기에 공(空)하다. 객이 있어서 주가 있고 허상이 있어서 실체가 있으니, 현상으로 드러난 것은 모두 허상이다.

보살행은 윤리적 당위일 뿐 아니라 연기의 지혜에서 비롯된다. 나는 타자, 뭇 생명체들과 관련을 맺고 있다. 예를 들어, 수억 원에 이르는 환경비용을 지출하지 않고 비오는 날 폐수를 몰래 버리는 것이 자기 회사의 이익이라고 생각한 자본가가 있다고 치자. 그가 어느 날 윤리적이거나 종교적인 생각에서 이를 악으로 규정하고 중지할 수 있다. 그러나 선악의 문제나 판단과 관계없이, 그가 어느 날 자신이 버린 폐수를 먹고 자란 물고기를 자신이나 자신의 자식이 식용하면 병에 걸림은 물론 기형아도 낳을 수 있음을 알고 나면 폐수를 더 이상 버리지 못할 것이다. 이처럼 지혜란 우주 삼라만상이 모두 원인과 결과로 맺어지고, 서로 밀접하게 관련되어 있어 나란 없으며 모두 공(空)임을 깨닫는 것이다.

우리는 홀로 존재하는 존재자가 아니다. 인연의 사슬이 깊어 수백억 년 가운데 찰나의 순간이라 할 한 평생에, 수조 개의 별 가운데 하나인 지구에서 살아가고 있는 것이다. 조상이 물려준 유전자와 나와 그들의 업(業), 어머니와 아버지를 비롯한 수많은 사람들의 사랑과 보살핌이 원인이 되어 나는 태어나고 길러졌다. 타인이 없었다면 나는 없다. 우주 삼라만상이 모두 나와 관계를 맺는다. 가까이 주변

의 사람, 내 얼굴에 비치는 햇살, 코를 드나드는 맑은 공기와 볼을
스치는 바람에서, 멀리 한 점으로 빛나는 별들과 그 사이로 떠다니
는 우주 먼지에 이르기까지, 전 우주가 오늘 나라는 존재를 나로 존
재하게 하는 데 관여한다.

연기를 깨닫고 나면 내가 사랑하는 가족이나 친구뿐만 아니라 모
든 타자들, 지구의 모든 생명체들, 우주의 구성 성분들 모두가 '우리'
의 범주에 들어온다. 길거리에서 목숨을 걸고 싸우던 두 사람이 제3
자로부터 실은 두 사람이 이복형제라는 소리를 들으면 싸움을 중지
하고 포옹할 것이다. 이처럼 연기는 각 존재자를 우리의 범주에 속
하게 한다. 이때 우리는 각 존재자들이 서로 소통하고 상호작용을
하면서 하나를 이루는 것이다. 어머니가 자식을 위해, 독립투사가
나라와 백성을 위하여 기꺼이 목숨까지 희생하는 것에서 보듯, 각
존재자는 우리의 범주에 들어온 타자를 위해 자신의 욕망을 자발적
으로 절제하거나 포기한다. 이처럼 연기에 대한 대승적 깨달음은 '욕
망의 자발적 절제'를 낳는다.

인간중심주의의 바탕에 실체론이 자리하고 있다. 서양의 형이상
학은 세계를 실체론에 따라 대상을 독립된 존재로 규정하고, 이를
다시 이분법에 따라 둘로 나누었다. 여기서 둘은 평화적인 공존을
하거나 서로 관계를 갖는 것이 아니라 각각 독립되고 대립적인 실체
로서 전자가 후자에 대하여 압도적인 우위를 갖는 것으로 설정하였
다. 이 형이상학의 체계로 자연을 보면, 인간과 자연을 각각 독립된
실체로 간주하고 둘 가운데 인간에게 우월권을 주는 것을 정당화한
다. 이 패러다임에 따르면 인간은 자연을 마음대로 착취하고 개발할
권리를 갖는다. 이 권리에 따라 현대인은 자연을 인간의 목적에 맞

게 변형 생성하였고, 이것을 문명이라 불렀다.

홍수를 막는 방법은 두 가지가 있다. 하나는 댐을 쌓는 것이고, 다른 하나는 물이 흐르는 대로 물길을 터주는 것이다. 서양은 인간과 자연을 이항대립으로 나누고 인간에게 우월권을 주었기에 전자의 방식을 택하였다. 댐을 쌓듯 인간 주체가 자연에 도전하여 자연을 개발하고 착취하는 것을 현대화로 간주하였고, 이것으로 그들은 17세기 이후 전 세계를 지배하였다. 그러나 댐은 물의 흐름을 방해하여 물을 썩게 하고, 결국 거기에 깃들어 사는 수많은 생물을 죽이고, 심지어는 주변의 기후를 변화시키고 지진을 일으키기도 한다. 이처럼 인간 중심주의, 실체론에 바탕을 둔 현대의 기획은 인류가 멀지 않은 시기에 공멸할지도 모를 '전 지구 차원의 환경위기'를 야기하였다.

원효는 연기론을 더욱 발전시켜 불일불이(不一不二)의 논리를 편다.

"열매와 씨가 하나가 아니니 그 모양이 같지 않기 때문이요, 그러나 다르지도 않으니 씨를 떠나서는 열매가 없기 때문이다. 또 씨와 열매는 단절된 것도 아니니 열매가 이어져서 씨가 생기기 때문이요, 그러나 늘 같음도 아니니 열매가 생기면 씨는 없어지기 때문이다. 씨는 열매 속에 들어가는 것이 아니니 열매일 때는 씨가 없기 때문이요, 열매는 씨에서 나오는 것이 아니니 씨일 때는 열매가 없기 때문이다. 들어가지도 나오지도 않기 때문에 생하는 것이 아니요, 늘 같지도 않고 끊어지지도 않기 때문에 멸하는 것이 아니다. 멸하지 않으므로 없다고 말할 수 없고, 생하지 않으므로 있다고 말할 수 없다. 두 변을 멀리 떠났으므로 있기도 하고 없기도 하다고 말할 수 없으며, 하나 가운데 해당하지 않으므로 있지도 않고 없지도 않다고 말할 수 없다."(元曉,《金剛三昧經論》,《韓佛全》, 625-중-하) 2)

씨는 무엇이라 말할 수 없으나 열매와의 "차이"를 통하여 의미를 갖는다. 씨와 열매는 별개의 사물이므로 하나가 아니다[不一]. 국광 씨에서는 국광사과를 맺고 홍옥 씨에서는 홍옥사과가 나오듯, 씨의 유전자가 열매의 거의 모든 성질을 결정하고 열매는 또 자신의 유전자를 씨에 남기니 양자가 둘도 아니다[不二]. 씨는 열매 없이 존재하지 못하므로 공(空)하고, 열매 또한 씨 없이 존재하지 못하므로 이 또한 공하다. 그러나 씨가 죽어 싹이 돋고 줄기가 나고 가지가 자라 꽃이 피면 열매를 맺고, 열매는 스스로 존재하지 못하지만 땅에 떨어져 썩으면 씨를 낸다. 씨가 자신의 존재를 유지하고자 하면 씨는 썩어 없어지지만, 씨가 자신을 공하다고 하여 자신을 흙에 던지면 그것은 싹과 잎과 열매로 변한다. 공(空)이 생멸변화(生滅變化)의 전제가 되는 것이다.

신라 진성여왕(887~896년) 때 함양의 태수로 부임한 최치원은 위천의 홍수라는 문제와 마주쳤다. 화쟁 사상을 추구한 최치원은 홍수를 막기 위하여 댐을 쌓는 대신, 물길을 트고 숲을 조성하는 대안을 택하였다. 지금도 지리산 자락의 함양에 가면 폭 200, 300미터에 길이가 2킬로미터에 이르는 상림이란 무성한 숲이 있다. 씨와 열매의 관계처럼, 물은 나무의 양분이 되고 나무는 물을 품어 주도록 한 것이다. 이렇게 하여 위천은 천여 년 동안 홍수를 막으면서도 물을 맑게 유지할 수 있었다.

이처럼 연기론은 우열이 아니라 차이를 통하여 자신을 드러내고, 투쟁과 모순이 아니라 자신을 소멸시켜 타자를 이루게 하는 상생의

---

2) 이하 《金剛三昧經論》은 《金剛》으로 줄임.

사유체계이다. 서구의 이항대립의 철학이 댐을 쌓아 물과 생명을 죽이는 원리를 이룬다면, 연기론은 그 댐을 부수고 물이 흐르는 대로 흐르며, 물은 사람을 살게 하고 사람은 물을 흐르게 하는 원리이다. 가정이지만, 이런 패러다임으로 현대화가 진행되었다면 상림처럼 인간과 자연이 공존하는 산업발전을 이룰 수 있었을 것이다.

그렇다고 화쟁만으로 대안이 될 수 없다. 서양의 합리성에 입각한 현대문명이 지금의 위기를 불러온 한 원인이지만, 그렇다고 해서 인간의 이성을 무시한다면 '지금 여기에서' 생명을 무차별로 학살하고 있는 죽음의 문화를 비판할 근거는 어디에서 찾을 것인가? 세상이 무지몽매함과 야만에 빠져 있을 때, 이성은 그 어두움 속을 밝히고 벗어나도록 이끄는 빛이다. 20세기 인류는 합리성을 통하여 '주술의 정원'에서 해방되었다. 해체할 것은 이성 그 자체가 아니라 자연을 파괴하고 인간마저 비인간화하고 소외시키고 있는 특정 개념의 이성인 것이다.

고운 최치원은 상림을 조성하여 1천여 년 동안 위천의 물이 홍수가 나지 않으면서도 지리산 주변의 모든 생태계와 공존하는 방안을 제시하였다. 하지만, 최치원이 부임한 그 해, 혹은 숲이 조성되기 전에 벌어질 홍수는 어찌 막을 것인가? 그는 숲을 조성하기 전에 둑을 쌓았다. 숲이 동양이고 탈현대라면, 둑은 서양이고 현대의 은유다. 화쟁의 패러다임은 서양과 동양, 현대와 탈현대의 대안 또한 하나로 아우를 것을 요청한다.

3. 차이의 철학과 변동어이론

동일성이 형성되는 순간, 세계는 동일성의 영토로 들어온 것과 그렇지 못한 것으로 나뉜다. 동일성은 자기 바깥의 것들을 모두 타자로 간주하고, 이를 자신과 구분하고 대립시키면서 동일성을 강화한다. 이를 통해 동일성은 타자에 대한 배제와 폭력의 담론을 형성하며, '차이'를 포섭하여 이를 없애거나 없는 것처럼 꾸민다.

20세기가 전쟁과 대학살의 시대가 된 밑바탕에는 동일성의 패러다임이 존재한다. 나치즘의 유대인 대학살과 일본군의 난징 대학살, 스탈린주의와 수용소군도, 미군의 밀라이 대학살, 유고의 인종 청소 모두 "너는 우리 편이 아니다"라는 배제의 담론의 소산이다. 임산부의 배를 갈라 태아를 불 속에 던져버린 일본 군인들이 악마의 화신이었을까? 아니다. 그들도 소설을 읽고 엉엉 울어버리고, 첫사랑에 온밤을 설렘으로 지새우고, 키우던 강아지의 죽음에 눈물을 훔치던 우리와 똑같은 사람이었다. 다만 "저들은 우리 편이 아니야. 남이야. 저들이 사라져야 우리가 행복해"라는 식의 배제의 담론이 그들을 그렇게 악마로 바꾸어버렸던 것이다.

데리다는 동일성에 바탕을 둔 서양 철학 전반을 해체한다. 사물의 의미는 그 실체 속에 있는 것이 아니라 그것과 다른 사물의 차이 사이에 있다. "자의성(arbitrariness)은 기호의 체계의 충만함에서 비롯되는 것이 아니라, 구성요소들 사이의 차이에 의하여 구성될 때만 일어나는 것이다.(Jacques Derrida, 1973, p.139) 의미작용은 기호의 충만한 본질에서 일어나는 것이 아니라 다른 기호와의 차이, 구조 속의 차이에서 비롯되는 것이다. 우리가 동일하다고 믿은 것은 차이 속의 타자이며, 타자 속의 차이에 불과하다.

만일 타자성 자체가 동일자 '속'에 이미 들어 있지 않다면, '속'이라는 낱말의 의미가 분명히 드러내는 포섭의 의미에서, 어떻게 동일자의 유희가 있을 수 있을까? 놀거나 작동을 하고 있는 기계나 유기체 속에서, 놀이활동의 의미, 또는 해체의 의미에서나, 동일자 속에 타자성이 없다면 어떻게 동일자의 유희가 발생하겠는가?(Jacques Derrida, 1978, pp.127~128) 타자는 자아임으로써만, 즉 어떤 면에서 나와 동일자가 됨으로써만 절대적으로 타자인 것이다.(같은 책, p.127) 각 구성요소들의 명백한 자기동일성은 다른 구성요소들과의 차이와 연기의 결과이며, 어떤 구성요소도 차이적 관계가 '놀이'를 하는 것 바깥에 그 자신의 자기 동일성을 갖고 있지 않다. 각 구성요소들은 동일체인 것만큼이나 또한 '타자'이기도 하다. 구성요소들의 동일성은 타자성, 또는 이타성에 의해 가능한 것인데, 이 타자성이나 이타성은 동시에 고유성을 불가능하게도 하는데, 타자가 된다는 것은 자기동일성을 잃는 것이기 때문이다.(Michael Ryan, 1982, p.12) 후설의 주장이 의존하는 현존의 순간이란 실은 부재(不在)와의 차이적 관계에서 산출되며, 현존은 오직 동일성 내부의 다른 것, 즉 이타성에 의존함으로써만 스스로 존재한다.(같은 책, p.26)

들뢰즈는 이를 더 심오하게 발전시킨다. 개념 안의 동일성, 술어 안의 대립, 판단 안의 유비, 지각 안의 유사성을 바탕으로 한 개념적 차이는 결국 동일성으로 환원한다. 이러한 "차이는 이웃하는 닮은 종(種)들로부터 그 종들을 포섭하는 유(類)의 동일성으로 이행하도

록 해준다. 유적 차이와 종적 차이들은 재현 안에서 공모 관계를 맺
는다. 이는 그것들이 어떤 면에서 똑같은 본성을 같기 때문이 아니
다. 유는 종적 차이를 통해 서만 외부로부터 확정지을 수 있을 뿐이
다.(Gille Deleuze, 1994, p.34) 유비(類比)는 판단의 본질이지만, 판단의
유비는 개념의 동일성과 유비적이다.(같은 책, p.33) 때문에 그는 어
떤 방식으로도 동일성으로 귀환하지 않는 '차이 그 자체'에 주목한
다. 차이 자체는 절대적이고 궁극적인 차이로 감성과 초월적 경험에
의해서만 도달할 수 있다. 사실 반성적 개념 안에서 매개하고 매개
되는 차이는 지극히 당연하게 개념의 동일성, 술어들의 대립, 판단
의 유비, 지각의 유사성에 복종한다. 차이는 파국을 언명하는 상태
로까지 진전되어서만 반성적이기를 멈출 수 있으며 효과적으로 실
제의 개념을 되찾는다.(같은 책, pp.34~35)

변동어이의 차이

원효는 연기론(緣起論)과 공(空)의 철학을 바탕으로 차이의 철학
을 논한다.

"같다는 것은 다름에서 같음을 분별한 것이요, 다르다는 것은 같음
에서 다름을 밝힌 것이다. 같음에서 다름을 밝힌다 하지만 그것은 같
음을 나누어 다름을 만드는 것이 아니요, 다름에서 같음을 분별한다.
하지만 그것은 다름을 녹여 없애고 같음을 만드는 것이 아니다. 이로
말미암아 같음은 다름을 없애버린 것이 아니기 때문에 바로 같음이라
고 말할 수도 없고, 다름은 같음을 나눈 것이 아니기에 이를 다른 것이
라고 말할 수 없다. 단지 다르다고만 말할 수가 없기 때문에 이것들이
같다고 말할 수 있고 같다고만 말할 수가 없기 때문에 이것들이 다르

다고 말할 수 있을 뿐이다. 말하는 것과 말하지 않는 것에는 둘도 없고 別도 없는 것이다."(元曉, 《金剛三昧經論》, 《韓佛全》 1책, 626〜상)

원효의 말대로 동일성이란 것은 타자성에서 동일성을 갖는 것을 분별한 것이요, 타자성이란 것은 동일성에서 다름을 밝힌 것이다. 동일성은 타자를 파괴하고 자신을 세우는 것이 아니기 때문에 바로 동일성이라고 말할 수도 없고, 타자성은 동일성을 해체하여 이룬 것이 아니기에 이를 타자라고 말할 수 없다. 주(主)와 객(客), 현상과 본질은 세계의 다른 두 측면이 아니라 본래 하나이며 차이와 관계를 통하여 드러난다. 주체에는 이미 타자가 들어와 있고 타자에는 주체가 스며 있다. 화쟁은 주와 객, 주체와 타자를 대립시키지도 분별시키지도 않는다. 둘을 융합하되 하나로 만들지도 않는다. 어느 한 편에 치우치지 않으면서 중간도 아니다. 주와 객, 주체와 타자가 서로를 비춰주어 서로를 드러내므로 스스로의 본질은 없고 다른 것을 통하여 자신을 드러낸다. 진리는 진리가 아닌 것과 차이를 갖기에 진리다.

지금 이 순간 여러분께 한 가지 제안을 한다. 당장 옆에 있는 사람과 마주 보고 눈을 맞추라. 똑바로 상대방의 눈동자를 바라보면 상대방의 눈동자 안에서 내 모습을 발견할 것이다. 이를 한국어로 '눈부처'라 한다. 내 모습 속에 숨어있는 부처, 곧 타자와 자연, 약자들을 사랑하고 포용하고 희생하면서 그들과 공존하려는 마음이 상대방의 눈동자를 거울로 삼아 비추어진 것이다. 그 눈부처를 바라보는 순간 상대방과 나의 구분이 사라진다. 상대방을 살해하려 간 자라 할지라도 눈부처를 발견하는 순간 상대방에게 폭력을 가하기는 쉽지 않을 것이다.

변동어이의 차이, 곧 역동적이고 생성하는 차이는 개념적인 차이와 다르다. 한 이스라엘인이 자신과 다른 팔레스타인의 문화를 인정하고 그들을 차별하지 않고 유대인과 똑같이 관용으로 대하는 것은 개념적 차이를 인식한 데서 오는 것이다. 하지만 연극 〈풀리지 않는 매듭〉(Plonter)의 배우와 스텝들은 개념적 차이에 바탕을 둔 관용이 얼마나 허술하고 관념적인지 절감하였다. 이 연극은 자살폭탄 테러로 남편을 잃은 이스라엘 여인과 이스라엘 군인의 총에 아들을 잃은 팔레스타인 여인을 중심으로 이스라엘과 팔레스타인의 갈등과 화해를 다룬 것이다. 이 연극에서 5명의 이스라엘인 배우가 팔레스타인 역을, 4명의 팔레스타인 배우가 이스라엘인 역을 연기하였다. 이제까지 상대방을 관용으로 대했던 그들도 서로 역할을 바꾸어 연기를 하면서 처음엔 서로 소리를 지르고 울부짖으며 싸웠다고 한다. 그러다가 그들은 7개월의 공동 작업을 통해 내 안의 타자, 상대방의 눈부처를 발견하고서 서로를 진정 이해하고 포용하게 되었고 결국 연극을 완성하였다. 바로 이들 배우는 감성과 몸을 통해 내적 차이를 깨달은 것이다

이처럼 변동어이의 차이는 두 사상(事象)이 서로 차이를 긍정하고 상대방을 수용하고 섞이면서 생성된다. 차이를 전적으로 받아들이는 자는 다른 것을 만나서 그것을 통해 자신을 변화시킨다. 나와 타자 사이의 진정한 차이와 내 안의 타자를 발견하고서 자신의 동일성을 버리고 타자 안에서 눈부처를 발견하고서 내가 타자가 되는 것이 변동어이의 차이다. 변동어이의 차이의 사유로 바라보면, 이것과 저것의 구분이 무너지며 그 사이에 내재하는 권력, 타자에 대한 배제

와 폭력의 담론은 서서히 힘을 상실한다.

변동어이의 차이는 들뢰즈의 차이의 철학과 통한다. 둘 모두 개념적 차이를 넘어서서 차이 그 자체, 정적인 것이 아니라 역동적이고 생성하는 차이를 추구한다는 점에서도 유사하다. 반면에 변동어이의 차이는 이분법을 완전히 넘어서서 일심을 지향하는 대신 차이가 실은 힘과 힘 사이의 관계임을 인식하지 못한다. 때문에 차이를 동일성으로 환원하려는 세력, 특히 오이디푸스화를 통해 인간의 욕망을 억압하고 통제하는 자본주의를 비판하는 데 유용하지 못하다. 차이가 영원회귀의 반복을 하여 차이를 생성하는 것을 설명하지 못한다.

4. 해체철학과 일심과 삼재 사상

데리다의 해체철학

20세기가 이것과 저것, 나와 나, 자연과 인간으로 나뉘어 대립한 근원에는 이분법적인 서양의 형이상학이 존재한다. 데리다는 서양 형이상학의 핵심을 '이항대립주의'(binary opposition)와 '현전의 형이상학'으로 파악하고 이의 해체에 초점을 맞춘다. 데리다는 추이를 통하여 그리스 철학에서 현상학에 이르기까지 서양 형이상학 전반에 대해 해체를 시도한다.

서양의 형이상학은 세계를 이데아/그림자, 이성/감성, 본질/현상, 진리/허위, 정신/육체, 말/글 등 둘로 나누어 파악한다. 그런데 둘은 평등하게 가치를 갖거나 서로 섞이지 않는다. 각각은 서로 대립하여 존재하며, 늘 전자가 후자에 대하여 우위를 갖는다. 데리다는 "이항

대립적 사유에는 하나가 다른 것보다도 우위를 차지하고 지배하는 폭력적 계층질서가 존재한다"(Jacques Derrida, 1982, pp.56~57)며 이항 대립주의가 야기한 위계질서를 해체한다. '파르마콘'(pharmakon)이 독인 동시에 약이듯이 둘은 이분법을 넘어서며 상호보충(supplément)의 관계라는 것이다.

서양의 형이상학은 의식에 '현재'라는 특권을 부여한다. 현전(présence)이란 존재의 근원적인 의미가 '바로 이 순간' 의식 속에 드러나는 것이다. 서양의 형이상학은 말을 '지금 여기에서' 현전의 방식으로 내면의 진실을 직접 전달하는 것으로 간주하였다. '내면의 의식에서 나오는 음성은 본질직관이 청각기관을 통한 것이며, 세계의 본질을 인식하는 것은 이성을 바탕으로 한다. 때문에 말중심주의(phono-centrism)의 바탕에는 이성중심주의(logo-centrism)가 도사리고 있다. 그러나 '현재'는 근원적인 시간의 지평에 놓일 수 없다. 말 또한 텍스트의 2차 형식이다. "낱말에서 중요한 것은 소리 그 자체만이 아니라, 이 낱말을 다른 모든 낱말과 구별시켜 주는 음성적 차이다. 왜냐하면 바로 이 차이가 의미작용을 수반하기 때문이다."(Ferdinand de Saussure, 1959, p.118) 의미를 만들어내는 것은 말이나 소리가 아니라 문자가 지닌 차이다. 의미는 모든 기표의 연쇄를 따라서 산종(散種, dissemination)되어 있다.

"나는 여자 탤런트 가운데 문근영을 좋아한다"라는 문장에서 문근영의 가치는 '최진실, 한예슬, 김희선, 이영애' 등 부재한 것에 의해서 드러나며, 부재한 것을 무엇으로 잡느냐에 따라 문근영의 가치와 의미는 천차만별로 달라진다. 이처럼 의미는 어떤 하나의 기호에 의하여 완전히 현전하는 것이라기보다는, 현전과 부재간의 일종의 끊임없는 교차라고 할 수 있다. 각각의 기호에는 그 기호가 그것이 되기 위하여 배척하였던 다른 낱말의 '흔적'이 스며 있다. 의미는 기호에서 직접적으로 현전하지 않는다. 따라서 현전성의 신화에 바탕을 둔 말중심주의와 이성중심주의는 무너진다.

데리다는 이런 것들을 설명하기 위하여 츠이(différance)라는 신조어를 만들었다. 츠이는 공간에 따라 차이가 나고 시간에 따라 현전을 연기함을 의미한다. 이러한 차이들은 이 자체가 실체가 아니라 구조 자체가 만들어내는 효과다. 세계란 츠이가 드러난 것, 츠이의 체계 속에 쓰여 드러난 것, 현전과 부재가 끊임없이 교차하여 일어나는 유희에 불과하다. 츠이는 존재하지도 않으며, 그럼에도 존재하지 않는 모든 것이 마치 존재하는 양 표상한다. 츠이는 낱말도 아니며 개념도 아니다. 그것은 어떤 개념이나 도식, 확정성의 사유에 포함되지 않는 전략적 부호, 또는 결합을 알려주는 기표일 뿐이다. 츠이는 속이 비어 있고 단순하지 않는 개체로 차이의 기원을 다시 차이 나게 한다.(Jacques Derrida, 1973, pp.129~133)

일심과 삼재의 해체와 구성

원효는 일심(一心)에 대하여 다음과 같이 말한다.

이미 둘이 없는데 어떻게 一이 될 수 있는가? 一도 있는 바가 없는데 무엇을 心이라고 말하는가? 이러한 도리는 말을 여의고 생각을 끊은 것이니 무엇이라고 지목할지에 대해선 모르겠으나 억지로 이름 붙여 一心이라고 하는 것이다.(元曉, 《大乘起信論疏》卷1, 《韓佛全》1책, 741-상~중) 3)

　　"진여의 법은 모두 얻을 수가 없기 때문에 문자와 언어로는 곧 뜻을
　　나타낼 수 없다. 모든 법의 진실한 뜻은 일체의 언설을 끊은 것이니,
　　이제 부처님의 설법이 만약 문자와 언어만이라면 곧 진실한 뜻이 없을
　　것이요, 만약 진실한 뜻이 있다면 마땅히 문자와 언어가 아닐 것이니,
　　이런 까닭에 '어떻게 설법하십니까?'라고 물은 것이다."(元曉,《金剛》
　　卷下,《韓佛全》 1책, 653-상)

　엄격히 말하여 궁극의 진리란 그를 언어기호를 빌려 무엇으로 부
르는 순간 그것이 아니다. 세계의 실체는 실제로 그렇지 않은데 인
간이 이를 분별하여 바라보거나 편의상 범주를 만들어 그렇게 이름
을 지어 부르는 것이다. 그러니 언어기호로는 궁극적 진리에 다다를
수 없다. 무엇이라 이름 지을 수 없지만, 억지로 'e'자를 'a'자로 대체
하거나 '一'과 '心'을 끌어들여 그리 이름 붙인 것이다. 진리의 실체
란 이해할 수도, 이를 무엇으로 표현할 수도 없는 것이다.

　서양 철학은 로고스를 바탕으로 신, 본질, 현존, 진리, 실체, 절대
정신 등 근원적이고 궁극적인 중심을 탐구해왔다. 서양의 형이상학
은 이런 것들을 신성불가침, 절대개념으로 간주하여 다른 모든 기호
나 개념, 의미가 이들을 중심으로 구성된다고 보았다. 그런데 이들
은 모두 해체될 수 있는 것들이다. 때문에 근원적이고 궁극적인 중
심은 절대도 신성불가침도 아니다. 이들을 모든 기호에 선행하는 기
호, 절대 근원이라 한다면, 이것보다 더 앞서고 더 근원적인 것을 생
각할 수 있기에 절대 궁극적이고 근원적인 것을 정립한다는 자체가
불가능하다. 또 이성으로 인식할 수 있다면 그것은 이미 궁극적 진

---

3) 이하《大乘起信論疏》은《疏》로 줄임.

리라 할 수 없는 것이다. 그라마톨로지(grammatology)는 진리라든가 개념들, 과학적인 규범들을 존재신학, 이성중심주의, 음성중심주의에 연결시키는 모든 것을 해체한다. 해체는 직접적이고 고유한 것처럼 보이는 것이 실은 차이이고, 관계로서 매개된 것이고, 파생된 것임을 보여주었다.

화쟁 또한 문자와 언어에 얽매여 세계를 바라보는 것을 해체하고 궁극적인 진리에 이르고자 한다. 원효는 궁극적 진리의 실체인 일심에 대하여 다음과 같이 요약하고 있다.

"일심이란 무엇인가? 더러움과 깨끗함을 포괄하는 모든 법은 그 본성이 둘이 아니요, 참됨과 거짓됨의 두 문(門) 또한 다름이 없다. 그러므로 하나라 하는 것이다. 이 둘이 아닌 곳에서 여러 법이 적중하여 열매를 맺어 허공과 같지 않아 본성이 스스로 신비한 이해력을 갖고 있어 마음[心]이라고 한다.…… 따라서 일심은 일체 세간(世間)의 법과 출세간(出世間)의 법을 포괄한다."(元曉, 《疏》 卷1, 《韓佛全》 1책, 741-상)

"무릇 일심의 원천은 존재하는 것과 존재하지 않는 것을 떠나서 홀로 깨끗하여, 삼공(三空)의 바다는 진(眞)과 속(俗)을 융화하여 고요하고 그득하도다. 고요하고 그득하기에 둘을 하나로 융합하되 하나가 아니며 홀로 깨끗하기에 변을 여의었으나 중간도 아니다. 중간이 아니면서도 변을 떠났으니 있지 않은 법(法)이라, 무(無)에 머물지 않으며 없지 않은 상(相)이니 유(有)에 머물지도 않는다. 하나가 아니면서 둘을 융합시켰기에 진(眞)이 아닌 사(事)가 일찍이 속(俗)이 된 것도 아니요, 속이 아닌 이치가 일찍이 진이 된 것도 아니다. 둘을 융합시켰으면서도 하나가 아니기 때문에 진속의 본성이 성립되지 않는 것이 없

고, 더러움과 깨끗함의 현상이 두루 갖추어지는 것이라. 변을 떠났으
면서도 중간이 아니기 때문에 유무의 법이 지어지지 않는 것이 없고,
시비(是非)의 뜻이 모두 포섭되는 것이다. 이리하여 부수지 않음이 없
되 부수어짐이 없고 세움이 없되 세우지 않음이 없으니, 실로 이치라
할 수 없는 지극한 이치요, 그렇다고도 할 수 없는 큰 그러함이다. 이
것이 바로 이 경의 큰 뜻이니라.”(元曉, 《金剛》卷上, 《韓佛全》1책,
604-상)

　　원효는 화쟁 철학의 목표를 일심의 근원으로 돌아가는 데 있다고
밝힌다. 원효 철학은 일심의 철학이고, 화쟁은 이에 이르기 위한 방
편이다. 일심(一心)이란 직역하면 한 마음이란 뜻이다. 원효는 중도
(中道)와 불일불이(不一不二)론에 따라 모든 대립을 하나로 아우른
다. ‘하나’란 깨달음과 깨닫지 못함, 주와 객, 부처와 중생을 둘로 보
지 않고 하나로 아우르기에 하나이다. 하나란 모든 대립을 통일한,
세계를 인식하는 궁극적 실체이자 모든 사유와 존재가 출발하는 원
점이다.

　　그 본성이 둘이 아니란 것은, 일심이 아닌 곳에서는 둘임을 전제
로 한다. 일심에 의하여 세계를 인식하지 못하는 중생들은 세계를
둘로 나누어 본다. 무지개가 일곱 가지 색인가? 빛이 프리즘이나 물
방울을 통과하면서 굴절되어 인간세계에서 그리 나누어 나타나는
것이며, 일곱 가지 범주를 가진 인간에게 그리 보이는 것일 뿐이다.
무지개를 자세히 보면 빨강과 주황 사이에도 무한대의 색이 존재한
다. 그러나 그렇게 하면 색에 대해 알 수도 전달할 수도 없으니, 이
를 밝음과 어두움 둘로 나누고, 다시 밝기에 따라 분별하고, 이를 무
엇이라 명명한다. 그러니 빨강과 주황만의 언어를 갖고 있는 언어공

동체는 그 사이의 색을 보지 못한다. 유럽 사람들도 근세 초까지 무지개를 네 가지나 다섯 가지로 보았다. 주황이란 언어가 없으니 빨강과 주황을 같이 본 것이다. 멀쩡한 주황을 빨강이라 하면 이것은 허위이다. 그러나 주황을 주황이라 하는 것도 허위이기는 마찬가지다. 범주를 세분하여 주황을 '진한 주황, 아주 진한 주황, 극도로 진한 주황' 등으로 만 가지, 억 가지로 나눈다 해도 그것은 실제의 색에 이를 수 없다. 인간은 세계를 주와 객, 이데아와 그림자 등 둘로 나누어 인식하고 이해하지만, 세계 그 자체는 하나다. 그러니 화쟁의 방편을 통하여 하나로 돌아가야 하는 것이다.

서양은 아리스토텔레스 시대 이래 이분법적 모순율, 곧 'A or not-A'의 논리를 추구하였다. 이데아는 이데아이고 그림자는 그림자였고 주체는 주체요 대상은 대상이었지, 이데아인 동시에 그림자요 주체인 동시에 대상은 있을 수 없는 것이었다. 글을 읽고 있는 지금은 낮인가 밤인가? 통상 밝으면 낮, 어두우면 밤이라고 말한다. 하지만 낮은 12시에서 0.001초도 모자라지도 남지도 않는 찰나에 스쳐간다. 정오에서 0.001초라도 지났으면 벌써 그만큼 밤이 진행된 것이며, 반대로 0.001초라도 모자랐다면 그만큼 낮이 덜 진행된 것이다. 밤도 또한 마찬가지다. 낮에는 밤이 들어와 있고 밤에는 또 낮이 들어와 있다. 그러니 어느 것을 분별하여 둘로 나누는 것은 두 극단을 취할 때나 가능한 것이다. 이렇게 실제 세계는 A or not-A가 아니라 A and not-A, 곧 퍼지다. 우리는 0과 1에 대하여 말하지만 진리는 그 사이에 있다. 그러니 세계의 실체는 하나다.

세계를 둘로 보는 것도, 하나로 아우르는 것도 모두 마음에서 비롯하는 것이다. 이것과 저것을 분별하여 인식하는 것도 마음이요,

이분법과 분별심을 떠나 스스로 신비하게 이해하여 깨달음에 이르게 하는 것도 마음이다. 중생 속에 부처가 있으니, 유리창에 먼지를 닦으면 푸르고 맑은 하늘이 드러나듯, 마음공부를 통해 무명에서 벗어나면 누구나 깨달은 자, 부처가 된다.

무명(無明)은 미혹하여 세계를 주와 객, 본질과 현상 등 둘로 나누어 보나 세계의 실체는 이를 하나로 융합한 것이며, 그렇다고 하나에 머물지도 않으므로 하나가 아니다. 세계의 실체는 고요하고 그득하여 무명을 떠나 이를 수 있는 청정한 세계이기에, 어느 한 편에 기울어지거나 극단에 서는 것이 아니며, 그렇다고 절충하여 그 중간을 취하는 것도 아니다. 세계의 실체는 츳이와 같아서 있으면서도 없는 것이고 없으면서도 있는 것이어서, 모든 것을 부정하는 무(無)에 머물지도, 모든 것을 긍정하는 유(有)에 머물지도 않는다. 세계의 실체인 일심은 유와 무, 현전과 부재가 끊임없이 교차하는 곳이며, 차이를 통하여 둘을 드러내고 모든 것을 포섭하면서도 정작 자기는 비어 있는 곳이다.

일심은 하나가 아니면서 둘을 융합시켰다. 하나가 아니면서 둘을 아울렀기에, 현상이면서 이를 통하여 본질을 드러내고 본질이면서 현상으로 나타난다. 둘을 융합시켰으면서도 하나가 아니기 때문에 궁극적 진리와 허위, 깨달음의 세계와 미망의 세계, 부처의 삶과 중생의 삶을 모두 포괄하는 것이다. 한 편에 기울지 않으면서도 절충한 것도 아니기에 모든 것을 긍정하여 세우지 않는 것이 없는 유식(唯識)과, 모든 것을 부정하여 해체하지 않는 것이 없는 중관(中觀)을 종합하여, 모든 것을 부정하고 해체하면서도 모든 것을 세운다. 그리하여 일심의 철학은 해체함이 없되 해체하지 않음이 없고, 세움이 없되 세우지 않음이 없으니, 실로 이치 가운데서도 지극한 이치요, 인간의 이성과 의식의 견지에서는 그것을 초월한 무엇이기에 그렇다고 할 수 없으면서도 (자연처럼) 모든 것을 포괄하고 융섭(融攝)시키는 진리 가운데에 대진리다. 때문에 일심의 본원으로 돌아가야 진리를 구하고 깨달음을 얻을 수 있는 것이다.

일심(一心)은 본질도 실체도 아니다. 사건도 존재도 아니다. 개념이나 원리는 더욱 아니다. 이것들은 소리도 없고 들을 수 없으며 볼 수도 없으며, 홀로 우뚝 서 있으며 언제까지나 변하지 않는다. 하지만 우주 삼라만상 모든 것에 두루 어디에나 번져 있어, 우주가 운행하는 것에서부터 나뭇잎이 떨어지고 벌레 한 마리가 기어가는 것에도 스며 있다. 이것은 형태가 없이 무(無)이지만, 모든 만물이 이에 따라 이루어졌으니 이는 만물의 모체다. 이는 어디에나 번져 나가고 이루지 않는 것이 없고, 크고도 크고 멀고도 멀어 이를 알 수도 무엇이라 이름붙일 수도 없다.

우리나라 고유사상인 삼재(三才)사상에서도 이는 마찬가지다.

> "(도란 하나일 따름이라.) 하나에서 비롯하되 하나에서 비롯함이 없느니라."(《天符經》) 4)

> "천(天)은 허울도 바탕도 없고 처음도 끝도 없으며 위, 아래 사방도 없고 겉도 속도 다 비어서 어디나 있지 않은 데가 없으며 무엇이나 담

---

4) 《天符經》: 一始無始一. 이를 '無'에서 끊어 '一始無 始一析三極無盡本'로 보아 "하나는 없음에서 비롯하며, 비롯된 하나는 셋으로 쪼개어져도 그 근본은 다함이 없느니라"라고 해석할 수도 있다. 그러나 이것이 "一終無終一"과 대구를 이루고 이는 '一'에서 끊어 읽어야 하므로 "一始無始一"로 끊어 읽는 것이 더 합리적이다.

지 않는 것이 없다.(《三一神誥》第一章 '天訓', 37쪽) 5)

    "한얼님의 도는 모습이 없이 모습을 드러내며, 말하지 않고 말씀하며, 하지 않으면서 하시느니라."(《神理大全》, '神道', 52쪽)

삼재(三才)에서는 하나[一]와 하늘[天]을 만유 진리의 본체로 보고 있다. 모든 것을 이루는 바탕이면서 처음도 없고 끝도 없으며, 비어 있으면서도 모든 것을 수용하는 실체로 본다. 그리고 이 하늘과 하나는 말을 떠난 것이기에 말이나 이성으로는 이에 이를 수 없다. 한얼님의 도가 모습과 말과 함을 떠난 것이면서 모든 형상을 나타내고 어떤 진리든 드러내며 어떤 것이든 행함을 말하고 있다. 한얼님의 도란 말이나 형상, 행위를 넘어선 것이면서도 모든 것을 드러냄을 밝힌 것이다.

이처럼 츳이와 일심, 삼재는 이성중심주의와 언어를 해체하고 이를 통하여 진리에 이르려 한다는 점에서, 우리가 진리, 실체, 본질이라고 생각한 것이 실은 그렇지 않음을 드러내면서도 정작은 자신은 비어 있어 있다고도 없다고도 할 수 없고, 이름으로는 이를 무엇이라 말할 수 없음도 통한다. 하지만 화쟁의 사유는 이에서 그치지 않는다. 화쟁은 중도와 화엄의 원리에 따라 언어와 세계, 이성과 이성 너머의 깨달음, 해체와 구성 또한 하나로 아우른다.

---

5) 강천봉(姜天奉)이 역해(譯解)한 《한국사상대전집》 27권(양우당, 1988)을 참고하였으며, 《삼일신고》(三一神誥), 《신리대전》(神理大全)의 쪽수는 이 책의 쪽수다.

5. 재현의 위기론과 화엄철학

현실의 환상성과 재현의 위기론

21세기 디지털사회에서 매트릭스는 이미 현실이다. 우리는 현실이 아닌 사이버공간에서 쇼핑을 하고 주식 투자를 하고 성행위까지 행하는 시대에 살고 있다. 지구촌 사회는 컴퓨터, 생명공학, 정보산업, 나노공학, 환경공학 등 첨단기술[high-technology]의 발전과 세계화를 바탕으로 산업사회에서 탈산업사회(post-industrial society), 자본주의 사회에서 후기자본주의(late-capitalism) 사회로 급속히 이행하고 있다. 세계가 인터넷으로 연결되고, 가상이 현실을 대체하면서, 인류사회는 획기적인 전환점을 맞고 있다.

컴퓨터가 만들어주는 가상세계는 이미 우리 현실의 한 장을 차지하고 있다. 얼굴은 누구, 가슴은 누구, 다리는 누구 식으로 미인을 합성하여 그와 섹스를 나눌 수 있는 시대에 우리는 살고 있다. 우리는 안방에 앉아 루브르박물관의 미술품들을 감상할 수 있으며, 미국의 나스닥에 상장된 주식에 투자할 수도, 아마존에 올라온 지구 저 편의 책을 구입할 수도 있다. 월드컵 축구도, 전쟁도, 대통령 선거도 시뮬레이션을 통하여 먼저 치른다. 가상과 현실의 경계는 여기저기서 무너지고 있다. CNN을 통해 중계된 미국의 아프가니스탄 폭격 장면을 보고, 대중들은 어느 것이 컴퓨터 그래픽이고 어느 것이 현실인지 구분을 하지 못한다. 경계는 이미 무너졌다.

보드리야르는 "디즈니랜드는 '실제의' 나라, '실제의' 미국 전체가 디즈니랜드라는 사실을 감추기 위하여 거기 있다."(Jean Baudrillard,

1992, p.40)라고 말한다. 영화나 드라마가 현실을 반영하는 것이 아니라, 거꾸로 우리는 영화나 드라마를 보고 형성된 이미지와 메시지대로 사랑을 하고 일상을 영위한다. 미디어와 하이퍼미디어의 세계에서 현실은 시뮬라시옹으로서 존재한다. 이는 원본과 현실을 추방하고 자신이 그 자리를 대신 차지한다. '텅 빈 기호' '지시대상이 없는 코드'가 지배하는 사회다. 가상세계는 가상으로 끝나지 않는다. 시뮬레이션을 보고 전략과 전술을 수정하고, 선수나 대통령 후보자를 교체한다. 원본은 복사본과 차이를 보이지 않고, 가상은 이미 현실이 되어 버린 것이다.

재현의 위기를 더 부추기는 것은 이미지다. 대중매체는 현실과 아무런 관계없이 이미지를 만들어 현실을 조작하며, 대중들은 현실을 그대로 바라보는 것이 아니라 대중매체가 만들어 주는 이미지에 따라 바라보고 행위를 한다. 우리는 지금 세르비아 하면 인종청소나 강제수용소를 떠올린다. 그러나 세르비아에 인종청소도 강제수용소도 없었다. 루더핀사라는 광고대행사가 미국 정부와 협의하여 비쩍마른 백인 남자가 더워서 상반신을 벗고 우연히도 철조망을 배경으로 자세를 취한 사진에 "죽음의 수용소, 강제수용소" 등의 제목을 붙여 미디어를 통해 확산시켰다. 그러자 유대인의 대학살에 원죄의식을 갖고 있던 전 미국과 유럽이 세르비아를 나치와 동일시하여 전쟁을 선포하고 세르비아 전역을 초토화한다.66)

---

6) 보스니아 헤르체고비나의 하리스 실라이지치 외무장관은 미국의 제임스 베이커 국무부 장관의 조언대로 미국 광고대행사 루더핀사와 비밀계약을 체결한다. 카메라맨 제레미 어빈이 찍은 사진에 "죽음의 수용소, 강제수용소" 등의 제목을 달자 서양인들은 이 사진을 보고 나치의 강제수용소를 떠올렸다. 유대인의 강제수용소에 원죄의식을 가지고 있던 대다수 서양인들이 분노하였다. 부시 대통령은 세르비아에 대한 전쟁

이에 재현의 위기론이 부상하고 있다.7) 세계기호학회 학술지인 Semiotica는 2003년 143호에서 'The Crisis of Representation'이라는 제목으로 기호학은 물론 미디어이론과 정치학을 망라하여 특집으로 다루었으며, 독일 카셀대학에서는 2000년 2월 18일과 19일 'Crisis of Representation: German-Italian Semiotic Colloquium'이란 학술대회를 가진 바 있다. 인터넷에서 이 제목으로 검색을 하면 600만 이상의 목록이 뜬다.

포스트모던 철학자들, 문화비평가들, 미디어 이론가들, 탈구조주의 기호학자들이 모두 재현의 위기론을 21세기 사회문화현상의 핵심 쟁점으로 꼽고 있다. 판타지, 환상, 해체, 시뮬라시옹, 가상현실(virtual realities)이라는 낱말들이 대중적으로 사용될 정도로 재현의 위

선포하며 "세르비아인들에게 끌려간 죄수의 영상은 이 문제를 더 이상 방치해 두어서는 안 된다는 사실을 보여주는 명백한 증거다. 세계는 두 번 다시 나치의 강제 수용소라는 천인공노할 만행을 용납해서는 안 된다"라고 말하였다. 이것으로 이미 전쟁의 종말은 결정되었다. 지금 승전국 보스니아 헤르체고비나의 사라예보는 밤늦게까지 사람이 오가고 투자 상담이 활발히 이루어지는 번성을 누리고 있다. 반면에 패전국 세르비아의 베오그라드는 전쟁의 폐허에서 벗어나지 못한 채 암울한 침묵 속에 있다. 더 상세한 논의는 다카기 도루의 《전쟁 광고대행사 — 정보 조작과 보스니아 분쟁》을 참고.

7) 'representare'에서 파생된 재현의 의미는, ① 무엇을 우리 앞에 내세우는 행위를 의미하는 표상(Vorstellug), ② 자연과 역사, 현실을 인간의 매개를 통해 표상된 현상, ③ 표상 행위를 넘어 무엇을 그 자체로 생동하는 것으로 나타내 보이는 제시(Darstellung), ④ 대변하고 대리하는 것, ⑤ 재기억, 이전에 경험한 무엇을 다시금 상기시키는 것, ⑥ 그 무엇을 우리의 마음속에 다시 한 번 현전(現前)시키는 것, ⑦ 이전에 존재하는 현존(現存)을 기호과정을 개입시켜 복사하거나, 재생산 또는 발전시킨 것 등의 의미를 갖는다. 여기서는 ⑥과 ⑦을 결합하여 "그 무엇이나 이전에 존재하는 현존을 기호과정을 개입시켜 복사, 재기억, 재생산, 또는 발전시키면서 다시 현전(現前)시키는 것"으로 개념을 한정하여 논의를 발전시키고자 한다. ①부터 ④까지에 대한 상세한 논의는 신승환, 〈매트릭스 상황에서 인간의 실존〉, 《문학과 경계》 12호(문학과경계사, 2004년 봄), ⑤부터 ⑦까지의 논의는 Winfried Nöth, "Crisis of Representation?", Semiotica V.143, N.1-4(2003)을 참고.

기 문제는 이 시대의 문화적 현상이 되었다.

재현의 위기란 원래 기호가 무엇인가를 재현할 힘을 상실한 세계에 대해 이해하는 것이다.(Winfried Nöth, 2003, p.3) 하지만, 이는 기호학과 언어학을 넘어 철학, 사회문화 전반의 현상을 지칭하거나 해석하는 담론이 되었다. "'재현의 위기'라는 말은 20세기 후반에 들어 문화나 철학 그리고 기호학의 이론 속에서 매우 흔한 종류의 것이 되었다.…… '재현의 위기'가 과연 무엇을 의미하는가를 세심하게 살펴보려면, 무엇보다도 각기 다른 영역에서 지금까지 확인되어 왔던 위기의 징후들에 대한 철저한 진단이 있어야 한다. 이러한 진단이 내려주는 결과를 통해 재현의 여러 개념을 구획 짓고 있는 차이점들을 알게 될 것이다."(같은 책, p.9)

물론 재현의 위기, 또는 재현의 불가능성이 생소한 것은 아니다. 이미 프랑스혁명 이후 18세기에 이에 대한 논의가 있었고 마르크스도 상품과 재현의 문제에 대해 언급하였으며, 루카치가 제시 불가능성에 대해 말한 이후 포스트모더니즘의 문예이론에서도 중요 쟁점 가운데 하나였다. 그럼에도 이것이 21세기에 다시 화두로 부상하는 것은, 무엇보다 현 사회가 가상현실이 삶의 영역으로 들어오고 가짜가 진짜, 모본(模本)이 원본(原本)을 대체하고 있는 시뮬라시옹의 사회기 때문이다. 낱말은 지시대상을 상실하였고, 이미지는 현실에 전혀 닻을 내리지 않으며, 미디어는 점점 더 자기지시적이 되었으며, 그 결과는 하이퍼 리얼리티와 가상의 세계다.(같은 책, p.3)

재현의 위기는 한 마디로 말하여 현실, 현존, 실체에 대한 사고의 위기다. 우리는 흔히 현실을 세 가지, 곧 '지금 여기에서 사실로 나타나는 일과 사물', '실제 객관적으로 존재하는 현존', '원본에 해당하는 무엇'으로 본다.

하지만, 우리가 지금 생존하고 있는 현실 자체가 실은 재현이 되먹임(feedback)하는 장이다. "물질적으로 생존하는 바로 그 순간에 재현이 작용하고 있다."(Michael Ryan, 1996, p.49) 농사를 짓는 집단은 작년, 또는 그 전에 농사를 지었던 일을 재현하면서 오늘 씨를 뿌리고 모를 내고 거둔다. 지금 행해지는 학회, 결혼식, 시험, 장례식, 선거, 전쟁 등의 사건 또한 과거의 사건과 의례에 대한 재현을 통해 기획되고 실천된다. 과거의 현실에 대한 기억과 이미지의 재현이 없이 현실은 없다.

미래 또한 마찬가지다. 미래를 어떻게 설정하느냐에 따라 개인은 다양한 현재를 선택한다. 자신이 그리는 인류의 미래상에 따라 오늘 반전 시위에 참여하거나 불참한다. 이처럼 현실을 형성하는, 현재의 선택과 행위, 실천에 미래가 겹쳐 있다. 미래를 어떻게 바라보느냐에 따라 현실은 다양한 이본(異本)을 갖는다. 그리고 이 이본들의 차이가 주체들의 다양한 삶을 형성한다. 나아가 이 이본들에 따라 미래는 다양한 현재를 펼친다.

현실이란 있는 듯 없다. 현대성의 사유로 보면, 가상과 환상은 추상적인 것이고 존재하지 않는 허상이며, 반면에 현실은 구체적이고 존재하는 실체로 보았다. 그러나 수많은 사람이 공유한 경험이라 하더라도, 현실은 '스쳐 지나가 버린 사건'에 불과하다. 현실을 '구체적으로' 경험한 주체조차도 텍스트를 통해 현실을 반추할 수 있을 뿐이다. 현실은 텍스트를 통해 재현되고 우리는 텍스트를 통해 현실을 '해석'할 수 있을 뿐이다. 현실은 사라지고 해석만이 남는다. 가상은 허상이 아니며 현실의 일부가 된다.

　‘실제 객관적으로 존재하는 현존’ 또한 인식틀이 만든 가상이거나 존재 중심의 사유, 곧 현대성의 환상이다. 우리는 사물을 그대로 보는 것이 아니라 어떤 인식틀, 범주, 또는 참조체계에 따라 인식한다. 그리고 인식틀, 범주, 참조체계는 철학자가 만들어놓은 ‘흐르는 물 위에 선 굳건한 개념의 건축물’, 또는 권력이 만들어놓은 허상이다. 현실은 인간이 자신의 형식으로 질서를 부여하고 주관적으로 해석한 가상에 지나지 않는다.

　예술의 영역에서 재현의 위기는 예술이 지시대상 자체를 잃어버린 데서 연유한다. 다다이즘, 큐비즘, 그리고 추상미술과 같은 현대예술은 시지각과 언어의 재현에서 지시대상을 상실하였다. 일부 현대예술은 일부러 대상을 거부하고 대상으로부터 기호로 급격하게 옮겨가려 하였다.

화엄 철학에 따른 재현의 위기론

　이를 해명할 수 있는 실마리가 의상의 화엄철학에 있다. 의상(義湘)은 “끝이 없는 무량겁이 곧 한 생각이요, 한 생각이 곧 무량겁이다. 구세(九世), 십세(十世)가 서로 상즉(相卽)하여 어지러이 뒤섞이는 일 없이 따로 떨어져 이루었다”(義湘, 《華嚴一乘法界圖》, 《韓佛全》 2권, 3-上)고 말한다.

　내가 지금 낙산사에 서 있다고 치자. 서 있는 지금 이 순간도 인연에 따라 구세(九世)가 한순간에 겹쳐진 것이다.8) 과거의 과거는 예로부터 낙산사 터에 관음보살이 상주하던 일이며, 과거의 현재는 의

---

8) 구세라는 것은 과거의 과거, 과거의 현재, 과거의의 미래, 현재의 과거, 현재의 현재,
　현재의 미래, 미래의 과거, 미래의 현재, 미래의 미래를 말한다.

상대사가 관음보살을 친견하고서 낙산사를 세운 일이며, 과거의 미래는 이로 모든 중생들이 관음보살의 대자대비(大慈大悲)를 통해 구제를 받을 어느 날이다. 현재의 과거는 의상의 행적과 사상을 좇는 일이요, 현재의 현재는 의상을 사상을 논하는 바로 이 순간이요, 현재의 미래는 오늘 이 자리에서 의상의 사상을 재평가하고 재해석함에 따라 달라질 내일이다. 미래의 과거는 멀리로는 낙산사에 관음보살이 나투신 때로부터 오늘 이 순간을 비롯하여 미래의 어제에 이르기까지의 순간이며, 미래의 현재는 이 낙산사에서 다시 의상의 사상과 실천을 떠올리는 바로 그 순간이며, 미래의 미래는 이 모든 것이 하나로 아우러져 다시 달라질 미래의 내일이다. 과거의 과거, 과거의 현재, 과거의 미래, 현재의 과거, 현재의 현재, 현재의 미래, 미래의 과거, 미래의 현재, 미래의 미래 ― 구세(九世)를 의상대사의 말씀과 실천의 행적에 담겨 있는 진리가 인연에 따라 회통(會通)하고 있으니 이것이 십세(十世)다.

찰나의 순간은 다른 순간들과 독립해 존재하는 것이 아니다. 여기 홍련암에 서서 잠깐 의상을 떠올리고 그의 사상과 행적을 반추하듯, 찰나의 순간에도 무한한 시간이 겹쳐져 있다. 그리고 내일 같은 장소에 가서 다시 의상을 떠올린다 해도 그것은 차이를 갖는다. 차이를 갖지만 의상의 사상과 행적에서 찾을 수 있는 진리로 인하여 하나로 통한다. 구세들은 서로 어울리면서도 뒤섞이지 않는다. 그러니 끝이 없는 무량겁이 곧 한 생각이요, 한 생각이 곧 무량겁이며, 구세, 십세가 서로서로 부합하되 아무런 뒤섞임 없이 따로따로 이루진 것이다.

상상계가 상상적 해결로 이루어지는 텍스트라면, 실재계는 재현

불가능한 역사, 언어로는 이를 수 없는 공허(空虛)다. 불교적 사유로 보면 삼라만상 일체가 허상이다. 남는 것은 연기(緣起)일 뿐이다.

> 진성(眞性)은 참으로 깊고 지극히 미묘해/자성(自性)을 지키지 않고 연(緣)을 따라 이루더라./하나 안에 일체 있고 일체 안에 하나 있으니/하나가 곧 일체요 일체가 곧 하나일세. 한 티끌 그 가운데 시방세계 머금었고 일체의 티끌 속도 또한 역시 그러해라.(義湘, 《華嚴一乘法界圖》, 《韓佛全》 2권, 1-上)

내 앞에서 깜박이고 있는 촛불은 어둠을 밝혀주는 등불인 동시에 공기의 흐름에 따라 춤을 추는 아름다운 무희(舞姬)이자, 색(色)과 공(空)이 하나도 아니고 둘도 아니라는 것을 말해주는 대상이다. 촛불이 등불인 것과 무희인 것과 깨달음인 것이 전후가 없이 동시에 일어난다. 이처럼 서로 다른 계(界)에서 서로 다른 실재들이 모두 서로를 방해하지 않고 동시에 일어난다. 세계는 동시돈기(同時頓起)한다.

촛불을 하나 더 켜놓자. 방안은 훨씬 더 환해진다. 한 살의 빛이라도 서로 부딪히지 않기 때문이다. 촛불에서 나온 수많은 빛들이 서로 부딪히지만 이쪽의 촛불과 저쪽의 촛불에서 나온 빛이 서로를 조금도 방해하지 않고 서로를 넘나들고 비춰주면서 방안을 환하게 밝힌다. 서로의 빛이 서로에게 영향을 미치며 서로를 관통하고 서로를 이끌어 주고 있다. 세계는 동시호입(同時互入)한다.

별들이 반짝이는 하늘 아래 수정구를 가져다 놓으면, 그 수정구 안에 하늘과 우주의 삼라만상이 다 들어가 비춰진다. 시작도 끝도 없는 우주가 한 티끌 속에 있는 한 원자에 압축되어 있고, 우주의 구조와 원자의 구조가 상동성을 갖기에, 천체물리학자들은 원자의 구조를 연구하여 우주의 비밀을 해명하려 한다. 전자가속기 등을 통해 원자 안의 작은 미립자에 대해 새로운 사실이 추가되면 우주의 비밀이 한 꺼풀 벗겨지고, 허블 망원경 등을 통해 우주의 비밀이 밝혀지면 원자의 실체를 밝히는 연구도 한 걸음 진전된다. 하나의 세포를 채취해 배양하면 한 사람의 복제인간이 만들어지듯, 세포가 인간 몸의 한 부분이 아니라 한 인간의 모든 유전자 정보를 담고 있는 구조이다. 망망한 우주가 곧 하나의 원자이고 하나의 원자가 곧 망망한 우주이다. 의상의 말대로 하나 중에 일체 있고 일체 중에 하나 있다.

하나는 일체와 관련지을 때 하나다. 하나에 열이 있고 인다라망의 구슬처럼 하나에 일체가 담겨 있으니 하나가 전체다. 국화 꽃 한 송이에서 무상(無常)을 읽고 연기의 법을 깨닫듯, 하나에서 전체를 보니 하나가 곧 전체다. 우주 삼라만상의 무한한 조화가 연기 아닌 것이 없으니 전체가 곧 하나다. 우주 삼라만상 일체가 인다라 망의 구슬 속에 담겨 있으니 일체가 하나다.

사면이 거울인 방에 촛불을 가져다 놓으면 무한대의 촛불이 만들어진다. 모든 거울들이 거울 속의 촛불을 무한히 반사하고 있다. 그것은 만물을 반사하기에 거울이고, 동시에 다른 무엇에 의해 반사되기에 상(像)이다. 우주에 있는 일체는 서로 의존하고 서로 포섭하고 있기에 서로 반사경인 동시에 영상이다. 말하자면 하나의 사물은 ― 적어도 어떤 방식으로는 ― 다른 모든 사물과 관련되어 있기 때문에 그들 모두를 반영해내며, 어떤 특정 사물에 의존하고 있기 때문에 그것은 그 자체라기보다는 대상의 상이나 영상이라고 할 수 있다.9)

---

9) 까르마 츠앙/이찬수 옮김, 《화엄철학》(경서원, 1990), 195~196쪽 참조.

세계는 동시호섭(同時互攝)한다. 존재성에 대한 모든 집착에서 벗어
날 때 깨달음에 이른다. 그러니 연기를 깨달아 모든 존재의 현존 일
체를 부정하는 필경공(畢竟空)의 인식이 깨달음의 바탕이다.

현실이란 근원적으로 허상이고 집착이다. '지금 여기에서의 현실'
은 '나와 내가 무한한 연관 속에 있음을 깨닫는 바로 그 순간이다.
연기의 사유로 보면 나는 타인인 동시에 나이며, 주체는 대상인 동
시에 주체이다. 현실은 허상이지만 연기를 드러내는 것은 실상(實
相)이다. 현실을 재현한다는 것은 불가능하지만 연기를 드러내면 그
텍스트는 현실에 담긴 진리를 비춰준다. 연기론에 따라 현실을 "지
금 여기에서 존재들이 현존하는 가운데 자신의 생을 위해 세계와 대
립하고 갈등을 일으키기도 하고 연기를 깨달아 화해하기도 하면서
사건을 만드는 장(場)"으로 정의하고자 한다.

이렇게 현실을 정의할 때, 재현을 전적으로 부정하여 재현의 위기
를 운운할 필요는 없다. 언어가 궁극적 진리를 드러내지 못하지만,
인언견언(因言遺言), 곧 의어(義語)를 통해 진리의 한 자락을 드러내
는 방편은 될 수 있다. 재현의 위기 문제도 마찬가지다. 영화 〈실미
도〉가 1970년대와 21세기, 신문 보도와 영화, 기간병과 훈련병들과
우리를 서로 연관시키면서 현실에 담긴 진실을 일부 드러냈듯, 재현
은 현실에 절대 다다르지는 못하지만, 모든 현실이 다 허상이라는
인식의 바탕 위에서 '지금 여기에서' 이것과 저것의 연기됨을 드러낼
때 현실 속의 진실 가운데 하나가 '다시 존재'한다. 그것을 일러 '구
체적 현실'이라 명명한다.

현실과 해석, 진리의 관계를 원효의 화쟁으로 정리할 수 있다. 현
실[참, 體1]은 알 수 없고 다다를 수도 없지만, 인간의 상징적 상호작

용 행위[用]를 통해 일부 드러난다. 이는 텍스트[相]를 만든다. 이 텍스트가 몸을 품고 있기에 읽는 주체들은 텍스트를 해석하면서 텍스트에 담긴 현실[몸, 體2]을 읽는다. '몸의 현실'이 일상의 차원에서 감지하는 현실이라 할 것이다. 물론 실재 현실인 참의 현실[體1]과 텍스트를 통해 재구한 몸의 현실[體1]은 같지 않다. 라캉 식으로 말하면 실재계가 현실이라면 인간의 사회적 상징 행위가 상징계이고 상상계가 텍스트다. 인간은 영원히 실재 현실에 이를 수 없다. 현실은 있지만 다다를 수 없다. 하지만 몸의 현실에서 연기와 일심(一心)을 발견하고 그로 돌아가려는 순간, 우리는 실재 현실의 한 자락을 엿볼 수는 있다.

　진정한 텍스트를 통하면 우리는 현실에 점점 접근해 간다. 모더니즘은 현실을 애써 회피하고 텍스트의 혁신에만 주력하였고, 리얼리즘은 텍스트를 통하여 현실을 투명하고 올바르게 재현할 수 있다고 착각하였다면, 포스트모더니즘은 현실을 알 수도 다다를 수도 없는 것으로 해체해버렸다. 이제 '지금 여기에서' 몸의 현실의 재현을 통해 구체적 현실 속에서 연기되지 않고 갈등하고 있는 것들에 대해 비판하고 부정하고, 이에 그치지 않고 그 현실 너머에 있는, 언어로는 드러낼 수 없는 일심(一心)으로 돌아가야 한다. 그럴 때 우리는 현실과 재현 사이의 거리를 인식하고 그를 지배하는 신화와 권력에 맞설 수 있으며, 연기의 구조를 갈등의 구조로 바꾸려는 세력에 저항하면서 역사의 진보를 이룩할 수 있으며, 현실을 구체적으로 인식하면서도 그 현실 너머의 실재 현실을 향해 다가갈 수 있다.

6. 상호 텍스트성 이론과 텍스트 연기론

상호 텍스트성 이론

우리는 오랜 동안 실체 중심주의의 관점에서 텍스트를 바라보았다. 작품은 자족적으로 존재하는 실체였다. 그러기에 작품을 읽는다는 것은 다른 것과 고립적으로 존재하는 작품 속의 의미를 해석하는 것이었다. 작가는 텍스트를 창조하는 자이고, 독자는 텍스트를 읽고 감상하는 자였다.

그러나 텍스트는 자족적 전체나 닫힌 체계가 아니라 독자, 다른 텍스트와 끊임없이 만나는 열린 체계다. 작가 또한 텍스트의 창조자이기 전에 텍스트의 독자다. 작가는 자신이 읽은 텍스트를 바탕으로 새로운 텍스트를 창조한다. 작가는 무에서 유를 창조하는 것이 아니라 그가 읽은 다른 작가, 다른 텍스트를 모방하거나 변형을 가하거나 부정하면서 텍스트를 창조한다. 때로는 문장을 그대로 흉내내기도 하고 인물을 따오기도 하며 구성이나 플롯을 의도적으로 모방하기도 하지만, 작가가 의식하지 못한 상태에서 이미지와 상징, 내적 구조 등이 작가의 전의식(前意識)이나 무의식(無意識)을 통해 스며들기도 한다. 문학작품은 결국 이전의 작품에 의해서 설정된 체계, 약호, 전통으로부터 구성된다. 다른 예술양식과 문화의 체계, 약호, 전통은 한 작품의 의미에 결정적으로 작용한다. 읽기 행위 또한 수많은 텍스트들의 관계망에 던져 넣는 것이며, 해석이란 이들 관계를 추적하는 것이다.(Graham Allen, 2000, p.1) 따라서 예술작품은 다른 텍스트와 섞이고 관계를 갖는다.

텍스트는 독자였던 작가를 통하여, 또 작가와 공동의 제작자였던 독자를 통하여 짜지며, 이 과정에서 아버지든, 교회나 국가든, 개인적 무의식적 정치적이고 사회적인 구조의 영향력이 스며든다. 때문에 텍스트는 독자의 지식이 깊어짐에 따라, 여러 독자가 간섭함에 따라, 독자가 접하였던 텍스트에 따라 끊임없이 변전하는 상태, (텍스처를 짜내는) 영원한 텍스처(texture)다.(Julia Kristeva, 1984, p.5) 이처럼 상호 텍스트성의 개념은 텍스트를 내적으로 의미를 갖는 구조로 보는 것이 아니라, 차이에 따라 드러나고 의미를 끊임없이 연기되는 것으로 보는 것, 역사적인 것, 내재적 시간이 아니라 이질적인 일시성에 의하여 꼴을 짓게 되는 것으로 보는 것이다. 텍스트는 현전의 구조가 아니라 타자의 흔적과 모사이며, 다른 텍스트 구조의 반복과 변형에 의하여 꼴을 짓는 것이다.(John Frow, 1990, pp.45~46)

불일불이론에 따른 텍스트 연기론

바흐친, 바르트, 크리스테바, 주네트, 리파테르에서 블룸, 프로우에 이르는 서양의 상호 텍스성 이론은 텍스트를 보는 새로운 지평을 열었다. 상호 텍스트성 이론은 한 마디로 말하여 한 텍스트를 자족적 실체로 간주하는 것이 아니라, 이를 다른 텍스트와 관계 속에서 열린 텍스트로 놓고 읽는 것이다. 그렇다면 실체중심주의를 배격하고 연기의 사유를 한 불교의 관점에서 본다면 상호 텍스트성 이론은 또 다른 지평을 펼칠 것이다. 원효의 불일불이론 가운데 씨와 열매의 비유를 상호 텍스트성 이론에 작용하여 이를 입체적으로 전개할 방도를 찾아보자. 위의 원효의 글에서 씨와 열매를 부재 텍스트와 현전 텍스트로 대체하여 다음과 같이 진술할 수 있다.

"부재 텍스트와 현전 텍스트는 하나가 아니니 쓰여진 것이 같지 않기 때문이요, 그러나 다르지도 않으니 부재 텍스트를 떠나서는 현전 텍스트가 없기 때문이다. 또 부재 텍스트와 현전 텍스트는 단절된 것도 아니니, 현전 텍스트가 이어져서 부재 텍스트가 생기기 때문이요, 그러나 늘 같음도 아니니 현전 텍스트가 드러나면 부재 텍스트는 사라지기 때문이다. 부재 텍스트는 현전 텍스트 속에 들어가는 것이 아니니 현전 텍스트일 때는 부재한 텍스트가 없기 때문이요, 현전 텍스트는 부재 텍스트에서 나오는 것이 아니니 부재 텍스트일 때는 현전 텍스트가 없기 때문이다. 들어가지도 나오지도 않기 때문에 生하는 것이 아니요, 늘 같지도 않고 끊어지지도 않기 때문에 滅하는 것이 아니다. 멸하지 않으므로 없다고 말할 수 없고, 생하지 않으므로 있다고 말할 수 없다. 두 변을 멀리 떠났으므로 있기도 하고 없기도 하다고 말할 수 없으며, 가운데에 해당하는 것이 아니므로 있지도 않고 없지도 않다고 말할 수 없다."

"김구 선생이야말로 한국 현대사에서 가장 존경할 만한 위인이다"라는 문장에서 김구 선생의 가치는 이 문장 안에 현전하지 않으며, '김좌진, 여운형, 이승만, 박정희' 등 가운데 선택된 것이며, 부재한 이들을 무엇으로 하느냐에 따라 김구의 가치가 비로소 드러난다. 부재한 '김좌진'을 드러내면 '김구'는 "독립운동을 하였을 뿐만 아니라 해방 정국을 이끈 민족의 지도자"란 가치가 나타나며, '여운형'과 차이에서는 '민족의 입장에서 통일을 추구한 지도자'란 가치가, '이승만과 차이에서는 '외세의 힘을 빌리지 않고 통일과 자주노선을 추구한 지도자'라는 가치가, '박정희'와 관련해서는 '감각적인 부보다 정신적이고 문화적인 풍요함을 갖춘 나라를 건설하려 한 지도자'라는 가치가 드러난다. 이처럼 현전한 '김구'의 가치와 의미는 부재한 '김좌진, 여운형, 이승만, 박정희'에 따라 천차만별로 달라진다.

문장보다 훨씬 길고 복잡한 텍스트 차원에서도 이는 마찬가지다. 내가 지금 석남사 비로자나여래좌상을 대하고 있다고 치자. 그 순간 현전 텍스트는 비로자나 불상이지만, 부재 텍스트는 도피안사의 비로자나여래좌상을 비롯한 수많은 비로자나 불상, 《화엄경》, 《대일여래경》 등이다. 부재 텍스트를 무엇으로 하느냐에 따라 지금 내 눈앞에 보이는 저 불상의 가치와 의미는 달라진다.

도피안사의 비로자나여래좌상을 부재 텍스트로 하면, 석남사의 불상은 복련과 앙련이 겹으로 수려하게 핀 삼중의 연좌대 위에 지권인을 하고서 기품 있게 앉은 구도와, 화려한 문양의 광배, 위엄이 있으면서 친근한 상호, 통견의 촘촘한 옷 주름의 아름다움이 드러난다. 상호는 눈이 정면을 응시하고 있고, 눈썹 또한 수려한 곡선을 그리고 있는 것은 아니며, 코도 흐르는 선이 미려하지 않다. 입은 다문 형세다. 전반적으로 위엄이 있지만, 인도인의 형상이라기보다 신라인의 얼굴에 가깝다. 광배에는 화불과 문양이 아름답고 불꽃이 하늘을 향해 타오르고 있다. 무릎을 중간에서 그 밑으로 잘라 대좌에 비하여 조금 키가 낮아 보이지만, 가슴은 당당하고 풍만하다. 통견 위로 흘러내린 주름선이 자연스럽다. 겹연꽃무늬의 연꽃이 활짝 핀 상대석과 쌍잎연꽃무늬를 아로새긴 하대석이 장중하고, 원래의 무릎을 상상으로 복원시키면 대좌와 몸, 다리, 얼굴, 광배의 비율이 적당하다.

불상을 보는 순간 부재 텍스트로 《화엄경》을 떠올리면, 전체 불상의 모습, 특히 지권인을 보며, "저것은 불상이 아니다. 하나가 곧 전체이고 전체가 하나이며 우주 만물이 서로 상즉상입(相卽相入)하는 화엄의 진리 그 자체이다"는 의미를 생각하게 된다.

《대일여래경》을 부재 텍스트로 삼으면, 전반적으로 통견에 신체에 밀착된 대의(大衣) 등 굽타 양식에 가깝지만, 신라인의 얼굴을 한 상호를 주목하게 된다. 그를 보며 "저 불상은 내세가 아니라 지금 여기에서 부모로부터 받은 현신(現身)을 가지고 곧바로 대일여래(大日如來)가 되고자 한 신라인의 즉신성불(卽身成佛)의 구현이다"라고 의미를 부여한다. 당대 신라인들은 굽타 양식의 불상을 수용하되, 창의성을 발휘하여 상호만큼은 신라인의 모습으로 변형시키고, 화려한 문양을 한 광배를 달고 통통하게 살이 오른 손으로 지권인을 하도록 형상화한 것이다.

한국의 관료를 부재 텍스트로 간주하면, "일반적으로 한국의 비로자나 석불이 9세기경 중엽부터 유행한다는 통념을 깬, 766년에 조성된 비로자나 석불상인데, 어찌 운반의 편의를 위하여 무릎 하단부를 자를 수 있단 말인가?"(강우방, 1999, 318쪽)라는 분노가 치밀어 오르며, 행정편의주의에 희생된 수많은 불상과 유물 유적이 부재 텍스트로 의식의 표면으로 나타난다.

이처럼 한 텍스트는 다른 텍스트와 깊은 연관 속에 있으며, 다른 텍스트와 '차이'를 통하여 의미를 드러낸다. 텍스트는 다른 텍스트 구조의 반복과 변형, 모사와 굴절에 의해 형성된다. 이제 이해의 편의상, 석남사 불상을 '현전 텍스트'로, 화엄경을 부재 텍스트로 간주하고, 원효의 불일불이론의 씨와 열매를 현전 텍스트와 부재 텍스트로 대체한 글을 읽어보자.

텍스트는 스스로는 무엇이라 말할 수 없으나 다른 텍스트와 '차이'를 통하여 의미를 갖는다. 현전 텍스트(석남사불상)와 부재 텍스트

(화엄경)는 별개의 텍스트이므로 하나가 아니다[不一]. 그러나 현전 텍스트는 부재 텍스트와 관계를 통하여 비로소 의미를 드러내고, 부재 텍스트는 현전 텍스트를 통하여 재현되니 양자가 둘도 아니다. 부재 텍스트는 현전 텍스트에 흔적으로 남아 있고, 이 흔적을 찾아 낼 때마다 현전 텍스트의 의미는 달라진다. 부재 텍스트는 현전 텍스트를 제한하는 동시에 현전 텍스트를 통해 재현된다. 부재 텍스트는 그 텍스트의 전제 조건인 동시에 계기다.

부재 텍스트는 현전 텍스트 없이 존재하지 못하므로 공(空)하고, 현전 텍스트 또한 부재 텍스트 없이 존재하지 못하므로 이 또한 공하다. 그러나 씨가 죽어 싹이 돋고 줄기가 나고 가지가 자라 꽃이 피면 열매를 맺듯, 부재 텍스트가 흔적을 남긴 채 사라지는 순간 현전 텍스트가 드러난다. 열매는 스스로 존재하지 못하지만 땅에 떨어져 썩으면 씨를 내듯, 현전 텍스트가 자신을 소멸시키는 순간 부재 텍스트가 재현된다.

이처럼 텍스트는 자족적 실체가 아니다. 다른 텍스트와 관계 속에서, 자신의 텍스트를 숨기려는 순간 다른 텍스트가 드러난다. 씨는 스스로 공하나 썩어 열매를 맺는 것처럼, 부재 텍스트가 없으면 현전 텍스트가 없으며, 부재 텍스트가 사라지는 순간 현전 텍스트가 드러나고, 현전 텍스트가 사라지는 순간 부재 텍스트가 드러난다. 열매일 때는 씨가 없듯, 현전 텍스트가 독자와 만나 실현될 때 부재 텍스트는 현전 텍스트 속으로 사라진다. 씨일 때는 열매가 없듯 부재 텍스트가 드러나는 순간 현전 텍스트는 사라진다. 혼자서는 의미를 드러내지 못하고 재현되는 순간 사라져버리니 존재한다 할 수 없으며, 다른 텍스트와 관계 속에서 의미를 드러내고 다른 텍스트가 사라지는 순간 한 텍스트가 드러나니 존재하지 않는 것도 아니다.

어느 한 편의 극단의 해석, 어느 텍스트만의 의미에 치우쳐 해석되는 것이 아니라 한 텍스트와 다른 텍스트 사이에서 의미가 드러나니 한 텍스트를 존재한다고 말할 수도 존재하지 않는다고 말할 수도 없다. 한 편에 치우친 해석을 지양한다고 해서 한 텍스트와 다른 텍스트의 의미를 절충하여 중간의 해석을 하는 것 또한 아니다.

상호 텍스트성의 해석은 두 텍스트 사이에서 진동한다. 때문에 한 텍스트에 대해 존재하지 않는다, 존재한다 말할 수 없다. 이처럼 텍스트는 다른 텍스트와 관계와 차이, 흔적으로 남아 있는 수많은 부재한 텍스트와 지금 우리 눈에 보이는 현전 텍스트와 끊임없는 상호관계의 인드라망의 그물코 안에서, '잠시나마' 텍스트로서 가치와 의미를 갖는 것이다. 보이는 실체를 넘어 타자들, 다른 텍스트들과 사이, 관계, 차이를 읽을 때 진정으로 '불교답게' 텍스트를 읽는 것이다.

7. 맺음말

어떤 훌륭한 이론이라도 그 시대 인간을 좀 더 자유롭고 정의로우며 평등하게 잘 사는 길로 인도하는 것이 아니라면 의미를 갖지 못한다. 경주 남산에 가보라. 거기 현실에 굳건히 발을 디디고서 미래를 지향하는 상징이 돌들로 서 있다. 거기 미타정토를 지향하는 아미타불은 하나같이 땅에 발을 박고 있다. 비전이 없는 학문이 경박하다면, 현실이 없는 학문은 공허하다. 이제 한국의 인문학은 한국이라는 땅에 굳건히 발을 내리고서 비전을 제시하는 것이어야 한다.

그럴 때 그것은 우리의 눈물을 마르게 할 수 있으며, 서양인들의 고통을 덜어주는 데에도 기여할 것이다.

최치원은 상림을 조성하기 전에 둑을 쌓았다. 그처럼 탈현대와 현대, 동양과 서양이 눈부처처럼 하나가 되어야 한다. 대화란 나의 주장을 말하고 남의 주장을 듣는 것이 아니라, 내가 그리로 가서 그의 눈높이와 그의 마음으로 타자의 말을 듣고 이를 통해 나를 바꾸고, 이 바꾼 것을 내 마음과 논리에 간직하였다 다시 발화하는 것을 끊임없이 반복하면서 나와 타자의 경계를 무너뜨리는 인간의 소통을 통한 유대행위다. 이제부터라도 동양과 서양, 진보와 보수, 학문과 학문간 패거리와 학맥과 아집과 이해관계를 떠나 대화를 나누자. 대화가 없다면 너와 나 또한 없다.10)

■ 참고문헌

《三一神誥》, 《神理大全》(姜天奉 譯解, 《한국사상대전집》 27권, 양우당, 1988)
《天符經》
元曉, 《金剛三昧經論》, 《大乘起信論別記》, 《大乘起信論疏》(동국대학교 불전
    간행위원회 편, 《한국불교전서》, 동국대학교출판부, 1979)
義湘, 《華嚴一乘法界圖》(동국대학교 불전간행위원회 편, 《한국불교전서》 2권,
    동국대출판부, 1979)
莊子, 《新譯 莊子》(안동림 역주, 현암사, 1977)

10) 이 글은 인용문헌에 제시한 필자의 논문을 요약하면서 일부 수정한 것이다. 상세하고
    정확한 논증과 한문 원문도 이 논문을 참고하기 바란다.

강우방, 《한국불교조각의 흐름》, 대원사, 1999.

머레이 북친/문순홍 옮김, 《사회 생태론의 철학》, 솔, 1997.

박이문, 《문명의 미래와 생태학적 세계관》, 당대, 1997.

신승환, 〈매트릭스 상황에서 인간의 실존〉, 《문학과 경계》 12호, 문학과경계사, 2004년 봄.

이도흠, 《화쟁기호학, 이론과 실제—화쟁을 통한 형식주의와 마르크시즘의 종합》, 한양대출판부, 1999.

———, 〈원효의 화쟁사상과 생태이론의 비교연구〉, 《돈암어문》 14집, 돈암어문학회, 2001년 10월.

———, 〈불교철학 심화의 방편으로서 서양 인문학의 탐색〉, 《석림논총》 34집, 동국대 석림회, 2001년 11월.

———, 〈원효의 화쟁사상과 탈현대철학의 비교연구〉, 《원효학연구》 6집, 한국원효학회, 2002년 2월.

———, 〈포스트모더니즘 문예이론과 원효 화쟁의 비교연구〉, *Korean Studies at the Crossroads*, 국제비교한국학회, 2002년 6월.

———, 〈자생적 변혁이론의 모색—원효와 마르크스의 종합〉, 《문학과 경계》, 문학과경계사, 2003년 2월.

———, 〈의상사상의 현재적 함의〉, 《의상대사 입적 1300주년 기념 국제학술대회 발표집》, 재단법인 만해사상실천선양회/의상·만해연구원, 2002년 12월.

———, 〈재현의 위기론의 타당성과 한계〉, 《미학·예술학연구》 22집, 한국미학예술학회, 2005년 12월.

———, 〈탈현대사상으로서 동양 철학의 가능성과 한계〉, 《동학학보》 9권 2호. 동학학회, 2005년 12월.

———, "A Possibility of Hwajaeng Semiotic as Intertextuality Theory," International Conference: Translation and Modernity in Korea, Center for Korean Studies, UC Berkeley, Dec/29, 2004.

———, "On the Hwajaeng Buddhism and Post—modern Philosophy: A Comparative Study", Claremont University, Center for Process, International Conference: "Process and Han," Feb/2nd, 2007.

장회익, 《삶과 온생명》, 솔, 1998.

Allen, Graham, *Intertextuality*, New York: Routledge, 2000.

Baudrillard, Jean, *Simulacres et simulation*; 하태환 옮김, 《시뮬라시옹》, 민음사, 1992.

Deleuze, Gille, *Difference and Repetition*, tr. Paul Patton, New York: Columbia University Press, 1994.

Derrida, Jacques, *Speech and Phenomena and Other Essays on Husserl's Theory of Sign*, tr. David B. Allison, Evanston: Northwestern University Press, 1973.

————, *Writing and Difference*, tr. Alan Bass, Chicago: University of Chicago Press, 1978.

————, *Positions*, tr. Alan Bass, Chicago: University of Chicago Press, 1982.

Eckel, Malcolm David. "Is There a Buddhist Philosophy of Nature?", *Buddhism and Ecology—The Interconnection of Dharma and Deeds*, Mary Evelyn Tucker and Duncan Ryūken Williams(eds), Cambridge: Harvard University Press, 1997.

Frow, John. "Intertextuality and Ontology", Michael Worton and Judith Still(eds.), *Intertextuality—Theory and Practices*, Manchester and New York; Manchester University Press, 1990.

Jauss, H. R., *Toward an Aesthetic Reception*, Brighton: Harvester Press, 1982.

Kristeva, Julia, *Revolution in Poetic Language*, New York: Columbia Univ. Press, 1984.

Naess, Arne, "The Shallow and the Deep, Long—Range Ecology Movement", *Inquiry*, vol.16, 1973, Spring.

————, "The Deep Ecological Movement: Some Philosophical Aspects", Michael E. Zimmerman 2 eds. *Environmental Philosophy*, New Jersey: Prentice Hall, 1998.

Nöth, Winfried and Christina Ljungberg, "Introduction", *Semiotica*, V.143, No.1/4, 2003.

————, "Crisis of Representation?", *Semiotica*, Vo.143, No.1—4, 2003.

Ryan, Michael, *Marxism and Deconstruction: A Critical Articulation*, Baltimore: Johns Hopkins University Press, 1982.

————, *Politics and Culture*; 나병철 · 이경훈 옮김, 《포스트모더니즘 이후의 정치와 문화》, 갈무리, 1996.

Saussure, Ferdinand de., *Course in General Linguistics*, tr. Wade Baskin, New York: Philosophical Library, 1959.

UNDESA, *World Urbanization Prospects—The 2007 Revision*, New York, 2008.

UNDP, *Human Development Report 2007/2008—Fighting climate change: Human solidarity in a divided world*, United Nations Development Programme, New York, 2007.

Volosinov, V. N. & Bakhtin, M., *Marxism and the Philosophy of Language*, New York: Seminar Press, 1973.

Whitehead, A. N., *Process and Reality, An Essay in Cosmology*, New York: The Free Press, 1978.

Wittgenstein, Ludwig, *Tractatus Logico-Philosophicus*, tr. D. F. Pears & B. F. McGuinness, London: Routeledge & Kegan Paul, 1961.

www.icun.org/about/work/programmes/species/red_list/index.cfm?NewsID=1695

정신분석

이창재

프로이드정신분석연구소

나의 학문

스무 살부터 여러 교수들을 통해 철학을 접해왔다. 그 가운데 내 정신을 유독 오랜 기간 심취시킨 철학자는 박동환 교수다. 일상의 당연한 사고와 심지어 완벽해 보이는 저명 학자들의 이론에 뜻밖의 문제점과 한계가 숨겨져 있음을 드러내 보여주던 그분의 생생한 대화방식에 정신이 늘 아찔했다. 박선생님은 늘 "진정한 철학을 하려면 기성학자들이 이루어 놓은 이론을 그대로 답습하기보다, 그들의 논리성을 더 첨예하게 극한까지 밀고 나아가서, 거기에 자신의 생각을 하나 더 추가할 수 있어야 한다"고 강조했다. 백척간두에 오른 후 (미지의 세계를 향해) 한 걸음 더 나아갈 수 없는 학자는, 기성세대가 알지 못했던 잉여지대를 탐색해 전하는 선구적 철학자가 아니라 단지 '대중'을 길러내는 정보 중개인일 뿐이다. 이러한 학문 분위기에 취했기 때문인지, 나의 공부 방향은 세상을 향해 '안정된 진리'를 제시해온 철학들보다, 기존 진리 관념들에 의문을 제기해 문제를 드러내는 비판철학에 단련되었다. 그래서 석·박사 논문에서 흄(Hume)의 비판철학과 니체(Nietzsche)의 '계보학'을 연구하였다. 그런데 정신의 안정을 이루기 위해 인류가 필요로 해온 기본적인 진리 관념들을 하나하나씩 '해체'(de-construction)하는 니체의 계보학에 몰입하는 과정에서, "진리 인식을 통한 영혼의 구원과 해탈"을 꿈꾸던 나의 학자적 소망은 곤혹스럽게 해체되었다. 니체와 현대의 포스트모던 '해체철학'은 연구 과정에서 기존 진리 관점과 가치 관점과 더불어 연구자의 정신구조를 뒤집는 일종의 지옥체험을 유발한다. 보통 사람은 그 고문스러운 상태를 결코 계속 감당할 수 없기에 회피하거나 방황할 수밖에 없다. 그 방황 과정에서 만난 것이 바로 '정신분석'이다.

'무의식'의 학문인 정신분석은 나의 정신적 혼란과 고통의 원인들이 어디서 오는지에 대한 궁금증을 뿌리부터 구체적으로 해소해 주었다. 나아가 어떤 요인에 의해 '창조적 활력'이 '생성/침체'되며, 내가 진정으로 바라던 소망이 무엇인지에 대해 절절히 자각하게 도와주었다. 정신분석이야말로 그동안 철학을 통해 대면·대결하고자 했던 내 인생을 꼬이게 불안하게 만들었던 모호한 힘들, 타자성, 잉여지대와 대결하는 구체적 관점, 이론, 방법을 제시하는 현실적 학문이었다.

한국의 기존 철학계는 대학강단에서 유용한 '사고 중심적' 활동만을 지향해 왔다. 그로 인해 이론과 현실 사이의 괴리를 통합하기가 힘들었다. 이제 '의식의 꽃'인 철학과 한국의 철학자들이 '무의식의 뿌리와 줄기'를 지닌 정신분석과 결합한다면, 의식과 무의식, 사고와 현실을 통합하는 힘을 고양할 수 있을 것이다. 아울러 일반인들의 마음에 깊이 공명하는 '우리의 철학'을 제시하는 데 뜻밖의 힘을 얻게 될 것이다.

1. 머리말

오늘날 '정신분석'에 대한 의미 규정은 단일하지 않다. 그것은 '정신'에 대한 해석 관점이 프로이드, 융, 클라인, 자아심리학, 대상관계론, 자기심리학, 라캉, 상호주관성론 등의 각 학파에 따라 서로 다르기 때문이다. 이들은 각기 고유한 문화적 철학적 배경과 임상 대상(정신병리 유형)을 지니며, 서로 다른 개념과 기법을 사용하여 정신을 해석한다. 정신분석의 근본 틀을 형성한 프로이드만 놓고 보아도, 정신에 대한 해석 관점과 관심 주제와 개념이 다양하게 변해 왔다. 따라서 정신분석에 대한 단순 명료한 정의는 오히려 정신분석의 풍성한 의미를 왜곡할 수 있다.

서로 다른 패러다임을 지닌 현대 정신분석학파들의 차이성을 통합하고, 한국인의 복잡한 정신성을 다중으로 반영하는 정신분석 관점과 이론을 정립하려면, 많은 준비가 필요하다. 먼저 정신분석학사에 등장한 주요 입장들을 선입견 없이 하나하나 체험적으로 음미하는 일련의 과정을 거쳐야 한다. 이것이 제대로 행해졌다면, 비로소 우리 민족의 문화와 정신성에 부합하는 관점과 개념들을 선별하여 주체적으로 재구성할 수 있게 된다. 이 과제를 성취하기 위해서는 무엇보다도 정신분석의 뿌리와 기본 틀을 제공한 프로이드에 대한 차분하고 충분한 이해가 필요하다. 왜냐하면 자아심리학, 클라인학파, 대상관계론, 자기심리학, 라캉학파 등의 이론은 프로이드 이론에 대한 보완, 수정, 현대적 재해석 맥락에서 발생하였기 때문에, 프로이

드에 대한 숙지 없는 이들 이론에 대한 수용은 정신분석에 대한 일종
의 편집과 왜곡으로 유도되기 때문이다. 가령 어떤 이가, 클라인, 대
상관계론, 자아심리학, 융 가운데 어느 한 학파 입장에 먼저 입문하
게 되면, 프로이드뿐만 아니라 다른 학파의 입장에 대한 온전한 인식
이 왜곡되거나 차단되는 결과를 갖게 된다. 그로 인해 정신분석의 중
심 흐름과 무관한 단편적인 정신분석 관점을 지닐 위험이 높다.

프로이드에게 정신분석이란 다음의 다중 의미를 지닌다.

① 의식의 배후에는 사유·정서·행동에 심대한 영향을 미치는
‘또 하나의 정신’인 ‘그것’(무의식)이 있다.

② 무의식은 ‘의식의 나’가 모르는 ‘또 다른 나’로서, 의식과 매우
다른 정신 활동원리와 정신 내용을 지닌다.

③ 의식과 무의식의 관계는 불연속적이다. 따라서 의식의 관점,
언어, 논리로 무의식을 직접적으로 명료하게 관찰, 설명할 수 없다.
의식은 무의식을 간접적, 비유적으로 ‘해석’할 수 있을 뿐이다.

④ 유년기는 정신의 구조·성격(욕망)유형·방어기제·무의식적
환상(내적 대상)이 형성(‘발달/고착’)되는 시기이므로, 평생 동안 삶에
영향을 미친다.

⑤ 무의식의 본능 욕동(성 욕동과 자아 욕동, 삶 본능과 죽음 본능)은
정신 활동을 일으키는 에너지 근원이다. 따라서 의식의 사유는 암암
리에 욕동들(& 욕동 파생물인 환상들)에 영향을 받는다.

⑥ 성 욕동의 ‘충족/좌절’, ‘발달/고착’은 인간의 ‘성격 구조’(반복되
는 욕망 유형)뿐만 아니라, 그 욕동에 대해 방어하는 ‘자아 구조’의 ‘성
장/정체’를 결정짓는 주요 요인이다.

⑦ 인간의 성 욕동은 유년기(오이디푸스기)와 사춘기에 두 번 꽃피

는 특유한 '2단계 발달' 구조를 지닌다. 이 발달 과정을 어떻게 거치느냐에 따라 개인의 성격 유형과 자아 구조가 결정된다. 유년기 성욕동에 고착되면 어른이 되어서도 유아적 성 환상에 집착하거나, 유아 성욕과 초자아의 금지요구 사이에서 갈등하는 신경증자가 된다. 그리고 유아 성욕을 방어하는 데 자아 에너지가 지나치게 쓰여서, 외부세계와의 관계 활동과 자아 발달에 부정적 영향을 미친다.

⑧ 자아는 외부세계에 대한 인식 기능, 방어 기능, 내부 기관들 사이의 관계 조절 기능을 비롯해 여러 기능들을 담당한다. 인류가 이드(본능) 상태로부터 자아를 후천적으로 분화 발달시킨 1차 목적은 종족의 안전한 보존을 위해서다.

자아는 개체의 안전을 위해 외부세계에 대한 정확한 정보를 정신 내부에 전달하는 동시에 정신 안정에 '유익한/유해한' 자극들을 방어적으로 선별, 편집, 왜곡한다. 자아의 이런 양면(다중) 기능으로 인해, 완벽하게 객관적인 인식이란 드물다. 자신을 방어할 필요가 조금도 없는 안전한 환경이거나, 외부세계를 엄밀히 인식할수록 정신의 안정과 만족이 높아지는 여건에서야 객관적 인식 기능의 비중이 증대된다. 보통 인간의 경우, 엄밀한 인식보다는 주관적 환상과 객관지각의 적절한 배합 속에서 안전감과 충족감을 느낀다. 철학자도, 심지어 과학자조차 여기에서 예외가 될 순 없다.

⑨ 자아는 감당하기 힘든 자극들로부터 정신을 보호하는 여러 유형의 방어기능을 작동시킨다. 무의식적으로 작동되는 방어기제는 유기체를 보호하는 동시에, 그것이 구조화(반복)될 경우 정신을 그 방어기제가 작동되는 그 (과거) 시점, 그 상태에 고착시키는 부작용을 지닌다. 그로 인해 현실을 대면하더라도 결코 현실을 온전히 인

식하거나 관계하지 못하며, 방어 에너지를 계속 지출시킴으로써 자아에너지가 고갈되어, 정신발달과 삶의 만족에 방해 요인이 된다.

⑩ 정신에는 자아의 생각과 활동에 대해 관찰·평가·계도·명령하는 초자아가 존재한다. 초자아는 유년기에 오이디푸스 콤플렉스 과정에서 '아버지(의 요구)'를 '동일시(내면화)'한 결과로 생긴 일종의 '정신 내적 실재'(psychic inner reality) 내지 고급의 '정신 구조'다. 이때 '아버지'란 개인 삶에 특정 규범질서·의미체계를 부여하는 거대한 상징계를 상징적으로 대변한다.

초자아는 한편으로 개인의 성장 과정에서 삶에 강력한 영향을 미친 구체적 '과거 대상'(부모, 선생, 상징계)의 '규범적 요구'를 대변한다. 그런데 때로는 정신 에너지의 원천인 '본능 욕동의 요구'를 대변하여 '도덕의 이름'으로 자아에게 극단적이고 '파괴적인 명령'을 내리기도 한다. 따라서 우리는 타자 일반에 대한 탈–이기적 배려와 자신의 상처 입힌 인간을 '회복'시킬 것을 요구하는 양심적 초자아의 목소리와, 도덕의 이름으로 변장된 가혹한 초자아의 목소리를 분별할 줄 알아야 한다. 양심적 초자아는 자아에게 적절한 죄책감을 일으켜 삶을 고양시키는 긍정적 역할을 하며, 본능적 초자아는 자아를 집어삼켜 극단적 향락이나 과잉죄책감으로 자살하게 만든다.

⑪ 신경증 증상(symptom)은 민감성 기질, 외상(과잉자극, 좌절), 갈등, 환상, 병리적(유아적 부정적) 사후(事後) 해석, 미성숙한 자아 등등의 다중요인들이 결합될 경우에 발생(구조화)한다. 따라서 어떤 이가 증상의 발생과정을 거꾸로 되돌릴 수 있다면, 다중 병인(病因)들의 결합구조를 해체하거나, 병인 하나하나를 해소할 수 있다면 증상을 해소할 수 있다.

⑫ 꿈, 신화, 예술작품, 증상은 '의식/무의식', '이드/자아/초자아' 사이의 갈등이 심화되는 상태에서 정신의 붕괴를 막기 위해 자아가 각 정신조직의 서로 다른 요구들을 타협적으로 충족시키는 양태로 생성해낸 일종의 타협형성물이다.

꿈, 신화, 작품, 증상은 같은 발생구조를 지닌다. 따라서 가령 자기 자신의 꿈을 해석하는 정신분석 기법을 터득한 자는, 민족의 신화, 예술가의 작품, 신경증자의 증상들 배후에 숨겨진 무의식적 의미들을 이해하는 데 이미 상당한 기초능력을 갖게 된다.

꿈, 신화, 작품, 증상의 발생 원인, 발생 과정, 심층 의미에 대한 정신분석적 해석은 인류와 개인 자신의 정신 내면을 심층 이해하여 정신을 성장시키는 데 크게 기여한다.

⑬ 정신분석은 신경증 증상을 일으키는 원인을 추적하는 과정에서 의식과 다른 어떤 정신 내적 힘인 '무의식'을 발견함으로써 생겨났다. 감당하기 힘든 자극들이 정신 내부로 침입하면, 정신은 정신 자체를 분열시키거나 과잉자극들을 억압하여, 그 위기를 모면한다. 이 분열과 억압은 연약하고 어린 인류가 생존을 꾀하는 과정에서 불가피하게 운명적으로 작동시킬 수밖에 없는 무엇이다. 문제는 많은 인간들이 사춘기 이후에 원인도 모른 채 과거 방어작용의 후유증인 신경증 성향 내지 신경증 증상에 시달리게 된다는 것이다. 신경증은 본능의 억제와 억압을 통해 문화를 성취해온 인류가 감당해야 하는 일종의 운명적인 무엇이다. 모든 인류는 무의식에 자신도 모르는 신경증 소인을 지니며, 증상의 발생 유무에는 개인 내면에 잠재된 신경증 소인들의 비율과 외부환경, 경험의 우연성이 작동된다. 따라서 개인에 대한 '정상/비정상' 진단의 경계와 본질은 결코 일의적으로

단순 명료하지 않다.

　자아가 미성숙했던 유년기에 욕구충족이 지나치게 좌절되거나 ('박탈'), 지나친 흥분자극을 받거나('유혹'), 욕동들에 대한 외부세계의 금지 압력이 강할 경우, 억압이 강력히 작동되어 사춘기 이후에도 지속되는 무의식의 불안 때문에 유년기처럼 삶에 대한 좌절, 향유 포기를 반복하는 신경증이 발생한다. 가령 억압된 무의식의 욕구가 갑자기 의식에 회귀할 경우, 이것의 직접적 표출을 막기 위해 필사적으로 방어한 결과, 개인에 따라 불합리한 생각과 행동을 반복하는 강박증, 금지된 욕망을 신체 증상으로 전환·전치시키는 히스테리, 상처와 불안을 엉뚱한 대상에게 투사, 전치하여 회피하는 공포증 등이 발생한다. 증상으로 인한 현실 불편을 감수해야 하는 고통과, 현실 만족을 포기해야 하는 억울한 손해를 유발하는 신경증을 해소하려면, 의식의 배후에서 사유·정서·행동을 좌우하는 '그것'(Es, 무의식)과 '그것'을 감당하는 여러 기능을 지닌 자아를 변화시켜야 한다. 문제는 의식이 알지도 못하는 무의식에 어떤 방법을 통해 접근하여 인식하고 통제할 수 있느냐에 있다. 정신분석의 독창성은 바로 지금까지 철학자와 과학자의 의식이 외면해왔고 통제하지 못한 '그것'에 접근하고 해석하는 실천적 방법을 발견하고 제시한 데에 있다. 정신분석은 단순한 사변활동에 그치는 학문이 아니라, 사변 내용을 인류 고통의 해소라는 목적 아래 실천기법과 통합하여 현실적 힘을 고양시키는 철학 모델이다.

2 정신분석 방법론

무의식에 접근하려면 먼저 무의식을 (살포시) 드러내는 '단서'들을 파악할 줄 알아야 한다. 이를 위해 정신분석은 인류에게 의지와 무관하게 발생하는 비합리적 정신·신체 현상들을 주목한다. 그 대표적인 예가 꿈·증상·실수 등이다. 자아의 방어작용이 느슨할 때 의식의 의도와 무관하게 발생하는 이 현상들은 무의식의 힘, 내용, 활동원리를 상징적으로 드러낸다. 무의식의 내용과 활동원리들을 인식하려면, 무엇보다도 자기 자신의 '꿈'에 대한 세세한 해석과, 방어 없이(정신없이) 자유연상한 언어들에 대한 세세한 음미가 필요하다. 그리고 정신분석 작업 과정에서 내담자가 분석가에게 드러내는 '저항'과 '전이' 양태들은 무의식을 드러내는 주요 기표다. 프로이드는 꿈 해석과 더불어, 자유연상, 전이와 저항, 증상의 무의식적 원인과 의미를 해석·재구성하는 방법을 '정신분석'이라 칭했다.

정신분석학파마다 사용하는 무의식에 대한 접근방법과 해석 관점 및 치료기법은 서로 다르다. 프로이드는 정신분석의 초점으로 어머니로부터의 분리와 아버지의 역할이 부각되는 오이디푸스기의 콤플렉스, 상처, 환상, 갈등에 대한 내담자 스스로의 주체적 자기성찰과 성숙한 사후(事後) 해석(Nachtralichkeit)을 강조한다. 이에 비해 대상관계론에서는 오이디푸스 이전 시기에 유아에 대한 어머니 역할과 연관된 모성적 관계 충족/결핍이 정신에 미친 영향과 그것의 임상적 보충을 기법적으로 주목한다. 유아에게는 분석가의 정서[母性]적 공감과 지지가 언어[父性]적인 성찰보다 선행되어야 함을 강조한다.(그린버그·밋첼, 1999, 595~626쪽) 이처럼 각각의 정신분석학파는 '성찰'과 '공감'의 가치에 대해 서로 다르게 평가하고 있으며, 정신질환의 원인과 극복 방법에 대한 관점과 해석 또한 다르다. 각 학파는 나름의 임상 효과 자료들을 근거로 그 이론의 경험적 타당성을 주장한다. 각 학파의 관점, 이론, 치료 기법의 가치(타당성)는 개인이 지닌 증상 유형에 따라 달라질 수 있다.

우리는 또한 '성찰'로서의 정신분석과 '치료'로서 정신분석의 차이를 주목해야 한다. 정신분석 치료는 근본적으로 내담자와 분석가 사이의 의식 무의식적 상호 관계에서 발생한다. 그런데 두 대상 사이의 관계 양태는 정신질환(정신구조) 유형에 따라 달라진다. 가령, 정신이 최초 형성되는 유아기(前오이디푸스기)에 어머니의 돌봄 체험이 결핍('박탈')될 경우, 자기와 자기애에 심각한 결함과 불안전감을 지닌다. 이 유형의 사람은 자기의 안전과 보충을 위해 유아기의 엄마를 대리하는 힘 있고 자상한 대상의 공감과 지지 체험을 필요로 한다. 이에 비해 자기와 자기애가 어느 정도 충족되었지만, '아버지'로 대변되는 언어적 규범세계에 진입하는 오이디푸스기에 좌절과 갈등 콤플렉스가 심한 신경증자의 경우, 자신의 언어적 무의식을 성찰하여 대결하는 해석 체험이 필요하다.

성찰로서 정신분석은 무의식의 환상을 가로질러 극복하는 '인식'에 제일 목적을 두며, 증상의 해소(치료)는 자기 인식의 부수적 결과물 정도로 간주한다.(프로이드, 라캉) 이에 비해 치료로서 정신분석은 병리적 증상의 구체적 해소가 제일 목적이다. 온전한 '자기분석'은 정신분석 과정에서 미성숙했던 자아가 유아상태에서 벗어나 발달되어 현재 나이에 적합한 정상성을 회복한 결과로 얻어진다.(자아심리학, 대상관계론) 이처럼 '인식'과 '치료' 입장은 강조점의 우선순위가 서로 다르다. 전자의 입장에서는 왜곡 없는 '자기 인식'이 초점이고, 후자는 '증상 해소'가 초점이다. 후자는 '자기(애)'가 약한 개인의 경우, 부정적인 과거 사건에 대한 '성찰'이 자존감을 더 하락시켜 정신 균형을 깨뜨리는 부작용을 유발할 수 있다고 해석한다. 따라서 그들에게 무의식에 대한 성찰은 때로 정신치료의 필수조건이 아닐 수도 있다. 치료로서 정신분석은 공감, 지지, 격려, 교육, 설득, 최면, 그리고 약물 등을 사용할 수 있다는 점에서 엄밀한 인식을 고집해 온 전통 정신분석의 기준에서 어느 정도 벗어난다. 그래서 치료를 일차 목적으로 삼는 이론과 방법은 정신분석(psychoanalysis)이 아닌 '정신치료'(Psycho-therapy)로 명명된다.

프로이드는 정신분석 임상작업 과정에서 다음의 사실을 발견한다.

① 대부분의 정신 작용들은 무의식적이다.

② 무의식에 대한 인식은 '관념적 사유'가 아니라 강렬한 '정서적 인식' 체험이다.[1]

③ 무의식은 분석가와 내담자 사이의 '정신분석 관계' 체험을 통해서야 접근할 수 있고 변할 수 있다. 인간 개개인은 이미 특정 무의

---

1) '정서적 인식'이란 '무의식에 대한 체험적 인식'을 뜻한다. '정서적 인식'이 강조되는 것은 무의식의 상당 부분이 욕동과 정서, 그리고 금지된 표상들로 구성되어 있기 때문이다. 무의식의 콤플렉스는 과거와 동일한 정서로 다시 체험해야 비로소 상처가 카타르시스 되어 그것에 대한 고착과 방어가 풀리게 된다. 가령 "성 욕동 억압은 신경증을 유발하고, 공격 충동의 '내향화'는 죄책감과 편집증을 유발한다"는 내용을 '관념'으로 인식하는 것과 '정서적 인식'으로 체험하는 것은 매우 다른 결과를 가져온다. 의식의 '관념적 지식'은 무의식에 대한 진정한 성찰이 아니기에, 정신에 변화를 일으키지 못한다. 그러나 '정서적 인식'은 무의식에 영향을 미쳐 정신구조에 긍정적 변화를 일으킨다.

식적 방어기제에 고착되어 있기 때문에, 혼자 힘으로 자신의 방어기제를 해체시켜 무의식을 직면하고 변형하는 것은 구조적으로 불가능하다.

위 언설은 오늘날 정신을 고양하는 방법에 관심 갖는 철학자들이 참조해야 할 내용을 담고 있다. 정신분석의 '무의식'론이 등장한 이후, 전통 철학자들이 정신에 대해 기술한 '의식 중심적' 개념들은 더 이상 현대인의 정신성을 총체적으로 반영하는 도구가 되지 못한다. '이성/의지/감성', '순수이성/실천이성/미적 판단력' 등의 전통 개념들은 현대인의 정서·인지·가치 상태를 온전히 대변하지 못한다. 19세기에 심리학과 정신의학이 발생한 이후, 정신을 탐구하는 임무는 철학자의 눈에서 정신과학자의 눈으로 넘어갔다. 이후 철학자는 과학이 제공하는 자료를 선별하고 종합하여, 정신에 관한 새로운 사유를 제시한다.

21세기의 정신분석은 병리적 정신구조뿐만 아니라 일반인의 정신이 형성 발달하는 과정에 영향을 미치는 다중조건(신경생리·문화·언어·심리 조건)들에 대한 여러 각도의 연구를 시도한다. 그리고 이 조건들 사이의 상호 영향 관계를 검토하여, 정신의 구조와 활동에 대한 종합적 해석을 시도한다.2) 이는 정신분석학이 어느덧 철학자

---

2) 프로이드가 신경생리학, 리비도론(욕망이론), 신화·예술·문화에 대한 연구 과정을 거친 뒤 말년에 제시한 '죽음 본능'론에는 인생에 대한 거시적이고 종합적인 사변이 담겨 있다. 그의 사변이 무게를 지니는 것은 그가 경험과학 지식들을 오랜 기간 축적해왔기 때문이다. 정신분석학자이자 철학자인 라캉의 정신분석 이론에도 정신의학·언어학·인류학·철학 등의 다양한 관점들이 응축되어 있다. 프로이드와 라캉의 정신분석은 정신현상의 객관적 '원인'을 탐색하는 '과학'의 관점과 '의미'와 가치를 연구하는 인문학 관점 사이의 경계를 넘나든다. 정신분석이 다른 학문에 미친 다중 영향에 대해서는 엔소니 엘리어트(1988)와 미첼 블랙(2000, 18~21쪽) 글이 유용하다.

들이 담당해 온 정신에 대한 종합적 사유활동의 공간을 차지하고 있다는 기호로 해석할 수 있다. 이 상황에서 철학자가 고유하게 할 일은 무엇인가? 그런데 만약 철학자가 정신분석 지식을 습득하여, 정신분석가가 주목하지만 아직 낯설어하는 '가치' 일반에 관한 종합적 사유 전망을 제공한다면 어떻겠는가? 이 경우 철학은 의식과 무의식, 과학적 '사실'과 문화적 '의미'(가치)를 총체적으로 반영하는 진정한 삶의 거울이 될 것이다. 철학에 쏟아지는 비난인 철학이론과 현실 사이의 괴리와 불일치는, 의식과 무의식의 분열을 통합하는 정신분석 방법의 도움으로 극복될 수도 있다. 이런 작업이 가능하려면 먼저 정신분석에 대한 이해가 필요하다. 이를 위해 정신분석의 주제와 관점에 관심을 가져야 한다.

3. 무의식

정신분석의 전문영역 내지 근본 주제는 '무의식'이다. 그리고 '무의식에 대한 인식이 인간 정신을 총체적으로 이해하는 열쇠'라는 것이 정신분석의 근본 관점이다. 무의식은 '억압'이라는 방어작용에 의해 정신이 '의식/무의식'으로 '분열'됨으로써 발생한다. '억압'은 자아가 감당하기 힘든 내부·외부의 자극과 긴장을 지닐 경우, 생존을 위해 그것을 신속히 의식에서 밀어내는 방어활동이다. 억압은 안정된 사회생활을 위해 의식에의 접근을 반드시 차단해야 하는 고통스런 자극 흔적들과 금지된 욕구들에 대한 1차 억압과 1차 억압된 내용들을 연상시킬 위험을 지닌 표상들에 대한 2차 억압으로 구분된

다.(프로이드, 1939, 140~141쪽)

개인이 감당할 수 있는 자극의 내용과 양은 자아 발달 정도에 따라 다르다. '억압' 기제가 작동되었다는 것은 정신이 감당하기 힘든 자극이 있(었)다는 것을 의미한다. 그런데 '억압된 것'이 곧 무의식과 동의어는 아니다. 왜냐하면 무의식에는 억압되지 않는 유전된 본능들과 원초적 정신활동들도 있기 때문이다.(프로이드, 1939, 169쪽)

정신분석이란 무의식에 부적절하게 억압된 본능의 표상·관념들을 상기하고 직면하여 현재의 성숙된 자아 관점으로 재해석하고 통합하는 활동이다. 고통스러운 과거가 억압되어 무의식이 되면, 그 개인은 거꾸로 그 특정 과거에 평생 고착되어 '현재'(현실)에서 소외된다. 따라서 과거의 반복되는 영향에서 벗어나 정신의 새로운 발달을 이루기 위해서는 무의식을 의식화해야 한다.

정신분석은 자아가 미성숙한 유년기의 상처, 불안, 환상에 고착된 원시적 방어구조를 현재의 상황에 적합한 방어 유형으로 변형하는 작업을 내포한다. 같은 자극이라도 나약한 자아에게는 두렵고 감당하기 힘든 상처가 되지만, 성숙한 자아에게는 평상의 사건으로 해석된다. 따라서 정신분석은 곧 무기력했기에 억압했던 무의식적 과거를 현재 자아의 성숙한 관점으로 '대체'하는 활동을 의미한다.

정신활동 대부분은 무의식적이다. 심지어 의식의 활동조차 무의식적이다.(프로이드, 1920, 103쪽) 인간은 단지 의식되지 않는 일련의 정신활동 결과만 의식할 뿐이다. 따라서 의식이 내리는 판단과 평가의 특성과 위상을 정신 전체의 차원에서 조망하기 위해서는 무의식과의 관계 속에서 파악해야 한다. 정신의 일부분인 의식을 마치 정신 전체를 대변하는 활동인 양 착각하고, 의식을 실재에 대한 총체적 판단의 준거로 삼는 경향은 자아의 자기애 성향에 기인한다. 그리고 유기체가 복잡한 외부세계에 적응하는 데 안정된 질서 관점을 제공하는 의식의 기능이 유용하기 때문에 생겨난다. 이에 비해 1차 정신과정인 무의식활동은 다음의 특성을 지닌다.

① 무의식은 무시간성, 비현실성, 비인과성, 비논리성, 무도덕성(본능성), 타자성, 역동성, 반복성, 회귀성 등을 지닌다.(프로이드, 1915, 192~193쪽).

② 무의식은 자극과 긴장에 대해 쾌락원칙을 쫓아 즉각적 직접적 원대상적으로 반응한다.

③ 무의식은 문화 규칙들에 속박되지 않는 1차 과정인 전치, 압축, 상징화 원리들에 따라 작동한다.(꿈 작업, 증상화 작업)

④ 무의식은 다양한 본능 에너지의 저장소다. 따라서 무의식과 의식 사이의 분열이 심화되면 에너지원이 고갈되어 창조적 정신활동이 마비된다.

4. 유년기

정신분석은 유년기 경험들에 대한 기억과 해석에 각별히 관심을 쏟는다. 이 시기가 인생에서 중요한 까닭은 정신구조·욕망구조(성격)·방어기제·환상 등이 이 기간에 형성되기 때문이다. 일단 형성된 정신구조와 성격 유형은 유년기보다 더 강렬한 대상관계 체험이 내면화되지 않는 한 변하지 않는 채 평생 지속된다. 유년기에 정신구조가 형성된다는 말은 방어기제 유형의 정착과 밀접히 연관된다.

유아는 타자의 배려와 보호 없이는 자립적 생존이 불가능하며, 외부에서 밀려드는 자극들과 내부에서 솟구치는 욕동의 자극으로 인해 자신을 주체하기 어렵다. 따라서 이 시기에 강한 자극이 침입하거나, 욕구충족이 지나치게 좌절될 경우, 아이에게는 생존을 위한 방어기제가 본능적으로 작동된다. 만약 환경이 계속 열악하여 그 방어기제가 계속 작동될 경우, 정신의 구조로 정착되어 현실과 유리된 병리적 환상에 고착되며, 정신의 새로운 발달이 방해된다. 이 유아적인 방어기제와 환상은 그것을 수정하는 특별한 발달 경험과 '소급해석작용'(retroactive action)이 없으면, 그 개체의 정신구조로서 평생 반복된다.(이창재, 2005, 100~116쪽) 그리고 정신이 취약한 시기에 받는 상처일수록 과도하게 억압되어 정신에 평생의 흔적으로 남는다. 이 무의식의 흔적은 과거의 표상이기에 현재의 현실과 괴리되며, 이후의 현실세계를 대면하는 데 심대한 인지·정서적 왜곡을 유발한다.

프로이드는 어머니의 전적인 돌봄을 받다가 단기간에 규범과 언어 습득을 강요받는 아동기(3~6세, 남근기, 오이디푸스기)를 인생에서 가장 중요한 격동기로 해석한다. 그 이유는 이 기간에 억압되어 일생동안 반복되는 욕망(환상)의 내용과 그것에 대한 방어구조가 형성되기 때문이다. 이 시기의 아이는 자연본능 상태로부터 사회규범에 적응하는 정신성에로 변형되기를 요구받는 일련의 운명적 사건과 정서 역동인 오이디푸스 콤플렉스를 겪게 된다.3) 이것은 자연동물

---

3) 오이디푸스기에 겪는 격동적인 욕망 변증법 체험 과정은 다음과 같다. 남녀 '성 차이' 인식 → 최초 성 대상 선택 → 아버지의 규범 요구 → 오이디푸스 욕구 → (자신이 엄마의 '팔루스' 주체가 아니라는) 뜻밖의 충격적 자각 → 오이디푸스 콤플렉스, 갈등, 양가감정 → 거세공포의 엄습 → 이성 부모와 '동일시' → 초자아, 성 정체성 발생. 프로이드, 〈외디푸스 콤플렉스의 해소〉, 《성욕에 관한 세 편의 에세이》, 열린책

에서 문화적 '인간'으로 전환되기 위한 운명적 통과의례다. 이 과정을 온전히 통과하지 못해 '자연본능 상태에서 상징적 삶의 패턴으로 전환하라'는 '아버지의 요구'를 온전히 수용하지 못할 경우 신경증자가 되며, 전체적으로 배척할 경우 사회적응이 불가능한 정신병자가 된다. 그리고 이 과정에서 부모와 아이가 어떤 관계 경험을 하느냐에 따라 정신의 '욕망·환상·방어'구조가 결정된다.

부모의 헌신적 배려에 의해 본능욕동을 자유롭게 분출하며 살아가던 유아에게 규범을 내면화해 욕동들을 통제하고, 언어를 습득하여 욕구를 직접적 행동이 아닌 간접적인 '말로 표현'하라는 요구는 감당하기 힘든 압력이다. 오이디푸스 콤플렉스는 아이에게 엄청난 충격이기에 보편적으로 억압된다. 이 억압으로 인해 유년기 욕망과 상처들은 변화·극복되지 못한 채 원상태대로 무의식에 묻혀 있다가 훗날 다른 원인들과 결합해 신경증을 일으키는 잠재원인이 된다.(프로이드, 1933, 126~128쪽) 아동기의 정신 발달 과정에서 부모가 아이에게 너무 엄격하게 규범 습득을 강요하면, 아이는 자율적 선택이 아니라 '거세' 불안과 부모의 애정을 상실할지 모른다는 불안 때문에 욕구를 억압한다. 그 결과 '의식/무의식'으로 분열된 이중의 욕망구조를 지니게 된다. 인간은 오이디푸스기 이후부터 운명적으로 서로 다른 두 유형의 인격을 가지게 되는 존재며, 두 인격의 분열과 통합 정도에 의해 정신성의 성숙, 균형, 안정이 좌우된다.

프로이드 이후에 출현한 클라인 학파와 '대상관계론'은 아동기(오이디푸스기)보다 출생 직후의 유아기(前오이디푸스기)를 정신이 최초

들, 1998, 49~51쪽; 프로이드, 〈자아와 이드〉, 《쾌락원칙을 넘어서》, 열린책들, 1997, 119~120쪽; 프로이드, 《새로운 정신분석 강의》, 열린책들, 1996, 92~93쪽.

형성되는 가장 중요한 시기로 해석한다. 출생 후 3년은 자립적 생존력이 가장 취약한 시기로, 이 기간에 이미 정신의 그릇('자기')과 중요 내용물('내적 대상', 환상, 상처)이 형성된다. 따라서 유아기에 유아가 '최초 대상'인 어머니와 어떤 긍정적 내지 부정적 '대상관계' 경험을 하였느냐가 개인의 근본정서와 정신구조를 평생 좌우한다.

유년기 경험이 대다수 인간에게 기억나지 않는 까닭은, 그것이 너무 오래되었거나, 언어 습득 이전 시기였거나, 인지능력이 미발달했기 때문만은 아니다. 그것은 이 시기에 언어로 이름붙일 수 없는 극심한 파괴욕동, 상처·환상·원초 불안이 있기에, 그것이 기억될까봐 두려워 강력한 분열·억압이 계속 작동하기 때문이다.

유년기 경험들은 자아의 방어작용에 의해 의식에서 망각되거나 자아가 감당할 수 있는 무엇으로 부드럽게 각색(변형)된다. 그리고 꿈, 증상, 환상, 실수 등을 통해 반복해서 회귀한다. 성인의 정서·사유·행동은 대부분 무의식의 유년기 정서, 환상, 방어기제에 영향받는다. 그리고 이런 사실에 대한 인식은 무의식적 방어작용에 의해 의식에서 차단된다.4)

---

4) 신경증의 대표적 방어기제는 부정, 억압, 분리, 전환, 전치, 취소, 회피, 투사 등이다. 신경증자는 자신이 감당하기 힘든 과거의 상처와 연관된 사건들을 부정, 억압하여 의식에서 차단하거나 과거 사건을 충격적 정서에서 '분리', '고립'시킴으로써 그것이 기억되더라도 정신에 영향을 미치지 못하게끔 만든다. 이런 무의식적 방어기제에 의해 신경증자는 자신의 과거 상처와 콤플렉스를 온전히 직면하기 힘들게 되며, 그 결과 자신의 의지와 무관하게 평생 자신의 무의식에 고통스럽게 휘둘리는 삶을 살게 된다.(Freud, *Inhibitions, Symptoms and Anxiety*, SE, Vol.XX, pp.119~122)

5. 욕동, 환상, 소망, 불안

인간의 근본 소망은 무엇인가? 프로이드는 신경증자들이 자신의 소망을 온전히 자각하지 못하며, 어떤 불안 때문에 현실에서 조금도 충족하지 못함을 주목한다. 신경증자는 오직 소망을 증상으로 변형시켜 충족하는 방법을 반복하는 자다. 증상은 의식에는 고통스럽지만 무의식에는 만족을 주는 양가적인 상징기표다. 그렇다면 신경증자와 보통 사람이 자신의 소망을 인식하지 못하는 이유는 무엇인가?

프로이트는 신경증의 원인을 탐색하는 과정에서 인간의 무의식에 욕동과 환상, 소망과 불안이 숨겨져 있음을 발견한다. 그렇다면 이것들의 특성과 인간 삶에 미치는 영향은 무엇인가?

인간에게는 마음껏 충족하고 싶지만 외부현실의 압력과 내부 초자아의 명령에 의해 억압되는 금지된 욕구와 소망들이 있다. 프로이드가 주목한 대표적인 욕구는 성욕과 공격욕의 극단 모델인 오이디푸스 욕구다. 성 욕동은 출생 이후 고유한 행로를 따라 변화(발달)해 가는데, 그 변화 과정에서 외부환경과의 대립에 의해 만족이 좌절되거나 억압된다. 좌절과 억압이 심할 경우 욕동 에너지는 외부로 분출할 '제3의 길'을 모색하게 된다. 그 대표적인 무의식의 욕동파생물이 바로 욕동이 전치·전환되어 표현된 꿈과 증상이다. 꿈·환상·증상은 원초 욕동들이 외부요구와 타협된 양태로 표현된 대리만족 기표들이다.

인간의 성 욕동은 '유아 성욕'과 성인의 성욕으로 구분된다. 유아 성욕의 표상들은 유년기 말엽에 형성된 초자아에 의해 내부에서 강력히 억압된다. 그리고 이 억압으로 인해 무의식에서 의식에로 반복 회귀하고 싶어하는 영원한 환상과 소망이 된다. 그런데 유년기의 욕 동과 환상은 무의식에 위치하기 때문에 인간은 정작 자신이 충족하 고 싶은 소망이 무엇인지 명료히 인식할 수 없다. 인간은 단지 마음 을 격동시키는 어떤 대상이 나타날 경우, 원인 모르게 좋아하거나, 정신분석의 도움으로 '으! 저 대상이 내 무의식의 환상과 소망을 자 극하는구나!'라고 짐작할 뿐이다.

인간의 근원소망은 억압된 유년기 소망들을 현실에서 불안 없이 마음껏 충족하는 것이다. 무의식의 소망은 오직 꿈과 증상으로만 분 출이 허용될 뿐, 의식의 현실에서는 결코 만족시켜선 안 될 금지된 욕망이다. 어떤 이가 '소망'을 현실에서 충족하고자 행동으로 옮긴다 면 강력한 초자아 불안과 사회의 냉혹한 거세 처벌을 감당해야 한 다. 그럼에도 소망을 충족하려 든다면, 그는 이미 쾌락원칙을 넘어 선 죽음 욕동에 함입된 것이다.

6. 자아의 기능과 방어기제의 양가성

프로이드에 따르면, 자아는 선천적으로 존재하는 정신기관이 아 니다. 자아는 특정한 목적을 가지고 본능(Id)에서 후천적으로 분화된 정신조직이다. 자아의 임무는 쾌락원칙을 추구하는 본능 덩어리인 유아를 냉정한 외부세계에 안전하게 적응시키는 데 있다. 즉, 자아 는 내부 본능과 외부세계 사이의 대립관계를 조화관계로 조정하는 임무를 수행하기 위해 후천적으로 발생한 것이다. 자아는 '의식'이라는 고감도 조직을 발달시켜 개체의 안전에 필요한 외부세계의 정보를 수집한다. 이런 현실검증 과정에서 자아는 개체에게 유익한 지각은 최대한 받아들이고, 손해되거나 고통스런 자극은 가능한 한 차단하는 방어기제를 작동시킨다. 또한, 내부에서 숏구치는 충동과 자극 가운데 현실세계에 적응하는 데 해로운 것은 억압하거나 투사하는 방어활동을 수행한다.

자아의 방어활동 덕분에 개체는 현실에 안전하게 적응할 수 있다. 그런데 자아는 완전하지 않으며, 자아의 방어기능 역시 결코 완전하지 않다. 자아는 방어작용을 유지하는 데 많은 에너지를 지출해야 한다. 이로 인해 자아 에너지가 고갈되면, 무의식의 회귀 압력을 더 이상 방어하기 힘든 상황이 초래되고, 이때 위험을 알리는 신호인 불안이 발생한다. 이런 위기상황에서 정신의 총체적 붕괴나 치명적 실수를 예방하기 위한 타협책으로 증상이 발생된다. 이 경우 증상이란 자아가 위기 상황에 대처하는 과정에서 방어 에너지 지출 부담을 덜기 위해 무의식을 변장된 양태로 분출한 결과물인 동시에, 무의식적으로 작동된 방어기제가 나중에 유발하는 일종의 사후 부작용(deferred side effect)이다. 따라서 증상을 극복하기 위해서는 병리적 방어기제에 계속 의존하는 미성숙한 자아 구조를 변형 발달시켜야 한다.

7. 초자아의 두 얼굴

프로이드는 '양심'이라 부르는 내면의 규범적 명령 조직을 초자아(super-ego)라고 칭한다. 초자아는 마치 부모가 아이를 대하듯, 자아에 대해 관찰하고 명령하며, 칭찬하고 벌하는 강력한 상위의 심판관 자리를 차지한다. 자아의 최대 목표는 개체를 보호하고 초자아의 칭찬을 듣는 데 있다. 그런데 이 초자아는 아동기의 오이디푸스 갈등 상황에서 거세공포를 피하기 위해 거대해 보이는 부모와 자신을 동일시한 결과로 정신 내면에 형성된 '부모 이마고(imago)'다.

초자아는 어린 시절 부모의 목소리와 더불어 사회의 보이지 않는 요구들을 대변한다. 그런데 초자아의 활동 에너지 일부는 이드에서 공급된다. 이로 인해 초자아는 때로 이드(본능)의 요구를 대변하기도 한다.(프로이드, 1920, 178쪽) 따라서 우리는 자신과 타자에 대해 도덕의 이름으로 무자비한 공격을 명령하는 이드적 초자아와 부모와 사회의 도덕 가치관을 대변하는 양심적 초자아를 구분해야 한다.

8. 신경증 증상

무의식, 유년기, 유아 성욕, 성 욕동과 죽음 욕동, 환상과 소망, 불안, 오이디푸스 콤플렉스, 자아와 방어기제, 초자아의 이중성 등을 이해하면, 비로소 신경증의 원인과 의미를 어느 정도 이해할 수 있다. 신경증은 여러 요인이 결합하여 발생한다. 주요 요인은 무의식에 위치하는 유년기의 상처(과잉자극), 금지된 환상, 고착된 유아 성욕, 불안, 유아적 방어기제, 혹독한 초자아, 미성숙한 자아, 부정적 '사후 해석', 나쁜 초기 '대상 관계', 죽음 본능 등에 있다.

증상이란 의식이 무의식에 압도당하고, 삶 욕동과 죽음 본능의 균형이 깨져 있다는 상징기호다. 신경증자뿐만 아니라 보통 인간도 자신의 몸과 마음이 때로 의지대로 살아지지 않는 현상에 당황한다. 그렇다면 의식과 의지의 기능과 힘을 조롱하듯 반복해서 마비시키는 증상은 인간에게 무엇을 표현하는가? 프로이드는 무의식의 소망충족 욕구와 죽음 본능의 회귀, 융은 '의식/무의식' 사이의 분열과 불균형의 보충과 통합, 자아심리학과 자기심리학은 '자아', '자기'의 초기 결핍을 보완해 자아 기능을 회복하고 자아 발달을 도모하라는 메시지를 각각 읽어낸다. 그리고 라캉은 대타자의 무의식적 욕망에 종속된 비주체적 상상계 고착을 벗어나 자신이 자기 욕망의 주체적 향유자가 되는 상징계와 실재계에 도달하라는 메시지를 듣는다.(브르스핑크, 1997, 100~105, 351~360쪽)

9. 꿈, 작품, 신화, 문화론

프로이드는 꿈을 정신분석적으로 해석하는 과정에서 의식과 다른 무의식의 내용과 활동원리를 다중으로 발견한 선구자이다. 꿈 해석은 정신분석이 신경증자의 특수한 심리에만 국한되는 치료 이론이 아니라, 일반인의 무의식을 이해하는 보편 학문임을 인식시키는 데 크게 기여한다. 꿈이 형성되는 원리와 구조, 동기와 목적을 이해하여 꿈의 의미를 다중으로 해석할 수 있게 된다면, 개인의 무의식뿐만 아니라 더 심층부에 잠재된 민족·인류의 무의식까지 드러난다. 그리고 꿈 해석 지식과 기법을 응용하면 인류의 창조물인 신화·예술작품·문화현상들의 이면에 숨겨진 본래 의미들에 대한 심층 해석이 가능해진다.

　이런 점에서 정신분석 방법을 활용한 꿈 해석은 정신의 비밀과 문화적 창조활동의 수수께끼를 풀 열쇠를 마련해 줄 희귀한 지식이라고 하겠다.

10. 정신분석의 관점들 —구조론, 경제론, 발달론

　프로이드는 (지형학적, 역동적) 구조론, 경제론, (리비도·자아) 발달론이라는 각기 다른 관점과 모델을 함께 사용하여 꿈, 신화, 작품, 증상의 원인과 의미를 다중으로 해석한다. 이 관점들은 학문적 전제와 주장에서 서로 충돌하는 요소도 내포한다. 그렇지만 프로이드는 각 관점이 지닌 고유한 설명력을 존중하여 해석 대상과 맥락에 따라 세 관점을 병행해 사용한다.

　자아와 '자기'(Self)의 초기 형성·발달과정을 주목하는 자아심리학과 대상관계론에서는 발달론 관점을 중요시한다. 이에 비해 라캉학파는 '의식/무의식' 구조의 불연속적 차이와 '무의식'의 언어적 구조에 주목하여, (지형학적) '구조 모델'을 정신분석의 핵심 관점으로 해석한다. 신경전달물질의 균형 있는 소통에 주목하는 신경생리학 전문가인 정신의학자들은 욕동 에너지들의 경제적 분배와 쓰임 이론을 가장 과학적 관점으로 해석한다. 인간의 전체적 삶과 증상을 종합적으로 해석하려면 세 관점이 함께 필요하다.

11. 정신분석의 미래 전망

말년의 프로이트는 정신분석 관점 하나만으로는 인간 정신에 대한 종합적 판단을 제공할 수 없음을 절감했다. 정신분석의 관점과 개념으로는 정신의 '정상/비정상'에 영향을 미치는 도덕을 비롯한 여러 가치들과 사회문화적 힘들을 세세히 다룰 수 없기 때문이었다. 그래서 그는 정신분석 개념과 방법론이 인문학과 사회과학에 접목되어, 정신분석의 가치가 인류에게 다각도로 이해되고 응용되기를 희망했다. 오늘날 정신질환을 치료하는 모델로서의 정신분석은 여러 해에 걸쳐 정신적 경제적 부담을 감당해야 하는 특성 때문에, 수백 가지가 넘는 단기 정신치료 기법들로 대체되어 가는 상황이다. 반면, 의식의 이면과 언어의 행간을 읽어내는 '성찰'로서의 정신분석은, 오늘날 문학·예술·영화·문화비평 등등의 다양한 장르에 활용되어 활성화되고 있다. 그렇다면 진리 인식을 목표로 인간본성과 존재 일반에 대한 이해와 개념적 주장들의 논리적 관계를 주목해온 철학자에게 정신분석은 어떤 유용성을 제공하는가?

정신분석은 인간의 정신현상들이 '언어'와 '정서'(욕동, 욕망), 형식과 비형식, 의식과 무의식이라는 서로 다른 내용·구조·활동이 함께 종합된 구성물임을 주목한다. 지난 수천 년 동안 인류는 무의식에 접근하여 그것을 인생에 주체적으로 활용하는 방법을 몰랐다. 그래서 오직 의식의 특성을 반영하는 진실만을 유일한 보편진리라고 판단할 수밖에 없었다. 이제 현대인은 정신분석의 도움으로 자기 자신의 꿈·작품·증상의 원인을 해석하여 자신의 무의식에 접근할

수 있는 개념과 방법을 소유한다. 문제는 정신분석 방법을 얼마나
체험된 지식으로 자기 삶에 주체적으로 활용할 수 있느냐에 있다.
이를 위해 정신분석을 고통 극복에 활용하는 다양한 방법과 무의식
에 대한 정서적 인식을 안내하는 정신분석학자들과 정신분석 교육
기관의 출현이 요구된다.

■ 참고문헌

그린버그 J. & S. 미첼, 《정신분석학적 대상관계이론》, 한국심리치료연구소,
　　　1999.
나지오, 《정신분석학의 7가지 개념》, 백의, 1999.
들뢰즈·가타리, 《앙띠 오이디푸스—자본주의와 정신분열증》, 민음사, 1994.
마르쿠제 H., 《에로스와 문명—프로이트 이론의 철학적 연구》, 나남, 1989.
말러 M., 《유아의 심리적 탄생》, 한국심리치료연구소, 1997.
미첼 블랙, 《프로이트 이후—현대 정신분석학》, 한국심리치료연구소, 2000.
브르스 핑크, 《라깡과 정신의학》, 민음사, 2002.
브레너 C., 《정신분석학》, 하나의학사, 1987.
엘리어트 E., 《정신분석학 입문》, 한신문화사, 1998.
앙지외 D., 〈프로이트와 신화〉, 《계간 세계사상》 1997.
융 C. G., 《상징과 리비도》, 솔, 2005.
융 C. G./ 융 번역위원회, 《원형과 무의식》, 솔, 2003.
──────, 《인간과 상징》, 열린책들, 1996.
위니컷 D., 〈 놀이와 현실〉, 《성숙과정과 촉진적 환경》, 한국심리치료연구소,
　　　2000.
이창재, 《프로이트와의 대화》, 학지사, 2004.
──────, 《정신분석과 철학》, 학지사, 2005.
──────, 〈프로이트의 신경증 원인론—외상, 환상, 사후작용〉, 《라깡과 현대정신

분석》Vol.6 No.2, 라깡과 현대정신분석학회, 2004.

———, 〈동아시아 신화 해석을 위한 정신분석 관점 및 개념 고찰〉, 《기호학 연구—환상, 내러티브, 신화》 15집, 한국기호학회, 2004.

———, 〈한중일 영웅신화의 공통성과 차이성에 대한 정신분석적 비교〉, 《비교민속학》 30호, 비교민속학회, 2005.

———, 〈신화 내 '영웅의 정신발달 조건'과 주몽신화의 정신분석적 의미〉, 《정신분석》 16권 2호, 한국정신분석학회, 2005.

———, 〈일본 영웅신화 '스사노오'에 대한 정신분석〉, 《라깡과 현대정신분석》, 라깡과 현대정신분석학회, 2006.

장 라플랑슈·장 베르트랑 퐁탈리스, 《정신분석사전》, 열린책들, 2005.

조엘 도르, 《프로이트·라깡 정신분석 임상》, 아난케, 2005.

코헛 H., 《자기의 분석》, 한국심리치료연구소, 1999.

크리스테바 J., 《사랑의 정신분석》, 민음사, 1999.

프로이트 S., 《꿈의 해석》, 열린책들, 1998.

———(1901), 《일상생활의 정신병리학》, 열린책들, 1998.

———(1905), 《성욕에 관한 세 편의 에세이》, 열린책들, 1998.

———(1908), 《창조적인 작가와 몽상》, 열린책들, 1996.

———(1915), 《무의식에 관하여》, 열린책들, 1997.

———(1917), 《정신분석 강의》(상·하), 열린책들, 2002.

———(1918), 《늑대인간》, 열린책들, 1996.

———(1920), 《쾌락원칙을 넘어서》, 열린책들, 1997.

———(1922), 《프로이트의 두 발자취—정신분석, 리비도론》, 하나의학사, 1995

———(1926), 《억압, 증후 그리고 불안》, 열린책들, 1997.

———(1930), 《문명 속의 불만》, 열린책들, 1999.

———(1933), 《새로운 정신분석 강의》, 열린책들, 1996.

———(1939), 《종교의 기원》, 열린책들, 1997.

Freud, S., *The standard edition of the complete psychological works of Sigmund Freud*(SE로 표시), 1966.

———, *Analysis Terminable and Interminable*, SE, Vol. XXIII, 1937.

————, *Constuctions in Analysis*, SE, Vol. XXIII, 1937.

Caper, R., *Immaterial Facts: Freud's discovery of psychic reality and Klein's development of his work*, Jason Aronson Inc., 1988.

Hanly, C., *The Problem of Truth in Applied Psychoanalysis*, New York: The Guilford Press, 1992.

Klein, M., *Note on some Schizoid Mechnisms*, The Slected Melanie Klein, Juliet Mitchell (ed.), 1946.

Lacan, J., *Ecrits*, trans. A. Sheridan, New York: W. W. Norton & Company, 1977.

Samuels, R., *Between philosophy and psychoanalysis: Lacan's Reconstruction of Freud*, New York and London: Routledge, 1993.

4부 신학과 학문

생명신학, 어떻게 할 것인가

박재순
씨올사상연구소

생명신학은 '나'와 '사회'와 '자연'의 생명을 치유하고 살리고 실현하는 하나님 또는 우주자연의 생명활동을 이해하고 그 활동에 참여하려는 학문적 노력이다. 하나님(우주자연)의 생명활동이 범례적으로 나타나는 성서의 '생명'(예수)과 오늘 나(우리)의 생명이 만나서 솟구치는 생명력과 생명사건을 드러내자는 것이다.

생명신학은 하나님 또는 우주의 신비를 드러내는 생명의 미묘함과 깊이를 이해하고 밝히면서 이 생명을 온전히 실현하고 치유하고 해방하는 일에 참여하는 실천적 학문이다. 생명신학은 기독교의 생명 이해에 근거를 두면서도, 기독교를 넘어서 우주적 보편적 생명 이해와 체험을 추구한다. 생명을 인식하는 주체로서의 '나'는 속에 생명과 생명의지를 지니고 있다. 생명으로 생명을 인식한다.

1. 나의 생명체험과 공부

삶의 충격과 경험

  모든 생명은 주체이므로 객관적 논리와 개념만으로는 생명의 참모습에 다가갈 수 없다. 생명에 대한 학문 활동은 인식주체와 인식대상이 서로 다른 생명체이므로, 주체와 주체의 감응과 교감, 체험과 깨달음 없이 이루어질 수 없다. 생명 또는 진리를 깊이 온전하게 인식하려면, 주관적 욕망과 편견을 버리고 있는 그대로 보아야 한다. 인간은 본능적 생존의지와 욕망, 사회적으로 형성된 편견, 일상적인 고정관념에 깊이 물들어 있기 때문에 자기와 타자의 생명을 있는 그대로 그 깊이에서 보기 어렵다. 욕망과 편견, 고정관념을 깨뜨리는 노력과 경험을 통해 생명과 진리에 다가갈 수 있다. 욕망과 편견을 깨뜨리는 체험을 한 만큼, 생명과 진리를 겸허하고 정직하게 탐구할 수 있는 학문적 자세가 확립된다. 나의 자아와 관념이 깨져서 생명의 실상을 본 생명 체험이 내가 생명신학을 형성하는 데 바탕이 되었다. 따라서 나의 생의 체험을 말하는 것이 의미가 있다고 본다.

  나는 어려서 시골에서 자랐다. 난 지 2주 만에 6·25전쟁으로 피난살이를 했다. 네 살 때 전신 소아마비에 걸려 여러 달 누워만 지냈다. 뛰어다니다가 갑자기 온 몸이 늘어져서 손도 발도 움직일 수 없게 된 것이다. 이것은 나에게 삶의 충격이었으므로 네 살 무렵의 기억이 지금도 생생하다. 조금씩 손, 발을 움직이다가 어느 날 일어서고 싶은 강한 충동이 생겼고, 일어날 수 있을 것 같았다. 어머니의 부축을 받아 처음 일어서는 순간의 감격을 지금도 잊을 수 없다. 잿빛 세상이 찬란한 총천연색의 세상으로, 좁은 공간이 활짝 열리는 듯했다. 누워서만, 앉아서만 지내다가 두 발로 일어서는 것이 얼마나 위대한 일인지를 깊이 체험했다.

서툴게 걸으면서 자주 넘어졌다. 무릎에 상처가 가시지 않았다. 자주 넘어지면서 깨달은 것은, 아무리 아프고 부끄럽더라도 죽지 않았으면 일어나야 한다는 것이다. 삶은 일어서는 것이다. 생명진화의 역사도 곧게 위로 일어서는 방향으로 나갔고, 성서의 부활을 나타내는 말도 일어섬이다. 어렸을 때의 이런 체험이 일어섬으로서의 생명의 본질을 내 마음에 새겨주었다. 장애인으로서 삶의 장애를 가진 것이 삶을 온전히 체험하고 이해하는 데 장애가 될 수 있지만, 삶에서 벗어난 관념과 허위에 빠지지 않도록 막아주는 구실도 하는 것 같다. 삶의 불편과 장애는 온전한 삶을 갈구하게 하고, 삶에 가까이 있게 한다.

초등학교 3학년 때부터 어머니와 할머니를 따라서 새벽예배에 열심히 참여했다. 4시나 4시 반쯤 일어나 새벽예배를 드리면, 몸과 맘이 상쾌하고 생명이 충만해지는 것 같았다. 중학교 3학년 때까지 부흥회도 열심히 다녔다. 나의 몸과 맘이 간절하게 충만한 생명을 갈구했던 것 같다. 예배드리고 설교 말씀을 듣는 시간이 그렇게 기쁘고 충만할 수 없었다. 성경을 읽어도 다 이해가 되는 것 같고, 예배 시간을 그리워하게 되었다.

중학교 1학년 때 대전 보문산에서 부흥회가 열렸는데, 젊은 부흥 강사가 이사야 25장을 중심으로 뜨거운 설교를 했다. "하나님이 굶주린 백성들에게 잔치를 열고, 골수에 기름진 것과 오래 묵은 포도

주를 베풀고, 눈에서 눈물을 씻어주고 수치를 없애주고, 죽음을 영
원히 사라지게 한다"는 성서 말씀을 바탕으로 하나님의 사랑을 역설
했다. 나는 이때 세상에 하나님의 생명과 사랑이 가득함을 체험했다.

　1970년부터 대학에서 철학을 공부하면서 사회정의와 민주화에 관
심을 가지고 친구들과 성경공부도 하고 기독학생활동을 했다. 사회
와 역사에 대한 관심과 철학공부는, 교리적 신앙과 근본주의적 성서
이해에서 벗어나게 했다. 신화적 교리적 세계관과 신앙이 깨지는 과
정은 매우 고통스럽고 당혹스러웠다. 모든 것이 다 무너지고 허무의
나락에 떨어진 듯했다. 그때 베르그송의 생명철학과 테이야르 샤르
댕의 진화론적 신학이 도움을 주었다. 신이 없고, 지옥과 천국이 없
다 해도 생명은 있지 않은가? 생명 속에는 하나님도 계실 수 있고
사랑도 있지 않은가? 신화적 교리적 세계관이 무너졌을 때, 나는 생
명을 붙잡고 일어섰다.

　정치적인 문제로 1974년에 5개월, 1981년에 2년 6개월쯤 감옥살이
를 했다. 당시 엄혹한 상황에서 인생의 나락에 떨어져 고독과 절망
을 깊이 느껴봤다. 사회에서 격리되어 좁은 방에 갇히고 인생의 바
닥에 떨어졌지만, 기이하게도 알 수 없는 삶의 기쁨과 평안을 느꼈
다. 속에서 알 수 없는 기쁨이 자꾸 솟아났고, 자유롭고 평안함을 느
꼈다.

　교도소 높은 담벼락 빈틈에 피어난 풀꽃, 언 땅을 뚫고 솟아나는
풀잎을 보며, 생명의 힘을 내 속에서도 느낄 수 있었다. 1983년 봄에
는 홍성교도소에서 지냈는데, 하루에 한번쯤 운동시간에 언덕에 오
르면 홍성 시내가 훤히 보였다. 어느 날 언덕을 오르다가 풀섶에 묻
힌 노란 풀꽃을 보았다. 길고 푸른 잎, 노란 꽃잎과 정교한 금빛 꽃

술. 보아주는 이 없는데도 홀로 그렇게 깨끗하고 곱게 자신을 피워 낸 풀꽃의 성실함과 아름다움에 나는 넋을 잃었다. 근심과 걱정에 사로잡혀 지내던 나는, 이름 모를 들꽃의 곱고 섬세함, 깨끗하고 아름다움, 곧고 성실함, 높은 품위와 깊이에 깊은 감동을 받았다.

나는 이렇게 공부했다

나는 어려서부터 성경을 열심히 읽었다. 믿음과 신뢰를 가지고 이해하기로 작정하고 읽으니, 성서의 내용이 다 이해가 되는 것처럼 여겨졌다. 대학에서도 성경공부를 친구들과 하기도 했으나, 어려서처럼 그렇게 단순하게 읽지는 않고, 나의 삶과 사회현실과 관련지어 이해하려고 애썼다. 한문을 잘 모르지만 《논어》와 《맹자》, 《대학》과 《중용》, 《노자》와 《장자》를 번역판으로 재미있게 읽었고, 불교 학생회 친구의 영향으로 불경도 조금 읽었다.

대학 4학년 때부터 함석헌 선생의 성서 강좌, 《노자》와 《장자》 강좌를 듣기 시작했고, 1975년에는 친구들과 함께 함선생님으로부터 1년 동안 힌두교 경전인 《바가바드기타》를 배우기도 했다.

한신대학교에 학사 편입해서 신학을 공부했다. 당시 안병무, 문동환 교수는 민중신학을 태동시키는 데 앞장서고 있어서, 자유롭고 민중적인 학문풍토를 익힐 수 있었다. 그러나 내 전공인 조직신학 지도교수는 박봉랑 교수였는데, 루터와 칼뱅을 중심으로 한 서구 전통신학, 그 가운데서도 바르트신학에 충실한 분이었다. 나는 박봉랑 교수의 지도 아래 학사논문과 석사논문을 바르트 신학에 관해서 썼고, 박사논문은 본회퍼의 신학에 관해서 썼다. 루터와 칼뱅, 바르트로 이어지는 서구 전통 신학은 믿음과 은총을 강조하는 신학으로서,

인간의 의지와 이성과 행위의 한계를 분명히 하고, 하나님의 존재와 생명이 있는 그대로 온전히 드러나게 하고, 인간의 존재와 생명을 새롭게 하는 데 주력하는 신학이었다.

민중신학이 사회와 역사 속에서 민중의 삶의 현장에 다가가게 했다면, 바르트의 신학은 인간의 인위적인 노력과 행동, 감정과 생각이 제한된 것임을 알고, 존재와 생명을 있는 그대로 온전히 드러나게 하는 겸허한 마음가짐과 태도를 익히게 했다. 박사과정에서는 본회퍼 신학을 전공했는데, 서구 정신사를 반성하고 중심을 파악하는 데 도움을 주었고, 기독교 신학의 핵심과 책임적 행위를 밝혀 주었다. 본회퍼의 신학은 서구 신학의 중심을 놓치지 않으면서 자유롭고 주체적으로 신학을 하는 데 도움을 주었다.

교도소에 있는 동안 사회과학책과 역사책도 읽었지만, 성서와 신학 책들을 많이 읽었다. 칼뱅의 《기독교 강의》 1, 2권을 읽고, 바르트의 《교회교의학》을 1권에서 5권까지 읽었다. 그리고 예수에 관한 책을 많이 읽었다. 교도소는 삶의 치열한 상황 속에 있으므로, 책을 읽고 생각하는 것도 추상적이고 사변적인 데 머물 수 없다. 나의 실존적인 삶, 몸과 마음과 영혼, 역사와 사회의 삶이 묻어나는 생각을 하게 마련이다. 교도소는 삶의 바닥이고, 사회와 역사의 벼랑 끝이므로, 생각도 삶의 중심에 가까이 가게 되고, 삶 전체를 느끼고 숨 쉬게 된다.

1980년부터 1985년까지 한국신학연구소에서 성서주석서들을 번역한 것도 성서와 신학을 공부하는 데 큰 도움이 되었다. 서구 신학계의 성서연구방법론과 연구 성과를 익혔다. 연구소 소장 안병무 박사에게서 성서와 신학에 대한 가르침을 받을 수 있었던 것도 내게는 행운이었다. 신학연구소를 중심으로 서남동, 안병무, 현영학, 문동환, 서광선, 김용복과 같은 민중신학자들이 자주 모여서 발제와 토론을 하는 자리에 참여하여 배울 수 있었다. 나에게 민중신학은 고난 받고 투쟁하는 민중현장의 신학, 민중의 삶의 신학이었다.

한국기독교사회문제연구원 연구실장으로 일하던 1990년에 '세계 정의 평화 창조질서의 보전'(JPIC) 서울대회가 열렸고, 1천여 명의 전문가와 실무자들이 모여서 생명을 주제로 발제하고 토론했다. 나는 자료들을 번역하고 출판하는 일을 맡았으므로, 생명에 대한 신학적 과학적 통찰과 이해, 정보와 자료를 접할 수 있었다. 나는 그 동안 민중신학을 이어받아 발전시키기 위해 글을 썼는데, 자연스럽게 생명신학에로 관심을 넓혔다. 세계교회협의회에서 지역별 생명신학 프로젝트를 추진했는데, 한국에서는 이삼열, 서광선 교수를 중심으로 한국생명신학연구모임을 가졌다. 나는 여기서 한사상, 단군신화, 두레 공동체, 동학, 증산교를 중심으로 한민족의 생명 이해를 연구했다.

2000년 무렵에 이화여대에서 이경숙, 차옥숭 교수와 함께 한국생명사상에 대한 학술진흥원 연구프로젝트를 수행했다. 이 연구에서 현대산업기술문명에 대한 반성, 한민족의 생명 이해, 함석헌의 생명사상을 탐구했다. 한민족의 생명 이해를 공부하면서 한사상의 깊이와 폭을 알게 되었고, 한의 개념과 사상 속에 한민족의 생명 체험과 이해가 담겨 있으며, 신앙과 꿈이 들어 있음을 알게 되었다. 한(韓)은 큰 하나, 밝고 환함을 뜻하고, 하늘, 하나님, 한겨레를 나타내고, 한의 원리는 '하나를 잡아 셋을 포함하고'(執一含三), '셋이 만나 하나로 돌아감'(會三歸一)으로 표현된다. 한은 개체이면서 전체인 생명을 나타내는 역동적이고 열린 개념이다.

2002년부터 2007년까지 씨올사상연구회 회장으로서 함석헌사상을 연구하는 데 힘썼다. 함석헌사상은 기독교 정신과 동양, 한국 정신, 이성과 신앙을 융합하는 사상으로서 한사상과 기독교 신앙, 동양 종교사상과 민주정신을 바탕으로 씨올사상을 형성했다. 그의 씨올사상은 근대적 이성과 민주정신과 종교적 깊이를 추구하면서 민중·생명·영성을 결합하고, 감성과 이성과 영성을 아우르는 종합적인 사상이었다.

2003년에는 함석헌의 스승인 유영모의 사상을 10회에 걸쳐 새길교회의 기독교사회문화원에서 강의하면서 유영모의 사상을 공부하게 되었다. 유영모는 기독교 정신과 동양 종교의 동서사상을 아우르고, 몸과 영성을 종합하는 정신세계를 열었다.

유영모와 함석헌의 사상은 삶과 체험에서 우러난 것이었다. 이들의 사상은 삶의 깊이를 드러내고 삶 전체를 울린다. 몸과 마음과 영으로 느껴 보고, 생각으로 더듬어 보고, 이웃과의 만남에서 사회와 역사에서 검증하고 두드려보고 하는 말이기 때문에, 늘 생명의 본질을 꿰뚫고 있다. 따라서 이들의 말과 글에서 오류를 찾기 어렵다. 남의 책이나 이론에 의존하면서 시대의 경향이나 사조를 따르고, 자신의 논리와 사변과 환상을 가지고 인위적으로 이론체계를 세우려 하는 사람의 사상에서는, 흔히 억지와 오류를 발견하게 된다. 함석헌과 유영모는 매우 심오하고 종합적인 정신세계를 열었지만, 자신의 거대한 사상체계를 세우려는 노력을 하지 않았다. 그들의 말과 글은 흙에서 피어나는 풀과 나무처럼 자신들의 삶과 정신에서 자연스럽게 피어났다.

2003년에서 2005년까지 한신대 학술원에서 학술진흥원 연구프로 젝트 '한국 근현대사의 사회문화적 변동에 끼친 개신교의 영향 연구' 를 수행했다. 이 연구를 통해서 한국 근현대사가 동서문명의 창조적 만남과 융합의 과정임을 확인했다. 기독교와 함께 서구 산업문명이 동양에 유입되면서 세계화가 본격적으로 이루어졌다. 자신의 고등 한 전통문화를 가지고 주체적으로 서구 근대문화와 기독교 정신을 받아들여 역동적으로 근현대사를 펼친 것은 동아시아 3국인 한국·중국·일본이었다. 인도는 300년 동안 영국의 통치를 받았으나 기독교는 인도 사회의 중심에 받아들여지지 않았고, 카스트 신분제도는 온존하고 있다. 남미의 전통문화는 압살되었고, 아프리카는 아직 근대화를 성취하지 못하고 있다.

중국은 마테오리치가 황실과 엘리트 학자들에게 기독교와 서구 근대문화를 소개했으나 중국 민족과 역사 속으로 깊이 들어가지 못했다. 공산혁명으로 중국 전통문화는 억압되고 기독교는 배척되었으며, 사회주의를 바탕으로 산업화와 민주화를 추진하고 있다. 중국의 전통적 정신문화와 서구 정신문화의 만남과 합류는 아직 이루어지지 않았다.

일본에서는 도쿠가와 막부 때부터 국가권력이 서구와의 교류와 근대화 과정을 철저히 통제했다. 국가가 주도해서 서구와의 상업적 교류를 했을 뿐 기독교를 배격했다. 메이지유신에서도 천황과 엘리트의 주도로 민족 신앙인 신토이즘을 바탕으로 부국강병을 목표로 근대화를 추진했으며, 민중을 패권적 전쟁에 동원했다. 그러나 일본은 국가권력을 중심으로 300년 이상 서구와의 만남을 추진하면서 안정된 질서 속에서 역량을 길러갔다.

동서 정신문화의 창조적 만남은 민족과 역사의 주체인 민중의 삶을 떠나서 이루어질 수 없다. 중국에서는 공산혁명을 통해서 강력한 국가권력이 민중을 통제함으로써 민중의 삶 속에서 자유롭게 전통적인 정신문화와 서구 기독교 정신문화의 창조적 만남이 이루어질 수 없었다. 일본에서도 강력한 국가권력이 민중을 통제함으로써 민중의 삶 속에서 전통적인 정신문화가 활달하게 꽃필 수 없었고, 기독교 신앙과 정신을 받아들일 수 없었다. 일본의 민중은 제국주의 전쟁에 동원되어 희생되었을 뿐이다.

이에 반해서, 한국에서는 조선왕조가 쇠퇴하고 지배적인 종교이념이 무력해짐으로써 민중이 역사와 사회의 전면에 나서게 되었을 때, 서구 근대문화와 기독교가 본격적으로 들어왔다. 한국 민중은 주체적으로 서구 근대문화와 기독교 정신을 받아들여 힘차게 근현대사를 추동해갈 수 있었다. 조선의 지식인들, 실학자들이 주체적으로 서구 학문과 기독교를 받아들이며 근대화를 시도했으나, 반동적인 수구세력과 국가권력에 의해 좌절되었다. 갑신정변의 실패로 지식인들의 근대화 시도도 실패로 끝나고 말았다. 정약용은 실학자로서 민중을 사랑하는 위대한 학자였으나, 동·서 정신문화를 창조적으로 융합하고 새로운 민주시대를 여는 동력을 주지는 못했다.

실학자들과 정치 엘리트의 개혁이 실패로 끝났을 때, 서구 정신과 문화를 주체적이고 창조적으로 수용하여 새로운 시대를 연 것은 동학이었다. 동학은 서구문화와 종교에 대한 응답으로 생겨났지만, 동학에는 서구 근대문화와 기독교 정신의 충격과 영향을 깊이 받아들여서 형성된 주체적인 민중종교였다. 동학을 통해 민중은 역사의 주체가 되어 새 시대를 열게 되었다. 동학농민혁명에서 시작된 민중운동은 3·1독립운동, 4·19혁명, 1970, 1980년대 민주화운동으로 이어졌다. 3·1독립운동은 개신교와 천도교(동학)가 손잡고 주도한 민중운동인데, 3·1운동의 정신과 동력은 임시정부의 모태가 되고 헌법정신의 근간이 되었다. 3·1운동 이후 개신교는 점차 동학의 세력을 흡수하고 근현대사에서 민족자주와 민주화를 위한 운동을 주도하게 되었다.

조선왕조, 일제의 식민통치, 남북분단과 전쟁, 군사독재를 거치면서 온갖 시련과 고통과 좌절을 겪고 이룩한 민주화와 산업화의 진정한 주체와 동력은 민중이었다. 동학과 기독교를 통해 발동된 한국 근현대사 속에서, 온갖 시련과 좌절을 겪고 민주화와 산업화를 이룩한 민중의 삶 속에서 동서 정신문화의 창조적 융합이 이루어졌다. 나는 한국의 근현대사의 경험 속에, 조선왕조의 몰락, 식민지 경험, 분단과 전쟁 경험, 군사독재와 민주화 투쟁 경험, 굶주림과 산업화 경험 속에 인류의 상생과 평화를 위한 힘과 지혜가 들어 있고, 인문학의 보고가 들어 있다고 본다.

나의 생명신학의 중요한 과제 가운데 하나는, 한국 근현대사 속에서 치열하게 역동적으로 살았던 한국 민족과 민중의 삶을 밝히고 그 의미를 드러내는 데 있다. 이미 민족의 삶 속에, 한국 기독교인의 삶 속에 한국 전통문화와 서구 정신문화의 창조적 만남과 융합이 이루어지고 있다. 동양과 서양의 정신과 문화를 아우르는 세계의 정신과 문화를 형성하는 일은 인류의 과제며, 한국 생명신학의 과제라고 생각한다.

2007년 가을부터 씨올재단과 씨올사상연구소를 설립하여 유영모와 함석헌의 정신과 사상을 연구하는 일에 힘쓰고 있다. 유영모와 함석헌이야말로 한국생명철학과 생명신학의 과제를 충실히 수행한 사상가들이라고 생각한다. 이들이 닦아낸 씨올사상은 동서문명의 만남 속에서 이루어진 생명철학이다. 씨올사상은 민주화와 세계평화를 지향하는 생활철학이다. 그 동안 나는 함석헌의 씨올사상에 관한 논문을 20여 편 쓰고, 유영모의 정신과 사상에 대한 연구서 《다석 유영모》를 썼다.

2. 생명신학의 성격과 태도 ─구체성, 통합성, 주체성, 정직성

한국 생명신학 ─구체적이고 실천적인 학문

　창조된 생명의 회복과 하나님의 생명사랑이 그리스도의 구원활동의 중심내용을 이룬다. 그런 의미에서 기독교신학은 생명신학이어야 한다. 생명신학은 신학적 성찰을 생명에 집중하고, 생명을 중심으로 성서와 신앙을 이해하는 것이다. 한국인의 삶의 시각에서 생명과 성서(신앙)를 좀 더 풍부하게 이해하고 해석하기 위해서, 그리고 성서적 신앙의 눈으로 한국인의 삶과 그 전통(사상)을 좀 더 깊이 해석하고 이어받기 위해서 한국 생명신학이 요청된다. 오늘 한국인의 삶은 장구한 사회문화사적 전통과 역사를 안고 있고, 오늘의 구체적이고 특수한 상황 속에 있기 때문에, 한국인의 생명신학은 한국 생명신학일 수밖에 없다. 한민족의 특수한 삶의 체험을 밝히고 삶에 대한 사랑과 이해를 이어받기 위해서, 그리고 한국인의 삶의 굴절과 상처를 치유하기 위해서, 성서적 신앙의 지평을 넓히고 풍성하게 하기 위해서, 한국 생명신학을 모색해야 한다.

한국 그리스도인의 삶에서 예수의 삶과 한국인의 삶이 만나고 합류된다. 이 합류에서 창조적인 변화가 일어난다. 기독교 신앙은 더욱 풍성해지고, 한국인의 삶은 새로워진다. 오랜 민족사의 고통과 시련 속에서 위축되고 변질된 한민족의 본래의 생명이 기독교 신앙을 통해 살아나고 활기를 찾고 새롭고 풍성하게 펼쳐질 때, 기독교 신앙은 한민족의 신앙이 될 것이다. 한국 생명신학의 과제는 기독교 신앙과 한민족의 생명을 창조적으로 합류시킴으로써 주체적인 기독교 신앙의 형성과 통일된 민족공동체를 실현하는 것이다.

한국 생명신학은 한국 민중의 잠든 영성을 일깨우고 한국 교회의 실상이 담긴 실천적 신학이어야 한다. 오늘 한국의 신학도들은 민족 정기를 이어받는 신학, 문화적 종교적 주체성을 지닌 신학, 한국 교회의 마음을 겸손히 사로잡는 신학을 맑고 투명한 이성과 뜨거운 가슴으로 추구해야 한다. 갑오농민전쟁에서 3·1운동과 4·19를 거쳐 전태일 열사와 광주민중항쟁, 박종철과 이한열로 이어지는 민중적 민족사의 맥을 잇는 신학이어야 한다. 그러기 위해서 우리 몸속에 흐르는 민족의 얼, 우리 핏속에 흐르는 열사들의 외침, 민족사의 저류를 흐르는 민중의 함성과 한 맺힌 신음소리를 듣는 신학이어야 한다. 그리하여 한국 교회를 일으켜 세워 남북분단의 벽을 허물고 자유, 정의, 평화가 넘치는 민족공동체를 이루는 신학이어야 한다.

지식의 대통합을 지향하는 생명신학 ―이성 중심적 사고와 과학적 환원주의를 넘어서

한민족의 문화와 사상은 종합적이다. 여러 다른 종교들이 결집되어 있고, 원효·지눌·최제우·유영모·함석헌의 사상도 종합적이다. 크고 하나임을 추구하는 한의 정신도 종합을 지향한다. 하나이

면서 다양한 생명 자체가 지식과 사상의 종합을 요구한다. 개체이면서 전체인 생명은 스스로 생성 발전하고 자신을 실현해가는 통일적 주체며, 유기체적 전체로서 지식의 대통합을 요구한다. 삶과 정신이 하나로 이어지고 소통되는 것이듯이, 모든 지식과 생각과 사상도 서로 소통되고 이어져야 한다. 존재와 생명의 근원과 주체로서 신(하나님)을 상정하는 신학은 지식과 사상의 소통과 교류를 지향한다.

생명은 무한히 다양하고 복잡한 형태를 가지면서 하나로 이어지고 움직이는 전체다. 생명은 물질에서 하나님에게까지 소통되고 감응되는 종합적 존재다. 생명은 여러 가지 서로 다른 단계의 존재층이 융합되어 있다. 생명 진화의 역사는 존재의 비약이 이루어지고, 새로운 존재층이 형성되는 역사였다. 물질에서 생물이 생겨남으로써 존재의 비약이 이루어지고 새로운 존재의 차원이 열렸다. 생물에서 의식이 생겨남으로써 다시 존재의 비약이 이루어지고 새로운 존재의 차원이 열렸다. 의식은 무한과 초월, 빔과 없음, 절대와 초월을 향해 열린 영성에로 비약하고 있다. 생명은 무한히 깊고 신묘한 것이다.

생명체 가운데 자기반성적 의식을 가진 인간만이 존재와 생명을 이해하고 언어와 문자로 설명하고 표현할 수 있다. 이성적인 앎과 지식, 이해와 해석이 지구의 생명체 가운데 인간에게 고유한 것이지만, 생명을 이해하기에는 매우 제한되었다. 인간의 감각과 지각, 이성의 개념과 논리는 생명을 단편적이고 단면적으로만 인식할 뿐이며, 결코 생명의 근원적 깊이와 전체를 이해할 수 없다. 또한 생명은 끊임없이 변화 생성하고 자라며 새로워지고 진화하는 것이므로 이성의 개념과 논리, 법칙에 근거해서 파악된 지식과 이론 속에 담겨

질 수 없다. 인간의 이해와 해석은 삶의 자리, 시간적 맥락, 관점에 따라 다양하며, 해석자에 따라서 달라지게 마련이다. 따라서 해석되는 존재와 사건, 생명과 작품은 결코 인간의 해석으로 소진되는 법이 없다.

인간의 감각과 지각, 이성의 개념과 논리에 근거한 생명 이해는 매우 단편적이고 부분적이며 한시적 성격을 지닌다. 생명에 대한 모든 이론과 지식은 생명에 대해서 겸허하고 정직한 자세를 견지해야 하며, 알 수 없는 깊이와 모르는 차원을 인정해야 한다. 알 수 없는, 모르는 차원이 드러나고 알려지도록 기다리는 자세가 요구된다. 동양의 종교사상과 기독교 신학에서는 모르는 차원의 존재가 알려지기를 기다리는 겸허한 인식론적 자세를 견지하고 있다.

이런 관점에서 서구의 이성 중심적 사고와 근대의 과학주의적 사고를 경계해야 한다. 서구의 주류 철학, 특히 근대 계몽철학은 이성에 대한 지나친 낙관과 신뢰를 바탕으로 생명과 정신을 지식과 관념 속에 해소시키려 한다. 소크라테스가 '너 자신을 알라'고 했을 때도 자신을 알 수 있는 이성적 인식능력에 초점이 있다. 변증법적 대화를 통해서 사람의 이성적 인식능력을 일깨워 자신을 알게 하는 데 소크라테스의 사명이 있었다. 인간과 사물의 본질을 아는 이성적 인식능력을 신뢰했기 때문에 플라톤과 아리스토텔레스는 인간과 사물의 본질에 대한 인간의 앎은 사물의 본질과 본성에 일치하고, 인간의 본질과 본성에 일치하기 때문에 앎은 곧 행위가 될 수 있다는 낙관적 견해를 견지했다. 서구 주류 철학사에서 플라톤[1]과 아리스토

---

1) 총체적 진리를 합리적으로 파악하는 인간의 인식능력에 대한 플라톤의 신뢰는 확고하다. 램프레히트는 그의 《서양철학사》에서 플라톤의 인식론에 대해서 이렇게 말했

텔레스, 데카르트와 베이컨, 칸트와 헤겔, 마르크스와 하버마스에 이르기까지 인간 이성의 인식능력에 대한 신뢰는 일관성 있게 견지되었다.

서구의 이성 중심적 사유 전통을 따라서 에드워드 윌슨은 새로운 생물학적 유전공학적 연구 성과에 근거하여 지식의 대통합을 역설한다. 그는 "우리는 우리 자신의 힘으로 알 수 있고, 앎으로써 이해할 수 있으며, 이해함으로써 현명한 선택을 할 수 있다"는 계몽사상의 믿음에 근거하여 지식의 대통합을 추구한다.2) 그에게서 대통합의 세계관의 핵심은 '모든 현상들이—예컨대 별의 탄생에서 사회조직의 작동에 이르기까지—궁극적으로는 물리법칙들로 환원될 수 있다는 생각'에 있다. 더 나아가서, 인간의 종교와 문화가 자연과학과 인과적 설명으로 연결될 때만 온전한 의미를 갖는다고 보았다.3)

생명과 종교와 문화를 몇 가지 자연과학적 물리법칙들로 환원시키고 자연과학의 인과적 설명으로 귀결시키는 것은 생명의 세계에 대한 오만한 폭력이고 이성 중심적 서구 철학의 편견이다. 그는 대통합의 개념으로서 '부합, 일치'를 뜻하는 '컨실리언스'(consilience)란 개념을 쓰는데, 이 말은 '함께'(con) '뛰어오르다, 도약하다'(salire)에서 온 말이다. 이 책을 번역한 최재천 교수는 이 말을 '통섭'(統攝)으로

다. "사람의 오성(悟性)에 의한 지식이 더욱 더 조직적으로 되면 될수록 그 사람은 이성지(理性知)의 이상적 경지, 즉 총체적인 진리나 궁극적인 통찰의 합리적 파악이라는 이상의 경지에 더욱 접근해 가는 것이다."(S. P. 램프레히트/ 김태길 외 역, 《서양철학사》, 을유문화사, 1963, 80~81쪽)

2) 에드워드 윌슨/ 최재천·장대익 옮김, 《지식의 대통합, 통섭》, 사이언스북스, 2005, 506쪽.

3) 위의 책, 460쪽.

번역하고 '큰 줄기를 잡다'는 뜻으로 쓰는데, 번역어 '통섭'은 섭정(攝政), '삼군(三軍)을 통섭한다'는 말에서 알 수 있듯이 통치자적이고 지배자적인 개념이다.4) 현대의 산업기술문화를 지배하는 자연과학주의의 이데올로기가 여기 반영되어 있다. 중세에는 종교가 과학을 통제했다면 현대에는 과학이 종교와 문화를 통제한다.

내가 보기에 '컨실리언스'란 매우 부드럽고 민주적인 말인 것 같다. 이 말은 '더 높은 존재의 차원으로 뛰어 올라서 부합되고 일치되는 것'을 뜻한다. 그런데 윌슨은 거꾸로 물질보다 높고 큰 존재인 생명, 그보다 더 높고 큰 존재인 정신과 영을 더 낮은 물질의 차원으로 환원시켜 물리법칙으로 해명하려고 한다. 생명에는 물질에 없는 존재의 차원이 있고, 정신과 영에는 생물에 없는 존재의 차원이 있다. 윌슨의 자연과학적 환원주의는 해서도 안 되고 할 수도 없는 것이다. 이것은 높고 큰 존재의 차원을 낮고 작은 존재의 차원으로 끌어내리고 환원시키는 인식론적 폭력이고 지적 야만행위이다. '컨실리언스'는 하향일치가 아니라 상향일치를 나타내는 말이다. 윌슨의 주장과는 반대로 더 높은 존재의 차원에서 자연과학과 생물학이 이해되고 받아들여질 수 있도록 상대화되고 겸허해져야 지식의 소통과 통합이 가능해진다. 자연과학과 인문학이 자신의 지식과 이론이 낮은 지위에 있음을 알고, 더 높은 차원의 진리를 위해 자신을 열고 상상력과 영감을 가지고 솟아올라야 한다.

생명공학과 유전공학의 연구 성과는 신중하게 평가되고 제한적으로 사용되어야 한다. 생명공학에 의해서 물질과 생명의 비밀이 밝혀

---

4) 위의 책, 12쪽.

졌다고 하지만, 물질과 생명의 신비에 대해서 우리가 아는 지식은 매우 제한적이고 부족하다. 인간의 생명공학적 지식은 '모름의 어둠'에 싸여 있다. 물질과 생명의 신비한 깊이, '모름의 세계'를 존중하는 겸허한 자세로 제한적이고 신중한 자세로, 생명과 몸의 자발적 주체성을 존중하는 자세로 생명공학과 유전공학을 사용해야 할 것이다. 생명과 몸의 본질과 필요를 알지 못하면 생명과 몸을 위해 바른 판단과 결정을 내릴 수 없고 바른 행동을 할 수 없다. 우리는 지금 '모르는 세계'를 향해 나가고 있으며 우리가 모르는 일을 하고 있다는 것을 명심해야 한다.

생명과 정신과 영의 세계, 신과 하나님의 존재는 물질을 초월하여 이미 하나의 전체로 있다. 이성적 학문과 지식은 이 하나의 세계를 단편화하여 조각낸 것이며, 이 조각난 지식과 이론을 건축공학적으로 붙여놓는다고 해서 학문적 지식의 대통합이 이루어질 수 없다. 지식의 대통합을 이루는 길은 자연과학적 이성적 이론과 지식이 겸허해져서 생명과 우주, 정신과 영의 하나인 전체 세계가 드러나도록 비켜서는 것이다.

생명과 정신의 하나 됨, 전체성을 말하는 철학과 신학도 중세처럼 독단적이고 배타적으로 군림하는 자세를 가져서는 지식의 대통합을 이룰 수 없다. 철학과 신학도 겸허하고 열린 자세로 자연과학과 인문학의 빛나는 연구 성과를 존중하고 승인해야 하며, 자연과학의 확장되는 영역을 충분히 인정해야 한다. 이제는 더 이상 신학과 철학이 자연과학적 이성의 활동을 억압하거나 제한해서는 안 된다. 이성에게 온전하고 충분한 자유를 허락하되, 이성이 자기 능력과 영역을 넘어서서 자기 절대화에 빠지지 않도록 감시해야 한다.5)

　우리는 신학적 주체성이 특별히 요구되는 특수한 상황에 있다. 오늘 한국 기독교를 통해 동양과 서양이 하나로 결합되고 있다. 본래 기독교는 동양, 즉 근동에서 발생했다. 그래서 서양인은 '빛은 동방에서' 왔다고 말했다. 그러나 기독교는 서구문화의 토양에서 2천년 동안 자라고 형성되었다. 서구문화의 토양에서 자라고 형성된 기독교가 동양 종교문화의 비옥한 토양과 결합하는 위대한 시기를 우리는 몸으로, 혼으로 경험하고 있다. 우리는 서구신학자들이 경험하지 못한 상황에서 신학을 해야 한다. 또한 우리는 북한의 공산사회와 남한의 자본사회를 뛰어 넘어 새로운 민족공동체를 이루어야 할 세계적 사명을 안고 있다. 이런 민족적 사명이 신학적 주체성을 요구한다.

　한국 교회와 한국 민족사의 중심에서 몸과 혼으로 신학 했던 김재준은 신학적 주체성의 모범이었다. 처음부터 그는 서구의 어느 학파에도 속하지 않았다. 초기에 신정통신학을 높이 평가했으나, 그 학파로부터도 자유로웠다.6) 또한 그는 교황무오를 주장하는 가톨릭과 성서축자영감설을 주장하는 정통(근본)주의는 타율적 권위주의 신학이기에 거부했고, 자유주의 신학은 체험적 신앙이 결여되고 실천적 행동이 없기 때문에 거부했다. 그는 한국 민족사 속에서 주체적

---

5) 유영모는 물질에서 신에로 나가는 인생이 만물의 이치를 아는 "모든 오묘함에 이르는 문"이라고 했다. 신을 탐구함으로써 모든 지식의 대통합에 이름을 강조한 유영모의 사상은 윌슨의 통섭이론에 대한 비판과 대안이다. 이성과 영성을 통합한 유영모의 사상에 대해서는 유영모, 《다석 유영모—동서 사상을 아우른 창조적 생명철학자》, 현암사, 2008, 174쪽 이하 참조.
6) 김재준, 〈대전 전후 신학사조의 변천〉, 《김재준전집》 1, 388~389쪽.

으로 그리고 현실적으로 신학을 했다.

주체적으로 신학하기 위해서 우리는 먼저 사대주의적 신학 풍토를 청산해야 한다. 첫째, 한 신학자에 대한 일방적 충성심을 버려야 한다. 아무리 훌륭한 신학자라도 그 신학자는 자기 시대의 자기 상황에서 최선을 다한 신학자일 뿐이다. 그가 우리를 위해서 모든 것을 다 말해 주었다고 생각할 수 없다. 우리는 서구 신학을 배워야 하지만 비판적이고 주체적인 자세로 배워야 한다.

둘째, 서구 신학적 환원주의를 청산해야 한다. 어떤 사람은 매우 진보적이고 급진적인 것처럼 보이지만 신학적인 논의를 언제나 서구 신학에로 환원시킨다. 우리의 신학적 논의를 바르트, 불트만, 틸리히, 브룬너, 니버의 신학에로 환원시켜야 만족하는 사람은 주체적이고 창조적 신학을 거부하는 사람이다. 그들의 신학의 기본틀을 이해하고 그들의 신학적 영향을 확인할 필요는 있지만, 모든 신학적 통찰이 그들의 신학에로 환원되는 것은 아니다. 우리의 현실에 비추어 신학적으로 성찰하고 평가하는 풍토가 확립되어야 한다.

셋째, 우리는 서구의 유행주의적 신학을 경계해야 한다. 서구 신학을 비판하고 한국의 전통문화를 강조하는 것처럼 보이는 신학자들 가운데 이런 오류를 범하는 경우가 있다. 서구 신학자들이 그들의 신학 전통을 아무리 철저하게 그리고 예리하게 비판했어도, 서구 신학자들의 신학적 반성과 논의는 어디까지나 그들의 상황에서 나온 반성과 논의다. 그들의 비판과 논의를 거르지 않고 그대로 직수입하는 것은 주체적인 신학 태도가 아니다.

넷째, 혼합주의적 토착화 신학과 관념적 급진주의 신학도 비주체적이다. 혼합주의적 토착화 신학은 전통문화에 대한 일방적 굴복이고, 비현실적인 관념적 급진주의 신학은 외래적 관념에 대한 맹종이다. 한국의 전통문화와 종교사상은 현대 산업문화와 기독교 신앙의 빛에서 새롭게 해석되고 형성되어야 한다. 그리고 민족공동체의 새로운 정치 경제적 이념은 한국 민족의 현실과 한국 민중의 삶을 충실히 반영하는 현실적이고 공감할 수 있는 이념이어야 한다.

다섯째, 지나친 반(反)서구주의 신학도 비주체적이다. 서구 신학에 대한 안티테제로서의 신학도 결국 서구 신학에 간접적으로 지배되는 비주체적 신학이다. 서구 신학이니까 무조건 반대하는 심리도 성숙하고 주체적인 신학태도가 아니다. 서구의 신학으로부터 물려받아야 할 유산을 우리는 겸허한 자세로 받아들일 수 있어야 한다.

오늘 우리 상황에서 교회, 민중, 한국 문화전통, 나(신학자) 자신에 걸맞는 신학, 혼으로 체화된 신학을 우리는 추구해야 한다. 이런 신학작업은 쉽지 않다. 이 땅에서 기독교의 역사는 짧다. 그래서 아직도 신학이론은 우리에게 낯설다. 기독교 교리보다는 각자의 마음속에 불성이 있어 깨달으면 구원을 얻는다는 불교적 가르침이나, 유교적 도덕과 도교적 삶의 지혜가 우리에게 더 쉽고 가깝다. 아직 기독교 신학은 우리의 혼과 삶 속에 체화되지 않았다. 그래서 겨우 머리로는 이해하지만 우리의 신학을 정립하려 할 때는 겉돌고 헤매는 경우가 많다. 오늘 우리가 신학을 하기 위해서는 우리의 믿음이 깊어져야 하고, 맑은 이성을 가져야 하고, 신학적 사고가 오늘의 민중적 영성과 교회의 현실에 부합되어야 한다.

김재준은 나이 80에 이르러 주체적인 한국신학을 구상했다. 그가 주체적인 한국신학을 체계화하고 완성하지는 못했으나, 그 신학을 어떻게 할 것인지 실마리를 제시했다. 그는 서구 신학이 "교권과 정권이란 거목(巨木)에 겨우살이(parasite mistletoe)처럼 붙어살며 자랐다"고 비판하고, "우리 혈맥에 뿌리박은" 토착적인 한국신학을 모색했다. 그는 기독교가 "한국민족과 역사에 토착화한 종교"로서 "예수의 삶과 죽음을 민족적 사회화"함으로써 "우리 민족의 모든 생활의 활력소"가 되기를 기대했다. 그는 서구 전통의 기독교를 넘어서 동양사상과 원시기독교, '예수'의 기독교, 사도들의 기독교가 만나서 복음적이면서 한국적인 기독교가 형성되기를 기대했다.7)

모든 존재와 사건을 생명의 관점에서 보는 생명철학, 생명신학은 생명을 왜곡하거나 은폐하지 않고, 관념화하거나 추상화하지 않고, 그 깊이와 폭에서 역동적으로 보고 드러내려 한다. 생명과 생명의 주체인 정신을 있는 그대로 이해하려면 모든 편견과 왜곡에서 벗어나야 한다. 학문하는 방법과 자세의 기본 원칙은 어린아이다운 겸허함과 곧음(정직)이다.

생명신학은 신학 하는 사람의 몸과 혼이 담긴 신학이어야 한다. 그러기 위해서는 신학도가 먼저 겸손히 마음과 몸을 비워야 한다. 동양에서는 물 긷고, 장작 패고, 마당 쓸고, 부엌일 같은 허드렛일을 하게 해서 겸손해진 다음에 비로소 학문적 수련을 시켰다. 이심전심으로 마음이 통해야 학문적 진리를 나눌 수 있다고 보았기 때문에, 마음이 열리지 않으면 학문적 진리에 대해 논의할 자격이 없다고 보았다. 주체적 신학, 마음과 혼으로 하는 신학을 하려면 먼저 마음이

---

7) 김재준, 〈북미유기(北美留記) 7년〉, 《김재준전집》 15, 203~204쪽.

흙처럼 겸허해져야 한다. 흙은 누구에게나 밟힐 준비가 되어 있다. 진리를 말하는 사람은 누구든지 '나 위에 세울 수 있는 정직하고 겸허한 마음이 필요하다. 모든 선입견과 편견을 버리고 진리(참된 현실과 참된 통찰)에 대해 순복하는 자세가 요청된다. 이런 겸손한 마음에서만 학문적 정직과 용기가 나올 수 있다.

3. 생명친화적인 학문하기

학문성의 기준 -- 삶에 대한 감수성, 참여와 상상력

생명신학을 위해서 생명의 본질과 상호관련성을 이해하는 데 걸맞은 학문방법과 학문기준이 요구된다. 먼저 '학문성'의 기준을 나는 이렇게 이해한다. 첫째, 사물과 존재의 본질과 상호연관성을 깊고 넓게 이해하는 것이다. 삶의 깊이와 폭을 얼마나 잘 드러내느냐가 학문성의 일차적 기준이다. 둘째, 자신이 설정한 개념과 규정을 객관적이고 일관성 있게 사용하는 것이다. 셋째, 글의 전개가 논리적이고 문헌과 정보의 출처를 정확히 밝히는 것이다.

주체적인 학문, 특히 생명을 중심에 놓고 학문을 하려면 학문성의 첫째 기준이 중요하며, 이 첫째 기준에 충실하려면 구도자적인 탐구와 깨달음이 요구된다. 학문이 삶의 진리를 탐구하는 것이라면, 학문은 삶에 대한 착각과 환상에서 벗어나 참된 삶, 삶의 진상, 온전한 삶 전체에 이르려는 것이다. 삶을 대상적으로 객관화해서 이해하는 데 머물지 않고, 진실한 삶, 있는 그대로의 삶, 되어야 할 그대로의 삶을 드러내고 실현하고, 스스로 그 삶을 사는 데까지 이르러야 한다.

생명을 이해하고 드러내고 실현하려면, 개념과 논리를 정확하게 사용하는 것뿐 아니라, 생명과의 공명과 감응, 교감과 일치가 먼저 요구된다. 그리고 생명을 이해하고 표현하는 직관, 상상력, 영감이 더욱 중요하게 된다. 또 생각을 머리만, 의식만, 뇌 세포만으로 하는 게 아니라 온 몸과 마음으로 한다. 창자로 손으로 눈으로 발로 생각한다. 밥을 굶으면 내 몸의 생명을 절실히 느낄 수 있고, 굶주린 이웃의 삶을 알 수 있다. 많이 걸으면 뜻이 굳세어지고 생각이 난다. 손으로 잡으면 생각이 난다. 눈으로 보면 생각이 난다. 또 홀로 생각하지 않고 집단적으로 전체가 함께 생각한다. 동료의 생각이나 시대의 생각이 나의 생각에 영향을 준다. 내가 생각할 때 이미 동료의 생각, 시대의 생각이 내 생각 속에 들어와 있다.

개념과 논리만으로는 삶과 현실을 다 깊이 볼 수 없다. 생각과 의식이 깊고 넓어지려면, 자신의 편견, 선입견, 사고의 틀이 깨져야 한다. 넓어져야 한다. 따라서 끊임없이 겸허하게 자기반성을 해야 한다. 소리만 듣고도 소리를 낸 사람의 형편과 진상을 보는 관음보살의 경지까지 가야 남의 삶을 이해하고 느낄 수 있다. 그런 경지에 이르지 못한 보통 사람은 남의 삶에 대한 감정이입뿐 아니라, 삶에 대한 참여를 통해서 남의 삶을 느끼고 이해할 수 있다. 따라서 생명신학은 끊임없이 애쓰고 노력하는 것일 뿐, 완결된 체계에 이를 수 없다.

생명신학 — '서로 울림'의 신학

생명신학은 경전과 나의 일치를 추구한다. 캐나다에 오래 머물던 장공 김재준 목사가 말년에 귀국해서, 지나치게 각주에 의존하는 한국의 학문 풍토, 서구 학자들의 주장과 이론에 의지하는 학문 자세를 비판하는 글을 썼다. 학문의 자립을 위해서는 "서(書)와 아(我)가 일치되는 경지"에 가야 한다고 그는 말했다.8) 문자와 주해에 매인 서기관과는 달리, 예수는 가르침에 권위가 있었다.(마7:29) 예수야말로 '나와 글이 일체로 사는 경지'를 보여준다. 김재준은 "우리 학자들도 서기관 '레벨'을 상회하는 권위가 성자의 후광처럼 나타나는 날"9)을 기대한다.

학문의 권위와 주체성과 창조성을 얻으려면 '나'와 '글'이 일치되는 경지에 이르러야 한다. 본문(경전)과 '나'가 일치하고, '나의 글'과 '나'가 일치해야 한다.

김재준이 말한 '글과 나의 일치'는 동양적 글읽기의 목적과 일치한다. 동양적 글읽기의 목적은 도(道), 다시 말해 진리를 체득하는 데 있다. 이천(伊川) 선생은 글읽기의 기본을 이렇게 말한다. "문장의 암송이나 문자의 해석만 하고 도(道)에 이르지 못한다면, 쓸데없는 찌꺼기가 될 것이다. 그대에게 바라노니, 경서에 의거하여 도를 구하고, 공부에 공부를 거듭하도록 하라. 그리하면 훗날 눈앞에 우뚝 솟는 것이 나타날 것이며, 거기서 비로소 손발이 저절로 춤추게 될 것이요, 애쓰지 않아도 스스로 멈출 수 없게 될 것이다."10) 문자의 이해와 해석에 머물지 않고 큰 깨달음을 얻어 손발이 저절로 춤추게 되고, 애쓰지 않아도 스스로 멈출 수 없게 되는 경지는 몸으로 진리를 깨달은 경지이며, "저도 모르게 손발이 너울거릴 만큼 기뻐지는 경지",11) 몸과 마음에 체화(體化)된 경지를 말한다.

---

8) 김재준, 〈학문의 자립〉, 《김재준전집》 18, 107쪽 이하.
9) 김재준, 〈일본 친구들에게〉, 《김재준전집》 18, 106쪽.
10) 박일봉, 《근사록》(近思錄), 동양고전신서 21, 육문사, 1993, 104~105쪽.

　그런데 '글과 나의 일치'를 추구하는 글읽기는 카를 바르트의 성서 해석의 근본원리이기도 하다. 바르트는 로마서를 주석할 때 이 같은 글읽기의 원칙을 다음과 같이 밝혔다. "내가 내 앞에 있는 문제의 수 수께끼밖에 아무 것도 생각하지 않을 경지까지, 문서가 거의 문서로 존재하지 않는 데까지, 내가 그것의 저자가 아니라는 것을 잊어버리 는 지경까지, 내가 그 저자를 잘 알아서 그가 내 이름으로 말하게 하 고, 내가 그의 이름으로 말할 수 있게 되기까지 가는 것이다."12) 여 기서 바르트는 '문서(저자)와 나'가 일치에 이르는 경지를 말하고 있 다. 서구의 대표적인 신학자 카를 바르트의 성서해석원리13)가 동양 의 전통적인 경전해석의 원리와 일치하고 통한다는 것은 놀라운 일 이다.

　장공에게서 '나와 글의 일치'는 해석학적 원리에 머물지 않고 실천 적인 의미를 품고 있다. (성서 또는 신학의) '글'이 '그리스도의 마음' 안에서 '나의 삶과 하나로 되어야 한다. 그에게서 '나와 글의 일치'에 이른 마음은 그리스도의 마음과 일치된 마음이다. 그리스도의 마음 으로 하는 신학은 "삶과 인간의 신비에 초점을 두고"14) 예언자적인 치열한 삶을 추구한다. 장공은 신학을 '교회의 학문'으로 규정하고

---

11) 《근사록》, 214쪽. 이런 유교의 글읽기 교본인 주자서당의 독서법에 대해서는 송주복, 《주자서당(朱子書堂)은 어떻게 글을 배웠나?—《주자어류》(朱子語類) 〈독서법〉(讀 書法) 역주와 해설》, 청계, 1999, 31, 35, 36, 99, 104쪽 참조.

12) K. Barth, *The Epistle to the Romans*, trans. E. D. Hoskins, London: Oxford Univ., 1933, p.8. 이 번역문은 박봉랑, 《교의학방법론》(Ⅱ). 대한기독교출판사, 1987, 400쪽에서 재인용 했다.

13) 바르트의 성서 해석에 대해서는 박봉랑, 〈4. 신학적 주석(1): 칼 바르트〉, 《교의학방 법론》(Ⅱ), 398쪽 이하 참조.

14) 김재준, 〈팔복에의 상념〉, 《김재준전집》 9, 7쪽.

신학자의 예언자적 사명을 강조했다. 그는 신학자까지 기관인으로 안주한다면 "성전은 강도의 소굴이 될 것"15)이라고 통렬하게 경고했다. 신학자는 마땅히 자신의 신학을 살아야 하며, 신학자가 되기 전에 먼저 참 인간, 하나님 형상으로서의 인간이 되어야 한다.16)

성서의 히브리 백성은 역사와 사회의 나락, 종살이 경험에서 진리, 하나님, 신앙을 깨달았다. 밑바닥의 삶에서 인생과 역사와 신앙에 대한 깨달음을 얻었고, 이 깨달음이 성서에 담겨 있다. 이스라엘 백성이 역사의 나락에서 체험한 삶, 하나님과 만난 경험을 담고 있다. 구체적인 절실한 삶의 체험과 깨달음이 성서에 담겨 있다.

함석헌은 성서를 고정된 문서로 보지 않고 '생명의 활화산'으로 본다. "참 삶의 모습이 보고 싶어 견딜 수 없거든 너 스스로 지금도 살아 진동하는 생명의 화산인 성경을 찾아 올라가면 알 것이다."17) 성서는 참 생명이 분출하는 책이다. 생명신학적 성서읽기는 나의 생명과 성서의 생명이 만나고 융합되어서 새 생명이 분출하게 하자는 것이다.

따라서 생명신학의 해석은 해석학적 이론과 언어를 통해 이해와 해석을 추구하는 서구의 해석학적 전통과는 달라야 한다. 서구의 해석학은 영향사적 의식과 지평융합을 내세우든, 오늘 나의 실존적 상황이나 사회적 상황과의 긴밀한 관련 속에서 문서를 이해하고 해석하든, 문서는 이론적 해석의 대상으로 머문다. 생명신학적 해석학의 과제는 해석학적 이론과 이해와 해석이 아니라 자유롭고 온전한 삶

---

15) 김재준, 〈학문의 세계〉, 《김재준전집》 18, 526~527쪽.
16) 위와 같음.
17) 함석헌, 〈인간혁명〉, 《인간혁명의 철학》, 함석헌전집 2, 한길사, 1983, 82~83쪽.

과 실천에 이르는 것이다. 이것은 독일의 신학자 디트리히 본회퍼가 기독교의 비종교적 해석을 제안하면서, 비종교적 해석의 과제는 "해석학적 이론과 해석이 아니라 윤리적 실천"이라고 말한 것과 일치한다. 생명신학의 해석학은 오늘의 내가 문서의 삶과 의미에 참여하고, 문서의 삶과 의미가 나의 삶 속에서 살아나는 것을 추구한다. 오늘의 삶 속에서 성서(예수)와 내가 만나고 결합되고 새롭게 형성되며 살아난다.

생명신학의 성서해석은 성서의 뜻풀이를 추구하지 않고 성서의 생명을 만나고 경험하고, 그 생명이 오늘 나의 삶 속에 살아나게 하려는 것이다. 성서와 나의 일치와 만남을 추구하며, 성서의 생명과 나의 생명이 감응하고 공명하고 새롭게 분출하게 한다. 예수의 생명이 나의 몸속에, 살과 피와 뼛속에 새겨지고, 나의 생명이 예수의 생명 속에서 살아나는 것을 겨냥한다. 이것이 "내가 예수 안에서 죽고 다시 살아나며, 내 속에 예수가 산다", "내가 예수 안에, 예수는 내 안에 산다"고 말하는 《신약성서》와 기독교 신앙의 본래적 의미다.

성서읽기를 통해 문자에 갇힌 예수가 오늘 나(우리)의 삶 속에 살아나고, 이기적인 자아 속에 갇힌 '내'가 죽고 '나'와 타자를 위해 자유로운 새로운 '나'로 살아난다. 생명신학의 성서읽기는 성서의 문자에 담긴 의미를 이해하고 해석하는 문제가 아니라, 예수와 내가 살고 죽는 문제다. 생명신학적 성서읽기는 이해와 해석의 읽기가 아니라 '내'가 죽고 사는 삶의 읽기, '내 자아'를 새롭게 형성하는 읽기다.

'나의 삶' 안에서 '예수'와 '내'가 만나고 융합됨으로써 성서의 정신(생명)과 한국 민족의 정신(생명)이 만나고 융합된다. 이것은 동양 정신문화와 서양 정신문화의 만남과 융합이다. 한국의 근현대사는 동서문화가 융합되는 과정이었고, 한국 근현대 사회는 동서문화의 융합과정을 통해 형성되었다. 성서읽기는 예수와 나의 만남과 융합, 동서문화의 창조적 융합을 지향한다.

'하나님'이란 말은 철학적인 개념이 아니라 우주와 생명 세계를 관계 속에서 보는 삶의 부름 말이다. 하나님을 부름으로써 우주의 생명이 살아서 '나'와 이어진 것을 느끼게 된다. "인간은 죽음같이 텅 빈 듯한 하늘을 향해 '아버지' 하고 부를 때, 자기 모세관 속에 우주의 맥박을 느낍니다."[18]

하나님 안에서 생명의 서로 울림과 감동에 이른다. 하나님을 부르는 까닭은 개체의 단절과 소외에서 전체 생명의 공명과 감응과 하나 됨에 이르자는 것이다.

철학자 막스 쉘러는 한국의 '하나님'이 세계적으로 매우 의미 깊은 신(神) 명칭이라고 했다. 서구 언어에서 신을 나타내는 말(God, Deus)은 그 자체로는 특별한 의미를 지니지 않는다. 그런데 우리말 '하나님'에서 '하나'와 '님'은 매우 의미 깊고 소중한 말뜻을 지닌다. '하나'는 하나 됨, '하나임'을 뜻하고 '님'은 그리운 이를 뜻한다.

'하나'는 단순히 숫자 '하나'를 뜻하지 않고, 갈라지지 않은 전체를 나타낸다. 갈라진 상대세계에서 누구나 '하나 됨'을 갈망한다. '하나 됨'은 모든 철학과 종교, 정치와 교육, 예술과 문화의 목적이기도 하다. '하나 됨'을 이루기는 어렵다. 나누어지지 않은 전체를 이성이나 개념을 가지고 생각할 수도 없다. 나누어질 수 없는 '하나'의 세계는 이성의 빛이 미칠 수 없는 깜깜한 단일허공(單一虛空)의 세계, 궁극

---

18) 함석헌, 〈기독교의 교리에서 본 세계관〉, 《죽을 때까지 이 걸음으로》, 함석헌전집 4, 252~253쪽.

적 절대적 신비의 세계, 서로 이어진 우주자연의 생명세계다.

하나님, 하느님, 한우님, 한울님, 하날님의 뿌리말은 '한님'이다. '한'은 겨레를 나타내는 말인데, '하나'(一), '하늘'(天), '우'(上)를 뜻한다.[19] 또 '한'(=환)은 '밝고 환함'을 뜻한다. '하나님'을 부를 때마다 서로 하나로 되고, 영혼은 하늘 위로 솟아오르고, 밝고 환한 삶이 시작된다. 생명신학은 한겨레의 삶과 정신 속에 숨어 있는 '한님의 힘'을 밝히고 펼치게 하는 실천적 학문이다.

---

19) 김상일, 〈동학과 과정철학의 신관 비교〉, 강남대학교 우원사상연구소 편, 《우원사상 논총》 11집, 2002, 45~46쪽.

도道의 신학, 유교-그리스도적 시각

▌우리 신학을 찾아서

김흡영

▌강남대

1. 우리 신학의 정체성을 찾아서

1998년 여름, 나는 경북 안동시 임동면에 있는 지례예술촌이라는 곳에서 한 달을 보냈다. 안동 사람들은 그들이 한국문화의 마지막 보루를 지킨다는 특별한 자존심을 가지고 있다. 이 태도에는 과장된 면이 없지 않지만, 안동은 선비의 자취를 볼 수 있는 얼마 남지 않은 마지막 고장 가운데 하나임에는 틀림이 없다.

지례예술촌은 안동시에서도 한 시간 가량 더 꼬불꼬불하고 험한 산골 비포장도로를 타고 들어가야 하는 아주 외딴 곳에 자리하고 있었다. 그곳 촌장은 '고요한 아침의 나라'였던 한국이 지금은 세계에서 가장 시끄러운 나라가 되어버렸는데, 그곳만이 그 옛날의 고요함을 그대로 지니고 있는, 한국에서 가장 조용한 곳이라고 주장했다. 그의 말대로 그곳은 정말 조용하였다. 낮에도 소쩍새 우는 소리를 들을 수 있었고, 지네랑 모기랑 나방이랑 땅벌이랑 제비랑 백로

랑 다른 산새들이랑 함께 어울려 밤낮을 지낼 수 있는 그러한 곳이었다.

예술촌은 의성김씨 문중의 한 종택과 서당과 제청으로 이루어져 있었다. 본래는 산 아래 강변의 좀 넓은 곳에 자리하였는데, 임하댐 건설로 마을이 수몰되는 바람에 산 위의 지금 자리에다 옮겨놓은 것이다. 원시에 가까운 수림을 유지한 산들에 병풍처럼 둘러싸여 있고, 바로 앞에는 임하댐 호수가 펼쳐져 있어서, 이 기와집 무리는 한 폭의 멋진 동양화를 연상시키는 아름다운 풍치를 지니고 있었다.

이곳이 이와 같이 개화되기 전의 옛 모습을 갖출 수 있었던 것은 아이러니컬하게도 임하댐 공사라는 근대적 지역개발이 있었기 때문이다. 이곳을 찾는 사람들은 대부분 근대화로 망가져버린 한국의 모습을 가슴아파하며, 잃어버린 한국의 원형을 찾고자 하는 주로 문인, 음악인, 예술인 같은 창작에 종사하는 사람들이었다. 근대화에 염증을 느끼고 탈근대를 각성한 사람들이라고나 할까? 이 근대적 기술에 의하여 재구성된 전근대적 한국의 원형은 근대화의 홍수 속에 숨이 막혀 있는 한국인에게 탈근대적 영감을 표출해 주고 있었다. 한국문화의 현주소를 상징적으로 묘사하듯, 전근대성과 근대성, 그리고 탈근대성이 함께 아우러져 합류를 이루는 묘한 광경을 연출하고 있었다.

그러한 초역사적 분위기는 이 종택의 배치 속에 이미 예측되어 있었던 듯하다. 종택은 가운데에 여자들과 아이들이 거처했던 안채가 있고, 안채를 둘러싸서 보호하며 거처하던 남자들의 사랑채가 있고, 그리고 좀 떨어진 곳에 돌아가신 조상들의 신주를 모신 사당이 있었다. 안채에서는 어머니들이 자녀 생산과 교육을 통해 미래를 닦았고,

사랑채에서는 현재의 일들을 처리하고 있었고, 사당은 과거를 살아 있게 하였다. 이 구조가 암시하듯 우리 조상들은 미래를 가운데 품고, 과거를 살리면서, 현재를 맞이했던 것이다. 이와 같이 우리 가족 공동체의 구성원들은 늘 과거(조상)의 기억과 미래(자손)에 대한 준비가 현실(일상)과 분리되지 않는 전시간적 삶을 살아왔다. 이 공동체는 결코 현재적이거나 미래적인 것만을 추구하지 않았다. 늘 과거와도 함께 살아왔던 것이다. 과거와 분리된 현재와 미래는 있을 수 없었다.

이러한 삶의 양식에서 조상을 추도하는 기제사와, 추석이나 설날에 드리는 차례는 매우 중요한 의례적 의미를 가졌다. 이곳저곳에 흩어져서 여러 가지 형태의 서로 다른 삶을 살아가는 다양한 가족들이 오래간만에 함께 모여 같은 조상에 대한 기억을 되새긴다. 이러한 공동의 기억을 회복하는 의례를 통하여 시간과 공간에 의한 현실의 분리를 극복하고 영원의 순간을 창출하며, 서로 하나라는 공동체 의식과 가족끼리의 의리를 거듭 확인했다. 마치 그리스도인들이 매주 교회에 나가서 예수 그리스도라는 공동의 기억을 회상하는 예배를 통하여 서로 하나가 되어 신앙공동체를 형성하고 신뢰를 확장해 나가듯이……

또 다른 하나의 중요한 체험은, 그곳의 적막함과 고요함 속에서 나는 마치 영혼의 고향에 온 듯한 깊은 안식을 느낄 수 있었다는 것이다. 나는 그 동안 영성훈련에 깊은 관심을 가지고 꽤나 열심히 여러 곳을 찾아다닌 편이다. 순복음교회류의 기도원으로부터, 토머스 머튼류의 가톨릭 수도원에 이르기까지 두루 섭렵해 보았다. 그러나 솔직히 말해서, 그들이 내게 자유와 기쁨을 주기보다는 무언가 어색하고 부담스러운 느낌을 주었다. 그런데 아무에게도 제약받지 않은 그곳 산림의 고요 속에서 도가적 무위자연으로 돌아온 듯, 신과 자연과 내가 일체가 되는 아늑함과 황홀함을 느낄 수 있었다. 이 근방에서 살았던 퇴계 선생의 시흥이 절로 느껴졌다.

> 우리 집은 맑은 낙동강 위에 있어
> 한가한 마을에 태평을 즐기나니.
> 이웃들은 봄 농사에 나가고
> 닭과 개는 울타리를 지켜주네.
> 책을 쌓아둔 고요한 책상머리
> 봄 안개는 강과 들을 감도누나.

이런 경험은 나를 놀라게 했다. 나는 오랜 유교 전통을 가진 집안에서 귀의한 첫 그리스도인이었으며, 그 뒤 10여 년 동안에 걸친 신학교육을 완전히 미국에서 받았다. 이에 따라 느꼈던 실존적 갈등을 꽤나 솔직하게 언급해 왔던 편이다. 영어로 출판한 첫 저서에서 나는 이렇게 말했다. "신학 공부를 더 깊이 하면 할수록, 더 깊이 유교 전통이 내 속, 곧 몸과 마음과 영혼 속에 침투해 있는 것을 발견하게 된다. 유교는 마치 내 종교적 모국어인 듯, 아직도 내 속에서 은밀하면서도 강렬하게 역사하고 있다. 신학이 하느님의 사랑에 대한 전인간적 응답이라면, 이토록 내 영성 안 깊은 곳에 자리 잡고 있는 유교 전통과의 비판적 씨름은 피할 수 없는 것이다. 그러므로 동양신학을 행함에 유교연구는 필수적 과제다."(Kim, 1996)

신학적으로는 이와 같이 과감하게 주장할 수 있었지만, 어렸을 적에 한 동안 심취했던 유가적 정좌, 불가적 참선, 도가적 호흡 등 우

리의 영성 전통들의 적용에는 막상 망설여왔다. 첫 그리스도인이라
는 정체성의 불안감과 비그리스도교적인 요소를 터부시하는 세뇌된
편견이 나를 두렵게 했다. 그러나 이곳에서의 경험은 이 터부에서
나를 자유롭게 하였다. 한국 종교들은 생각하던 것보다도 훨씬 더
깊이 내 속에 뿌리를 내리고 있었고, 마치 종교문화적 DNA인 듯 내
영성적 정체성의 한 부분을 이루고 있었다. 반면에 배움으로 얻은
그리스도교는 아직 피상적인 형태로 내 주변을 맴돌았다. 우리의 종
교 전통들, 특히 유교와 도교는 영성적 종교적 모국어로서 행세하고
있었고, 그리스도교는 아직도 영어와 같은 낯선 외국어로서 존재한
다는 사실을 자각하게 되었다.

　미국에서 여러 신학교를 다니며 맹렬히 익힌 서양식 그리스도교
신학은 더 이상 내게 충분하지 못했다. 하나님에 대한 신앙과 체험을
아무런 부담감과 거리낌 없이 내 종교문화적 언어로 마음껏 표현할
수 있는 자유가 필요했다. 그래야만 부분적이 아닌 온전한 그리스도
인이 될 것 같았다. 한국 그리스도인이라는 실존은 이와 같이 우리
고유의 종교문화가 우리의 종교적 정체성의 일부임을 인정하고 솔직
하게 고백할 것을 요구한다. 그러므로 내가 주장하는 유교-그리스도
교적 정체성(Confucian-Christian identity)이나 시각(Confucian-Christian per-
spective)은 이러한 함의를 개방하기 위한 수사학적 용어다. 그것은 결
코 무절제한 종교혼합(syncretism)을 뜻하지 않는다.

　우리의 종교·문화·영성 전통에 대하여 겸손한 태도를 가져야
하며, 그들이 우리의 종교적 정체성의 중요한 일부를 차지하고 있음
을 솔직히 고백해야 한다는 점을 강조하는 것이다. 민족공동체와 분
리된 그리스도교적 정체성은 자기모순이며 종교적 허구다. 더욱이

그리스도교의 정체성을 실현하기 위해서는 우리 종교문화의 상징체계와 메타포를 비판적으로 재해석해서 창의적으로 우리 신학에 접목할 수 있어야 한다. 그것은 서양 그리스도교 신학을 우리 언어로 단순 번역하는 것이나, 여러 종교와의 추상적 혼합을 추구하는 것이 아니다. 오히려 그것은 우리 공동체의 네트워크 안에서 그리스도인적 인격을 총체적으로 구현하는 진솔한 신앙고백을 의미한다.

한국문화의 마지막 보루인 예술촌에서, 나는 이와 같은 영성적 각성을 하게 되었다. 그곳에서 우리 한국인의 영성적 종교적 정체성의 심장부를 확인한 것이다. 우리의 집단영혼의 밑바닥으로부터 울려 나오는 부르짖음을 청취한 것이다. 우리 종교문화 속에 절절이 배어 있는 그 부르짖음, 그리고 그와 함께하는 임마누엘 하나님의 소리를 듣고 그 참소리[眞音]를 우리 언어로 표현하지 못한다면, 나는 결코 참된 한국인 신학자라고 할 수 없다. 역설적으로 우리 종교문화는 한국 신학의 적절성을 재는 척도라고 할 수 있다.

그러므로 나는 그리스도교 신학이 우리의 것이 되기 위해서는 우리의 종교문화를 '소유'(own up to)하는 '모심'의 과정이 필요하다고 주장한다. 이 과정은 두 가지의 작업을 필요로 한다. 첫째, 우리의 시각에서 철저하게 기존의 서양 신학을 비판해야 한다. 둘째, 우리의 종교문화적 메타포들을 창의적으로 재해석하여 우리 신학의 구성을 위해 알맞게 사용해야 한다. 여기서 이 두 과정을 실행해보고자 한다. 먼저, 다음 마당에서 한국 그리스도교가 일반적으로 수용하고 있는 몇 주요 교의들을 유교-그리스도적 시각에서 비판적으로 분석해 본다. 그리고 마지막 마당에서 우리의 메타포들을 적용한 우리 신학의 패러다임을 구성해 보고자 한다. 특히 우리 종교문화의 중심

개념인 도(道)를 신학의 근본 메타포로 사용해서 도의 신학(theo-tao)을 구상해 보고자 한다. 그렇게 되면 그리스도교 신학이 사상적 교리나 이념적 운동으로 이원화되는 서양 신학의 폐단을 극복하고, 그들을 통전하는 총체적 삶의 길[道]로 이해하게 된다.

2. 우리 신학의 비판적 대안 —유교-그리스도교적 시각

첫째, 구원론은 재고되어야 한다.

그리스도의 구원은 통시적이고 종합적인 것이지, 일시적이고 제한적인 것이 아니다. 구원이란 인간이 가진 시간과 공간의 제약을 극복하고 영원한 순간과 궁극적 존재와의 합일을 내포한다. 그러한 구원이 한 개인의 초월 경험에 의해 축소 이해되고 그 기준에 따라 다른 개인이나 공동체에게 희생을 강요한다면, 그것은 십자가의 희생적 사랑을 전제로 하는 그리스도의 복음이 아니고, 복음을 개인주의적 이념으로 환원시키는 구원론적 이기주의가 된다. 일반적으로 한국 교회가 가르치는 구원론은 지나치게 개인적인 경향이 있다. 극단적으로 말하면, 조상과 가족들은 지옥에 가더라도 나는 예수 믿고 구원을 받아야 한다고 가르친다. 그런 제한적 구원론은 참다운 그리스도의 가르침이라고 할 수 없고, 오히려 개인주의와 이기주의를 구원의 이름으로 가증스럽게 우상화시키는 어리석음을 범하는 것이 된다. 이 땅에 그리스도의 구원이 참다운 복음으로 완성되려면, 과거의 한국인들이 누렸던 공동체의 초역사적 경험을 충분히 포함시킬 수 있어야 한다. 구원의 확신이라는 한 개인의 심리적 인식론을 만족시키기 위하여 전통적 공동체 의식과 조화를 깨뜨려 버린다면, 그것은 오히려 죄를 저지르는 것이다.

그리스도의 구원은 전시간적인 것이지 현재와 미래에만 제한된 것이 아니다. 과거가 결여된 구원은 불완전한 것이다. 현대과학이 밝혀주듯이, 과거와 현재와 미래라는 구분은 가상적인 것이다. 우리는 사실 과거와 현재와 미래가 연결된 총체적 순간 순간을 살아가고 있을 뿐이다. 아우구스티누스의 《참회록》이 지닌 위대성은 바로 과거에 대한 철저한 자기반성, 곧 참회를 통하지 않고는 참된 구원을 이룰 수 없다는 점을 각성한 데 있다. 그러나 《참회록》은 과거를 개인중심적 차원에서 이해했다는 한계점을 가진고, 이것이 서양 그리스도교를 개인주의적 종교로 만든 동기가 되었다고 비판을 받고 있다.

근대성(modernity)이 비판받는 오늘날의 포스트 모던적 정황에서 동양사상이 훌륭하다고 재조명되는 이유는, 그것이 근대사상과 같이 개인을 고립된 자아와 같이 물체론적으로 파악하지 않고, 공동체적 그물망의 중심과 같이 관계론적으로 이해한다는 점에 있다. 관계성의 그물망에서 분리된 개인의 구원은 완전한 구원이 될 수 없다. 한국에서 그리스도교는 지하종교가 아니고 오히려 한국문화 위에 군림하고 있다. 더 이상 교회가 신도들에게 과거의 공동체에서 분리시키는 결단을 영웅시하며 그것을 구원의 전제로 강요해서는 안 된다. 바로 그러한 개인주의적이고 기억상실증적 구원론이 그리스도교의 한국화를 어렵게 만들고 있는 것이다. 한국 그리스도교가 이 땅에 뿌리를 내리고 한국 종교의 하나가 되기 위해서는, 한국 역사에 대해 관심을 가지고 구원의 문제를 선결해야 한다. '우리 조상들은 구원받았는가?' 또는 '그리스도교가 한국에 들어오기 전에 살던

사람들에 대한 구원 문제는 어떻게 이해해야 하는가?' 이러한 당연
히 물어야 하는 질문들을 더 이상 방치해둘 수 없다. 그리스도교를
몰랐던 조상들은 지옥에 갔고, 그리스도교가 들어오기 이전의 한국
은 마귀의 나라였다고 하는 대답은 부적절하고 무책임한 것이다. 어
떤 역사든지 그 역사의 궁극적 주재자는 하나님이지 마귀가 아니다.
그런 대답은 신학이 아니라 마귀학에 가깝다. 또한 이런 질문에 대
한 대답을 칼뱅과 같은 서양 신학자들의 신학에서 찾는 경우가 많은
데, 이것은 한마디로 넌센스다. 왜냐하면 획일적 그리스도교적 문화
의 바탕 위에서 구성된 그들의 신학에서는 이러한 비기독교적 과거
에 대한 구원의 문제가 그리 중요하지 않기 때문이다. 그것은 우리
에게 던져진, 우리가 해결해야 할, 우리의 신학적 문제다.

둘째, 원죄론은 재고되어야 한다.

구원론이 그리스도교를 한국 역사(과거)와 단절시킴으로써 한국
화를 저해하는 요인으로 작용하고 있다면, 원죄론은 불행하게도 우
리의 전통적 공동체 윤리를 근본적으로 해체시키는 독소 작용을 하
고 있다. 아우구스티누스가 원죄론을 선포하게 된 동기는, 그가 한
동안 매료되었던 마니교에 대한 경험과 펠라기우스의 도전에 위협
을 느꼈기 때문이다. 그 교의의 핵심은 사실 죄악의 존재에 관한 문
제, 정확하게 말하면 신정론(theodicy)에 있다. 유일신 종교인 그리스
도교는 신에 의한 우주의 선한 창조를 움직일 수 없는 강령으로 채
택하고 있다. 그런데 우리는 매일 매일의 삶 속에서 끊임없이 만연
되어 있는 죄악을 체험을 하게 된다. 그래서 그 죄악의 근원에 대한
질문을 할 수밖에 없게 된다. 마니교는 이에 대해 매우 알기 쉬운 대

답을 마련해 준다. 선한 신과 악한 신이 있어서 이 세상에서 서로 투쟁하고 있다는 것이다. 그러나 이 대답은 그리스도교의 유일신 사상과 선한 창조론에 위배된다. 그러나 모든 것을 신이 창조하였다면, 죄악도 신이 창조했다고 할 수밖에 없게 되고, 그러면 '죄악을 허용하여 이토록 모진 고통을 인류에게 주는 신은 과연 의로운가' 하는 신정론(神正論)의 문제에 이르게 된다.

아우구스티누스의 원죄론은 그 문제를 해결하기 위해 고안한 교의였다. 이 세상에 죄악이 만연하게 된 것은 신의 잘못이 아니고 인간의 잘못이라는 것이다. 창세기 3장의 실낙원 설화를 근거로, 인간이 신과 같이 되려고 했던 교만 때문에 원죄를 짓게 되었고, 그것이 결국 이 세상에 죄악이 만연한 계기가 되었다고 해석한 것이다. 신의 의로움을 고수해야 하는 그리스도교 처지에서는 이 해석을 정통으로 채택할 수밖에 없었다. 그러나 이 교의는 아우구스티누스 생전에 이미 신랄한 비판을 받았다. 펠라기우스는 원죄론이 신의 형상에 따라 창조된 인간의 존엄성을 파괴할 뿐만 아니라, 윤리적 책임성을 상실하게 하는 독소조항을 가지고 있다고 맹렬하게 비판했다. 이 비판을 극복하기 위하여 아우구스티누스는 원죄론을 수사학적으로 필요 이상 과장하게 되었고, 그 전통이 오늘에까지 이른 것이다. 그러나 교회는 사실 이 문제에 대해서 이중적인 입장을 취해왔다. 형식적으로 아우구스티누스의 원죄론을 정통으로 내세웠지만, 실제적으로 펠라기우스가 주장한 윤리성(원의론)을 배제하지 않았다. 이 쟁점은 종교개혁자들에 의하여 다시 한 번 부각되었고, 믿음이냐 행위냐 하는 유명한 논쟁으로 발전하게 되었다. 종교개혁자들이 '오직 믿음'(sola fide)이라는 강령을 채택함에 따라 개신교에서 원죄론의 입지는 한층 더 강화되었다.

그러나 창세기 3장이나 아우구스티누스의 본래 의도는, 결코 남을 정죄하기 위한 형이상학적 교의에 있지 않았다. 그것은 이 세상의 죄악을 신의 책임으로 전가하지 않고 우리 자신이 저지른 죄의 탓으로 돌리는 데 있었다. 그리스도교 신앙의 높은 차원에서 행한 신앙 고백이었던 것이다. 그 목적은 타자들을 정죄하는 독선적 태도에 있는 것이 아니고, 자기를 향한 반성과 회개의 자세에 있었다. 그러므로 원죄론의 본래 목적은 자기를 향한 것이지, 이웃을 비신자라고 해서 무시하고 증오하는 특권을 주는 데 있지 않았다. 그러므로 한국 교회에서 만연하고 있는 정죄적 원죄론은 재고되어야 한다. 원죄론에 대한 지나친 맹신은 우리의 전통적 가치인 의리정신을 붕괴시키고, 한국 사회의 건전한 발전에 큰 지장을 초래하고 있다.

가족의 구성원 가운데 그리스도인이 생겼을 때, 원죄론이 그 가족 공동체를 분해하는 역할을 하는 경우가 많았다. 한 가족 구성원이 신자가 된 뒤 비신자인 부모와 형제와 자매, 그리고 심지어 반려자까지 모두 죄인으로 몰아버리고, 자기만 구원받은 의인으로 행세하며 다른 가족들을 일방적으로 가르치려고 하는 꼴을 자주 볼 수 있다. 맹목적인 교의 적용으로 가족의 화평이 깨어지고, 가정의 존재 가치가 무너져가고 있다. 몰지각한 원죄론은 한국 사회에 복음보다는 저주를 선포하고 있다.

더군다나 그리스도교가 들어오기 이전에 한국 사회를 유지해 왔던 기본적 태도는 의리와 신뢰였다. 이 태도는 인간은 본래 선하다는 유교의 성선설(性善說)에 기초하고 있다. 그래서 우리는 가문의 이름과 친구와의 의리를 위해서는 목숨조차도 바칠 수 있다고 믿어

왔다. 그러나 몰지각한 원죄론은 그러한 이웃에 대한 믿음과 의리정신을 무너뜨려 버린다. 이웃은 물론 부모나 형제자매도 죄인이기 때문에 믿을 수 없다는 것이다. 유교의 의리정신과 인간에 대한 근본적 신뢰는 적어도 우리를 끈끈한 인정이 넘치는 사회에 살게 해주었다. 그러나 그리스도교의 원죄론은 이러한 인정에 찬물을 끼얹고, 유교적 신뢰사회를 붕괴시켜 버렸다. 그렇다면 유교가 물러난 뒤 빈자리에 한국 그리스도교는 어떤 정신과 윤리관을 심어주었는가? 혹시 물질만능주의의 복음이 아니었던가? 더구나 오늘날 우리 사회에서 만연하고 있는 극단적인 불신주의에 원죄론이 일조해온 점이 없지 않다. 앞으로 한국 그리스도교인들은 원죄론의 본뜻을 제대로 이해하고 더 이상 이러한 과오를 저지르지 않도록 해야 할 것이다.

셋째, 종교다원주의 논쟁은 재고되어야 한다.

종교다원주의 논쟁은 19세기 중엽 서양 신학자들이 그리스도교가 아닌 다른 세계 종교들이 존재한다는 사실을 인식함으로써 발생했다. 다시 말하면, 종교다원주의는 그리스도교만이 유일한 종교라고 믿었던 획일적 그리스도교 문화권의 신학자들이 다른 종교들의 심오한 세계를 발견하고 그 인식론적 충격에서 나온 한 대안적 개념이다. 종교다원주의를 주장하고 있는 대부분의 서양 신학자들은 동양인들처럼 다원적 종교 경험을 실존적으로 느끼며 살아본 적이 없다. 그러므로 종교다원주의는 형이상학적인 추론이며, 그 속에는 패권주의적 망상이 숨겨져 있다. 쉽게 말해서, 우리 것이 참 종교지만 너희 것도 포함시켜 주겠다는, 겉으로 선심 쓰는 듯한 자세다. 이것은 구원을 교회론적으로 해석함으로써 서양 교회가 헤게모니를 가지겠다는 신학적 음모에서는 발전되었지만, 아직도 모든 인식은 서양 중심적이 되어야 한다는 인식론적 오만이 그 속에 숨어 있다.

기독교가 들어오기 훨씬 전부터 다양한 종교들이 존재하였던 한국에서, 종교다원주의와 같은 서양 중심적 시각에서의 인식론적 논쟁을 계속한다는 것은 우스꽝스러운 일이다. 우리의 역사 속에서 살아 숨 쉬면서 많은 영향을 주었던 유교, 도교, 불교, 무교 등 우리의 전통 종교들은, 우리가 떼어놓을 수 없는 우리 존재의 일부다. 종교적 DNA와도 같이 우리 속에 내재하는 우리의 존재론적 실재다. 그들은 타종교가 아니고 우리의 종교며, 서양 신학자들처럼 주객도식 안에 나누어 놓고 객관적으로 분석할 수 있는 해석학적 거리와 여유가 우리에게는 없다. 오히려 한국 그리스도교 신학의 임무는 '어떻게 그러한 다원적인 종교문화 속에서 그리스도교의 정체성을 규명할 것인가' 하는 질문에 답하는 데 있다. 그러므로 우리에게 한국 종교는 교회론적이거나 인식론적인 문제가 아니고 해석학적인 문제다.

몇 년 전, 한 개신교도에 의해 저질러진 불교사찰 훼불 사건은 많은 점들을 시사한다. 그런 불미스럽고 배타적 태도를 가지고서는 그리스도교가 한국 종교의 하나가 될 수 없다. 그리고 한국 종교가 아닌 그리스도교는 한국에서 필요가 없다. 한국 그리스도교는 한국 종교의 하나로서 우리 조상들이 오랫동안 숭상해 온 종교문화 전통들을 존중할 줄 알아야 한다. 다른 종교들을 가르치려 하기보다는, 막내 종교로서 그들로부터 배우려는 겸손한 자세를 취해야 할 것이다.

넷째, 번역신학은 탈피되어야 한다.

한국 신학의 상황을 단적으로 '신학 오퍼상들의 난립'이라고 꼬집는 이도 있다. 아직 한국 신학은 서양 신학의 식민지가 아닌가 할 정도로 너무도 서양적이다. 한국 신학자들이 가진 서양 신학에 대한 사대주의는 지나치다. 한국 신학의 논쟁사를 살펴보면, 청일전쟁, 러일전쟁, 한국전쟁에서처럼, 서양 특히 미국 신학의 대리전을 치러온 양상이 뚜렷하다.(김흡영) 조선 유교는 중화사상에 대한 사대주의에서 벗어나지 못해 생명력을 상실해버렸다. 한국 신학이 조선 유학처럼 서양 신학에 대한 맹목적 사대주의를 답습할 경우, 한국 그리스도교의 생명도 그리 길지 못할 것이다. 한국 신학은 하루 빨리 서양 신학의 올무에서 벗어나 주체성을 회복해야 한다. 한국 신학자들은 서양 신학을 번역해서 팔아먹는 신학 오퍼상의 역할로부터 하루 빨리 탈피해야 한다.

번역신학 또는 번안신학은 자료로서의 가치는 있지만, 아직 한국 신학이 될 수 없다. 한국 신학이 되려면 적어도 한국적 맥락에서 그리스도교를 어떻게 이해할 것인가 하는 비판적이고 창의적인 해석의 과정이 필요하다. 그런 이유에서 나는 대칭적 방법론을 제안해왔다. 신학의 역사가 짧기 때문에 우리는 서양 신학들을 자원으로 사용할 수밖에 없다. 그러나 그들은 우리에게 자료일 뿐이고, 그들을 한국 신학의 내용으로 천착하기 위해서는 번역 외에 대칭적 해석학의 준비단계가 더 필요하다. 우선 우리의 문화적 전이해를 규명해야 한다. 서양 신학의 텍스트들과 우리의 토착적 전이해를 구성하고 있는 우리 문화의 텍스트들을 비교하는 간텍스트적 해석의 과정(intertextual hermeneutics)이 따라야 한다. 서양 신학과 우리 문화의 두 해석학적 지평 사이의 지평융합을 실험해보는 시뮬레이션(simulation)의 과정 또한 필요하다. 이러한 준비단계를 거친 뒤에야 한국 신학의 구성이 가능하다. 그래서 그런 준비과정으로서 나는 카를 바르트(Karl Barth)의 신학과 왕양명(王陽明)의 유학 사이의 대화를 발전시켰으며, 요한 칼뱅(John Calvin)의 신학과 퇴계(退溪) 이황(李滉)의 유학을 비교하였다.(Kim, 1996, 2003)

이 대칭적 해석학은 조직신학에만 해당되는 것이 아니라, 한국 신학의 모든 분야에 적용되어야 한다고 생각한다. 특히 실천신학에 관한 서양 자료들은 이 해석학적 과정을 엄격하게 거친 뒤에 적용되어야 한다. 실천신학에서 현장의 종교문화적 맥락에 대한 이해는 필수적이다. 그러나 한국 실천신학의 상황에 우려를 금할 수 없다. 무비판적 번역신학들과 상업적인 신학 오퍼상들이 활개를 치고 있는 듯하다. 현장의 문화적 현주소도 모르면서 실천신학을 가르친다는 것은, 그야말로 '연자 맷돌을 메고 지옥 불에 들어가는' 죄를 짓는 격이다. 또한 한국의 성서신학자들에게도 우리의 전통적 텍스트들을 비교 연구할 수 있는 능력이 시급히 요청된다. 원문을 해독할 수 있고, 외국어를 구사할 수 있는 오늘날의 한국 성서학자들이, 과연 그러한 언어적 능력을 갖추지 못했던 초기의 성경번역자들보다 우수한 성경 번역을 할 수 있겠는가? 이 대답은 그렇게 단순한 것 같지 않다. 그들은 성경 원문과 성경 해석사는 잘 알지 못했지만, 사서오경과 같은 우리의 고유한 문화적 텍스트들과 어휘들에 관해서는 오히려 지금의 성서학자들보다 훨씬 뛰어난 능력을 가지고 있었다. 그래서 그들이 번역한 성경이 오늘까지도 더 많은 사람들에게 호소력을 갖고 감동을 주는 것이 아닐까? 성서학자들이 진정한 한국의 성서학자가 되기 위해서는, 서양의 텍스트들과 동등하게 우리의 텍스트들을 다룰 수 있는 능력을 갖추어야 할 것이다.

3. 우리 신학의 구성 —도의 신학

현대신학이 이룩한 중요한 성찰은 모든 상황에 적절한 객관적이
고 보편적인 유일한 신학이란 없다는 것이다. 시대와 상황에 따라
주위의 종교문화와 대화하며, 그 열려진 끝을 향해 가는 길에는 언
제나 유동적인 다수의 신학들이 존재해 왔을 뿐이다. 사실 그리스도
교는 이와 같이 끊임없는 모형 전환을 통해 변화하며 발전해 왔다.
(큉) 그러나 서양 신학은 아직도 그 모체인 그리스 사유의 틀을 근본
적으로 극복하지 못한 채, 형상과 질료, 영혼과 육체, 이론과 실천 등
고질적인 이원론의 늪에서 벗어나지 못하고 있다. 포스트모던 시대
라고 일컬어지는 오늘날에도, 서양 신학은 로고스 신학(theo-logy)과
프랙시스 신학(theo-praxis)의 두 모형으로 크게 구분할 수 있다.

첫째, 로고스 신학(Theo-logos)

초기 그리스도교가 그리스문화와 만나면서, 그 내용을 해명하기
위하여 그리스 철학의 중심개념인 로고스(logos)를 근본 메타포로 영
입함으로써 로고스 모형(theos+logos)의 역사는 시작되었다. 그 뒤 로
고스 신학(theo-logy)은 그리스도교 신학으로서 정통성을 확보하게
되었고, 최근까지 거의 2천 년 동안 번영을 누려왔다. 초기 신학자들
은 로고스를 지혜(sophia)와 같은 개념들과 연관하여 오늘날보다 훨
씬 더 포괄적인 개념으로 파악하였다. 그러나 종교개혁을 통해 개신
교 신학들이 말씀에 대해 지나치게 집착하고, 근대에 이르러 로고스
가 논리적 지식 및 기술 이성으로 축소되어 협의적으로 이해됨으로

써 로고스 신학은 형이상학적이고 교조적이고 음성 중심적인 것으로 변질되어 버렸다. 신학은 신에 대한 보편적 논리를 해명하는 관념적인 것으로 이해되었고, 그 목적도 교회의 정통교리를 전달하는 데 고착되었다. 그러나 오늘날 각 문화의 독특성을 초월할 수 있는 보편적인 신학이라는 것은 하나의 신화로 간주된다. 자크 데리다 같은 해체주의 철학자들뿐만 아니라 많은 현대 신학자들은, 이러한 로고스 신학이 더 이상 실행하기 어려운 시대착오적 요소를 가지고 있다고 평가한다.

둘째, 프랙시스 신학(Theo-praxis)

더욱이 남미 해방신학이 정통교리의 형이상학 속에 도사리고 있는 사회학적 음모의 진면목을 폭로하기 시작하면서부터, 기득권층 교회의 이익을 정당화하는 교리적 대변자 역할을 해왔던 로고스 신학은 큰 위기에 봉착하게 되었다. 남미 해방신학과 유럽 정치신학은 로고스 대신 프랙시스를 근본 메타포로 대체하는 프랙시스 모형(theo+praxis)을 주창한다. 프랙시스 신학은 출애굽(Exodus) 사건 등의 성서적 전거를 내세우며, 하나님 나라의 정의를 이 땅에 실현하는 해방운동이 그리스도교의 핵심이고, 따라서 교리적 정론(orthodoxy)보다는 실천적 정행(orthopraxis)이 우선적인 신학적 과제라고 주장한다. 민중을 위해 헌신한 그리스도를 따르는 삶의 실천으로서 이 해방의 강조는 로고스 신학이 간과했던 약점이고, 따라서 당연히 교정되어야 할 부분이다. 그러나 이 프랙시스 모형도 이론과 실천 사이를 분리하는 서양적 이원론을 아직도 완전히 탈피하지 못했다. 프랙시스 신학은 로고스 신학의 대안적 또는 안티테제적 가치는 있지만,

혼자로는 불완전해서 독립적인 하나의 신학 프로그램으로 인정하기는 어렵다는 문제가 있다.

서양 신학의 두 큰 줄기인 로고스 모형과 프랙시스 모형이 지닌 결정적 단점은, 이와 같이 계층적 이원론을 벗어날 수가 없다는 것이다. 타율과 자율, 또는 상부구조와 하부구조 등으로 구분하는 이원론은 구체적이어서 힘이 있어 보이지만, 그것 역시 결국 다른 하나의 배타적 일원론에 빠지게 된다는 자기모순을 가지고 있다.(폴 틸리히) 더욱이 프랙시스 모형은 변증법적 역사 발전을 무비판적으로 받아들이는 결함이 있다. 그래서 프랙시스 모형은 해방적 측면의 당위성을 지녔음에도, 오늘날의 상황에서 선결과제로 지목되는 생태적 대화적인 요소들을 담보하기는 취약하다는 평가를 받고 있다.(하지슨)

서양 신학으로부터 영향을 받아 아시아 신학도 이러한 이원적 범주에서 벗어나지 못하고 있다. 한편으로, 서양 교회에 의하여 선교 대상으로서 길들여지고 세뇌된 이른바 보수신학은 아직도 정통성의 신화를 맹종하며, 서양의 로고스 신학을 무비판적으로 수입하여 번역하는 것이 아시아 신학의 임무인 것처럼 착각하고 있다. 다른 한편으로, 진보적 아시아 신학은 로고스 신학을 맹렬하게 비판하지만, 해방신학이 표방하고 있는 서양적 이념의 틀을 벗어나지 못하고 있다. 아시아가 처한 어려운 사회경제적 상황에서 아시아 신학은 프랙시스 신학의 해방적 제안들을 받아들여야 할 필요가 있다. 그러나 이 프랙시스 모형은 계몽주의의 목적론적 낙관주의와 선형적 역사관을 답습한다는 단점이 있다. 이 '역사의 신화'는 계몽주의가 생산해 놓은 유대-그리스도교 전통에서 비롯된 구속사관의 근대적 변형으로 이해할 수 있다.

　서양과 동양은 근본적으로 서로 다른 역사관과 우주관을 가지고 있다. 서양적 사고방식이 직선적이고 이원적이며, 분석적이고 기계적이라면, 동양적 사고는 순환적이고 종합적이며, 포괄적이다. 서양인들은 신과 인간과 우주를 서로 분리해서 분석적으로 바라보지만, 동양인들은 신과 인간과 우주가 함께 어우러진 통전적 비전, 즉 '신-인간-우주적 비전'을 보유하고 있다. 오늘날의 생태학과 현대과학은 서양의 분리적 물체론보다는, 동양의 통전적 관계론이 진실에 가깝다는 것을 밝혀주고 있다. 서양적 사고방식에서 발전한 서양 신학은 분석적이고 물체론적인 세계관을 기본 틀로 삼고 있다. 이 한계 때문에 서양 신학은 신 중심적 인간 중심적, 아니면 우주 중심적인 양자택일적으로 어느 한 측면에만 치우쳐 축소하는 취약성을 가지고 있다.

　동양의 신-인간-우주적 비전은 이 서양 신학의 취약성을 극복하고, 전통적 로고스 신학의 환원적 기본 틀의 한계를 벗어나게 할 수 있다. 신(초월성)과 인간(사회성)과 우주(생명성)를 더불어 어우르는 통전적인 신학 패러다임을 표출할 수 있다. 그럼에도 진보적 아시아 신학들 사이에도 로고스 모형과 프랙시스 모형의 이원화는 지속되고 있다. 이 분화는 토머스(M. M. Thomas)와 파니카(R. Panikkar)와 같은 대표적인 제1세대 아시아 신학자들 사이에서 이미 발생했다. 그 뒤 아시아에서 해방신학과 종교신학 사이의 분리는 심화되어 왔다. 한국 신학 역시 이원화를 극복하지 못하고 민중신학과 토착화 신학의 두 유형으로 분리되어 왔다. 민중신학은 서양의 사회학적 패러다임을 극복하지 못한 채 아직도 이원론적 도식에 머물고 있는 듯하다.(NCC) 또한 종교·문화신학은 종교 사이의 대화에는 열심이었지만 정치경제적인 관심이 부족했고, 전통 해석에서 낭만적이라는 결

함을 가지고 있다. 그러므로 이원화의 극복은 서양 신학뿐만 아니라
아시아 신학과 한국 신학 모두에게 주어진 중요한 과제다.

셋째, 도(道)의 신학(Theo-tao)

그러므로 우리 신학은 하루빨리 이러한 로고스 신학과 프랙시스
신학의 이원화를 청산하고 새롭게 거듭나야 한다. 새로운 패러다임
으로 모형 전환되어야 한다. 그리스 철학의 유산인 로고스와 프랙시
스가 근본 메타포로 사용되던 신학의 시대는 이미 지나갔다. 3천년
대의 그리스도교라는 새로운 포도주는 새로운 '가죽부대'를 필요로
하고 있다. 나는 우리 종교문화의 중심사상인 도(道)가 그 새로운 가
죽부대를 만들어 낼 수 있다고 주장한다. 그리고 도를 근본 메타포
로 사용한 그 도 모형(theo+tao)의 구성신학을 도의 신학(theo-tao)이
라고 이름 붙인다.

도란 무엇인가? 원래 도는 하나님처럼 설명이 불가능한 것이다.
모든 정의는 환원적이어서 결국 우상화를 범하기 때문이다. 그러므
로 "도라고 말한 도는 이미 참 도가 아니며, 이름 붙인 이름은 이미
참 이름이 아니다"라는 노자(老子)《도덕경》(道德經)의 첫 구절과
"하늘 위, 아래, 물, 땅 속의 어떤 형상으로도 우상 숭배하지 말라"는
그리스도교의 제1 계명은 일맥상통하는 면이 있다. 예수는 스스로를
"길이요, 진리요, 생명"이라고 선언했다.(요한 14:6a) 이와 같이 예수
는 자신에 대해 완전한 신성(verus Deus)과 완전한 인성(verus homo)을
동시에 갖춘 존재라든지, 성육신한 로고스라든지 하는 정형화된 교
리를 말한 적이 없고, 단지 하나님을 향해 가는 길(요한 14:6b), 즉
도라고 말했을 뿐이다. 사실 예수는 이러한 하나님의 도를 완전히

실천했다는 점에서 그리스도인 것이다. 그러므로 예수가 자신을 "하나님께로 가는 유일한 길"이라고 한 선언은, 이러한 도가 지닌 궁극적 가치를 의미한다.

그렇다면 도를 근본 메타포로 사용하는 도의 신학을 어떻게 구성할 것인가? 이것은 결코 쉬운 일이 아니다. 동양사상사에서 도는 로고스만큼이나 오래된 복잡한 해석의 역사를 지니고 있다. 도의 해석사 또한 억압적 족보와 왜곡의 역사가 포함되어 있다. 그러므로 의심의 해석학을 동원하여 비판적이고 창의적으로 재해석해야 할 필요가 있다. 무엇보다도 이 모형은 해방의 역사적 당위성과 통전적인 인간-우주적 비전 사이에 놓여 있는 우리 신학의 내부적 갈등을 극복할 수 있는 참신한 해석학적 지평을 제시할 수 있어야 한다. 도 모형은 이원적인 서양적 사고방식으로부터의 이탈과 비역사적인 동양적 사고방식에 대한 비판적 재해석을 함께 수행하는 이중적 파격을 요구한다. 이것은 기존 사고의 연장선상, 즉 일차적인 확장에서는 찾을 수 없고, 전혀 다른 창의적인 해석학적 비전을 궁구해야만 한다. 곧 새로운 발상 전환을 위한 새로운 깨달음[覺]이 필요하다.(예컨대, 김지하의 '우금치 현상'을 보라)

하나님은 로고스나 프랙시스로 대체되고 환원될 수 없다. 신은 이 이원적 메타포들로서는 파악될 수 없는 근원적인 존재다. 신은 형상과 질료, 영혼과 육체, 신성과 인성, 로고스와 프랙시스와 같은 그리스적 이원론을 초월한다. 3천년대의 신학을 위해서 도가 로고스나 프랙시스보다 훨씬 더 적합한 근본 메타포가 될 수 있다. 그러므로 그리스도 신학은 앞으로 로고스 신학(theo-logos)과 프랙시스 신학(theo-praxis)의 이원화를 극복하고, 도의 신학(theo-tao)으로 모형 전환되어야 한다.

한자 '도'(道)는 '달릴 착'(辶) 받침에 '머리 수'(首)로 이루어져 있다. 도는 주체[體]와 운용[用], 존재(being)와 과정(becoming)을 동시에 포함한다. 다시 말해서, 도는 '움직이는 주체'며, '과정 속 또는 도상에 있는 존재'(being in becoming)다. 도는 존재(logos)의 근원인 동시에 우주 변화(praxis)의 길[軌跡]이다. 그러므로 도는 로고스나 프랙시스 가운데 어느 한 쪽으로 환원될 수 없으며, 오히려 프랙시스의 변혁을 타고[乘] 가는 로고스다. 도는 '이것이냐 또는 저것이냐'(either-or) 하는 양자택일의 선택이 아니라, '이것과 저것'을 동시에 모두 (both-and) 껴안는 종합이다. 도는 우리를 로고스(존재)와 프랙시스 (과정)가 갈라지는 분기점 위에 세워놓는 것이 아니라, 우주적 궤적과 연합하는 역동적인 신-인간-우주적 운동에 참여하게 만든다.

도는 궁극적 길인 동시에 실재로서 앎과 행함이 일치하는 지행합일(知行合一)을 이루면서 생명의 사회 우주적 궤적에 따라 변혁적 프랙시스를 구현한다. 로고스 신학이 형이상학적인 위로부터의 시각이고 프랙시스 신학이 사회학적인 아래로부터의 시각이라면, 도의 신학은 전혀 다른 시각에서 출발한다. 그것은 신-인간-우주의 관계론적 비전 안에서 잉태한 상호주체성의 시각이며, 신-인간-우주적 그물망 속에서 연대와 교제를 가능하게 하는 기(氣)의 교류에 초점을 맞춘 기의 시각이라고 말할 수 있다. 더욱이 도의 신학은 생태계와 생명권의 파괴에 더불어 발생하는 억눌린 생명들의 '사회우주전기'에 특별한 관심을 가지고 있다.(NCC, 김용복)

도의 신학은 관념적인 로고스 신학이나 운동적인 프랙시스 신학의 대립을 지양하고 '행동하는 지혜'(sophia in action)로서 통전적이다.

그 주안점은 교회의 정통교리(orthodoxy)나 역사적 상황에서 예언자적 실천(orthopraxis)보다는, 신-인간-우주적 궤적에 부합하는 변혁적 지혜를 체현하는 삶과 생명의 바른 길[orthotao]에 있다. 정론(正論)이나 정행(正行)의 양자택일보다는 그들을 통전한 정도(正道)에 관심을 둔다. 더구나 그리스도교에게 주어진 최초의 호칭은 그리스어 '호도스'(hodos)이었다. 호도스는 도와 매우 유사한 의미들을 내포하고 있다. 한글 성경도 이 단어를 '도'로 번역하고 있다.(행전 9:2; 19:9; 22:4; 24:14, 22)

그리스도교의 삼대 덕목은 신앙, 소망, 사랑이다. 신앙이 정론을 역설하고 소망이 정행을 강조한다면, 사랑은 정도를 주장한다. 전통적인 로고스 신학이 신앙의 인식론에 초점을 맞췄고, 근대적인 프랙시스 신학이 소망의 종말론에 주안점을 두었다면, 새로운 시대의 우리 신학인 도의 신학은 사랑의 성령론을 대주제로 택할 것이다. 다음에 인용한 그리스도교와 도교의 텍스트들을 비교해 보라!

사랑은 언제까지든지 떨어지지 아니하나 예언도 폐하고 방언도 그치고 지식도 폐하리라. 우리가 부분적으로 알고[theo-logos] 부분적으로 예언하니[theo-praxis] 온전한 것이 올 때에는 부분적으로 하던 것을 폐하리라. 내가 어렸을 때에는 말하는 것이 어린아이와 같고 깨닫는 것이 어린아이와 같다가 장성한 사람이 되어서는 어린아이의 일을 버렸노라. 우리가 이제는 거울로 보는 것과 같이 희미하나 그때에는 얼굴과 얼굴을 대하여 볼 것이요, 이제는 내가 부분적으로 아나 그 때에는 주께서 나를 아신 것같이 내가 온전히 알리라. 그런즉 믿음, 소망, 사랑, 이 세 가지는 항상 있을 것인데 그 중에 제일은 사랑이라.(바울, 고전 13:8-13)

생선을 잡기 위해 생선그물이 있는 것이요, 일단 생선을 잡게 되면 그물을 잊어버린다. 토끼를 잡기 위해 토끼올무가 있는 것이요, 일단 토끼를 잡게 되면 올무를 잊어버린다. 뜻을 알기 위해 말이 있는 것이요, 일단 뜻을 알게 되면 말을 잊어버린다. 그러나 나는 어디에서 말을 잊어버려 그와 더불어 말을 할 수 있는 이를 찾을 수 있을까?(《장자》 외물편)

신앙과 소망도 결국 사랑을 얻기 위한 것이고, 로고스와 프랙시스도 결국 도를 얻기 위한 것이다. 신앙과 소망 및 로고스와 프랙시스는 궁극적으로는 생선그물과 토끼올무 같은 도구에 지나지 않는다. 사랑의 도를 얻게 되면, 그 모든 도구들은 잊어버리게 되는 것이다. 로고스 신학의 정의가 '이해를 추구하는 신앙'(faith-seeking-understanding)이고, 프랙시스 신학이 '실천을 추구하는 소망'(hope-seeking-praxis)이라면, 도의 신학은 '도를 추구하는 사랑'(love-seeking-tao)일 것이다. 신의 담론으로서 로고스 신학이 그리스도교 교의의 올바른 선포(orthodoxy)에 초점을 맞추고, 예수의 운동으로서 프랙시스 신학이 그리스도교 이념의 올바른 실천(orthopraxis)에 주안점을 준다면, 성령의 살림살이로서 도의 신학은 그리스도인의 올바른 삶(orthotao)을 살아가는 지혜의 길[正道]을 추구할 것이다.

예수는 정통적 교리, 철학적 신학, 정행의 지침서, 사회혁명의 이념보다는 하느님께로 나아가는 생명과 진리의 길을 가르쳐 주셨다. 그러므로 한국 천주교 신학의 창시자 이벽(李蘗; 1754~1786)은 예수 그리스도를 "인간의 길[人道]과 하늘의 길[天道]이 만나는 곳"이라고 천명했다.(이성배) 그리스도는 신, 인간, 우주가 완전한 합일을 이루는 신-인간-우주적 궤적, 곧 도를 현시한 것이다. 그리스도의 복음이란 요약하면 십자가에 매달려 못 박힌 예수의 수난사가 구원과 부활과 생명의 길이라는 것이다. 예수라는 한 억눌린 생명의 사회우주전기(수난사)가 구원의 도가 된 것이다. 다시 말해서, 십자가에 매달린 그리스도에 의하여 전 우주적인 구원의 혁명이 완성된 것이다. 우리에게 종으로 와서 대신 십자가에 매달려 죽은 그리스도는 시궁창이 된 개울과 같이 죽어가는 생태계와 짓밟힌 민중과 억눌린 생명들을 소생시켜서, 억압적 역사의 거친 물줄기를 거슬려 올라갈 수 있는 힘의 근원, 즉 일기(一氣)가 되어 버린 것이다. 예수는 우주의 순례자인 우리에게 억눌린 생명들과 더불어 상생적 연대를 하며 참된 생명으로 살 수 있는 길, 곧 부활과 생명의 길을 가르쳐 준 것이다.

그러므로 우리 신학은 억눌린 생명의 사회우주전기들, 곧 민중, 여성, 파괴되는 자연, 조작되는 생명들의 이야기들을 청취해야 하며, 그들이 역사의 참된 주체라는 것을 천명해야 한다. 또한 우리 신학은 신기(神氣)의 근원에 도달하여 그 내뿜는 생명력, 곧 그 신명을 체득하는 기의 해석학으로 발전해야 한다. 우리의 신기는 지금까지 "외래의 서양식 또는 일본식으로 잘못된 사상들에 의해 옮겨지고, 소외되고, 뿌리 뽑히고, 억압당하고, 더럽혀지고, 분할당하고, 감금당하고, 무시당하고, 파괴당하고, 노예가 되어 이제껏 죽임당해 왔다."(김지하) 더 이상 우리의 신기가 이와 같이 죽임을 당하거나 억눌리게 해서는 안 된다. 이제 우리 신학은 잘못된 외래 사상들에 의해 억눌리고 막혀 있던 기맥과 경락들을 확 풀고, 새로운 예수의 신기로 거듭나서, 신명나게 스스로를 활연관통해야 할 것이다. 우리 신학은 에밀레종 같이 우리의 가장 깊은 내부로부터 우리의 온 몸통을 울리며 울려나오는 부르짖음, 우리의 참 소리, 곧 '제 소리'가 되

어야 한다.(김흥호) 우리의 제 소리로서의 우리 신학은 이와 같이 예
수의 신기를 받아, 3천년대를 휩쓸 무지막지한 물줄기를 세차게 거
꾸로 타고 신바람 나게 위로 거슬러 올라가야 할 것이다.(도의 신학)

■ 참고문헌

김지하, 《생명》, 솔, 1992.

김흡영, 《도의 신학》, 다산글방, 2001.

김흥호, 《다석 류영모 명상록》 전3권, 성천문화재단, 1998.

NCC 신학연구위원회 편, 《민중과 한국신학》, 한국신학연구소, 1982.

이성배, 《유교와 그리스도교》, 분도출판사, 1979.

이화여자대학교 한국문화연구원 편, 《신학연구 50년》, 혜안, 2003.

피터 C. 하지슨/손원영 외 옮김, 《기독교 구성신학》, 은성, 2000.

한스 큉/이종환 옮김, 《그리스도교 — 본질과 역사》, 분도출판사, 2002.

Kim, Heup Young, *Wang Yang−ming and Karl Barth : A Confucian−Christian Dialogue*,
    Durham: University Press of America, 1996.

———, *Christ and the Tao*, Hong Kong: Christian Conference of Asia, 2003.

Panikkar, R., *The Unknown Christ of Hinduism*, Maryknoll: Orbis, 1964.

Thomas, M. M., *The Acknowledged Christ for the Indian Renaissance*, London: SCM, 1969.

'선체교용'禪體敎用적 선학 방법론

진월 이영호
▌동국대

1. 학문과 수행의 여정

근래에 '우리말로 학문하기'에 뜻을 같이하는 학우들이 모여, 우리나라 학계의 실태와 환경을 돌아보며, 학제간 연구와 상호 탁마의 필요성을 공감하고, 각자의 학문 방법론을 정리해 나누어 보기로 하였다. 먼저 자기의 전공 배경과 삶 속에서의 의미 등 '개인의 학문 여정'을 소개하고, 기존의 일반적 방법과 아울러 자기의 독특한 '접근방식'을 정리하며, 외국에서 공부한 경험이 있을 경우 그곳에서의 방법론을 소개하고 관련 분야의 학자들에게 어떤 의의를 갖는지 생각을 서술하되, 비전문인도 이해할 수 있도록 '쉬운 우리말'로 표현해 보자고 하였다.

순서에 따라, 먼저 필자가 선학(禪學)을 하게 된 배경과 삶의 여정을 되돌아본다. 필자는 현재 출가한 선불교 수행자 신분이지만, 그 출신배경은 남다를 바 없었다. 경기도 의왕시 모락산 기슭의 농촌에

서 전주이씨 가문에 태어나 가정윤리를 중시하는 유교적 전통적 분
위기에서 자랐다. 이른바 모태신앙 등 타율적인 종교생활은 없었다.
초·중·고등학교 재학중에 학교행사의 하나로 소풍이나 수학여행
때에 사찰에 갔다 온 적은 있었어도, 불교 관련 활동을 따로 한 적은
없었다. 교회나 향교 등 여타 특정 종교시설에도 다녀보지 않았고,
다만 가정과 문중에서 거행하는 조상의 제사 의례에 참가하였을 뿐,
특별히 종교와 관련한 활동 경험의 기억은 없다.

고등학교를 졸업한 1968년 늦가을, 우연히 가야산 해인사에 가보
고 싶은 마음에 무작정 그곳에 갔다가, 아름다운 자연 환경과 경건
한 수도원 분위기에 감동하여 거기에 머물며 수행해 보고 싶은 마음
이 생겼고, 곧바로 출가를 결심하였다. 전생에 그곳에서 수행한 인
연이 있었던지, 금생에는 처음 방문인데도 먼 여행을 마치고 고향집
에 돌아온 느낌이 들었고, 그곳 스님들의 공부 모습이 좋아 보였으
며, 기쁜 마음으로 그러한 수도생활을 시작할 수 있었다.

그 당시의 문제의식을 말한다면, 삶의 목적과 의미에 대한 근본적
반성이었다고 할 수 있겠다. 여느 학생들처럼 대학입시를 준비하고
있던 시점에서, 보통 사람들처럼 대학에 들어가 공부하여 졸업한 뒤
에, 취업하고 결혼하여 자녀를 낳아 기르며 늙어가다가 죽어버리는
일반적 삶에 만족할 수 없었고, 그렇게 사는 것이 최선인가에 대한
회의와 함께 삶과 죽음에 대한 올바른 인식이 필요하다고 느꼈으며,
'생사(生死)의 초월' 또는 '해탈'을 가르치는 불교를 배우며 체험하고
싶었다.

필자가 출가한 당시 1968년도 해인사는 전년부터 '총림'(叢林)이라
는 이름으로, 선원(禪院)과 강원(講院) 및 율원(律院)을 갖춘 종합수

도장의 체제를 새롭게 꾸렸고, 총림의 최고 책임자인 '방장'(方丈)으로 성철(性徹) 선사가 취임하여 지도하고 있었다. 당시 조계종의 최고 어른인 종정(宗正) 고암(古庵) 대종사(大宗師)가 주석하고 있었으며, 조계종 행정 수반인 총무원장 영암(暎巖) 스님도 대중의 일원으로 되어 있었다. 필자는 출가하여 행자들이 익혀야 하는 후원생활을 거쳐 성철 스님의 시자(侍者)로서 참선법(參禪法)을 배웠고, 화두(話頭)를 받아 정진하기 시작했다. 고암 대종사에 의해 득도되어 자운(慈雲) 율사로부터 사미계와 보살계를 수지한 뒤, 해인강원(현재 승가대학)에서 강주(講主)인 지관(智冠) 스님과 각성(覺性)스님 강의를 통해 이력(履歷)을 마쳤고, 그 과정에서도 선원의 용맹정진(勇猛精進) 기간에는 수좌 스님들과 함께 정진하였다. 1970년도 겨울 용맹정진 기간에는 보리수 아래서 참선한 싯다르타를 본받는다고, 일주일 동안 끊임없이 단식하며 눕거나 잠들지 않고 좌선(坐禪) 정진을 하기도 했다.

　1974년 가을에 강원을 졸업하고, 곧바로 통도사 극락암으로 옮겨 경봉(鏡峰) 선사 회상에서 동안거(冬安居)를 시작으로 본격적인 참선수행에 들어갔다. 1975년 겨울에는 송광사 조계총림 수선사로 옮겨 구산(九山) 방장스님과 혜암(慧庵) 유나스님을 비롯한 구참 스님들과 결사(結社) 정신으로 다음해 여름까지 안거했고, 이어서 겨울에는 조계산 정상 토굴인 인월정사(印月精舍)에서 두 도반과 함께 묵언정진(默言精進)으로 결제(結制)하였으며, 그 동안에 이른바 화두타파(話頭打破)의 특별한 체험을 하였다. 이듬해 여름에는 그 곳에서 홀로 정진하면서 목우(牧牛)의 시간을 가졌다. 1977년 겨울 비슬산 도성암에서 동안거를, 1978년 여름엔 사불산 대승사에서 하안거를, 그 해 겨울과 1979년 여름 및 겨울을 불암사에서 지냈다. 그 동안 안거정진 사이의 해제 기간에 때때로 제방의 선지식을 참방하고 점검과 탁마의 기회도 가졌다.

나이 서른이 되자, 마침내 전통적인 학문과 수행을 통해 얻은 경험과 보람을 사회에 나누며, 부처님과 시주의 은혜에 보답하고자 회향하여야겠다는 사명을 느끼고, 실천할 길을 찾아 보았다. 사회 발전에 동참하고 나름대로의 역할을 잘하기 위해서는 사회를 이해하여야겠고, 사회 지성인들과의 원활한 소통을 위해서는 그들이 공부하는 과정을 함께 겪어야겠다는 판단에서, 사회의 축소판이라고도 하는 대학생활을 겪어보는 것이 효과적이라고 여겼다. 강원과 선원에서 배우고 익힌 전통적 지식과 경험을 현대인들에게 나누기 위해서는 그 표현과 소통 방법 및 현대 불교학적 소양이 필요하겠다고 생각하고, 1980년 봄에 동국대학교에 들어갔다.

동국대학은 불교를 건학이념으로 한 대한불교조계종 산하의 종합대학으로서, 10여 개의 단과대학 및 대학원으로 구성되어 있는 가운데에 불교대학이 있고, 불교대학 안에 일반 학생들을 위주의 불교학과 및 인도철학과가 있으며, 스님들을 위하여 승가학과(僧伽學科)가 설치되어 있었다. 1981년부터 출가 수행자 중심의 승가학과를 일반인에게 개방하고자 선학과(禪學科)로 개칭하고 교과과정도 개편되었기로, 필자는 승가학과 졸업장을 받았지만 실질적으로는 최초로 선학 전공과정을 이수한 셈이다. 당시 선학과에는 불교 및 선문학을 전공한 운학 스님과 경학과 율학을 전공한 지관 스님 및 교단 행정과 포교를 강의한 철인 스님 등이 교수직을 수행하고 있었고, 나중에 선원생활의 경험이 있는 인환 스님이 합류하였다. 결국 도쿄대학에서 계율연구로 학위를 취득한 인환 스님을 지도교수로 하여 참선자의 인격과 수행 문제를 다룬 〈선율겸전론〉(禪律兼全論)을 졸업논문으로 작성하고 문학사 학위를 받았다.

동국대학교 졸업 무렵, 하와이에 있는 한국 사찰인 대원사로부터 법사로 초청되었기에, 현지 문화를 이해하며 소통할 필요를 느끼고, 하와이대학 종교학과에서 공부하는 것도 바람직하다고 생각하였다. 하와이대학 대학원 종교학과에 입학하기 위한 준비로 서강대학교 종교학과에 학사 편입하여 2년 동안 필요한 종교학 전공강좌를 이수했다. 하버드대학에서 고려의 지눌 선사 연구로 박사학위를 취득한 길희성 교수의 지도 아래 〈무심(無心)과 암야(闇夜)의 비교연구〉라는 제목으로 불교 참선과 가톨릭 관상법을 비교한 논문을 작성하여 졸업하고 하와이로 갔다.

1987년 가을부터 호놀룰루에 있는 하와이대학 마노아 캠퍼스(University of Hawaii, Manoa)의 종교학과에서 동아시아의 종교를 중심으로 종교학 석사과정을 거쳐, 예일대학에서 중국의 선도(善導; 613~681) 스님 연구로 학위를 취득한 데이비드 채플(David Chappell) 박사를 지도교수로 하여 휴정 선사의 《삼가귀감》(三家龜鑑)을 연구하여 논문을 작성하고["*Common Themes of the Three Religions (Confucianism, Taoism, and Buddhism): The Samga kwigam of Hyujong (1520–1604)*"], 1990년 문학석사 학위(M.A.)를 취득했다. 그 뒤 2년 동안 하와이대학에서 산스크리트와 동아시아 역사 연구를 하였다.

1992년 가을학기에 캘리포니아 주립대학 버클리 캠퍼스(University of California at Berkeley)의 불교학 박사과정에 입학하여 동아시아 불교를 전공하고, 인도·티베트불교를 부전공으로 하여, 1997년 봄학기까지 필요한 교과과정과 언어 및 학위논문제출자격 취득을 위한 종합자격시험을 끝냈다. 불교의 철학과 역사 및 문화 예술에 걸쳐 불교학자로서의 충분한 소양을 갖추고 있는지 점검 받은 줄 안다. 1년여의 집중집필기간 동안, 《반야경》을 중심으로 한 대승불교의 대가이며 한국 불교 전문가인 루이스 랭카스터(Lewis Lancaster) 박사를 지도교수로 하여 1998년 봄학기에 초의선사를 중심으로 조선 후기 종교문화사에 대한 연구논문[*"Ch'oŭi Ŭisun (1786–1866): A Liberal Sŏn Master and an Engaged Artist in Late Chosŏn Korea"*]을 작성 제출하고 불교학 박사학위를 취득하였다. 그 해 여름 귀국하여 가을학기부터 동국대학교에서 종교학 및 불교학 특히 선학 분야에 중심을 두고 관련 강의와 연구를 해오고 있다.

이상의 여정과 편력에서 볼 수 있듯이, 필자의 선학 인연은 자신의 본래 면목을 성찰하고 삶의 의미를 추구하는 과정에서 필연적으로 시작되었으며, 애초부터 순수하게 학문을 하기 위해서만이 아니라, 자기의 존재 및 실상을 성찰하기 위한 수행을 먼저 하게 되었고, 그 회향의 방편으로 학문적 정리를 하였다고 말할 수 있다. 소년기의 의무교육은 일반적인 것이었지만, 10대 후반에 시작하여 20대 말까지 10여 년을 전통적인 참선수행에 정진하였던 것과, 그 뒤에 국내외의 대학에서 20여 년 동안 현대 학문적 방법으로 선을 조명하며 검토하고 가다듬은 것이 여느 학자와는 다른 길이라고 할 수 있다.

필자는 수행에 전념하기 위해 선원에 가기 전에 전통교학체제인 강원에서 이력과정을 거쳤지만, 정식으로 입방하기 전에 이미 참선을 시작하였으므로 그러한 안목으로 강원 교재도 공부했다고 볼 수 있으며, 그 내용도 대부분 참선과 무관하지 않았다고 할 수 있다. 필자는 다행하게도 행자시절에, 보조국사 지눌 선사의 《계초심학인문》(誡初心學人文)과 원효 스님의 《발심수행장》(發心修行章) 및 야운 비구 스님의 《자경문》(自警文)을 지월(指月) 선사(禪師)로부터 배웠는데, 이는 모두 참선 수행 잘하도록 하는 방법과 교훈이라고 해도 지나치지 않을 내용들이다. 강원의 교재인 《치문경훈》(緇門警訓), 《서장》(書狀), 《도서》(都序), 《선요》(禪要), 《절요》(節要)가 모두 선사들의 선을 가르치는 글이며, 《능엄경》(楞嚴經), 《기신론》(起信論), 《금강경》(金剛經), 《원각경》(圓覺經), 《화엄경》(華嚴經)도 모두 선과 무관하지 않은 경론으로서 선사들이 활용했던 것들이다. 만약 수행자적 반조 없이 단순하게 문자적 접근만 한다면 강원의 이력과정이 건조한 불교지식만 증대시키고 진정한 수행을 멀리하게 하거나 방해하는 결과를 가져올 가능성도 없지 않지만, 참선하는 정신으로 보면 강원 교재 모두 선 수행을 고무하고 올바른 방향으로 이끌어가는 것으로 긍정할 수 있다. 아울러 참선과 교학을 함께 닦는 '정혜쌍수'(定慧雙修), 참선과 교학을 일치시키는 '선교일치'(禪敎一致) 등의 명제처럼, 선정 수행과 교학 이론의 조화로운 상호 보완이 필요함도 이해하여야 하며, 나아가 교학을 한 뒤 거기에 머물러 집착하지 않고 그를 버리고 떠나 참선 수행을 하는 '사교입선'(捨敎入禪)의 차제도 음미해야 할 줄 안다. 필자도 교학적 이력과정을 마친 뒤에 곧바로 5년 연속 전통 선원에서 대중과 더불어 안거하며 참선에 집중 매진하였음은 사교입선의 전형을 체현한 것으로 볼 수 있다.

필자는 시중에서 생활하게 된 뒤부터 전통적인 결제 안거는 하지 않았지만, 거처와 상황에 따라 홀로 정진하면서 선문의 전통을 오늘에 계승 발전시키기 위해 노력하고 있다. 현대인들에게 참선 전통을 이해시키고 체험하게 하려는 학술적 연찬과 수행 지도에 진력하고 있으며, 선학을 전공하고 지도하는 사람으로 알려져 있다. 결국, 필자가 선학을 전공하게 됨은, 선이 인생과 세계의 실상을 깨닫게 하는 불교의 핵심으로서 자기 성찰과 그 회향의 과정에서 이루어졌다고 말할 수 있다. 선은 스스로의 실상에 관심하는 이는 누구나 반드시 혹은 마땅히 추구하고 수행하여야 할 바로서, 필자의 삶에 중심이 되어온 자연스러운 인연이었다고 말할 수 있다. 그 과정과 경로는 어떤 이가 소를 찾아가는 모습을 상징적으로 그린 〈심우도〉(尋牛圖)의 길을 나름대로 걸어 왔다고 볼 수 있겠다. 이는 마을, 즉 세상의 집에서 숲이나 산으로 소를 찾아 나섰다가, 마침내 소를 발견하고 길들여서는 그 소를 타고 집으로 돌아온 뒤에, 다시 세상에 나가 민중과 더불어 괴로움과 즐거움을 함께하는 구도자, 특히 선수행자의 전형적 또는 이상적 삶을 가리키는 것으로 전해져 온다.

2. 선학의 개념적 특성과 일반적 접근방식

선학의 특성상 이 분야에 생소한 이들의 이해를 돕기 위해 약간의 설명이 필요할 것 같다. '선'이란 말은 본래 불교의 발생지인 인도의 말을 중국에서 한역(漢譯)하여 사용해 오던 것으로서, 산스크리트(Sanskrit)의 '디야나 Dhyāna' 또는 팔리(Pāli)의 쟈나 Jhāna가 챠나(Ch'ana 禪那)로 음역(音譯)되었다가 뒷글자가 생략되어 외자로 쓰여 온 것이다. 이 한자를 중국어로는 찬(Chan), 한글로는 선(Seon), 일본어로는 젠(Zen)이라 발음하여 표기한다. 한자(漢字)로서 선(禪)은 본래

'터 닦음'을 뜻하며, 옛날에 중국에서 천자(天子), 즉 황제가 하늘에 제사지내기 위해 제단을 마련하려고 땅을 고르며 터를 닦은 데서 비롯한 말이다. *Dhyāna*의 한자 의역(意譯)은 사유수(思惟修) 또는 정려(靜慮)로서 마음이나 정신을 집중하여 고요히 생각하며 수행함을 가리킨다. 즉 명상을 통한 마음 닦는 노력이나 마음공부라고 할 수 있다. 마음공부란 마음을 맑히고 밝혀서 '자기의 성품'(自性)을 깨닫는 일이며, 마음을 찾아 자제하고 드러내는 일이다. 따라서 선은 논리를 초월하는 직관적인 것으로 알려져 있다. 스승과 제자 또는 수행자 사이의 의사소통에서도 언어와 문자적 설명을 피하거나 줄이고, 방(棒)이나 할(喝)을 하는 경우를 보이고 있듯이 온몸으로서 직접 표현하려는 기질을 보인다. 즉 언어를 통한 의사전달의 한계를 느낄 때에, 몸짓이나 표정 또는 어떤 물건을 들어 보이는 등 비언어적인 방편을 쓰는 경우가 많다. 이른바 '불립문자'(不立文字)와 '이심전심'(以心傳心), 곧 문자를 내세우지 않고, 마음과 마음의 직접적인 소통을 온전하고 바람직한 것으로 보며, 설사 언어와 문자를 쓰더라도 상징적 표현을 지향한다.

　불교학이 경전을 근거로 교리를 연구하는 이론 중심적 학문이라면 선학은 마음에 초점을 맞추어 수행하는 실천 중심적 학문이라고 할 수 있고, 불교학이 서술적 또는 산문적이라면 선학은 함축적 또는 시적(詩的)이라고 그 특징을 지적할 수 있다. 선학의 보편화를 위해서는 먼저 '선'이란 용어의 개념과 정의가 객관적으로 확립될 필요가 있으며, 이는 언어학적이고 수사학적인 방법을 효과적으로 적용해서라도 일반인의 이해를 도울 필요가 있다고 생각한다. '선'이 마음을 문제 삼고 추구함에, 각자의 마음이 부처님이나 선사의 마음과 계합하기를 목적하되 결국 근본적으로 다름이 없음을 알고, 연구자의 마음이 중심이 되어야 하며, 그 마음 자체를 이해하고 논의하기 위하여 심리학적 정신분석학적인 방법도 사용될 수 있으리라고 본다. 마음을 과학적으로 연구 분석하고 설명하는 작업과 보편적인 지적 체계를 세우고 넓혀나가는 노력도 선학의 대중화와 저변을 넓혀가기 위해 필요하다. 마음을 연구해온 서구적 심리학이나 정신분석학 등 다른 전통의 학문과 비교 연구해 봄으로써 장단점을 확인하며 선학의 진보와 활용을 도모해 볼 수도 있겠다. 근래에는 '선 치료' 같은 분야도 개발되어 정신의료에도 선이 이용되고 있음에 주목할 필요가 있다.

한국의 선을 말할 경우, 한국인의 입장에서 주체적으로 역사적 또는 전통적인 맥락을 이해하여야 되는데, 선이 인도에서 비롯되었지만, 오늘날 우리에게 통용되는 것은 중국에서 개발되어 전래된 것을 한국에서 소화하여 적용시킨 것이라고 할 수 있다. 인도나 동남아시아 상좌부 전통에서 말하는 바와 다르게, 선은 중국에서 토착화되면서 본격적으로 발전하여 독자적으로 선종(禪宗)을 이루었고, 다른 불교 종파들과 대조되며 고유한 전통으로 확립되고 계승되어 왔으므로 그러한 맥락을 이해하여야 한다. 중국에서도 선의 원류를 인도에 두고, 석존의 성도 직전 수행을 선으로 보며, 이른바 삼처전심(三處傳心; 석존이 영산회상에서 꽃을 들어 보이심과, 다자탑전에서 가섭에게 자리를 나누어 주심과, 구시나가라 열반지에서 법체가 포장된 관곽 밖으로 두 발을 보이시어 가섭에게 법을 전하셨다는 이야기)을 시원으로 삼고, 인도에서 6세기 초에 온 보리달마를 중국 선종의 초조(初祖)로 삼았음에 주목하여야 하지만, 그 뒤 육조 혜능(慧能; 638~713)에 이르러

서야 오늘날 일반적으로 통하는 바의 본격적인 선으로 확립되었음에 유념하여야 한다. 한국의 대표적 선종의 이름이 '조계종'(曹溪宗)임과 그 선 전통이 도의에서 비롯하며, 선의 전래와 성립의 근거였던 이른바 구산선문(九山禪門)의 개창자들이 대부분 육조의 법손(法孫), 즉 마조 도일(馬祖 道一; 709~788) 문하에서 수법하고 돌아왔음을 감안하면, 한국에서의 선에 대한 인식과 수행방법은 중국식을 도입하여 발전시켜왔다고 볼 수 있다. 이러한 역사적 맥락과 전개를 고려하여 그 근간을 살피고, 어떻게 전승 발전되었는지, 중국과 일본 등 다른 나라의 선 전통과 다른 점은 없는지, 그 특징은 무엇인지 등을 연구해 보아야 한다.

선학은 선 관련 문헌자료를 통해 선의 개념과 사상을 폭넓게 연구하며, 선맥(禪脈)이나 법맥(法脈)을 고찰하여 역사적 전통과 본질적 내용을 제대로 인식하고, 그 실제적 의미와 사회적 영향을 고찰하며, 현재와 미래의 인류적 과제 해결에 적용할 수 있는 방법을 마련하면서, 거기에 관심 있는 이들을 위하여 객관적으로 서술해 내는 것이 기본적인 접근이라고 할 수 있다. 철학과 역사학 및 문학 등 인문과학적 방법론은 물론, 사회적 영향을 감안하여 정치와 사회 문화를 다루는 사회과학이나 선 수행의 효과를 심리학과 의학 등으로 검토하는 자연과학적 방법론의 활용도 필요하며, 학제적 접근도 권장되어야 할 줄 안다.

3. 주체적 선학 방법론

　필자의 선학적 인식과 방법에 대한 견해는 다음과 같이 말할 수 있다. '선학'은 일반적인 학문의 표현처럼 '선(禪)에 대한 학문'일 뿐 아니라, 본질적으로 '선을 위한 학문'의 특성이 있다. 이 특성은 '지식' 또는 '앎'보다 깨달음을 위한 '수행' 또는 '삶'을 중시하고 강조하며 지향한다. 다른 학문도 그러하겠지만, 선학은 선학자의 인식과 체험에 따라 그 견해와 표현이 사뭇 다름을 보여준다. 선의 세계인 이른바 선문(禪門) 또는 선림(禪林)에서는 전통적으로 '선학자'(禪學者)라 하면 '선을 배우고 수행하는 이'를 가리키는데, 배운다는 것도 곧 수행을 위한 배움으로서 곧 '선수행자'(禪修行者) 또는 '참선자'(參禪者)를 가리킨다. 따라서 '선사'(禪師), 즉 선을 가르치는 스승이란 용어 또한 스스로 몸소 선을 수행하여 깨침을 이룬 이로서, 그 체험의 수준이 남을 가르칠 수 있는 자질과 인격을 갖춘 이를 가리키며, 그 경지와 수준을 자타가 인정하는 인물을 가리킨다. 전통적인 불교계에서는 단순히 '학인'(學人) 또는 '학자'(學者), 즉 배우거나 연구하는 이란 주로 '교학자'(教學者)를 가리키며, 그는 경전 등 불교문헌을 배우고 연구하는 교리 위주의 학생이나 학자를 가리키고, 반면에 선학자나 선수행자란 '수자'(修者)나 '수좌'(首座)로 칭하여 그 특징을 수행에 두고 교학자와 구별하여왔다. 학인들이 공부하는 곳을 '강원'(講院)으로 부르고, 수자들이 수행하는 곳을 선원(禪院)이라 부른다. 즉 선학자는 단순한 학문만 하는 이가 아니라 그 학문적 목적인 깨침을 이루는 방법을 능동적으로 실천하는 적극적인 수행인을 지칭하며, 머리뿐만 아니라 가슴과 손발을 아울러 온몸으로 전력투구하는 인물을 가리킨다고 볼 수 있다.

근래에 대학 등 일반사회 교육기관의 경우, 보편적 학문방법인 이론 위주의 '불교학'과 차별성을 보이며, 수행을 중심으로 '선학'을 교수하기 위한 전문학과로서 '선학과'(禪學科)라 이름 하여 독립적으로 설치하는데, 이는 인문과학의 한 분과로 분류되고는 있으나 일반적인 지식 추구를 넘어 실행을 지향하는 특성을 지닌다. 교과과정에는 이론과 아울러 실수(實修)를 포함하고 있지만, 선 수행경력이나 체험이 없는 학자도 강좌에 따라 교수나 강사로서 가르치고 있는 현실은 합당한 인물이 부족하기 때문이며, 지적(知的)인 지향을 하고 있는 것처럼 보이지만, 이는 선문에서는 지양하는 바다.

선학은 선에 대한 개관적 학문체계임과 동시에 참선 수행을 잘하게 하기 위한 조도(助道)의 방법을 연구하고 학습시켜야 하는 복합적인 함의를 갖는다. 선의 생명은 체험에 있고, 이론과 설명은 부차적인 것으로 평가된다. 이론적 언표는 체험으로 이끄는 방편으로서, 달을 보도록 가리키는 손가락의 역할과 기능을 하는 것으로 볼 수 있다. 선학이 교학적 이해와 역사 및 문화적 연구에 머무르지 말고, 나아가 각자가 참선 수행의 궁극적 목적인 '견성성불'(見性成佛) 할 수 있도록 하는 효과적인 방법을 마련하고 제시할 뿐만 아니라, 선적 깨달음에 기초한 동체대비(同體大悲)의 대승 보살도의 실행을 계도함도 선학의 주요 과제와 임무라고 할 수 있겠다. 선의 진면목을 보이는 것으로 알려진 격외선법은 언어문자로 충분히 설파할 수 없으므로 접어두고, 여기서는 일반적인 학문에 초점을 맞추어보겠다.

우리는 학문을 포함한 모든 사업의 영역과 분야에서 해당자의 인식과 안목을 평가할 때, 흔히 "나무만 보고 숲은 보지 못한다"거나 "숲만 보고 나무는 보지 못한다"는 말을 통해 편향적 사고나 불완전한 접근방식을 부정적으로 지적함을 볼 수 있다. '전체와 부분', '보편성과 특수성' 또는 '일반성과 전문성'의 장단점과 각각의 한계를 알고 상호 보완의 필요를 느끼고 있다. 선학 분야에서도 개론 또는 총론적 교양과 각론적 전공이 균형을 이룸과 아울러 다른 분야와의 공조도 권장되고 있다. 근래에 학제간 연구협조의 경향이 고조되고 있음은 좋은 현상이다.

선학도 전문 영역의 하나로서, 넓은 의미에서 불교학의 한 부분임을 감안하면, 그 바탕이 어떠해야 할지 짐작이 될 줄 안다. 비록 선의 특성이 이른바 '불립문자 교외별전 직지인심 견성성불'(不立文字 教外別傳 直指人心 見性成佛)에 있다 하며, 언어문자에 매몰되지 않도록 자주성을 강조하고 마음을 통해 깨침을 이루는 데 목적이 있다 함은 긍정하지만, 언어와 문자로 할 수밖에 없는 학문을 완전히 무시하고 배제하려 드는 무모함도 경계해야 될 줄 안다. 언어와 문자를 통해 소통할 수 없으면 선의 특성조차 널리 드러낼 수 없을 뿐만 아니라, 거기에서도 자유자재하지 못하다면 완전한 선이라고 할 수 없다.

선이 언어문자와 논리를 초월한다고 함도, 언어문자로서 언어문자의 한계를 보여줄 수 있어야 하며, 논리와 체험의 차원이 다름도 언어문자로서 깨우쳐 줄 수 있어야 한다. 이를테면, 말없이 달을 가리키는 손가락을 보고 그를 통해 곧바로 달을 보는 이에게는 더 이상 말이 필요 없겠지만, 달을 보지 않고 손가락만 보며 거기에 집착하는 이에게도 '손가락만 보지 말고 달을 보라'는 말로 깨우쳐 줌도,

결국 달을 보도록 하는 데 필요한 조치임을 부정할 수 없다. 만약 선학자들이 깨침의 방법을 담고 있는 경전의 연구 등 모든 불교학을 언어와 문자로 하는 것이라고 무시하고 배척한다면, 이는 불교학 자체에 대한 무지와 오해에서 비롯된 것이며, 선사들의 가르침을 기록한 어록들이 적지 않음에도 주목하여야 할 뿐 아니라, 그를 읽고 공부함도 모순이라고 하지 않을 수 없다. '불립문자 교외별전'을 주장하게 된 역사적 배경과 그 의도 및 전후 사정도 객관적으로 검토하며 독선과 주관적 집착을 극복할 필요도 있다.

현재 우리가 논하는 선이란 동아시아에서 숙성된 대승불교의 산물 가운데 하나로서, 그 전말과 위상을 올바로 인식하기 위해서도 전형적인 불교의 교리와 역사 및 문화적 맥락에서 접근하여야 될 줄 안다. 즉 세계적인 불교의 숲을 구성하는 한 무리의 나무로 보고 그 보편성과 특수성을 인식해야 한다. 불교학을 제대로 하기 위해서도 그 발생지이며 성장지인 인도의 역사와 문화를 이해해야 하고, 그러려면 관련된 인도 지역과 해당 시대의 정치와 경제 및 사회와 문화를 고찰하며 문헌을 연구하기 위해 해당 언어와 문자를 이해할 필요가 있다. 나아가 불교가 인도 밖으로 전파되는 경로와 과정 및 기존 문화와의 교섭에 대한 이해도 갖추어야 할 줄 안다.

한국의 선학자라도 인도는 물론 중국과 한국에 불교의 전래와 발전, 선종의 초조로 불리는 인도승 보리달마의 중국 입국과 그 이후의 전승 및 한국 선문의 시작과 성장 상황을 모르면 우리들이 내세우는 선의 실상과 현상을 모르게 된다. 즉, 한국의 선학을 원만하게 하기 위해서는 그 연원의 추적과 성장 배경을 이해하는 데 필요한 인도와 중국의 관련 역사와 문화적 지식을 갖추고, 전등사서(傳燈史

書)와 선어록(禪語錄) 등 관련 문헌의 해독 능력 및 사상사적 검토와 아울러 한국의 역사와 사회 문화적 자료를 소화하고 평가할 수 있는 실력과 안목을 확보하며, 건전한 불교학적 기반을 준비한 뒤 각자의 고유영역을 연구 개척해 나가야 할 줄 안다.

선의 역사 분야에도 문화사, 종교사, 불교사, 선종사, 특정 시대와 인물이나 사안에 따른 입체적 접근이 필요하겠고, 철학과 종교학적 해석, 문학에도 불교문학과 선문학의 심층 이해, 예술 분야에도 서화와 다도 및 조경과 무예, 농업과 노동 등, 선 수행자와 선원 관련 생활의 다양한 살림살이를 조명하고 고찰하여, 종합적인 음미와 이해가 필요하다. 선학에서도 인접학문의 방법론적 성과를 활용하고 학제간 공동연구를 통해 다각적인 접근을 시도해 나가야 한다.

불교와 선은 시간과 공간을 초월하여 보편적이며 영원한 것으로 알려져 있으며, 특히 선은 지금 여기에서의 상황인식과 주체적 삶을 을 강조한다. 예로부터 이 세상에 선이 아닌 것이 없다고 선사들은 말해왔다. 사람이 하는 세상만사가 모두 마음에서 비롯되었다고 보면, 마음공부를 하는 선학자는 어떤 일에도 무관하지 않다고 할 수 있다. 그러함에도 개인은 물론 인류가 처한 현실과 미래의 과제 해결에 도움이 되는 구체적 역할을 하지 않는다면, 우리가 하는 선학의 가치와 의미가 없어지게 된다. 과거에 선풍이 풍미했던 사실은 선이 그 시대의 문제해결에 유용했으며 기여했기 때문이라 생각한다.

현재 세계적으로 선에 대한 관심이 높아지고 있으며 다양한 분야에서 선 수행법이 적용되고 있는데, 선학이 이를 뒷받침해야 할 것이다. 선의 속성상 마음이나 정신을 집중하여 의식을 맑히고 밝혀 상황에 필요한 지혜를 얻을 수 있게 하는 공능을 인식하고, 각 분야에서 고유의 목적 실현을 위하여 선을 이용하고 있는 것 같다. 이를 테면, 어느 전공 분야를 막론하고 학문을 하는 데서도 집중력을 키우고, 예술 분야에서는 심미적 영감을 얻고자 하며, 스포츠 분야에서도 안정성과 순발력 및 사기를 높이고, 기업 분야에서도 통찰력과 판단력을 강화하고자 선 수행을 하는 줄 안다. 신경정신의학계는 물론 일반 의료계에서도 선 치료가 도입되고, 교도소 등에서도 심신 정화를 위해 상담과 수행이 활용되고 있다. 선의 궁극적인 목표인 견성성불의 이상은 차치하고라도, 현실적인 심신의 안정과 정서 순화 및 모든 업무에 최선을 다해 전심전력하는 용심과 태도의 확립을 위해 선 수행이 효과적이라는 인식이 확산되며, 각 분야에서 나름대로 적용하려는 경향을 보인다. 동국대에서는 교양필수과목으로 학과와 전공을 초월하여 전교생에게 '자아와 명상'이라는 이름으로 좌선법을 가르친다. 학생들에게 어떤 분야를 막론하고 그 주체인 자기를 찾아보고 집중력을 키우기 위하여 선적 방법을 익히게 함으로써 학업과 사회활동에 도움을 주고자 하는 것이며, 자타가 그 효과를 인정하고 있다.

　여러 분야로부터 다양한 수요가 있는 선을 학문적으로 연구 정리하고 체계화하여 선학을 내적으로 풍성하게 하고, 인류의 발전과 행복에 공헌하기 위해서는 각 분야와 협조하여야 하다. 우선 원활한 소통에 필요한바, 공동 관심사에 대한 개념을 새롭게 정립하고 변화에 적응할 수 있는 탄력적이고 개방적인 연구자세가 필요하다. 현재 세계는 인구 증가와 자원 부족을 우려하고 있으며, 빈부의 격차는 심해지고, 수십억의 인구가 나날의 생계를 걱정하고 있음이 보도되고 있다. 가진 자의 소비주의는 팽배한데 빈곤층은 절망하고 있다.

환경파괴와 공해유발로 천재지변으로 보일 만큼 큰 재앙이 자주 발생하고, 각종 테러 등으로 사회적 불안이 커가고 있다. 인간의 탐욕과 증오심 및 무지에서 비롯된 사회적 갈등과 불화는 나누며 사랑하는 평화의 문화가 조성되기까지 끊임없이 이어질 것이다. 이러한 상황은 우리 사회의 장기적인 지속 가능성에 의문을 제기하고 있다. 우리가 선적인 방법으로 각자의 마음을 가다듬고, 지혜와 자비심으로 이웃과 자연을 대한다면, 세상은 안정되고 자연환경과 생태계의 평화가 이루어지며, 부자의 과소비도 줄고 빈곤층에 대한 배려도 커져서 사회 경제생활이 건실해져 지속 가능성이 높아질 것이다. 그러므로 우리 시대의 선학은 현재와 미래의 각 분야에서 활용할 수 있는 유익한 응용방법을 연구 개발하여 보급할 사명이 있다고 생각한다. 선학이 개인의 실존적 문제는 물론, 선 수행공동체 정신을 사회화하여 혼란스럽게 흩어진 공익정신을 되살려내고, 청정사회를 구현하는 데 필요한 선적 방법을 제시할 필요가 있다. 어느 분야를 막론하고 과거의 연구는 현재와 미래를 위한 것일 때 가치와 의미가 있을 것이므로, 선학도 이러한 데에 유념하여 여러 방면에 걸친 새로운 응용방법과 과제해결의 방안 도출을 위해 다양한 방법론적 시도가 필요하다.

4. 미국적 방법론

앞의 '학문과 체험의 여정' 부분에서 밝혔듯이, 필자는 미국 유학경험이 있다. 그곳에서 배우고 느낀 점을 회고함으로써 미국의 연구

내지 교육 방법을 가늠해 보려 한다.

석사과정은 하와이대학에서 마쳤는데, 종교학과에서 동아시아종교분야 전공으로, 교과과정에 따라 종교학 방법론과 세계종교의 기본을 고찰하고, 중국과 한국 및 일본을 중심으로 그 지역의 종교에 관한 사상과 역사와 문화를 공부하고 연구하였다. 이른바 코스워크(course work)는 세미나 위주의 수업으로서 담당교수의 지도 아래 주제에 대한 연구발표와 토론으로 진행되었고, 다양한 자료의 섭렵과 선행 연구업적 및 연구경향과 정보를 검토하고 각자의 의견 교환과 교수의 논평 및 정리와 보완 과정을 가졌다. 아울러 관심 주제를 골라 학기말 연구논문을 작성하여 제출하였다.

설정된 교과과정을 이수하고 필요학점을 취득한 뒤, 학위청구 논문을 3인 이상의 심사위원회에 제출하고, 학과에서 마련한 공개된 발표회에서 심사위원들과 청중들로부터 질의응답과정을 통과해야 했다. 필자의 논문지도와 심사위원으로는 종교학과의 데이비드 채플 교수와 마이클 사소 교수, 사학과의 최영호 교수였다. 채플 교수는 예일대학출신의 불교전문가이고, 사소 교수는 런던대학 출신으로서 도교(道敎) 전문가이며, 최 교수는 시카고대학 출신으로 한국사 전문가였다. 그 밖에 종교학과에는 하버드대학 출신의 불교전문가 잰 나티에 교수, 컬럼비아대학 출신의 불교전문가 조지 다나베 교수, 옥스퍼드대학 출신의 힌두교 전문가 리 시걸 교수 등 다수의 각 종교 전문교수와 학자가 있어, 필자의 종교학적 안목을 넓혀주었다.

출신지역과 문화적 배경 및 학문적 다양성을 보여주는 훌륭한 교수진들에 의해 지도와 단련을 받으며, 미국은 물론 유럽과 아시아에 걸친 세계적 종교학계의 대강을 짐작할 수 있었는데, 그곳에서는 학생들에게 종교학의 보편적 기초를 세우도록 하고, 그 위에 특정 종교와 특정 영역의 전문 지식을 쌓도록 한다고 말할 수 있다.

버클리대학 박사과정은 동아시아언어학과, 남아시아학과, 산스크리트학과, 철학과, 심리학과, 예술사학과 등 여러 학과에 소속된 불교 전문 교수들로 구성된 불교학 그룹(Group in Buddhist Studies)이라 불리는 일종의 협동과정이라고 볼 수 있다. 인도·티베탄 불교 전공과 동아시아 불교 전공으로 그 언어 문화적 영역을 크게 나누어 한쪽을 선택할 수 있지만, 다른 쪽도 부전공으로 공부해 두어야 한다. 두 분야 모두 해당 원전을 읽을 수 있는 고전 언어 소양은 물론, 현대의 연구 성과를 섭렵할 수 있도록 현대 언어능력도 갖추어야 했다. 필자는 동아시아 불교 전공을 택하였지만, 한자는 물론 산스크리트, 팔리어, 티베트어 등 고전어와 아울러, 일본어와 프랑스어를 공부해야 했다.

정해진 코스워크를 통해 산스크리트와 한문 등 불교 원전 강독 및 다양한 세미나를 통해 불교학의 포괄적이고도 전문적인 검토와 해당 분야의 연구업적을 섭렵해야 하는 과정을 거쳐, 불교학자로서 스스로 연구하고 가르칠 수 있는 자질과 자격을 확보하도록 하고 있다. 필요한 과정을 마치고 학점을 취득한 뒤에, 사상과 역사 및 문화 분야에 걸친 필기 및 구술시험을 통해 박사후보 자격을 얻어야 학위 논문을 제출할 수 있다.

필자는 동아시아 특히 대승불교 전문가인 루이스 랭카스터(Lewis R. Lancaster) 교수를 지도교수로 하여, 런던대학 출신으로 인도 및 동남아불교 전문가인 파드마나브 자이니(Padmanabh S. Jaini) 교수와 하버드대학 출신으로 예술사 전문가인 조안나 윌리암스(Joanna Williams)

교수 및 예일대 출신인 중국전문가 이홍영(Hong Yung Lee) 교수를 심사위원으로 정하여 종합 자격시험을 거쳤고, 논문 심사를 통과했다.

그 과정 중에 캘리포니아를 포함하여 미국 국내는 물론, 동남아시아 여러 곳의 각종 학술 행사에 참여하여 견문과 학식을 넓혔고, 세계불교학계의 현황과 동향을 파악할 수 있었다. 버클리대학 도서관에는 고려대장경을 포함하여 각종 언어의 대장경 등 전 세계에 걸쳐 산재해 있는 다양한 불교문헌을 수집 소장하고 있어, 불교 연구 자료가 어느 곳보다 풍부하고 교수진의 우수성도 인정받고 있다. 불교학 박사학위(Ph. D. in Buddhist Studies)를 주고 있는 세계 유일의 대학일 것이다.

보통 사람들은 누가 불교학을 위해 유학을 간다면 인도나 중국으로 가려니 생각할지 모른다. 불교가 인도에서 발생되고 전개되었으며, 우리나라에 전해진 것은 중국으로부터였기에, 옛날의 구법승처럼 근원을 찾아가리라 짐작할 수 있기 때문이다. 그러나 그곳에는 불교 유적은 있어도 연구시설과 인력은 부실하여 현대적 불교학은 매우 취약한 실정이다.

반면, 미국은 초강대국답게 불교학 분야도 세계를 주도하고 있다고 보아 지나치지 않을 만큼, 불교학의 질적 양적 분야 모두 앞서가고 있다. 동남아 상좌부 계통과 동아시아 대승불교 전통 및 티베트 밀교를 포함한 전 세계의 다양한 불교자료와 학술정보를 직접 혹은 간접적으로 거의 모두 확보하고, 수많은 대학과 연구소에서 그를 연구하고 교수하여 가장 많은 학자와 우수인력이 모인 곳이라고 볼 수 있다. 아무튼 미국에서는 불교학자로서 관련 문헌자료를 섭렵하고, 그것을 근거로 다양한 접근과 해석을 시도하도록 연구 방법론을 제시하고 있다.

따라서 선학도 그러한 틀 안에서 이루어진다고 할 수 있으나, 아직 선학이 독립적으로 전개되고 있다고 보기는 어려운 실정이다. 필자의 선학 전공은 기존의 불교학적 방법을 참고로 하는 나름대로의 추구라고 할 수 있다. 근래에 한국에서 진행하는 선학의 경향도 그 특성을 드러내지 못하고 있는 실정이며, 필자는 스스로 학습한 종교학과 불교학적 방법을 참고로 활용하여 나름대로 그 체계를 세워 보려는 구상을 하고 있다.

앞에서 언급한 선학 방법론을 나름대로 적용한 사례를 통해 그 가능성을 검토해 보겠다. 필자는 버클리에서 박사학위논문 소재를 물색하면서, 국내외 학계에 다소나마 의미 있는 기여가 될 만한 것을 찾았다. 영문으로 된 한국 불교 관련 학술논문이 거의 없는 실정을 감안하여, 한국 불교를 해외에 알릴 뿐만 아니라 한국 학계에도 도움이 될 만한 것으로서 조선 후기의 인물과 사상을 드러내 보고 싶었고, 그 가운데 초의선사가 적합하다고 생각했다.

저간의 한국 불교 연구 상황을 살펴보았을 때, 우선 시대별 연구 성과로서, 고대의 삼국시대 및 통일신라시대와 중세의 고려시대가 불교의 흥성을 보인 만큼, 연구 자료도 많고 하여 연구 업적의 양도 많았으며, 비록 적으나마 근대의 조선 중기까지와 일제하의 불교연구도 없지 않았지만, 조선 후기의 연구는 매우 취약하였고 상대적으로 소외된 감이 들었다. 이는 다른 분야도 마찬가지지만, 일제하의 식민사관에 의한 의도적 폄하와 배제책에 기인되었으리라고 짐작한다. 아무튼 그 시대적 연구공백을 메우고 싶었고, 초의와 같은 인물의 가치를 새롭게 평가해 보고 싶었다.

초의는 《선문사변만어》(禪門四辨漫語)를 지어 당대에 유력했던 백파(1767~1852) 선사의 《선문수경》(禪文手鏡)을 비판함으로써 100여 년에 걸친 선론(禪論)을 유발시켰으며, '시서화삼절'(詩書畫三絶)로 통한 문예인(文藝人)이었고, '다성'(茶聖)으로 더 잘 알려져 있다. 조선 후기의 정치와 사회 문화가 격변하던 시기에 살았던 초의는, 당시의 민족적 지성인 다산 정약용(1762~1836)과 추사 김정희(1786~1856)를 비롯한 다양한 계층 및 신분의 인사들과 교유하며 새롭게 선불교 문화를 발전시킨 선지식이었다. 신위·홍석주 등 당대의 문인들과 시를 함께 지으며 세상 속에 활동하다가, 점점 자신의 명성이 알려지자 산중에 은거하려고 서른아홉 살에 두륜산 대흥사 동쪽에 일지암을 짓고 그 뒤 40여 년의 근거로 삼았다.

《다신전》(茶神傳)과 《동다송》(東茶頌)을 지어 차문화 중흥의 기초를 다졌으며, '다선일미'(茶禪一味)의 가풍을 진작시켰다. 저서로는 앞의 책 외에 선의 요지를 밝힌 《초의선과》(艸衣禪課)와 《진묵조사유적고》(震默祖師遺蹟攷) 등의 불교 관련 저술 외에 시 모음집인 《초의시고》(艸衣詩藁)와 각종 기록들을 모은 《일지암문집》(一枝庵文集)이 있다. 국내의 초의에 대한 학술연구는 그의 선론에 대한 것과 차 및 시에 대한 몇 편의 논문 등 단편적인 것들이 약간 있었으나, 그의 사상과 삶을 종합적으로 연구한 것은 없었다.

필자는 먼저 초의와 그 시대 연구의 필요성 및 의의를 논하고 선행연구들의 실태를 정리 소개한 다음, 나름대로의 연구 계획과 방법을 밝혔다. 우선 초의의 생애와 저작에 영향을 주었을 사회문화적 시대배경의 특성을 검토한 뒤, 그의 사상과 삶을 관련 자료를 통해 고찰하려고 하였다. 필자는 초의의 생애와 사상 및 업적을 조명하고 평가함에 그의 체험과 작품의 표현을 '체용'(體用)의 관계로 보고 중심 특성으로서 일체를 하나로 꾸려간 '불이'(不二) 사상으로 이해하였으며, 그러한 생각으로 접근할 것임을 미리 밝혀 두었다.

논문의 구성은 크게 다섯 장으로 나누어, 초의의 생애와 그 배경, 불교학과 수행, 문학, 예술, 차의 순서로 서술하였다. 제1장에서 초의의 일생을 고찰하면서 먼저 그 시대의 상황과 맥락을 검토하였다. 조선 후기 특히 영·정조 시대는 실학을 포함하여 '문예부흥기'로 볼 수 있을 만큼 혁신과 변화를 보인다. 국교라고 할 수 있을 만큼 불교가 전반적으로 풍미했던 고려의 정권을 군사적 혁명으로 집권한 조선조가 신유학의 한 주류인 주자학에 기초하여 나라를 경영하였는데, 그 지배세력의 기본적 신조와 체제 구조가 어떠하였고, 어떻게 변천해 왔는지 살펴보았다. 아울러 초의와 교류하였던 인물로 의정부 영의정을 지냈던 이제 권돈인과 승정원 승지를 지냈던 다산 정약용 및 추사 김정희 등의 위상을 보이기 위하여 정부와 사회 조직 및 집권 사대부들을 포함한 양반 위주의 신분질서와 생활상을 일별하였다. 또 북학과 서학 등 실학의 발흥 및 외국과의 관계, 불교와 유교 및 천주교 등 종교상황과 사상의 흐름을 살펴보았다. 초의의 생애를 알아볼 수 있는 일차적인 자료로서 그에 대한 비명과 전기문헌 및 초의 자신의 글 등 한문을 번역 해석하였고, 입체적으로 종합하여 그의 삶을 묘사하고 평가해 보았다.

제2장에서는 초의의 불교학과 수행 분야를 고찰하였는데, 조선 후기의 불교학, 선학, 율학 및 정토학 등의 상황과 역사적 배경을 조명한 뒤, 각 분야와 관련된 초의의 저술과 자료를 검토하고 그의 위상과 업적 및 영향을 되새겨 보았다. 일반적으로 초의가 선사로 불리

는 만큼, 선이 그에게 차지하는 비중과 아울러, 율사 및 법사로서의 위상을 살펴보고, 출가 수행자로서의 본분에 얼마나 부합하고 충실했는지를 다루었다.

제3장에서는 초의의 시문을 검토하고 감상하며 그 재능과 품격을 새겨 보았는데, 현존하는 그의 시문이 모두 한문으로 되어 있으므로 시문을 중심으로 당시의 한문학 배경 및 경향을 먼저 살펴보았다. 대부분 오언 내지 칠언 대구의 정형율시들로서, 초의의 나이 스물두 살부터 예순다섯 살까지의 긴 세월 동안의 다양한 주제와 경우를 보여주고 있다. 당대의 명인들이 초의의 시집을 위한 서문과 발문 등을 통해 보여준 객관적 평가도 소개하며, 시집 가운데서 수십 편을 뽑아내어 번역하고 해설을 시도하였다. 아울러 여러 불사 의례 등에 쓰였던 다소의 산문도 검토하며 그의 문학적 내면세계와 문장력을 짐작해 보았다.

제4장에서는 초의의 서화와 건축 및 조경 작품 등 그의 예술세계를 살펴보았는데, 각 분야의 전통적 맥락을 먼저 검토하였다. 초의는 전서, 예서, 해서, 행서, 초서 등 서예의 모든 필법에 능했고, 한글 및 실담 범서 작품도 남겼다. 그는 불화나 선화와 문인화 등에도 조예가 깊었고, 대흥사 대광명전과 일지암 등 현존하는 건축과 단청 및 영정 등의 서화 작품을 사진과 함께 소개하고 감상하였다.

제5장에서는 초의의 다도를 고찰하였다. 《동다송》과 《다신전》 등 초의의 차서를 번역 해설했고, '다선일미'를 보이는 삶과 예술을 감상하였다. 그의 어떠한 자질과 품격이 '다성'이라고 불리도록 다인들에게 영향을 주었는지 그의 차생활을 검토해 보았다.

결론 부분에서는 앞에서 고찰하고 논한 것들을 종합적으로 정리

하여 마무리 지으며, 기존의 조선후기 종교문화에 대한 폄하와 편견
을 바로잡고 그 가치와 의미를 드러내었다.

5. 맺는말

앞에서 필자의 학문과 수행의 여정을 보였고, 그 과정에서 얻었으
며 나름대로 써온 선학방법을 소개 서술해 보았다. 선학의 경향을
보면, 국내 학계에서는 아직도 중국과 한문자료 위주로 문헌연구에
치중하는 것으로 보인다. 국제학계에서는 선, 즉 챤이나 젠이라 하
면 서구에서는 주로 중국이나 일본의 것을 기준이나 중심으로 인식
하고 준용하고 있다. 서구에서는 동아시아의 연구업적을 수용하고
소화하기 위하여 한문이나 중국어 및 일본어는 물론 산스크리트 내
지 티베트어 문헌 등을 포함하여 다양한 자료와 연구 영역의 확대
및 고고학 또는 인류학적인 방법론들을 활용하며 컴퓨터를 이용한
데이터 처리 등 가용한 모든 방법을 활용하여 입체적으로 접근하는
줄 안다. 즉 선 관련 자료를 활용하기 위한 언어학과 서지학을 포함
한 역사와 문화 분야를 망라한 폭넓은 인문과학적 방법들은 물론,
사회과학 내지 자연과학적 방법들까지 적용하려는 경향이 있다. 선
학의 저변으로서 폭넓은 불교학을 기초로 하여 다른 학문의 방법론
적 다양성을 적용해 종합적으로 접근해 보려 하며, 선의 특성에 맞
게 전문성을 심화시키고 있다. 선학도 학제간 연구경향에 맞추어 적
극적으로 부응할 필요가 있다.
　필자의 학습과 경험에 바탕을 두고 나름대로의 선학 특성에 대한

소견을 간략하게 제시해 보면, '선체교용'(禪體敎用) 또는 '주선종교'(主禪從敎)라는 말로 압축할 수 있을 것 같다. 이는 수행과 체험을 강조하고 조도의 책임을 아우르는 선학의 본성과 기능을 살려내고자 함이다. 언어와 문자는 깨달은 체험을 표현하는, 또는 깨달음으로 이끌기 위한 도구로서의 기능, 즉 일반 교학적 방법의 활용이며, 선은 참선 수행으로서 체험을 갖게 하는 본체 또는 중심이 됨을 의미한다. 선학의 방법 인식과 실천 수행이 함께 가고 조화롭게 일치되어야 하며, 어느 것 하나라도 부족하거나 불완전하면 그 결과 또한 불완전하게 될 줄 안다. 이는 현재 선학을 연구하고 가르치는 이들이 자기의 경험과 역량을 돌아보아 실질적으로 부족하거나 취약한 부분을 충분히 보완하여야 자신의 학문이 성숙되고 충실해지며, 그리하여 피교육자들에게 제대로 선학을 지도할 수 있음을 뜻한다. 선학자의 실존적 필요뿐만 아니라 보편적 기대에 부응하여야 한다. 선을 학문하려면 먼저 선의 본성을 이해하고 몸소 체험 증득하여, 즉 참선에서 증명되는바, 활발히 살아있는 언어로서 스스로의 깨우침을 전하거나 상대를 일깨울 수 있는 설득력을 확보함이 바람직하다고 본다. 그렇지 않으면 건조한 언어의 진술로서 자신뿐만 아니라 다른 이들에게도 알음알이만 키우며 정작 선의 본령으로부터는 더욱 멀어지게 할 우려가 있다. 명실상부한 선학을 하기 위해서는, 피상적인 글공부와 남의 이야기로 선의 현상에 대하여 몰두하지 말고, 본성을 보고 선의 진면목을 들어내면서 사무칠 수 있도록 선의 본질 인식과 그 체득을 위하여 도움을 줄 수 있는 방법론을 추구하는 것이 당위이며 도리일 것임을 강조하면서 시론을 맺는다.